D1728682

TRAUNER VERLAG

OÖ PUBLIKATIONEN

WENDELIN ETTMAYER

Alte Staaten – neue Welt

STABILITÄT UND WANDEL
IN DEN INTERNATIONALEN BEZIEHUNGEN

BÖHLER UDDEHOLM

materializing visions

BIO TOP 3®

Gedruckt auf **BIO TOP 3® extra**
mit freundlicher Unterstützung von Mondi Neusiedler, Hausmening, Austria

© 2008 by
TRAUNER Verlag + Buchservice GmbH,
Köglstraße 14, 4020 Linz, Österreich/Austria

Autor: Wendelin Ettmayer
Assistenz: Marina Mailänder

Herstellung: TRAUNER Druck GmbH & Co KG, Linz

ISBN 978-3-85499-439-8

Bringt alles aus einer Hand.

Post Services
Info.Mail, Express.Mail.Service, Zeitungen, Geldeinziehung, Urlaubsfächer, Nachsende-aufträge

Telekommunikation
Handy, Festnetz und Internet, Schnurlos-telefone, Faxgeräte, Anrufbeantworter, Calling Cards

Finanzen
Gratis-Konto, Sparbücher, Veranlagungen, Finanzierung, Versicherung, Pensionsvorsorge

Shopping
DVDs, Musik-CDs, Bücher, Videos, Büroartikel und vieles mehr.

Ihre direkte Verbindung!
www.xxxx.post.at
0577 677 - xxxx

Ersetzen Sie „xxxx" einfach durch die gewünschte Postleitzahl und schon haben Sie eine direkte Verbindung zu Ihrer Postfiliale.

Die Post bringt allen was.

 **Post.at**

Inhaltsverzeichnis

Worum geht es:
Kontinuität und Umbruch in den internationalen Beziehungen

Betrachtet man die internationalen Beziehungen zu Beginn des 21. Jahrhunderts, so sieht man eine geteilte Welt: während ein Teil der Staaten eine traditionelle Außenpolitik auf der Basis von Realpolitik und Machtpolitik verfolgt, wurde für andere Länder die Förderung der persönlichen Wohlfahrt ihrer Bürger die Legitimation des außenpolitischen Handelns. Jahrhundertelang war Außenpolitik Machtpolitik. Ihr Ziel war die Erhaltung der Souveränität und der Macht des Staates. „Groß" in der Geschichte war, wer eroberte und seine Macht vergrößerte. Mittel dazu waren Realpolitik und Krieg. Der Soldat und der Diplomat bildeten dabei eine Einheit.

Demgegenüber nimmt heute bei vielen Ländern auch das Wohlfahrtsdenken einen bedeutenden Platz bei der Gestaltung der internationalen Beziehungen ein. Ihre Ziele der Außenpolitik stehen im Dienst der Menschen: der Kampf gegen Armut, Hunger und Aids; die Entwicklung der Weltbevölkerung genauso wie die Welternährung; Entwicklungshilfe und Umweltschutz; Menschenrechte, Frauenemanzipation und das Wohl der Kinder. Die neuen Mittel für diese Außenpolitik sind Internationale Organisationen und Großkonferenzen; die neuen Player sind NGOs, Medien und multinationale Unternehmen. Viele internationale Bemühungen gehen heute dahin, das Modell des Wohlfahrtsstaates auf die internationale Staatengemeinschaft auszudehnen. Die Förderung der persönlichen Wohlfahrt wurde damit eine wesentliche Legitimation auch der internationalen Beziehungen. Kriege zur Durchsetzung lediglich nationaler Interessen wurden für die westlichen Wohlfahrtsstaaten undenkbar.

Nach dem Westfälischen Frieden (1648) entstand in Europa ein System von Staaten, deren Beziehungen untereinander von den Grundsätzen der Souveränität und der territorialen Integrität getragen waren. Die Staaten unterstanden demnach keiner übergeordneten Autorität und das nationale Interesse das oberste Leitmotiv. Die Anwendung von Gewalt zur Durchsetzung dieser Interessen galt als durchaus legitim. Demnach sollte sich die Außenpolitik ausschließlich an den Interessen des eigenen Landes ausrichten.

In der Praxis führte die Realpolitik dazu, dass bei Friedensverträgen Territorien und Menschen beliebig aufgeteilt wurden. Im Sinne des Gleichgewichtsdenkens musste jeder Fürst, der einen Machtzuwachs erzielte, einem anderen Fürsten eine Kompensation zugestehen. Massenheere, das Sterben für das Vaterland, der Tod am „Feld der Ehre" entsprachen dann einer Denkweise, die das nationale Interesse in den Mittelpunkt der internationalen Beziehungen stellte.

Heute haben nur mehr die USA die Möglichkeit, eine Außenpolitik im klassischen Sinne zu führen, (fast) nach Belieben Kriege zu führen und Frieden zu schließen. Ähnlich souverän sind noch Somalia und Äthiopien, auch sie können nach Belieben Kriege erklären, weil sie außerhalb der „Staatengemeinschaft" stehen. Alle anderen Länder müssen sich, mehr oder weniger, an die nunmehr von der internationalen Staatengemeinschaft aufgestellten Richtlinien halten. Bei den westlichen Ländern, von Europa über Kanada bis Australien, hat sich die Außenpolitik als „Wohlfahrtspolitik" weitgehend durchgesetzt, mit bedeutenden Auswirkungen: Wenn die Amerikaner von Sicherheit reden, von John F. Kennedy über Ronald Reagan bis George W. Bush, dann reden sie von der militärischen Sicherheit. Wenn die Europäer von Sicherheit reden, meinen sie ihre Sozialversicherung und ihre Pensionen. Wenn die Amerikaner in den Krieg ziehen, tun sie dies noch zur Verteidigung ihres nationalen Interesses. Die Europäer hingegen führen ihre militärischen Einsätze als „internationale Friedensmissionen", der Soldat dient nicht mehr der Stärkung der eigenen nationalen Außenpolitik. In Amerika gewinnt die Wahl, wer das eigene Land stark macht; in Österreich gewinnt die Wahlen, wer den Wohlfahrtsstaat ausbaut.

Wenn die USA heute als einzige Supermacht in ihrer Außenpolitik einer patriotischen Realpolitik verpflichtet sind, so heißt das noch lange nicht, dass nicht auch in anderen Teilen der Welt Außenpolitik nach wie vor auf Machtpolitik aufbaut. Die Rüstungsausgaben, der internationale Waffenhandel und die zahlreichen Kriege zeugen davon genauso wie jene Länder, die bemüht sind die eigene Macht auszubauen. Machtpolitik und Wohlfahrtsdenken können auch nebeneinander bestehen.

Nach dem furchtbaren Leiden der beiden Weltkriege jedoch hat sich, gerade in Europa, das Prinzip des Wohlfahrtsstaates auch als Legitimität der internationalen Beziehungen durchgesetzt. Souveränität und das Streben nach politischer Stärke blieben zwar weiterhin wesentliche Faktoren, die Förderung der persönlichen Wohlfahrt der Bürger wurde aber zunehmend auch ein Ziel der außenpolitischen Bestrebungen. Dies zeigte sich zunächst in den Organisationen der Vereinten Nationen, die nach 1945 gegründet wurden und vor allem wirtschaftliche und soziale Aufgaben übernahmen. Dazu kamen noch besondere Kompetenzen im Bereich der Entwicklung, des Handels, der Umwelt oder der Förderung der Kinder. In Europa ist durch den Europarat eine qualitativ neue internationale Organisation entstanden, die bemüht ist, Einheit durch gemeinsame Werte zu schaffen. Insbesondere erhielten die Bürger der Mitgliedsstaaten des Europarates die Möglichkeit ihr Recht bei einer internationalen Instanz, dem Europäischen Gerichtshof für Menschenrechte, einzuklagen. Das Streben der Bürger nach persönlicher Wohlfahrt hat damit das Streben der Staaten nach Macht eindeutig in den Hintergrund gedrängt.

Welche Ereignisse haben in letzter Zeit das internationale Geschehen geprägt? Aus dem Irak wird immer wieder über Attentate gegen amerikanische Soldaten und Zivilisten berichtet und auch der Nahost-Konflikt wird weiter blutig ausgetragen. Auch vom Kriegsschauplatz in Afghanistan und von anderen Teilen der Welt, von London bis Marokko, wird immer wieder über geplante und durchgeführte Terroranschläge berichtet.

Während also Machtpolitik und Krieg nach wie vor einen wesentlichen Teil der internationalen Beziehungen prägen, kann man heute auch eine ganz andere Seite der Diplomatie feststellen: Die Entwicklung zum Weltstaat. Auf dem G8-Gipfel befassten sich die Staats- und Regierungschefs der acht größten Länder der Welt mit Umweltfragen und Entwicklungspolitik; die Menschenrechte nehmen einen immer wichtigeren Platz ein und „War-Lords" aus dem früheren Jugoslawien werden genauso vor Gericht gestellt wie jene aus Sierra Leone oder Kambodscha. Gleichzeitig gab es internationale Hilfsleistungen für Erdbebenopfer von Peru bis Japan, das Schicksal der an den Stränden Südeuropas gestrandeten Flüchtlinge und die Ereignisse in Darfur erregten zahlreiche Gemüter.

Dabei ist auch diese Entwicklung widersprüchlich: während einige Bereiche zeigen, dass die Welt zusammenwächst, gibt es nach wie vor Phänomene, die die Staaten trennen, wie Nationalismus oder Fundamentalismus. Der wirtschaftliche Aufschwung Chinas ist genauso ein Ausdruck der Globalisierung wie die Tatsache, dass sich die Marktwirtschaft auch in Russland und Indien weitgehend durchgesetzt hat. Aber gerade Russland und China unterstreichen weiter die Bedeutung der Staaten, auch in einer globalisierten Welt. Auch Fragen des Umweltschutzes wurden ein weltweites Anliegen und demokratische Bestrebungen gibt es in den verschiedensten Gegenden der Welt, auch wenn sich diese Regierungsform bei weitem noch nicht überall durchgesetzt hat.

So sehr aber gemeinsame Werte weltweit verbindend wirken können, gibt es nach wie vor Ideologien, die trennen. Selbst bei manchen EU-Gipfeln konnten harmonische Gruppen-Fotos nicht darüber hinwegtäuschen, dass in manchen Mitgliedsstaaten nationalistische Bestrebungen dominieren und der islamische Fundamentalismus hat weltweit neue Fronten eröffnet.

Dazu kommt noch eine weitere relevante Neuerung: Demokratie, die Bildungs- und die Informationsrevolution haben auch zu entsprechenden weltweiten Veränderungen im Verhalten der Menschen geführt. Wurden im Zweiten Weltkrieg Flächenbombardements und entsprechende Verluste bei der Zivilbevölkerung noch hingenommen, bewirken die aus dem Irak oder aus Afghanistan gemeldeten Ziviltoten Schlagzeilen. Selbst der Tod von Berufssoldaten wird nicht mehr ohne weiteres hingenommen. Generell kann man sagen, dass für viele Armeen Auslandseinsätze heute das bedeuten, was früher die Verteidigung der eigenen Grenze ausmachte.

Wenn die Vergabe von olympischen Spielen, wie etwa nach Russland oder China, weltweites Interesse hervorruft, dann bedeutet dies, dass nicht mehr die Staaten alleine das internationale Geschehen bestimmen, sondern auch die Medien und die NGOs, wie etwa das Olympische Komitee.

In diesem Sinne zeigt alleine das internationale Geschehen der letzten Zeit, wie sehr sich unsere Welt einerseits in alten Bahnen bewegt, andererseits aber auch verändert, mit allen Chancen, aber auch mit allen neuen Herausforderungen.

All diese Entwicklungen sollen in diesem Buch in fünf Teilen behandelt werden.

I. Teil: Die traditionelle Außenpolitik – Machtpolitik als bestimmende Kraft der Internationalen Beziehungen

II. Teil: Die Alte Welt der Staaten

III. Teil: Eine neue Außenpolitik – Wohlfahrtsdenken in den internationalen Beziehungen

IV. Teil: Tendenzen zum Weltstaat

V. Teil: Neue Wesenszüge in den internationalen Beziehungen

Dank gebührt jenen, die wesentlich mitgeholfen haben, diese umfangreiche Studie zu recherchieren, zu verfassen und herauszugeben: Marina Mailänder und Stephanie Schmölzer von der Österreichischen Vertretung beim Europarat, der Lektorin des Trauner-Verlages, Karin Schuhmann, sowie dem langjährigen Geschäftsführer der „Austropapier", Dr. Gerolf Ottawa.

Strassburg, im Sommer 2008   Wendelin Ettmayer

I. Teil: Traditionelle Außenpolitik – Machtpolitik als bestimmende Kraft den internationalen Beziehungen

1. Die traditionellen Ziele der Außenpolitik: Souveränität und Macht des Staates

Das außenpolitische Geschehen einer jeden Epoche ist von bestimmten Grundgedanken geprägt. So hielt etwa das Mittelalter sehr stark an der Idee fest, dass die Menschheit eine Einheit darstellt. Das Bewusstsein von dieser Einheit war sehr ausgeprägt, umfasste alle Gebiete des Lebens und übertrug sich auf die politischen und staatlichen Formen des Zusammenlebens. Dieses theoretische Ideal der Einheit sollte dadurch verwirklicht werden, dass die Menschheit ein geistliches Oberhaupt, den Papst, und ein weltliches, den Kaiser hatte. Kaisertum und Papsttum hatten dasselbe Ziel: Beide versuchten, jeder in seinem Bereich, dass ihre universale Oberhoheit anerkannt wurde.

Dieses Prinzip der Einheit konnte aber in der Praxis nicht verwirklicht werden. Es kam zur Bildung verschiedener politischer Gemeinwesen, die nebeneinander existierten. In der Renaissance setzte sich dann, beginnend in Italien, eine neue Weltanschauung durch: Der bisherige Glaube an die universelle Autorität von Kaiser und Papst wurde abgelöst vom Glauben an die freie Selbstbehauptung des Individuums. Umgelegt auf die Politik bedeutete dies, dass sich zunächst selbständige Fürstentümer und später Nationalstaaten bildeten. Ab dem Zeitpunkt, in dem die Beziehungen zwischen den einzelnen selbständigen Staaten an Intensität gewannen, entstand die Diplomatie als Pflege der Beziehungen zwischen diesen Staaten als selbständige Einrichtung.

Hier soll zunächst dargestellt werden, aufgrund welcher theoretischen Grundlagen die zwischenstaatlichen Beziehungen geregelt wurden. Insbesondere soll dargestellt werden, was die Ziele und die Mittel bei der Gestaltung dieser Beziehungen waren, wie Staatsräson und Realpolitik darauf ausgerichtet waren, die

Macht des Monarchen, des Staates, zu stärken. Die Grundlage der Außenpolitik war damit die politische, militärische und wirtschaftliche Stärke eines Herrschaftsbereiches und blieb es für lange Zeit.

Ebenfalls charakteristisch für die Grundhaltung bei der Gestaltung der Außenpolitik war, dass alles als erlaubt erklärt wurde, was dazu beitrug, die eigene Macht zu stärken. Der Zweck heiligte eben die Mittel. Damit wurden Verhaltensweisen, die man im privaten Bereich auf das Schärfste verurteilte, im zwischenstaatlichen Verhalten als „Realpolitik" nicht nur geduldet, sondern sogar verherrlicht. Das Gebot „Du sollst nicht töten" etwa verwandelte sich in eine Heldenverehrung für den Feldherrn, dem es gelang, am Schlachtfeld möglichst viele Feinde zu töten.

1.1 Die Legitimation der Machtpolitik

Hat die katholische Theologie im Mittelalter, etwa Thomas von Aquin, noch die Unterordnung des Staates unter die Kirche gelehrt, so entwickelte später Jean Bodin (1530-1596) eine gänzlich andere Sicht: Entsprechend seiner neuen Lehre wurde der Fürst ein Souverän, der als Herrscher damit nach innen und nach außen entsprechend seinem freien Ermessen schalten und walten konnte. Damit wurde der Übergang vom mittelalterlichen zum modernen Staat vollzogen. Der mittelalterliche Staat war ständisch-feudal. An seine Stelle trat ein Staat, in dem der Fürst die absolute Macht sowohl nach innen, als auch nach außen ausübte. Die auswärtigen Beziehungen sollten somit dazu dienen, die Macht des Staates, also des Fürsten, zu stärken. Ihr Ziel und Zweck war es, das Ansehen und die Macht des Monarchen zu vermehren. Dass in einem solchen System die Leitung und Gestaltung der Außenpolitik dem Monarchen vorbehalten war, also eine „Domaine réservé" darstellte, liegt auf der Hand.

Leitmotiv der Außenpolitik sollte die Staatsräson sein. Demnach sollte eine Politik ausschließlich von der Überlegung geleitet werden, das zu tun, was dem Staate nützt. Damit sollte sich ein Staat in seinen Handlungen davon leiten lassen, was Vorteile bringt und die Macht ausweitet.

Als die Idee der Staatsräson zum ersten Mal von Niccolò Machiavelli in seinem Werk „Il Principe" (1532) formuliert wurde, war dies nicht die Darstellung eines neuen theoretischen Prinzips, Machiavelli beschrieb vielmehr die politischen Realitäten seiner Zeit: Ausdehnung der Herrschaft und Machterweiterung hatten sich eben als der grundlegende Staatszweck bereits durchgesetzt. Machiavelli erstellte dann die theoretischen Grundlagen dafür, wie das gesamte staatliche Leben durch Machtpolitik bestimmt werden sollte. Macht wurde damit die Grundlage des gesamten politischen Geschehens.

Hinsichtlich der internationalen Beziehungen wurde die These aufgestellt, dass internationale Politik gleichbedeutend ist mit dem Existenzkampf der Völker. Ziel eines jeden Staates müsse es daher sein, seinen Besitzstand, sein Territorium, zu vergrößern beziehungsweise die Herrschaft über fremde Völker und Gebiete zu gewinnen. Man ging von der grundlegenden Überlegung aus, dass ein jeder Staat die Beeinträchtigung, wenn schon nicht die Vernichtung eines anderen anstrebte und sich daher nur ein „Machtstaat" im internationalen Geschehen behaupten könne.

Dass bei dieser Denkweise Fehlentwicklungen nicht ausgeschlossen waren, liegt auf der Hand. So wurde immer wieder die Meinung vertreten, „auch der Handel folge den Kanonen". Dies sollte bedeuten, dass man zunächst Gebiete und Länder erobern müsse, um Absatzmärkte für die eigenen Waren zu gewinnen. Dieser Gedanke trug sehr stark zum Ausbau der Kolonialreiche bei. Tatsächlich zeigte sich immer wieder, dass der Handel letztlich den Preislisten folgte. So konnte etwa die Bundesrepublik Deutschland, selbst nach der verheerenden Niederlage nach dem Zweiten Weltkrieg, ganz Europa mit ihren Gütern überschwemmen. Überflüssig festzuhalten, dass die Überlegung, Deutschland wäre gezwungen gewesen, mit militärischen Mitteln die Überlegenheit in Mitteleuropa herzustellen, um Absatzmärkte zu finden, wohl falsch war.

Es hat dann nach Machiavelli zahlreiche Theoretiker gegeben, für die das Wesen des Staates vor allem in der Macht bestand und es die vornehmste Pflicht eines Herrschers war, die Macht des Staates auszubauen (so etwa Heinrich von Treitschke 1834 bis 1896). Manche gingen dabei so weit, dass sie postulierten, der Staat wäre bei seinem Bestreben, die Macht auszubauen, an das sonst akzeptierte Sittengesetz nicht gebunden.

In diesem Sinne sollte sich Außenpolitik als Realpolitik an der Interessenslage der eigenen Staaten ausrichten. Die Außenpolitik sollte sich demnach an den gegebenen politischen Möglichkeiten orientieren, ohne besondere Berücksichtigung ideologischer Werte oder anderer Wertvorstellungen. Entstanden ist der Begriff der Realpolitik als Gegenströmung auf die vielfach ideologischen Vorstellungen der Frankfurter Nationalversammlung in den 1850er Jahren. Ihren ersten Höhepunkt erreichte die Realpolitik, als es Otto von Bismarck gelang, unter kluger und zielstrebiger Ausnützung der politischen Gegebenheiten zunächst Preußens Macht zu stärken und dann, unter Preußens Führung, das zweite Deutsche Reich zu gründen.

Im Sinne der Realpolitik wird an Regeln des zwischenstaatlichen Verkehrs, ja an den eigenen Grundsätzen, nur solange festgehalten, als diese im Interesse des eigenen Landes liegen. Als der italienische Ministerpräsident Antonio Solandra 1915 erklärte, seine Regierung würde den früheren Verbündeten Österreich und Deutschland den Krieg erklären, hat er dies so begründet: Italien lasse sich ausschließlich vom „sacro egoismo" leiten. Damit brachte er die Lehren Machiavellis und die Realpolitik auf den Punkt.

Der Gedanke, dass Außenpolitik vor allem Machtpolitik ist, ist jedenfalls seit Jahrhunderten tief verwurzelt. So heißt es etwa in dem 1920 herausgegebenen „Handbuch der Politik" zu den „Grundlagen der Politik": „Das also ist das oberste Gesetz, das treibende Prinzip, die bewegende Kraft der internationalen Beziehungen: Der Wille zum Dasein. Es ist wie in der Welt der Gestirne: Ein nie aufhörendes Anziehen und Abstoßen, Untergehen und Emporkommen. Alles ist Kampf und Bewegung, Sieg oder Niederlage, Stillstand oder Tod... Nur im Ringen streitender Gewalten erwacht und bildet sich das Leben". Max Lenz, Professor der Geschichte an der Universität Hamburg, schrieb diese Zeilen, nachdem die Schlachtfelder des Ersten Weltkriegs Millionen von jungen Menschen das Leben gekostet hatten. Er ist damit wohl ein Beispiel dafür, wie eine durch „Idealismus" gestärkte Realpolitik zu einem politischen Handeln ohne Rücksicht auf Verluste führen kann.

Auch für den großen Vordenker der internationalen Beziehungen, Hans J. Morgenthau, besteht das Wesen der internationalen Beziehungen in einem Kampf um die Macht. So schreibt er in seinem Standardwerk „Politics among Nations – the Struggle for Power and Peace" im Kapitel über „International Politics as a Struggle for Power": „The essence of international politics is identical with its domestic counterpart. Both, domestic and international politics are a struggle for power".

Auf dieser Linie argumentiert auch John J. Mearsheimar in seinem 2001 erschienenen Werk „The Tragedy of Great Power Politics" im Kapitel „Anarchy and the Struggle for Power": „Great powers are always searching for opportunities to gain power over their rivals, with hegemony as their final goal". Demnach gibt es in den internationalen Beziehungen keinen Status quo. Das System wird vielmehr von jenen Mächten in Bewegung gehalten, die selbst mehr Macht gewinnen und deshalb die bestehenden Verhältnisse verändern wollen. Damit entsteht ein Wettrennen um die Macht in der Welt.

Somit kann festgehalten werden, dass das Streben eines Staates nach Macht ein entscheidendes Wesenselement in der Theorie der internationalen Beziehungen darstellt und auch die politische Praxis gestern wie heute davon geprägt ist. So ist bekannt, dass J.F. Kennedy zu den eifrigsten Lesern von Niccolò Machiavelli gehörte und auch sein späterer Nachfolger George W. Bush sieht in der Behauptung der amerikanischen Macht eine Verwirklichung der Werte seines Landes. Das zeigt wohl, dass jene Theorien, die die Außenpolitik eines Staates im Streben nach Macht begründet sehen, nach wie vor große Gültigkeit haben.

Im Laufe dieser Abhandlung soll allerdings in der Folge dahingehend argumentiert werden, dass das Streben nach Macht heute bei weitem nicht mehr die einzige Grundlage der internationalen Beziehungen ist. In der Außenpolitik und in den internationalen Beziehungen fast aller Staaten gibt es heute auch andere Werte, die durch die internationale Staatengemeinschaft verwirklicht werden sollen. So ist etwa die Förderung der persönlichen Wohlfahrt der Bürger – vom Kampf gegen die Armut bis hin zur Sicherung der Umwelt – eine grundlegende Legitimation der internationalen Zusammenarbeit geworden.

1.2 Das System des Westfälischen Friedens (1648)

Nach dem Westfälischen Frieden entstand in Europa ein System von Staaten, deren Beziehungen untereinander von den Grundsätzen staatlicher Souveränität und territorialer Integrität getragen waren. Die Staaten unterstanden keiner übergeordneten Autorität und das nationale Interesse galt als oberstes Leitmotiv. Die Anwendung von Gewalt zur Durchsetzung dieser Interessen galt als durchaus legitim.

Diplomatie war in diesem System die Pflege der Beziehungen zwischen den Staaten beziehungsweise deren Organen, wobei es galt, die Macht des eigenen Landes zu wahren beziehungsweise auszuweiten. Dies konnte mit friedlichen, wenn notwendig aber auch mit kriegerischen Mitteln geschehen. Diplomatie und Militär bildeten in diesem Sinne eine Einheit. Die Grenzen der Diplomatie lagen dort, wohin die „Kunst des Möglichen", basierend auf Verhandlungen und den dabei angewandten Methoden, reichte. Krieg wurde als Fortsetzung der Diplomatie angesehen, allerdings mit anderen Mitteln. Diese Denkweise bestimmte über Jahrhunderte die internationalen Beziehungen, das Handeln der Diplomaten und der Militärs.

In diesem Sinne schrieb etwa Feldmarschall Conrad von Hötzendorf in seinen Memoiren: „Die allgemeine Lage des Jahres 1910 war durch die zunehmende Verdichtung des sich um Deutschland und Österreich-Ungarn schließenden Ringes gekennzeichnet. Die Kriegsvorbereitungen unserer Gegner waren deutlich sichtbar, woraus die Forderung entsprang, auch die eigenen Machtmittel auf größtmögliche Höhe zu bringen." Und er fügte hinzu: „Diese Machtmittel in meinem Wirkungskreis zu fördern, bildete das Wesentliche meiner beruflichen Tätigkeit." Dieses internationale System, in dem die souveräne Macht des Staates das Maß aller Dinge war, führte immer wieder zu einem Rüstungswettlauf und zu kriegerischen Auseinandersetzungen. Nicht nur die Politik, auch die

Wirtschaft und die Kultur wurden dazu eingesetzt, das eigene Erscheinungsbild zu stärken.

Im Zuge der Französischen Revolution wurde eine neue Ideologie entwickelt, ein „Volksheer" wurde organisiert. Man zog jetzt aus „Liebe zum Vaterland" in den Krieg. So sehr aber die Französische Revolution die Grundlagen für die Entwicklung der innerstaatlichen Demokratie legte, in den auswärtigen Beziehungen wurde der Absolutheitsanspruch des Staates beibehalten. Wie früher unter dem König, blieb die Außenpolitik ein „Domaine réservé" des Staatspräsidenten. In den internationalen Beziehungen bestand nach wie vor die alte Ordnung. Kriege blieben eine reelle Option, eben eine Fortsetzung der Diplomatie mit anderen Mitteln. Allerdings starb man jetzt auf dem Schlachtfeld nicht mehr für den König, sondern für „Volk und Vaterland".

1.3 Was ist Macht im traditionellen Sinn?

Wenn, gemäß der Staatsraison das Streben nach Macht als das wesentliche Ziel im Bereich der internationalen Beziehungen angesehen wird, dann liegt es auf der Hand, dass insbesondere jene Staaten dieses Ziel erreichen können, die selbst über entsprechende Machtmittel verfügen.

So schrieb Wolfgang Windelband (1886-1945) in seinem Werk „Die auswärtige Politik der Großmächte", dass die Selbständigkeit der Staaten und als deren natürliche Folge der Kampf zwischen ihnen die Grundlage darstellt, auf der das europäische Staatensystem entstand. Er zitiert Montesquieu, wonach der Geist der auswärtigen Politik von Krieg und dem Streben nach Gebietsgewinn geprägt wird. Wenn aber das internationale Geschehen vom ständigen Bestreben nach der eigenen Vorherrschaft beziehungsweise dadurch bestimmt wird, jene eines anderen Staates abzuwehren, dann setzt dies entsprechende Kräfte, insbesondere militärische, voraus.

Auch in „The World Book Encyclopedia" werden die Grundlagen der internationalen Beziehungen mit „Macht" in Verbindung gesetzt. Dabei werden die Grundelemente von Macht in den Bodenschätzen eines Landes, in seiner strategischen Lage, im Grad der Industrialisierung, im Ausbau der Transport- und Kommunikationsmöglichkeiten und in der Größe seiner Bevölkerung gesehen. Ebenfalls als Komponente der „Macht" eines Staates werden der Bildungsstand und das Staatsbewusstsein der Bürger angesehen, der Stand von Wissenschaft und Forschung, die Innovationsfähigkeit insgesamt sowie die Fähigkeit der Regierung. Als wichtigste Komponente der Macht gilt dabei, insbesondere in kriegerischen Zeiten, die militärische Stärke.

„Macht" kann dabei nach der Definition von Max Weber als jene Chance angesehen werden, „innerhalb einer sozialen Beziehung den eigenen Willen auch gegen Widerstand durchzusetzen, gleichviel worauf diese Chance beruht".

Ausführlich hat sich Hans J. Morgenthau mit den grundlegenden Elementen der Macht einer Nation auseinander gesetzt, wobei er diese in solche einteilte, die relativ stabil sind, und in andere, die einem ständigen Wandel unterliegen. Zu den stabilen Machtfaktoren zählt er die Geographie und die Ausdehnung eines Landes, wobei er hervorhebt, dass angesichts einer nuklearen Bedrohung die Größe eines Landes noch an Bedeutung gewonnen hat. Als ebenfalls weitgehend stabile Faktoren erachtet er die Rohstoffe, die ein Land hervorbringt. Dabei wird der Selbstversorgung bei der Ernährung und den für die Rüstungsindustrie notwendigen Bodenschätzen ein besonderer Stellenwert eingeräumt. Clemenceau wird mit seinem Ausspruch zitiert, den er während des Ersten Weltkrieges machte, wonach „ein Tropfen Öl einen Tropfen Blut eines Soldaten wert ist". Dieser Satz hat wohl auch heute noch viel Gültigkeit.

Angesichts des großen Einflusses, den Technik und Technologie auf die moderne Kriegsführung ausüben, stellt auch der Grad der Industrialisierung einer Nation eine wesentliche Grundlage ihrer politischen Macht dar. Vielfach wurde sogar der Rang, den ein Land als Industrienation einnahm, gleichgesetzt mit seinem Rang auf der Liste der Weltmächte. Tatsächlich sagen der Stand der Industrialisierung und die Möglichkeiten, diesen auszubauen, sehr viel aus über die Möglichkeit, die militärische Rüstung auf- und auszubauen, wie zahlreiche Beispiele zeigen. Ein Faktor der militärischen Stärke sind neben den materiellen

Gütern natürlich auch die Einsatzbereitschaft und die Kampfbereitschaft der Truppen sowie die Qualität der politischen und militärischen Führung.

Was den Zusammenhang zwischen dem Stand der Rüstung und militärischen Erfolgen betrifft, so hat Paul Kennedy dies in seinem Werk „The Rise and Fall of Great Powers" immer wieder aufgezeigt. So konnte Deutschland 1944 zwar immer noch 17.800 Panzer produzieren, Russland aber gleichzeitig 29.000, Großbritannien 5.000 und die USA 17.500 (nach einem Produktionsstand von 29.500 im Jahr davor). Noch deutlicher war das Übergewicht der Alliierten im Zweiten Weltkrieg bei der Herstellung von Flugzeugen: So konnten die Vereinigten Staaten, die UdSSR, Großbritannien und das britische Commonwealth 1944 die beeindruckende Zahl von 168.000 Flugzeugen erzeugen, die Achsen-Mächte Deutschland und Japan hingegen zusammen nur 68.000.

Insgesamt erzeugten die Alliierten 1943 Rüstungsgüter im Wert von 62,5 Milliarden Dollar, die Achsen-Mächte hingegen im Wert von 18,3 Milliarden Dollar. Dieses totale Übergewicht der Alliierten kam nicht zuletzt deshalb zustande, weil die USA allein zwischen 1941 und 1943 ihre Rüstungsproduktion um das achtfache erhöhen konnte. Das gesamte Nationalprodukt der Alliierten und damit ihre potentielle Kampfkraft war dreimal so hoch wie jenes der Achsen-Mächte, womit der Zweite Weltkrieg wohl schon entschieden war, bevor er begonnen hatte. Gerade dieses Beispiel zeigt aber auch, wie wichtig eine gute politische Führung beziehungsweise eine professionelle Diplomatie für die internationale Stellung eines Landes sind.

Wenn man weiß, dass das Bruttonationalprodukt der Mittelmächte (Deutsches Reich und Österreich-Ungarn) 1914 15 Milliarden Dollar betrug, das der Entente (Großbritannien, Frankreich, Russland) hingegen 24 Milliarden Dollar, (das der USA sogar 37 Milliarden Dollar), dann ist wohl die Frage berechtigt, wie es um die Qualität einer Regierung bestellt ist, die bei diesem ungleichen Kräfteverhältnis gegen einen weit überlegenen Gegner in den Krieg zieht (das Industriepotential der Mittelmächte stand zu dem der Entente-Staaten im Verhältnis von 18 zu 26).

Ob die damaligen deutschen Politiker Opfer ihrer eigenen Rhetorik wurden, wenn sie großspurig erklärten, am deutschen Wesen werde die Welt genesen, oder ob sie die tatsächlichen Gegebenheiten einfach zu wenig kannten, sei dahingestellt. Vieles deutet darauf, dass sich die Exponenten des Deutschen Reiches um 1900 noch aggressiver und furchterregender in ihren Sonntagsreden äußerten, als dies den tatsächlichen Gegebenheiten entsprach. Somit war die Frage berechtigt, die der Hamburger Großkaufmann R.E. May 1897 in seiner Schrift „Die Kanone als Industriehebel" an die deutschen Machtpolitiker seiner Zeit richtete: „Wie kann man sich nur anderen Völkern so als Bestie darstellen? Werden sie sich nicht eines Tages zusammentun, um die Bestie tot zu schlagen?"

Wie wichtig die Größe der Bevölkerung beziehungsweise die entsprechenden Wachstumsraten als Machtgrundlage und für das Machtdenken einer Nation sein können, stellt Morgenthau anhand der Entwicklung vor dem Ersten Weltkrieg dar: Deutschland konnte beobachten, wie die Bevölkerungszahl Russlands stark anstieg, was bedeutete, dass machtpolitisch die Zeit für Russland arbeitete. Gegenüber Frankreich allerdings, wo die Bevölkerungszahl eher stagnierte, konnte das Deutsche Reich einen starken Zuwachs verzeichnen. Somit hatte Frankreich Angst, die Zeit würde für Deutschland und für die Stärkung des Deutschen Reiches arbeiten. Morgenthau sieht darin – verbunden mit der Furcht, die jeweils andere Seite könnte einen Angriff starten – einen wesentlichen Grund dafür, dass entscheidende Kräfte sowohl bei den Mittelmächten als auch bei der Entente eher früher als später auf eine „generelle Abrechnung" drängten.

Wenn Morgenthau auch den „Nationalcharakter" zu den Wesenselementen der Macht eines Staates zählte, so könnte dies im Zeitalter der „political correctness" auf Vorbehalte stoßen. Aber sein Argument, dass Kant und Hegel eben typische Vertreter der deutschen Philosophie, Descartes und Voltaire hingegen als solche des französischen Geistes angesehen werden, während Locke und Burke eher für das politische Denken in Großbritannien stehen, ist wohl schwer zu widerlegen.

Als „national morale" betrachtete Morgenthau die Bereitschaft, mit der die Bevölkerung eines Landes seine Außenpolitik in Friedens- und Kriegszeiten unterstützt. Tatsächlich spielt auch die Einstellung, die eine Bevölkerung seiner Regierung entgegenbringt, genauso eine Rolle, wie jene Geisteshaltung, die den öffentlichen Dienst durchdringt, wenn es darum geht, den Stellenwert eines Landes zu beurteilen. Richtig ist dabei wohl, dass bei der Beurteilung der Stärke eines Landes nicht nur quantitative, sondern sehr wohl auch qualitative Momente berücksichtigt werden müssen, wobei man insgesamt sehen kann, dass der traditionelle Machtbegriff sehr stark quantitativ geprägt war: es ging um die Stärke der Truppen, um die Zahl der Geschütze und Flugzeuge, um die Größe eines Landes, seine Bevölkerungszahl, um seine Naturschätze und seine Industrieproduktion.

Wie immer nun die einzelnen Aspekte von Macht analysiert oder definiert werden, richtig ist, dass Macht seit der Entstehung der Staatenwelt zu Beginn der Neuzeit einen integralen Bestandteil der Außenpolitik und der internationalen Beziehungen darstellte. Für viele Staaten, vor allem für die Großmächte, wird Macht auch weiterhin mit den Grundlagen und Zielen ihrer Außenpolitik eng verbunden sein. Auch in Zukunft wird es eine Diplomatie geben, die auf den Einsatz von Macht, ja von militärischen Mitteln setzt, eben die „coercive diplomacy".

Daneben, und das hat es in diesem Ausmaß in der Welt früher nicht gegeben, betreiben heute viele Staaten eine Außenpolitik, deren Durchsetzung nicht mehr mit dem Einsatz militärischer Macht verbunden ist. Für manche Staaten, wie etwa für die westlichen Wohlfahrtsstaaten, ist der Einsatz militärischer Macht zur Durchsetzung der nationalen außenpolitischen Ziele fast denkunmöglich geworden.

Damit stellt sich die Zweiteilung der Welt so dar: Die „alte Welt" in der die Einheit von Macht- und Außenpolitik weiter besteht, steht einer „neuen Welt" gegenüber, für die Außenpolitik, Sicherheit und Zusammenarbeit mit der Förderung der persönlichen Wohlfahrt verbunden ist. Dass in diesem Kontext Amerika die „alte" und Westeuropa die „neue" Welt darstellt, ist ein Paradoxon, das auch als List der Geschichte gesehen werden könnte.

1.4 „Groß" ist, wer erobert

Im Sinne des seit dem Westfälischen Frieden herrschenden Leitmotivs der Staatsräson ging als „Groß" in die Geschichte ein, wer als „Mehrer des Reiches" auftrat wie Peter oder Katharina in Russland, Friedrich in Preußen oder Napoleon. Massenheere, das Sterben für das Vaterland, der Tod am „Feld der Ehre", entsprachen voll dieser Denkweise. Als der französische Nationalkonvent 1793 die „Levée en masse" ausrief, galt es als Bürgerpflicht, das von allen Nachbarstaaten bedrohte Vaterland zu verteidigen.

Als „Groß" in der Geschichte galt und gilt, wer Länder eroberte und seine Feinde besiegte. Diese Denkweise passte ganz und gar in die von den souveränen Staaten entwickelten internationalen Beziehungen und wurde auch dann nicht geändert, als sich innerstaatlich demokratische Elemente durchsetzten. Die Außenpolitik blieb die längste Zeit sehr stark einer monarchischen Tradition verpflichtet.

Wer waren die großen Vorbilder in der Geschichte? Alexander der Große, dem es gelang, mit einem gut organisierten Heer von 30.000 Soldaten und 5.000 Reitern das Perserreich zu zerstören und bis nach Indien vorzudringen. Es war der Sieg des Westens über den Osten. Julius Cäsar, von dem Generationen von Gymnasiasten lernen mussten, wie er in übermenschlichen Eilmärschen und brillanten Schlachten ganz Gallien für das Römische Reich eroberte. Es war der Sieg der Zivilisation über die Barbaren. Karl der Große war, als er 814 starb, Herr über jenes Reich, das später mit Frankreich, Deutschland und Italien den Kern Europas bilden sollte. Er hat in blutigen Schlachten die Bajuwaren, Sachsen und Langobarden besiegt. Es war der Sieg des Christentums über die Heiden.

Ab der Zeit, in der die internationalen Beziehungen von der Staatsräson geprägt wurden, passte es zur Darstellung von Herrscherpersönlichkeiten, sie danach zu beurteilen, was sie zur Begründung oder Vergrößerung der Macht ihres Staates beigetragen haben. In diesem Sinne erhielt Peter I. (gest. 1725) von Russland den Beinamen „der Große", weil er im Norden Europas die Vormacht der Schweden brach (Schlacht von Poltawa 1709), Russland bis an die Ostsee ausdehnte und für sein Land die Vorraussetzungen für die spätere Großmachtstellung in Europa schuf.

Auch Friedrich II. dem Großen (gest. 1786) gelang es, durch Kriege gegen Österreich mit dem Erwerb von Schlesien und durch die polnischen Teilungen das Territorium Preußens während seiner Regierungszeit zu verdreifachen. Wie sehr auch für ihn die Bedeutung des Staats über alles ging, hat er in seinem politischen Testament schon 1752 dargelegt, wo es heißt: „Mein gegenwärtiges System ist, den Frieden zu fristen solange, als es nur irgend ohne Verletzung der Majestät des Staates geschehen kann". Mit dieser Haltung gewann Friedrich II. nicht nur den Siebenjährigen Krieg „um Preußens Sein oder Nichtsein", er etablierte sein Land endgültig als europäische Großmacht.

Eine Zeitgenossin von Friedrich II. war Katharina II. die Große (gest. 1796), die aus dem deutschen Geschlecht Anhalt-Zerbst stammende Zarin. Als ihr Gatte Peter III. im Zuge eines Staatsstreichs abgesetzt und ermordet wurde, übernahm sie die Macht, „um den orthodoxen Glauben" und den Ruhm Russlands zu verteidigen. Das tat sie auch. Zu Lasten Polens erreichte Russland Gebietsgewinne im Westen und nach Siegen gegen die Türken, die sowohl zu Lande als auch zu See schwere Niederlagen hinnehmen mussten. Russland wurde bis zum Schwarzen Meer, den Kaukasus und Alaska ausgedehnt. Das Schutzrecht über die orthodoxen Christen im Osmanischen Reich gewährte außerdem ein ständiges Interventionsrecht in der Türkei.

Diese „großen" Herrscher hatten eines gemeinsam: So aufgeklärt sie in ihrem persönlichen Denken vielfach waren – die Reisen Peters in den Westen sind genauso berühmt wie die Korrespondenz Friedrichs II. und Katharinas mit französischen Philosophen – in ihrem politischen Handeln gingen sie rücksichtslos gegen die eigenen Untertanen vor, wenn es galt, die eigene und die Macht des Staates zu stärken. Ohne hier weiter auf historische Leistungen beziehungsweise persönliche Verhaltensweisen dieser Herrscher einzugehen, soll doch zweierlei festgehalten werden: Zunächst, dass „Größe" in der Geschichte traditionell mit militärischen Erfolgen und damit verbunden war, die eigene Macht ausgebaut zu haben, ohne Rücksicht auf Verluste. Auch heute ist dieses Denken von „Größe", tief eingeprägt in unser Bewusstsein, mit „historischen Leistungen" verbunden. Staatsräson und Realpolitik haben eben zulange und fast ausschließlich außenpolitisches und historisches Denken geprägt.

Nunmehr hat sich jedoch auch ein anderes Denken entwickelt, jenes, das Verstöße gegen Menschenrechte und Menschlichkeit aufs schärfste verurteilt. Politiker und Soldaten, die nur einen Bruchteil jener Verletzungen von Menschenrechten und Menschenwürde begangen haben, wie sie unsere „Großen" der Geschichte verübten, werden des Machtmissbrauchs und der Verletzung grundlegender Rechte bezichtigt. Ihre Anklage und Aburteilung wird verlangt, manchmal auch durchgesetzt.

Hier zeigt sich, wie sehr unsere „geteilte Welt" auch in diesem Bereich das Bewusstsein spaltet: Verherrlichung von Größe und Macht prägen unser Denken immer noch, unbeschadet davon, wie viel menschliches Leid mit diesen historischen Großtaten verbunden war. Gleichzeitig ist aber ein neues Wertbewusstsein in unsere Köpfe eingedrungen, das von der Achtung der Menschenwürde geprägt ist.

2. Die traditionellen Mittel der Außenpolitik: Realpolitik, Staatsraison und Krieg

2.1   Die Umkehrung der Werte im Reich der Realpolitik

Zu den Wesenszügen der Realpolitik gehört auch eine Umkehrung der Werte: Verhaltensweisen, die im privaten Bereich auf das schärfste verurteilt würden, gereichen, wenn sie der Macht des Staates dienen, zur höchsten Ehre. Wird eine Verletzung des Gebotes „Du sollst nicht töten" im zivilen Leben auf das strengste bestraft, so gereicht die Vernichtung der Feinde am Schlachtfeld zur höchsten Ehre. Werden Diebstahl und Raub von einem jeden Strafgesetz unter Strafe gestellt, so war die Besitznahme ganzer Landstriche legitimiert, wenn dies im Sinne der Staatsräson erfolgte. Daraus ergibt sich: Die Staatsräson konnte eben aus privaten Sünden öffentliche Tugenden machen.

Diese Umkehrung der Werte ergibt sich sehr klar aus der Denkweise Machiavellis und aus der Theorie, auf der er die internationalen Beziehungen aufbaut. Denn wenn die Selbständigkeit eines Staates nur gewährleistet ist, solange sich dieser im Kampf gegen die anderen durchsetzt, und solange der Kampf die Grundlagen des zwischenstaatlichen Verkehrs darstellt, solange muss alles erlaubt sein, was den eigenen Interessen, ja den eigenen Überlebenschancen dient. Regeln gelten damit nur so lange, als sie den höheren Zielen dienlich sind.

Wenn Außenpolitik gleichbedeutend ist mit dem Existenzkampf der Völker, dann muss sie, nach dieser Denkweise, allen Herausforderungen des realen Lebens Rechnung tragen. Damit gelten Recht und Moral für einen Staat nicht, wenn es um die Erhaltung seiner Existenz geht. Denn diese ist wohl wichtiger als die Einhaltung abstrakter Prinzipien. Dazu kommt noch, dass ja der Staat selbst als die Quelle des Rechts angesehen wird. Damit steht er über dem Recht und jeder Krieg, der der staatlichen Führung als notwendig erscheint, wird ein gerechter Krieg.

Diese totale Ausschaltung der Grundsätze der privaten Moral aus dem öffentlichen Leben, also aus der Politik, hat dann sehr bald zur Stärkung der Volksmeinung „politisch Lied ein garstig Lied" beigetragen. Wenn es einmal geheißen hat, man müsse während des Militärdienstes zuerst aus einem Zivilisten einen Soldaten machen, dann ging diese Denkweise ebenfalls auf jene Zeiten zurück, als sich Staaten im Existenzkampf befanden und jeder Soldat lernen musste, „sich am Blute seiner Feinde zu berauschen". Wenn der Zweck, insbesondere der Staatszweck, die Mittel heiligt, dann ist es eine logische Folge, dass die Unterordnung unter den Staat zum obersten Gebot wird. Damit wird das sonst allgemein gültige Sittengesetz bei der Verfolgung jener Aufgaben außer Kraft gesetzt, die dem Staate dienen.

Damit liegt, um der weiteren Argumentation Machiavellis zu folgen, die wahre Größe eines Staatsmannes darin, dass er „seine Mission" allen persönlichen Gefühlen opfert. Napoleon hat diese Auffassung einmal so ausgedrückt: „Erhebt eure Fantasie, blickt weiter vorwärts und ihr werdet inne werden, dass jene Menschen, die euch gewalttätig, grausam usw. vorkommen, nichts weiter als Staatsmänner sind, die ihre Gefühle zu beherrschen und die Wirkungen ihrer Handlungen genau zu berechnen verstehen. Ich habe Blut vergossen und ich muss vielleicht noch mehr vergießen – aber ohne Zorn, bloß weil ich weiß, dass der Aderlass zu den Vorschriften der politischen Medizin gehört." Das Vaterland braucht eben, so diese Denkweise, Menschen, „die ihr Vaterland mehr lieben als ihre Seele".

Dieser Grundsatz, dass der Fürst im Sinne der Staatsräson losgelöst von Recht und Gesetz handeln kann, wenn es „das Wohl des Staates verlangt", wurde nach Machiavelli noch von zahlreichen Denkern und Philosophen vertreten. So schreibt etwa Johann Gottlieb Fichte (1762-1814): „An die allgemeinen Gesetze der Moral ist der Fürst in seinem Privatleben gebunden... In seinem Verhältnis zu anderen Staaten gibt es aber weder Gesetz noch Recht, außer das Recht des Stärkeren".

Realpolitik baut also auf einer Trennung zwischen einem politischen Gewissen und einem für die übrigen Lebensbereiche auf, also auf einer Trennung zwischen Politik und Moral. In diesem Sinne stellte etwa Friedrich der Große die Frage: „Ist der Vertragsbruch eines Fürsten so schlimm wie der Untergang eines Volkes?" Und gibt dann gleich selbst die Antwort: „Nur der Schwachsinnige kann vor der Antwort auf die Frage schwanken. Die Amtspflicht befiehlt dem Fürsten, der das Glück seines Volkes zu hüten hat, ein gefährliches Bündnis zu lösen, einen schädlichen Vertrag zu brechen, statt durch dessen Erhaltung sein Volk in Gefahr zu bringen. Wer solches Handeln unerbittlich verdammt, gehört zu den Leuten, denen ein gegebenes Wort als unverbrüchlich heilig gilt. Als Privatmann stimme ich diesen achtbaren Leuten zu, denen Ehre höher steht als Interesse. Der Fürst, der einen treulosen Nachbarn nicht, wie der hintergangene Privatmann, vor Gericht stellen kann und dessen Tun oder Lassen über Heil oder Unheil ganzer Völker entscheidet, muss anders denken und muss anders handeln."

Diese Denkweise hat natürlich jedem Sophismus und Opportunismus Tür und Tor geöffnet. So erschien etwa eine Schrift „Politik und Moral" (von H. Scholz; Gotha 1915) in der es heißt: „Ein Staatsmann beschädigt sein Gewissen nicht dadurch, dass er als Staatsmann anders handelt, als er als Mensch gehandelt hätte. Er vertieft vielmehr das Verständnis des Sittlichen, in dem er den Moralphilosophen korrigiert, der in einseitiger Beschränkung die Prinzipien der individuellen Moral mit den Maßstäben des Sittlichen überhaupt verwechselt."

All diese Überlegungen gehören längst nicht der Vergangenheit an. Auch heute werden manche Bücher über Diplomatie und Außenpolitik so geschrieben, als wären Staatsräson und Realpolitik immer noch die entscheidenden Grundlagen des internationalen Geschehens. Tatsächlich wird auch immer noch ein wesentlicher Teil der internationalen Beziehungen nach jenen Überlegungen gestaltet, die den Grundlinien der Realpolitik folgen. Manche Verhandlungen und Konferenzen von heute unterscheiden sich tatsächlich kaum von denen am Wiener Kongress.

Daneben gibt es aber heute eine andere Diplomatie und eine andere Außenpolitik. Es gibt heute eine internationale Zusammenarbeit, insbesondere im humanitären Bereich, die einer ganz anderen Logik folgt als jener der Staatsräson oder der Realpolitik. Der Unterschied wird deutlich, wenn man unterschiedliche Konferenzen miteinander vergleicht: So gab es und gibt es Konferenzen im Sinne der klassischen Diplomatie, die darauf abzielen, Gebietsgewinne und mehr Einfluss für das eigene Land zu erreichen. Dabei bemühen sich Verhandlungspartner wohl auch, sich gegenseitig unter Druck zu setzen, zu überreden oder zu überlisten. Bei Konferenzen allerdings, bei denen der Kampf gegen die Armut oder gegen die Umweltverschmutzung im Mittelpunkt steht, kommt es wohl eher darauf an, alle Kräfte gemeinsam in optimaler Weise einzusetzen. Bei diesen Konferenzen sollte es aber auch möglich sein, einen Einklang zwischen privater und öffentlicher Moral herzustellen, die lange Zeit bestandene Umkehrung der Werte zu überwinden.

2.2 Die Realpolitik in der Praxis – Soldaten und Diplomaten gestalten die Welt

2.2.1 Das Gleichgewichtsdenken – ohne Rücksicht auf den Menschen

Die verschiedenen Epochen entwickelten verschiedene Modelle dazu, wie die internationalen Beziehungen geregelt beziehungsweise gestaltet werden sollten. Wie heute über den Unilateralismus der Amerikaner diskutiert und geschrieben wird, wie zu Zeiten des Kalten Krieges Begriffe wie „Entspannung", „containment" oder „roll back" die Gemüter erhitzten, so war es durch Jahrhunderte das Denken vom „Gleichgewicht der Mächte", das die Gestaltung der internationalen Beziehungen ganz entscheidend beeinflusste.

a) Die theoretischen Grundlagen des Gleichgewichtsdenkens

Friedrich von Gentz (1764-1832) hat das „Gleichgewicht" einmal als die „Verfassung der europäischen Staaten" bezeichnet. Demnach konnte keiner unter ihnen „die Unabhängigkeit oder die wesentlichen Rechte eines anderen ohne wirksamen Widerstand von irgendeiner Seite und folglich ohne Gefahr für sich selber beschädigen." Im Frieden von Utrecht (1713) wurde das Gleichgewicht „als beste und stärkste Grundlage für gegenseitige Freundschaft und allgemeine und dauernde Eintracht" bezeichnet.

Tatsächlich wurde der Gedanke, die europäischen Staaten, die ja von ihrem Selbstverständnis darauf ausgerichtet waren, die eigene Macht zu stärken, sollten in einem Zustand des Gleichgewichts miteinander leben, sehr bald entwickelt. Vom Grundsatz her auf eine Friedensordnung ausgerichtet, hat dieses Prinzip dann tatsächlich dazu geführt, stets dann Kriege zu führen, wenn das Gleichgewicht nach den eigenen Vorstellungen gefährdet war. Denn so sehr die Erhaltung des Friedens als Ziel deklariert wurde, eine „gerechte" Machtverteilung im Sinne des Gleichgewichtsdenkens wurde als notwendige Vorraussetzung dafür erachtet. Und zur Schaffung dieser notwendigen Voraussetzungen musste man, wenn notwendig, auch kämpfen.

b) Das Gleichgewichtsdenken in der Praxis

In der Praxis führte das Gleichgewichtsdenken oft dazu, dass Territorien und Menschen beliebig aufgeteilt wurden. Jeder Staat, der einen Machtzuwachs erzielte, musste dem anderen dafür eine entsprechende Kompensation zugestehen. Dadurch wurden Staaten und Regionen auseinandergerissen, ohne Rücksicht auf deren Kultur oder Nationalität. Im Sinne der Staatsräson waren Untertanen einfache Objekte der Staatsgewalt, über die beliebig verfügt werden konnte. Außerdem kann man beobachten, dass Großmächte das Gleichgewicht immer wieder auf Kosten kleinerer Staaten hergestellt haben.

So hat Großbritannien durch den Vertrag von Utrecht (1713) Gibraltar, Menorca und für dreißig Jahre das Monopol für den Sklavenhandel mit den amerikanischen Kolonien erhalten. Zwischen Frankreich und Savoyen wurden genauso Gebiete ausgetauscht wie zwischen Frankreich, Preußen und England. Holland erhielt Festungen an der französischen Grenze und der Habsburger Karl VI. erhielt die spanischen Besitzungen außerhalb der Iberischen Halbinsel: Die südlichen Niederlande, Mailand, Mantua, Neapel, Sardinien, etc..

Polen schrumpfte bereits durch die erste Teilung (1772) von einem Staat mit 733.000 km² und 11,4 Millionen Einwohnern auf 211.000 km² und 4,5 Millionen Einwohner. Durch die beiden weiteren Teilungen, 1792 und 1795, ebenfalls zwischen Russland und Preußen beziehungsweise auch Österreich, verschwand der Staat dann gänzlich von der politischen Landkarte.

Während der Napoleonischen Kriege kam es dann 1807 zum Treffen zwischen Napoleon und Alexander I. in Tilsit (Ostpreußen; heutiger Name der Stadt Sowjetsk). Auch bei diesem Treffen, das im politischen Bewusstsein vieler Nordeuropäer noch durchaus präsent ist, wurden die Einflussbereiche aufgeteilt: Der Zar verpflichtete sich, Napoleon im Krieg gegen England zu unterstützen. Dafür wurde ihm das Recht eingeräumt, Schweden anzugreifen, was letztlich dazu führte, dass Finnland ein russisches Großfürstentum wurde. Außerdem wurden die Grundlagen für die Aufteilung der türkischen Besitzungen in Europa gelegt. Durch die Einrichtung des „Königreichs Westfalen" und des „Großherzogtums

Warschau" wurde Preußen um die Hälfte verkleinert. Wohl nicht zu unrecht wurde immer wieder eine Analogie zwischen diesem Treffen in Tilsit und jenem hergestellt, das eineinhalb Jahrhunderte später auf Jalta stattfand.

Am Wiener Kongress (1814-1815) erlebten Gleichgewichtsdenken und Staatsräson eine Blüte. Entsprechend groß war die Zahl der Länder, die getauscht wurden und der Gebiete, die den Herrscher wechselten: Belgien wurde an Holland angeschlossen; die Lombardei und Venetien an Österreich; der Rest Italiens wurde zwischen Habsburgern und Bourbonen aufgeteilt; Russland erhielt beträchtliche Gebietsgewinne und Preußen konnte sich im norddeutschen Raum ausbreiten etc.

Eine eigene Geschichte stellen die zahlreichen territorialen Transaktionen dar, die in den Kolonien im Laufe der Eroberung und Beherrschung Afrikas durch die europäischen Großmächte durchgeführt wurden.

So sehr das Gleichgewichtsdenken auch heute noch Wesenselement diplomatischer Verhandlungen ist – man denke etwa an die Abrüstungsverhandlungen oder selbst an Positionierungen innerhalb der EU – in einer Zeit des Nationalismus und der Ideologien musste es an Boden verlieren. Denn letztlich ist Gleichgewichtsdenken nur dort möglich, wo sich Gegner, bei allen Divergenzen, doch respektieren und die gegenseitige Existenzberechtigung anerkennen.

Ab dem Zeitpunkt, wo die von einem anderen Staat vertretene Ideologie als „das Reich des Bösen" betrachtet wird und man in der eigenen Handlungsweise nur „den Kampf für Frieden, Freiheit und eine bessere Welt" sieht, ist eine Koexistenz schwer möglich. Demnach ist auch das Wissen um jene Zusammenhänge, die zum Gleichgewichtsdenken geführt haben, ein Schlüssel zum besseren Verständnis unserer Geschichte. Es war dies jene Periode, in der die „klassische Diplomatie" ihre Blüte erlebte. Nicht nur von historischem Interesse ist es, dass das Gleichgewichtsdenken in der Praxis dort nur mehr schwer umgesetzt werden konnte, wo der Kampf zwischen den Staaten ein Krieg zwischen „Gut und Böse" wurde.

Zur Erhaltung des Gleichgewichts wurden Gebiete aufgeteilt und Eroberungskriege geführt. Der Gegner wurde, in fast rationaler Weise, so lange bekämpft, bis die eigene Macht wieder hergestellt oder die des anderen gebrochen war. Im Zeitalter der Ideologien und des Nationalismus war diese „rationale Vorgangsweise" nicht mehr möglich. Nunmehr ging es darum, den Gegner zu vernichten, die Kriege wurden zu Vernichtungskriegen.

2.2.2 Die sieben Weltkriege – vom Gleichgewichtsdenken zum „Kampf für eine bessere Welt"

Nach dem Dreißigjährigen Krieg wurde im Westfälischen Frieden (1648) eine internationale Ordnung konzipiert, die auf der Souveränität der Nationalstaaten aufbaute. Nach dem damals entwickelten Völkerrecht bedeutete dies, dass jeder Staat auch insoweit souverän war, dass er einem anderen den Krieg erklären konnte. Eine Epoche der Kriege war vorprogrammiert. Jeder Staat war damit berechtigt, seine Macht innerhalb der eigenen Grenzen, aber auch im Krieg gegen andere Staaten, zu erweitern.

In den letzten 300 Jahren gab es sieben Weltkriege, die meist auf drei oder mehr Kontinenten ausgefochten wurden, und die das Schicksal der Welt entscheidend beeinflussten. Es waren dies: Der Spanische Erbfolgekrieg; der Große Nordische Krieg; der Siebenjährige Krieg; die Napoleonischen Kriege; der Erste und der Zweite Weltkrieg und schließlich der Kalte Krieg. Zu diesen Kriegen konnte es aus verschiedenen Gründen kommen: Wenn die Machtansprüche eines Staates auf diplomatischem Weg nicht mehr durchgesetzt werden konnten; wenn ein Herrscher oder ein Land versuchten, die Vorherrschaft in der Staatengemeinschaft zu übernehmen oder wenn sich revisionistische Kräfte gegen das bestehende Gleichgewicht erhoben.

Den großen Kriegen folgten Friedenskonferenzen, die darauf ausgerichtet waren, eine neue internationale Ordnung oder zumindest ein neues Kräfteverhältnis zwischen den Staaten herzustellen. Die Siegermächte nahmen dann in der neuen Konstellation solange einen dominierenden Platz ein, bis die Verlierer versuchten, das bestehende Machtverhältnis zu ihren Gunsten zu revidieren. Auf

Schlachten folgten Friedenskonferenzen, Soldaten und Diplomaten lösten einander in der Gestaltung des Weltgeschehens ab.

Am Schlachtfeld wurde das Kräfteverhältnis zwischen den Gegnern entschieden. Die dann folgenden Konferenzen waren darauf ausgerichtet, die politischen Verhältnisse, die internationale Ordnung neu zu regeln: Das Verhältnis zum bisherigen Gegner sowie die Beziehungen der Sieger untereinander. So lange Realpolitik und Gleichgewichtsdenken diese Konferenzen prägten, also bis zum Ersten Weltkrieg, wurde durchaus ein „Ausgleich" zwischen Siegern und Besiegten gesucht. Ab dem Zeitpunkt, wo dann eine Nation die größten Anstrengungen unternahm, eine andere zu vernichten, wurde es wesentlich schwerer, einen Ausgleich zu finden. Denn mit Todfeinden oder mit dem „absolut Bösen" ist ein Kompromiss nicht mehr möglich.

Schließlich wurde das Gleichgewichtsdenken von der Vorstellung abgelöst, nur in einer internationalen Gemeinschaft, in der jeder Staat die Grundsätze von Demokratie, Freiheit und Menschenrechten verwirklicht, könne der Friede gesichert werden. Diese Denkweise kam in der Satzung der Vereinten Nationen sehr stark zum Ausdruck und wurde in den Vereinigten Staaten, bis hin zur Bush-Doktrin, weiter entwickelt. Schließlich räumten sich die USA das Recht ein, präventiv gegen jene Staaten vorzugehen, die den von ihnen festgelegten Kriterien eines „zivilisierten Verhaltens" nicht entsprachen.

Glaubte man also lange Zeit, das Gleichgewicht zwischen den Staaten wäre die beste Garantie für ein friedliches Zusammenleben, so setzte sich schließlich die Vorstellung durch, „zwischen Demokratien könne es nie zu einem Krieg kommen". Dass aber damit Kriege „zur Durchsetzung der Demokratie" dann genauso an der Tagesordnung sein können wie seiner Zeit jene zur Erhaltung des Gleichgewichts, muss man genauso in Kauf nehmen, wie früher jene „unheiligen Allianzen", bei denen die Realpolitik die Oberhand behielt.

Aber was immer die Ursachen der Kriege und die Motive für die Gestaltung der internationalen Beziehungen waren, die Aufgabe eines Diplomaten war es, für seinen Staat eine optimale Stellung in der Welt zu erreichen. Diplomatie und

Militär waren der Staatsräson verpflichtet und zutiefst mit der „Führung der Staatsgeschäfte" verbunden. Dies soll am Beispiel der Sieben Weltkriege dargelegt werden.

a) Der spanische Erbfolgekrieg und der Friede von Utrecht (1701–1714)

Dieser Krieg war das Modell einer kriegerischen Auseinandersetzung zu Erhaltung des Gleichgewichts. Er brach aus, als die spanische Linie der Habsburger mit Karl II. ausstarb und ihm ein Enkel des französischen Königs Ludwig XIV. nachfolgen sollte. Nach dem Tod des letzten Habsburgers in Spanien, Karl II., stritten Österreich und Frankreich um das spanische Erbe. Ludwig XIV. von Frankreich trat für seinen Enkel Philipp von Anjou ein, Kaiser Leopold I. für seinen Sohn Karl (er wurde später Karl VI. und Vater von Maria Theresia). Auf Seiten Österreichs standen zunächst England und Holland, während Bayern und Savoyen auf Seiten Frankreichs kämpften. Mehrere europäische Länder, von den Niederlanden bis Oberitalien, wurden zum Kriegsschauplatz.

Die Seemächte England und Holland befürchteten zunächst einen zu großen Machtgewinn Frankreichs und verbündeten sich deshalb zur Erhaltung des Gleichgewichts und um handelspolitische Vorteile zu erreichen mit dem Kaiser unter der Bedingung, dass ihnen alles gehören sollte, was sie von den spanischen Kolonien erobern konnten. Für Österreich ging es darum, wieder einen Habsburger auf den spanischen Thron zu bringen.

Der Krieg hatte damit einen doppelten Charakter: Einmal wollten ihn die Alliierten defensiv gegen Frankreich führen, um das europäische Gleichgewicht unter den Mächten zu wahren. Tatsächlich hat auch das englische Parlament die für den Krieg notwendigen Mittel „zur Aufrechterhaltung des europäischen Gleichgewichts" bewilligt. Andererseits wurde der Krieg, insbesondere in den Kolonien, als Eroberungsfeldzug geführt.

Nach dem Tode Kaiser Josephs I. 1711 fürchteten Großbritannien und Holland eine Verschiebung der Machtverhältnisse in Europa zugunsten der Habsburger, die nunmehr die Möglichkeit hatten, Spanien und die österreichischen Erblande in einer Hand zu vereinigen. Um dies zu verhindern, wurde im Frieden von Utrecht (1713) festgelegt, dass der von Frankreich unterstützte Philipp V. König von Spanien würde. Österreich erhielt die spanischen Niederlande.

Der Friede von Utrecht stellte auch die Weichen für die kommende Entwicklung: Die Vorherrschaft Englands auf den Meeren wurde bekräftigt. Der bisherige Konkurrent um die Weltherrschaft, Frankreich, wurde, vor allem in Nordamerika, in die Schranken gewiesen. Spanien war keine Großmacht mehr, Holland war den anderen Mächten nicht mehr ebenbürtig und Österreich konnte sich auf die Kämpfe gegen die Türken und seine Ausdehnung im Osten konzentrieren. Der Diplomatie gelang es somit in Utrecht, das Ergebnis der Kampfhandlungen in eine Friedensordnung umzusetzen, die doch einige Jahrzehnte halten sollte.

b) Der Große Nordische Krieg und der Friede von Nystadt (1700–1721)

Fast zur selben Zeit wie der Spanische Erbfolgekrieg begann in Nordeuropa der Große Nordische Krieg. Dieser wurde insbesondere zwischen Russland und Schweden geführt, aber auch Sachsen-Polen, Preußen und Dänemark, ja am Rande auch die Türkei, waren daran beteiligt.

In diesem Krieg wurde Schweden, das bis dahin die Vorherrschaft in Skandinavien und im Baltikum innehatte, von Russland entscheidend geschlagen (Schlacht von Poltawa, 1709). Im Frieden von Nystadt (Westfinnland) verlor Schweden seine Besitzungen im Baltikum – also Estland, Kurland und Livland – und auch in Norddeutschland. Die Vormachtstellung Russlands in Nordosteuropa war damit begründet. Russland konnte in Zukunft als Großmacht in Europa auftreten. Polen verlor weiteren Einfluss, während Preußen die Chance nützte, die Grundlage für seine spätere Expansion zu legen. Auch hier zeigte sich, dass ein Krieg durch eine Friedenskonferenz beendet und damit auch eine neue Ordnung im Kräfteverhältnis festgelegt werden konnte.

Der Krieg war in einem ganz entscheidenden Ausmaß auch eine persönliche Auseinandersetzung zwischen dem russischen Zaren Peter I. und dem schwedischen König Karl XII. Gleich zu Beginn des Krieges erlitt der Zar eine empfindliche Niederlage bei Narva. Karl XII. zog dann nach Süden, eroberte Polen und zwang August von Sachsen und Polen, den Verbündeten des Zaren, zum Verzicht auf sein Königreich. Als der schwedische König dann im Herbst 1708 gegen Moskau marschierte, wurde er bereits mit der russischen Taktik der verbrannten Erde und mit dem russischen Winter konfrontiert.

Bei der Schlacht von Poltawa kämpfte der Hetman (Anführer) der Don-Kosaken, Mazepa, an der Seite der Schweden. Daher gilt er heute als einer der Vorkämpfer für die Unabhängigkeit der Ukraine. Wie widersprüchlich die Verhältnisse in diesem Land, auch die Darstellung der eigenen Geschichte, immer noch sind, zeigt Folgendes: Am Schlachtfeld von Poltawa befindet sich ein Museum, das noch in Sowjet-Zeiten gebaut wurde. Vor dem Museum steht ein riesiges Standbild von Peter I., der als großer Sieger dargestellt wird.

Während der Führung im Museum durch den ukrainischen Direktor ergibt sich dann ein ganz anderes Bild: Nunmehr rückt der Hetman Mazepa in den Mittelpunkt des Geschehens. Dieser ist im Begriff, ein ukrainischer Nationalheld zu werden, während er die längste Zeit im Sinne der russischen Geschichtsschreibung als Verräter geächtet wurde.

Karl XII. floh jedenfalls nach der Schlacht von Poltawa in die Türkei, von wo er erst 1714 nach Schweden zurückkehrte. Zar Peter hingegen kam 1711 in türkische Kriegsgefangenschaft. Er wurde aber, unter Verzicht auf alle russischen Eroberungswünsche, und wohl auch nach Bezahlung eines erheblichen Bestechungsgeldes, sehr rasch wieder frei gelassen.

Am Beispiel des Nordischen Krieges sieht man, welch große Opfer ein Krieg auch damals für die Bevölkerung bedeutete: Zeitweilig wurden 82 Prozent der Staatseinnahmen für den Krieg ausgegeben. Nicht nur Bauernsöhne, auch Söhne aus anderen Ständen wurden mobilisiert. Und noch eines: Der gesamte Umbau des Staates, die großen Reformen von Zar Peter I. waren darauf ausgerichtet, die Streitkräfte zu stärken und die Schlagkraft Russlands im Krieg zu erhöhen. Der

Krieg erforderte immer größere Mittel, eine bessere staatliche Verwaltung sollte in der Lage sein, diese zu beschaffen.

Wenn der Große Nordische Krieg vielleicht von seiner Ausdehnung her zunächst kein „Weltkrieg" war, so war doch sein Ergebnis bedeutend für die Weltgeschichte: Russland wurde die entscheidende Vormacht in Nord- und Osteuropa und löste als solche Schweden ab. Durch die Kolonialisierung Sibiriens erstreckte sich sein Territorium bis zum Pazifischen Ozean, mit China wurden Handelsbeziehungen eröffnet und ein Feldzug gegen Persien führte zur Annexion von Baku.

Dieser Krieg hatte aber in einer besonderen Weise eine weltpolitische Dimension: Polen, Schweden und die Türkei, drei Verbündete Frankreichs durch die der französische König immer wieder auf den Osten Europas einwirken konnte, wurde stark geschwächt. Die bis dahin besondere Stellung Frankreichs in dieser Region ist damit zusammengebrochen. Der Nordische Krieg hat demnach in die selbe Richtung gewirkt wie der Spanische Erbfolgekrieg: beide zusammen haben den Griff Frankreichs nach der Weltherrschaft zum Scheitern gebracht

c) Der Siebenjährige Krieg und die Friedensverträge von Hubertusburg und Paris (1756–1763)

Der Siebenjährige Krieg brachte sowohl in Mitteleuropa als auch in Kanada ganz entscheidende Machtverschiebungen: Preußen festigte mit dem endgültigen Erwerb von Schlesien seine Großmachtstellung, Frankreich verlor alle Besitzungen in Kanada.

In Europa war es allerdings zu einer neuen Bündnisstruktur, zu einem „Renversement des Alliances" gekommen: Großbritannien verbündete sich mit Preußen, während Frankreich und Österreich Seite an Seite kämpften. Auch Russland, Schweden und Sachsen waren an den Auseinandersetzungen beteiligt. Nach berühmten Schlachten bei Kolin, Rossbach, Zorndorf und Hochkirch kam es 1763 zu den Friedensschlüssen von Hubertusburg und Paris.

In Paris trat Frankreich alle Besitzungen auf dem nordamerikanischen Festland, von der Hudson Bay bis zum Golf von Mexiko, an Großbritannien ab. Die Briten ihrerseits sicherten zunächst die Küste. 1758 gelang es ihnen neuerlich, die Festung Louisbourg einzunehmen. Die entscheidende Schlacht fand im September 1759 auf den Plains of Abraham, einer Hochebene vor Québec-City statt. Die Briten trugen den Sieg davon, womit die Grundlage dafür gelegt war, dass sie das kanadische Erbe von Frankreich antraten.

Die Niederlage Frankreichs beruhte auf verschiedenen Faktoren: Letztlich war der Verlust Kanadas eine Folge der ununterbrochenen britischen Seeherrschaft während des Siebenjährigen Krieges. Dazu kam, dass eine unzureichende Einwanderung aus dem Mutterland die Kolonie nicht ausreichend stärkte, um den Angriffen der wesentlich stärker besiedelten Neu-England-Kolonien widerstehen zu können. Offensichtlich gab es in Frankreich im 18. Jahrhundert nur eine geringe Bereitschaft zur Auswanderung in die Kolonien, wobei wohl auch das harte Klima am St.-Lawrence-Strom nicht besonders einladend war.

Dennoch kann man sagen, dass die Franzosen einen wesentlichen Beitrag zur Erschließung Kanadas, ja Nordamerikas bis zum Mississippi-Gebiet geleistet haben: Ihre Pelzhändler hatten gute Beziehungen zu den Indianern, die katholischen Missionare bei den Indianerstämmen waren fast ausschließlich Franzosen und der Code Civil gilt noch heute in Québec. Dazu muss vor allem noch eines hervorgehoben werden: Die Anwesenheit der Franzosen hat Kanada geprägt und wesentlich dazu beigetragen, dass sich dieses Land eben vom übrigen Nordamerika unterscheidet. Ohne die gleichzeitigen Auseinandersetzungen in Europa hätte die Entwicklung in Amerika vielleicht einen ganz anderen Verlauf genommen.

Auch dieser Krieg folgte dem von der Realpolitik vorgegebenen Muster: Da sich die Großmächte über verschiedene Fragen nicht einigen konnten, kam es zum Krieg. Nach äußerst blutigen Kämpfen – allein die österreichische Armee verlor 303.600 Mann und 82.000 Pferde – wurden bei Friedensverträgen die Weichen für die weitere politische Entwicklung gestellt. Die auf Schloss Hubertusburg (in Sachsen) geführten Verhandlungen endeten mit der Bestätigung des Status quo ante, also mit einer Bestätigung jener Verhältnisse, die vor dem Krieg bestanden. Maria Theresia musste auf Schlesien verzichten, Sachsen wurde August III. zurückgegeben und Friedrich II. versprach, bei der Wahl zum römisch-deutschen Kaiser für Joseph II. zu stimmen.

d) Die Revolutionskriege, Napoleon und der Wiener Kongress (1789–1815)

Hatte Frankreich beim Ausbruch der Revolution (1789) ein Heer von 180.000 Mann, so gelang es Napoleon, seine Armee von 325.000 Mann im Jahre 1798 auf 1 Million im Jahre 1812 auszubauen. Damit war das europäische Gleichgewicht gründlich erschüttert. Insbesondere zwischen 1805 und 1813 ist das Übergewicht der französischen Armee gegenüber den gegnerischen Heeren in Europa immer deutlicher geworden: Napoleon baute nicht nur die Konskription in Frankreich selber aus, er gliederte auch zahlreiche Soldaten aus anderen Ländern in seine Armee ein. Da Napoleon durch ein besseres Training, eine bessere Disziplin und eine bessere Koordination auch die Qualität seiner Truppen stark erhöhte, konnte er als brillanter Feldherr von Sieg zu Sieg eilen.

Blutige Schlachten beendeten diesen Siegeslauf: In der Völkerschlacht bei Leipzig (1813) schlugen 365.000 alliierte Truppen, nach einem Schlachtplan von Radetzky und unter dem Oberkommando von Schwarzenberg, 195.000 Franzosen. 35.000 tote Franzosen und 54.000 Soldaten bei den Verbündeten (darunter 15.000 Österreicher) blieben auf dem Schlachtfeld. Bei der Schlacht von Waterloo verlor Napoleon 40.000 Mann, von insgesamt 70.000; die Engländer und Preußen hatten bei einer Armee von 100.000 Mann 21.000 Opfer zu beklagen. Die Opferbilanz der Napoleonischen Kriege ist gewaltig, auch wenn die Zahlen schwanken. Heute geht man davon aus, dass bei den Feldzügen zwischen 1792 und 1815 alleine 600.000 bis 1,3 Millionen Franzosen ihr Leben verloren haben; davon zwischen 70% und 75% in den Kriegen Napoleons als Kaiser, also zwischen 1805 und 1815. (Les collections de l'Histoire Nr. 20)

Was die Verbündeten beziehungsweise Gegner der Franzosen betrifft, so nimmt man an, dass ihre Verluste jeweils höher waren als jene der „Grande Armée", nämlich zwischen 600.00 und 1,5 Millionen Toten alleine in den letzten zehn

Jahren der Herrschaft Napoleons. Danach hätten alleine die Kriege des Kaiserreichs Europa zwischen 1 Million und 2,5 Millionen Tote gekostet

Auch dieser Epoche von Kriegen folgten Friedensverhandlungen. Am Wiener Kongress war es die Aufgabe der Diplomaten, das europäische Gleichgewicht wieder zu finden. Das Bestreben des österreichischen Staatskanzlers Fürst Clemens Wenzel Metternich war dabei einmal darauf gerichtet, die Vormacht Österreichs im Deutschen Bund und in Italien sicherzustellen. Außerdem ging es darum, das europäische Gleichgewicht wiederherzustellen und durch die „Heilige Allianz" die Stabilität in Europa zu sichern.

Fürst Metternich war zunächst um die Stärkung der europäischen Mitte bemüht, die durch den langen Kampf mit Frankreich stark geschwächt war. Die besondere Rolle der europäischen Mitte auf dem Kontinent sollte durch eine geschickte Gleichgewichtspolitik ermöglicht werden: Das Übergewicht des Ostens, der starken militärischen Macht Russlands, sollte durch den Westen, insbesondere durch ein enges Bündnis mit England ausgeglichen werden.

Insgesamt gelang es am Wiener Kongress, eine internationale Ordnung festzulegen, die Europa einige Jahrzehnte des Friedens brachte (bis zum Krimkrieg 1853-1856) und die den Kontinent bis zum Ausbruch des Ersten Weltkrieges 1914 prägte.

e) Der Erste Weltkrieg (1914–1918) und Versailles

Als der Erste Weltkrieg ausbrach, waren Diplomaten und Soldaten noch von alten Denkmustern geprägt. Man glaubte, durch einen Krieg und die darauf folgende Friedenskonferenz, das europäische Gleichgewicht aufrecht erhalten zu können. Diese Denkweise entsprach nicht mehr den neuen Gegebenheiten. Der Nationalismus und die Massenheere waren bereits auf die Vernichtung des Gegners ausgerichtet. Dazu kam dann bereits die amerikanische Vorstellung vom „Kampf des Guten gegen das Böse". Ein Friedensschluss im bisherigen Sinn war damit nicht mehr möglich. Versailles musste scheitern.

Glaubten manche 1914 noch, der nach der Ermordung des österreichischen Thronfolgers Franz Ferdinand ausgebrochene Krieg würde eine Auseinandersetzung im Sinne des bis dahin geltenden Gleichgewichtsdenken, so zeigte sich bald, dass die Zeit der Kriege als Duell zwischen Monarchen vorbei war. Der Nationalismus mobilisierte ganze Völker gegeneinander und der amerikanische Präsident Woodrow Wilson brachte eine moralische Komponente in die internationalen Beziehungen, als er erklärte, Amerika gehe nach Europa, „um die Demokratie zu retten".

Während des Ersten Weltkrieges wurden Truppen in noch nie dagewesenen Ausmaß mobilisiert: Auf Seiten der Alliierten 40,7 Millionen Soldaten, auf Seiten der Mittelmächte 25,1 Millionen Soldaten. Die Alliierten Truppen setzten sich wie folgt zusammen: 9,5 Millionen aus dem British Empire; 8,2 Millionen aus Frankreich; 13 Millionen aus Russland; 5,8 Millionen aus Italien; 3,8 Millionen aus den Vereinigten Staaten und 2,6 Millionen von den anderen Alliierten. Auf Seiten der Mittelmächte schickte das Deutsche Reich 13,2 Millionen Soldaten in den Krieg; Österreich-Ungarn neun Millionen und die Türkei 2,85 Millionen.

Entsprechend furchtbar waren die Opfer, die der Krieg sowohl bei den Siegern, als auch bei den besiegten verursacht hat. Die Schreckensbilanz: neun Millionen Tote und Vermisste. (Deutschland 2 037 000, Österreich-Ungarn 1 100 000, Frankreich 1 327 000, Großbritannien 715 000, Italien 578 000, Rumänien 250 000, Türkei 804 000). Dazu kamen mehr als 20 Millionen Verwundete (gemäß Le petit Mourre). Dazu kamen gewaltige wirtschaftliche Verluste und die Kosten des Krieges brachten alle Staaten in große finanzielle Schwierigkeiten.

Nicht nur die Millionen Opfer, auch die politischen Ereignisse des Krieges wurden bei Kriegausbruch von den Regierungen der kriegführenden Staaten kaum vorhergesehen: Die Mitte Europas wurde zerstört, genauso wie das Osmanische Reich; die alten Dynastien der Habsburger und der Hohenzollern mussten abdanken; der Zar wurde gestürzt und in Russland die Macht der Bolschewiken etabliert. Zogen die Amerikaner in den Krieg, „um die Welt sicher für die Demokratie zu machen", so mussten sie in der Nachkriegszeit sehen, wie die meisten europäischen Länder Opfer von autoritären oder totalitären Regimen wurden.

Europa hatte sich selbst fast einen Todesstoß versetzt. Das alte System des Gleichgewichts, das von Soldaten und Diplomaten getragen war, die sich einem überkommenen Ehrenkodex verpflichtet fühlten, konnte in einer Zeit der Massenheere, der Panzer, der Flugzeuge und der U-Boote, des Nationalismus und der totalitären Ideologien nicht mehr funktionieren. Und vor allem eines: Wenn in der Vergangenheit Kriege geführt wurden, um ein Gleichgewicht der Macht wiederherzustellen, dann konnte dieses Konzept unter den neuen Bedingungen nicht mehr funktionieren.

Neu war nämlich, dass vor allem von amerikanischer Seite der Krieg als ein „Kampf des Guten gegen das Böse" erklärt wurde. Und das Böse muss bestraft und kann nicht im Rahmen einer Friedenskonferenz als gleichwertiger Partner anerkannt werden. Nach dem Ersten Weltkrieg wurde dann zwar mit dem Frieden von Versailles und anderen Verträgen der Versuch unternommen, ein System der kollektiven Sicherheit einzurichten. Die Siegermächte versuchten eine internationale Ordnung aufzubauen, die im Völkerbund zum Ausdruck kam und in der sie das Sagen hatten.

Aber schon John Maynard Keynes, der große Nationalökonom, hat in seiner 1919 erschienenen Schrift „Die wirtschaftlichen Folgen des Friedensvertrages" schon sehr gut dargestellt, dass der Vertrag von Versailles „nicht gerade klug war, teilweise unausführbar war und das Leben Europas gefährdete".

In einer weiteren Publikation, 1922 unter dem Titel „Revision des Friedensvertrages" erschienen, trat Keynes für eine Änderung des Vertrages dahingehend ein, dass der Realität Rechnung getragen wird. Konkret: Die Deutschland auferlegten Reparationszahlungen sollten so sein, dass sie von der deutschen Wirtschaft auch verkraftet werden können. Keynes erkannte auch, wie sehr sich das Wesen internationaler Konferenzen geändert hatte, wenn er schrieb: „Es ist die Art moderner Staatsmänner, so viele Torheiten auszusprechen, wie das Volk verlangt. Es sollten aber dann nicht mehr davon in die Praxis umgesetzt werden, als sich mit dem verträgt, was sie gesagt haben."

Hieß es vom Wiener Kongress noch, „der Kongress tanzt", weil die Kongressteilnehmer noch die Muße zu einer entspannten Gestaltung ihrer Freizeit fanden, so waren die Teilnehmer der Konferenzen im Medienzeitalter mit Phänomenen konfrontiert, die sie nur mehr teilweise beeinflussen und gestalten konnten: Die Auswirkungen der öffentlichen Meinung, der Propaganda und die nächsten Wahlen mussten mindestens so stark in Rechnung gestellt werden wie das langfristige Interesse des Staates und der Staatengemeinschaft.

Keynes erkannte dies und schrieb: „Das Ungeheuer war seinen Urhebern über den Kopf gewachsen. Eine außergewöhnliche Lage war geschaffen worden. Die mächtigsten Staatsmänner der Welt wurden durch Kräfte, denen sie nicht entrinnen konnten, gezwungen, sich einen Tag nach dem anderen zu treffen, um ins Einzelne gehende Variationen von Plänen zu besprechen, deren Durchführung, wie sie wussten, unmöglich war." Keynes schrieb dies über den Vertrag von Versailles und seine Auswirkungen. Es sollte aber für viele andere Konferenzen des 20. Jahrhunderts Gültigkeit erlangen.

Die neue Ordnung baute jedenfalls nicht mehr auf dem Prinzip des Gleichgewichts auf. Österreich-Ungarn wurde zerstückelt, Deutschland sollte bestraft werden. In der Propaganda der Alliierten nahm der „Kaiser" schon viele Züge dessen an, was man später von anglo-sächsischer Seite als das „Reich des Bösen" bezeichnete.

f) Der Zweite Weltkrieg (1939–1945) – Potsdam und Jalta

Als am 1. September 1939 der Zweite Weltkrieg ausbrach, schrieb der damalige US-Botschafter in London, Joseph Kennedy, der Vater des späteren Präsidenten, dass der Erste Weltkrieg nunmehr eine Fortsetzung fände. England wäre bereit, Deutschland endgültig niederzuringen, nur dass das Wort „Junker" nunmehr durch „Nazi" ersetzt wäre. Tatsächlich war der Zweite Weltkrieg nicht nur eine Fortsetzung des „Großen Krieges". Durch die fast ins Unermessliche gehende

Grausamkeit, vor allem aber durch die ideologischen Gegensätze wurde nicht einmal mehr daran gedacht, einen Kampf zur Erhaltung des Gleichgewichts zu führen, es ging vielmehr darum, den Gegner zu vernichten. Die Amerikaner sahen ihren Einsatz in Europa als einen „Kreuzzug", wie Dwight D. Eisenhower seine Memoiren nannte. Die Forderung nach einer „bedingungslosen Kapitulation", wie sie von Churchill und Roosevelt anlässlich der Konferenz von Casablanca im Jahre 1943 aufgestellt wurde, war die logische Folge. Man nimmt an, dass der Zweite Weltkrieg 40 Millionen Tote gefordert hat, die Hälfte davon unter der Zivilbevölkerung: UdSSR 17 Millionen (davon 9,5 Millionen Ziviltote); Deutschland 5,5 Millionen (davon 3 Millionen Ziviltote); Polen 4 Millionen (davon 3 Millionen Ziviltote); China 2,2 Millionen gefallene Soldaten; Jugoslawien 1,5 Millionen; Japan 1,3 Millionen gefallene Soldaten; Frankreich 535.000 (davon 330.000 Ziviltote); Italien 450.000 (davon 150.000 Ziviltote); Großbritannien hatte 396.000 gefallene Soldaten zu beklagen, die Vereinigten Staaten 292.000 (gemäß Le petit Mourre).

Es war wohl natürlich, dass diese Opferbilanz zu einer moralischen Erschütterung führte, die wesentlich dazu beitrug, dass sich in Folge Staaten von einer Außenpolitik als Machtpolitik abwandten und die Menschenrechte zunehmend an Bedeutung gewannen. Nach einem Jahrhundert des Glauben an den Fortschritt sah sich die Welt plötzlich mit einer Schreckensszene konfrontiert, die man sich vorher kaum vorstellen konnte. Alle anerkannten Werte unserer Zivilisation wurden über Bord geworfen: durch die Konzentrationslager; durch den Einsatz moderner Technologie zur systematischen Ausrottung ganzer Völkerschaften durch die medizinischen Versuche an Gefangenen; durch die systematische Bombardierung der Zivilbevölkerung und schließlich durch den Abwurf zweier Atombomben.

Wurden nach dem Ersten Weltkrieg Vertreter Deutschlands, Österreichs und andere besiegte Nationen zumindest noch eingeladen, einen Friedenvertrag zu unterschreiben, wenn sie auch kaum die Möglichkeit hatten, den Inhalt zu beeinflussen, so waren bei den Konferenzen der Sieger nach dem Zweiten Weltkrieg diese unter sich. Bei der Konferenz von Jalta legten die drei Siegermächte – USA, UdSSR und Großbritannien – die Aufteilung Deutschlands in Besatzungszonen fest, auch der Eintritt der Sowjetunion in den Krieg gegen Japan wurde beschlossen.

Dass die Teilung Europas in eine kommunistische und eine westliche Einflusssphäre ebenfalls in Jalta beschlossen worden wäre, wurde lange Zeit in den Raum gestellt und zeigt jedenfalls eines auf: Die neue internationale Ordnung wurde nicht mehr durch Konferenzen gestaltet, schon gar nicht durch solche, an denen die Unterlegenen hätten teilnehmen können. Das Mächteverhältnis nach dem Zweiten Weltkrieg wurde vielmehr durch die „Macht des Faktischen" bestimmt. In der politischen Entwicklung der Nachkriegszeit wurde vollzogen, was durch die Armee vorher entschieden worden war. Die Diplomaten wurden durch die Soldaten in den Hintergrund gedrängt. Das entscheidende Kriegziel, die Niederringung Nazi-Deutschlands war erreicht. Andere Kriegsziele nicht. So zogen Engländer und Franzosen in den Krieg, um ein unabhängiges Polen zu retten. Die Wiederherstellung einer Demokratie in Polen war genauso wenig möglich, wie verhindert werden konnte, dass ganz Osteuropa unter die sowjetische Einflusssphäre kam.

Dass man auch in Potsdam in historischen Zusammenhängen dachte, zeigt folgender Vorfall: Während der Konferenz sagte Averell Harriman, Mitglied der amerikanischen Delegation, zu Stalin: „Marschall, Sie müssen doch sehr stolz darauf sein, dass Ihre Truppen in Berlin stehen". Darauf Stalins kühle Antwort: „Stolz bin ich nicht, denn die Truppen von Alexander I. kamen immerhin nach Paris."

Auch nach dem Zweiten Weltkrieg wurde von den Alliierten ein Anlauf unternommen, eine neue internationale Ordnung einzurichten. Kernstück dieser neuen Ordnung sollten die Vereinten Nationen sein. Fünf Siegermächten wurde eine besondere Rolle eingeräumt, nämlich das Vetorecht im Sicherheitsrat der Vereinten Nationen. Die Realpolitik gewann aber bald die Oberhand über alle idealistischen Proklamationen, die über „eine Zeit ohne Krieg" und den „ewigen Frieden" anlässlich der Gründung der Vereinten Nationen kundgetan wurden. Die von der Sowjetunion – gestützt auf die kommunistische Ideologie – betriebene expansive Außenpolitik und die Abstützung dieser Außenpolitik auf gewaltige Rüstungsprogramme gestaltete die internationale Realität. Diese Realität war bald nach dem Zweiten Weltkrieg wieder von Realpolitik und Staatsräson gekennzeichnet.

Allerdings zeigte sich im Bereich der Vereinten Nationen Folgendes: Während die UNO im politischen, vor allem im machtpolitischen Bereich ihr Ziel, nämlich die Erhaltung des Friedens in der Welt kaum erreichen konnte, wurden Grundlagen zum Aufbau einer neuen Art der Außenpolitik entwickelt. Diese war auf die Verbesserung der Wohlfahrt der Menschen ausgerichtet, von den Menschenrechten bis zur Entwicklungspolitik. So sehr dann, gerade in der Zeit des Kalten Krieges, macht- und realpolitische Überlegungen die internationalen Beziehungen bestimmten, die Bedürfnisse der Menschen wurden immer mehr Gegenstand der internationalen Diplomatie.

g) Der Kalte Krieg und die amerikanische Vorherrschaft

Während des Kalten Krieges gewannen Realpolitik und Diplomatie wieder an Bedeutung, zumindest in den Beziehungen zwischen den Großmächten. Die Rüstungsausgaben wurden ins fast Unermessliche gesteigert, aber es kam zu keinen direkten kriegerischen Auseinandersetzungen zwischen den Blöcken.

Wenn es auch während des Kalten Krieges keine bewaffnete Konfrontation zwischen den Großmächten gab, so wurden Stellvertreterkriege an der Peripherie geführt. Die Aufrüstung war auf beiden Seiten gewaltig. So stiegen die Rüstungsausgaben der USA allein von 1948 bis 1970 von 11 Milliarden Dollar auf 78 Milliarden Dollar, jene der UdSSR von 13 Milliarden Dollar auf 72 Milliarden Dollar und jene Chinas von zwei Milliarden Dollar auf 23,7 Milliarden Dollar. Im Jahre 1970 gab Westdeutschland für seine Verteidigung 6,1 Milliarden Dollar aus, Frankreich 5,9 Milliarden Dollar und Großbritannien 5,8 Milliarden Dollar. Da aber das Bruttonationalprodukt (BNP) der USA 1950 dreieinhalb mal so groß war wie jenes der UdSSR und 1990 immer noch mehr als doppelt so groß, waren die von der Sowjetunion getätigten Militärausgaben für die eigene Wirtschaft eine wesentlich größere Belastung als die amerikanischen Rüstungsausgaben für die US-Wirtschaft. Auch dies hat wohl letztlich zum Zusammenbruch der UdSSR beigetragen.

Auch während des Kalten Krieges waren Ziele und Grundlagen der internationalen Beziehungen dieselben, wie in den Jahren zuvor: Die beiden Supermächte waren bestrebt, den eigenen Einfluss zu stärken und den Gegner in Grenzen zu halten. Realpolitische Überlegungen und Staatsräson waren die Wesensmerkmale der Außenpolitik dieser Zeit. Der Name Henry Kissinger steht dafür genauso wie der von Andrei Gromyko. Selbst mittlere Mächte wie England und Frankreich versuchten noch, ihre Außenpolitik auf die militärische Stärke abzustützen, wie dies während der Suez-Krise 1956 zum Ausdruck kam.

Die riesigen Rüstungsausgaben, wie sie oben dargelegt wurden, zeigten auch eines: Außenpolitik und Verteidigungspolitik bildeten eine Einheit. Diplomaten stützten ihr Vorgehen auf die militärische Macht des eigenen Landes. Ob es sich um Abrüstungsgespräche, um solche über Sicherheit und Zusammenarbeit oder um Konferenzen zur Beilegung der verschiedenen Krisen handelte: Man wusste, auf welches Rüstungspotential man im Ernstfall zurückgreifen konnte. Realpolitik war Trumpf.

Gleichzeitig wurde, gerade angesichts der Möglichkeit der totalen Vernichtung durch einen Atomkrieg, die humanitäre Dimension der Internationalen Beziehungen stark weiterentwickelt: die Entwicklungspolitik genauso wie die Menschenrechte; die Armut in der Dritten Welt wurde ebenso ein Thema wie die weltweite Umweltverschmutzung, Frauenrechte oder die Situation der Kinder. Eine internationale Organisation wie der Europarat wurde Vorkämpfer für Demokratie, Rechtsstaatlichkeit und Menschenrechte; sie vermittelte damit ihren Mitgliedern demokratische Legitimation und europäische Identität. Wie sehr dieses Thema während des Kalten Krieges eine Rolle spielte, geht aus einem in der DDR erschienenen „Wörterbuch der Außenpolitik und des Völkerrechts" hervor, wo es heißt: Der Europarat ist ein Resultat des Strebens der herrschenden Kreise der kapitalistischen Staaten Europas nach einem Zusammenschluss ihrer Kräfte gegen die revolutionäre Bewegung in den eigenen Ländern und gegen die sozialistischen Staaten…Der wahre Zweck des Europarates ist es, einen spezifischen Beitrag zur Erhaltung und Stabilisierung der kapitalistischen Ordnung in Westeuropa zu leisten…Dem Europarat geht es um eine Förderung der Formierung des westeuropäischen Zentrums des Imperialismus.

Heute stellt sich die Frage, wie die Welt nach Beendigung des Kalten Krieges eingerichtet werden soll. Die USA haben den Kalten Krieg gewonnen, die Sowjetunion hat ihn verloren. Großbritannien, Frankreich, Deutschland und Japan waren auf der Seite der Amerikaner, China hat zum Ausgang wenig beigetragen.

Dabei ist folgende Überlegung angebracht: Warum sollen die USA mit der UNO eine internationale Ordnung beibehalten, die aus einem ganz anderen Konflikt entstanden ist? Könnten die Amerikaner in Zukunft nicht wesentliche Aufgaben einer neuen Organisation übertragen, nämlich der NATO? Dabei bräuchten die Amerikaner die NATO nicht so sehr zur Verstärkung der eigenen Schlagkraft, sondern vielmehr zur politischen Legitimation für ein eigenständiges militärisches Vorgehen.

Dazu kommt noch, dass von führenden Amerikanern Aktionen, die unter der Schirmherrschaft der Vereinten Nationen durchgeführt wurden, als Fehlschlag gewertet wurden, wie die humanitären Einsätze in Somalia, Ruanda oder Bosnien vor dem NATO-Engagement. Dem gegenüber konnten dort, so glauben einige, wo die USA beziehungsweise die NATO eindeutig das Kommando übernahmen, Erfolge erzielt werden. Als Beispiel dafür werden der Krieg gegen Saddam Hussein im Irak 1991, der Einsatz im Kosovo oder die Haltung gegenüber Nordkorea, das gezwungen wurde, von seinem nuklearen Rüstungsprogramm abzugehen, angeführt.

Nach dem eindeutigen Sieg der USA im Kalten Krieg ist die neue internationale Ordnung entsprechend stark von ihnen geprägt. Dieser Sieg, der nicht auf dem Schlachtfeld errungen wurde, sondern durch die Implosion der UdSSR – hervorgerufen durch zu hohe Rüstungsausgaben; niedrige Ölpreise und ein nichtfunktionierendes Wirtschafts- und gesellschaftliches System – wurde vor allem auch als die Überlegenheit der Demokratie gegenüber den Diktaturen und der Marktwirtschaft gegenüber der Planwirtschaft gesehen. Die Bezeichnung unserer Epoche als „Pax Americana" hat viel für sich. Dabei ist die Frage, ob und wie die Institutionen der alten internationalen Ordnung mit den Kräften der neuen zusammenwirken werden, noch ziemlich offen. Konkret muss aber doch entschieden werden, wie weit sich Europa dieser neuen internationalen Ordnung anpassen wird und auch, welche Rolle Österreich dabei übernimmt.

Die Kriege des 20. Jahrhunderts waren so verheerend, dass sich in einigen Teilen der Welt, insbesondere in den westlichen Wohlfahrtsstaaten, die Haltung zum Krieg generell geändert hat: galt es selbst in der Zeit zwischen dem Ersten und dem Zweiten Weltkrieg noch als legitim, Konflikte zwischen den Staaten mit militärischen Mitteln auszutragen, so wurden nach dem Zweiten Weltkrieg militärische Auseinandersetzungen zwischen westeuropäischen Ländern denkunmöglich. Gleichzeitig setzte sich der 1949 gegründete Europarat zum Ziel, durch die Verwirklichung einer auf Rechtsstaatlichkeit aufbauenden Wertegemeinschaft eine Friedenszone zu schaffen, was auch in beeindruckender Weise gelang. Während also ein Teil der Welt weiter in traditioneller Weise Kriege führt, wurde zunächst in Westeuropa das „Wohlfahrtsdenken" in den internationalen Beziehungen ein wesentlicher Teil der Außenpolitik eines jeden Landes. Als dann die Konferenz für Sicherheit und Zusammenarbeit in Europa den Grund- und Freiheitsrechten einen besonderen Stellenwert einräumte, begann damit eine Entwicklung, die wesentlich zur Bewusstseinsbildung auch im kommunistischen Teil des Kontinents beitrug. Internationale Verträge und zwischenstaatliche Abkommen zum Wohl der Bürger wurden ein integraler Teil der Diplomatie.

2.3   Realpolitik – heute wie gestern

So sehr sich die internationalen Beziehungen nunmehr dadurch auszeichnen, dass darin auch humanitäre Ziele einen wesentlichen Platz einnehmen – von der Flüchtlingshilfe über die Entwicklungspolitik bis zum Kampf gegen AIDS – man erfährt täglich immer noch wie stark die alten Gesetze der Staatsräson und der Realpolitik auch in der Gegenwart das Verhalten der Staaten zueinander in weiten Teilen der Welt bestimmen.

Großmächte, allen voran die Supermacht USA, lassen immer wieder erkennen, dass vorwiegend nationale Interessen ihre Außenpolitik bestimmen. Die hohen Rüstungsausgaben dieser Länder sind wohl auch ein Beweis dafür, dass außenpolitische Ansprüche notfalls mit militärischen Mitteln durchgesetzt werden sollen.

Insgesamt zeigt sich gerade im Sicherheitsbereich die Zweiteilung der Welt sehr deutlich: Während ein Teil der Staaten die äußere Sicherheit und damit die Militärausgaben in den Vordergrund stellen, geht es anderen mehr um die soziale Sicherheit, manchmal sogar zu Lasten der Militärausgaben. Konkret: in den USA kann man Wahlen gewinnen, wenn man die Rüstungsausgaben erhöht, ja für einen Krieg eintritt, in Europa hingegen, wenn man versucht, einen Krieg zu verhindern. Während für einen Teil der Staaten die Erhaltung ihrer Sicherheit, gestützt auf das Militär, weiterhin eine nationale Aufgabe darstellt, wurde für andere Länder, darunter auch Österreich, die Durchsetzung nationaler Interessen mit militärischen Mitteln praktisch denkunmöglich. Für diese Länder wurde die Erhaltung der Sicherheit eine regionale, eine internationale Aufgabe.

Hier soll zunächst aufgezeigt werden, wie sehr auch heute die Realpolitik immer noch die Diplomatie prägen kann. Dies vor allem am Beispiel der USA, dann aber auch am Beispiel jener Kriege und Konflikte in anderen Gegenden der Welt, die den hergebrachten Mustern der Machtpolitik folgen.

2.3.1 Die USA – Diplomatie mit Machtbewusstsein

Die Vereinigten Staaten zeichnen sich heute nicht nur dadurch aus, dass sie mit Abstand die höchsten Rüstungsausgaben in der ganzen Welt haben, sie sind wohl auch das einzige Land, das qualitativ ein Niveau der Rüstung erreicht hat, das schon an das Utopische reicht. Darüber hinaus zeigen die USA auch immer wieder, dass sie bereit sind, ihre Macht einzusetzen, und das in jeder Ecke der Welt.

2.3.1.1 Der Rüstungsvorsprung der USA

Die Rüstungsausgaben der USA sind enorm: Für das Jahr 2001 weist das „International Institute for Strategic Studies" Militärausgaben in der Höhe von 396 Milliarden Dollar auf. Im Vergleich dazu lagen jene Österreichs bei 1,5 Milliarden Dollar. Die USA geben also bei einer 35-mal so großen Bevölkerung wie Österreich 265-mal mehr für das Militär aus.

Aber insbesondere im Vergleich zu den anderen großen Ländern veranschlagen die USA ungeheure Summen für ihre Streitkräfte: Doppelt so viel, wie alle EU-Länder zusammen; beziehungsweise soviel wie jene Länder zusammen, die bei den Militärausgaben die nächsten 15 Plätze einnehmen. Die US-Militärausgaben sind auch gewaltig, wenn man weiß, dass, ebenfalls im Jahr 2001, das Verteidigungsbudget in Russland bei 60 Milliarden Dollar lag; in China bei 42 Milliarden Dollar; in Japan bei 40 Milliarden Dollar; in Großbritannien bei 34 Milliarden Dollar; in Saudi Arabien bei 27 Milliarden Dollar; in Frankreich bei 25 Milliarden Dollar und in Deutschland bei 21 Milliarden Dollar.

Einige Jahre später, 2007, hatten sich die Zahlen, nicht aber das Gesamtbild geändert: die weltweiten Rüstungsausgaben betrugen dann 1,34 Milliarden Dollar. Auf die USA entfielen dabei 547 Milliarden Dollar; auf Europa insgesamt 370; auf Großbritannien 59,7; auf Frankreich 53,6; sowie auf Deutschland 36,9. China hatte in diesem Zeitraum seine Rüstungsausgaben auf 58,3 Milliarden Dollar erhöht und Japan auf 43,6. (Sipri Stockholm)

Zu Beginn des 21. Jahrhunderts sind die Rüstungsausgaben weiter stark gestiegen, insbesondere in den USA, im Nahen Osten und in Russland. Nach einem Bericht des „Internationalen Instituts für Friedensforschung" in Stockholm, betrug diese Steigerung in den zehn Jahren vor 2007 gewaltige 45%, wobei sich die weltweiten Rüstungsausgaben in diesem Jahr auf 1339 Milliarden Dollar beliefen. Davon entfielen wiederum 45% auf die USA.

Was aber die USA besonders auszeichnet, ist die Qualität ihrer Ausrüstung und ihrer Rüstungssysteme. Die Ausrüstung der Soldaten wird jener von Astronauten immer ähnlicher und die Flugzeuge, bemannt oder unbemannt, gleichen immer mehr den Raumschiffen. Die Vereinigten Staaten sind damit wohl das einzige Land, das die auf den verschiedenen Gebieten der Hochtechnologie und der Kommunikation gewonnenen Erkenntnisse auch im Aufbau und Ausbau der Rüstungssysteme umsetzt.

Allein das geplante Raketenabwehrsystem besteht aus vier Grundkomponenten: Aus einem Radarsystem mit Aufklärungssatelliten; aus Großflugzeugen mit Lasereinrichtungen; sowie aus Abschussrampen zu Wasser und zu Land. Als Nachfolgemodell für die F-16 und F-18 Kampfflugzeuge soll der F-35 gebaut werden, von dem die USA 3.000 Stück anschaffen wollen. Das Flottenausbauprogramm soll mit dem Bau der 50 DD (x) Zerstörern begonnen werden, wobei eines mehr als eine Milliarde Dollar kostet.

Bei den amerikanischen Streitkräften ist also die RMA (Revolution in militärischen Angelegenheiten) schon Wirklichkeit geworden. Die Revolution, die sich heute in der Rüstung und in der Art der Kriegsführung vollzieht, ist für viele Militärhistoriker mit den ganz großen Neuerungen und Umwälzungen in der Geschichte vergleichbar: Mit der Schaffung der Infanterie (um 1300) und der Artillerie (1450); mit dem Bau einer neuen Art von schnellen Kriegsschiffen (um 1500) und von Befestigungsanlagen (um 1550); mit der Erfindung des Schießpulvers (1600) und der Einführung neuer Strategien durch Napoleon (um 1800); sowie mit der neuen Art der Kriegsführung zu Land (um 1850) und zu Wasser (um 1900). Auch der Einsatz von Flugzeugen zu Kampfzwecken sowie des Maschinengewehrs und der Panzer zu Beginn des 20. Jahrhunderts und der Atombombe Mitte des 20. Jahrhunderts stellten ähnliche Revolutionen dar.

Heute sind es vor allem die Amerikaner, die die enormen Mittel aufbringen, um die neue RMA, die auf einem Netzwerk von Hochtechnologie und Informatik aufgebaut ist, auch zu verwirklichen. Schon während des Golfkrieges wurde darauf verwiesen, dass viele Einsätze nur mehr mit „intelligenten Waffen", also mit solchen, bei denen man eine 100-prozentige Treffsicherheit einkalkulierte, geführt wurden. Tatsächlich waren es, so stellte sich später heraus, damals nur zehn Prozent aller Einsätze.

Heute wird RMA als ein „paradigm shift in the nature and conduct of military operations" definiert, "which either renders obsolete or irrelevant one or more core competencies in a dominant player, or creates one or more new core competencies in some dimension of warfare, or both."

Das hört sich nicht nur sehr kompliziert an, es ist es wohl auch. Konkret heißt dies offensichtlich, dass es in Zukunft nicht mehr so sehr darauf ankommt, wer die Träger der Waffen sind – Panzer, Schiffe oder Flugzeuge – sondern vielmehr darauf, dass durch eine möglichst perfekte Vernetzung aller Kriegsteilnehmer ein optimaler Effekt erzielt wird. Der Krieg der Zukunft ist damit offensichtlich ferngesteuert, von großer Mobilität geprägt und darauf ausgerichtet, die eigenen Soldaten zu schonen. Die Kommandozentrale wird immer mehr ein Schauraum mit Videospielen, und kann sich irgendwo befinden. So konnte der kommandierende amerikanische General den Einsatz der Truppen im Afghanistan im Herbst 2001 bereits von seinem Hauptquartier Central Command (CENTCOM) in Florida aus leiten.

Somit sind die USA heute das Land, das die Revolution in militärischen Angelegenheiten als erstes vollzogen und damit eine entsprechende Vorherrschaft in der Welt errungen hat.

2.3.1.2 Einsatzbereitschaft überall

Die Amerikaner zeichnen sich nicht nur durch starke Streitkräfte aus, sie sind auch durchaus bereit, diese einzusetzen. Seit Mitte des 19. Jahrhunderts haben sie allein in ihrer Hemisphäre 75-mal militärisch interveniert. Nach dem Trauma des Vietnam-Krieges kam es zunächst zu einigen Einsätzen, die sich dadurch auszeichneten, dass man Opfer in den eigenen Reihen möglichst vermeiden wollte. Dann gab es aber auch Entwicklungen, wo es die amerikanische Militärmacht war, deren Eingreifen entschied, dass ein politischer Durchbruch erzielt werden konnte.

1980 endete die geplante Aktion zur Rettung der amerikanischen Geiseln in der iranischen Wüste und der kurze Einsatz im Libanon gegen pro-syrische Milizen mit schweren Verlusten. Dann gab es noch die Invasion der Insel Grenada (1983), die Intervention in Panama (1989) sowie Friedensmissionen in Somalia (1992/93) und auf Haiti (1994).

In Verfolgung der außenpolitischen Ziele der Vereinigten Staaten wurden ihre Streitkräfte auch gegen den Irak, am Balkan und im Kampf gegen den Terrorismus eingesetzt. Als am 2. August 1990 irakische Truppen das kleine, aber sehr ölreiche Emirat Kuwait besetzten, wurde diese Aggression umgehend von den Vereinten Nationen verurteilt. Und vor allem eines: Die Vereinigten Staaten verlangten den Rückzug der irakischen Truppen. Als der irakische Diktator Saddam Hussein dieser Aufforderung nicht nachkam, wurden im Rahmen der „Operation Wüstenschild" amerikanische und alliierte Truppenverbände in die Golfregion verlegt. Mitte Jänner 1991 begann dann die Offensive gegen den Irak im Rahmen der „Operation Wüstensturm", an der sich allein 700.000 US-Truppen beteiligten. Die Kämpfe wurden zunächst 39 Tage lang aus der Luft und dann in einem vier Tage dauernden Landkrieg geführt. Als am 9. Juni 1991 in Washington der Sieg der Alliierten proklamiert wurde, hatten sich die Iraker wieder aus Kuwait zurückgezogen, der irakische Diktator blieb aber weiter an der Macht.

Über eine nördliche und eine südliche Zone des Irak wurde ein Flugverbot für die irakische Luftwaffe verhängt, deren Einhaltung von Amerikanern und Briten überwacht wurde. Im Zuge des Kampfes gegen den Terrorismus wurde Saddam Hussein zehn Jahre später neuerlich Ziel heftiger amerikanischer Vorwürfe, die vor allem auf die vermutete Erzeugung von Massenvernichtungswaffen abzielten. Der amerikanische Präsident machte sehr deutlich, dass eine Militäraktion zur Entwaffnung des Iraks wenn nötig auch von den USA allein durchgeführt würde.

Als es dann im November 2002 zu einer entsprechenden UNO-Resolution kam, wurde diese durch einen massiven Aufmarsch amerikanischer Truppen im Nahen Osten unterstützt: Zum Zeitpunkt der Abstimmung hatten die USA bereits

55.000 Militärs in der Region, unterstützt von 6.000 Briten und zwei kanadischen Kriegsschiffen. Allein im benachbarten Saudi Arabien waren 6.000 Mann der amerikanischen Luftwaffe stationiert, in Kuwait 3.000 Mann und in Bahrein 4.200. Dort befand sich auch das Hauptquartier der 5. US-Flotte, die im Golf auch den Flugzeugträger „Abraham Lincoln" mit 70 Flugzeugen und 2.200 „Marines" auflaufen ließ. Dies zeigte wiederum eines sehr deutlich: Die Amerikaner sind bereit, ihren politischen Vorstellungen mit militärischen Mitteln Nachdruck zu verleihen. Als die USA dann im Frühjahr 2003, auch ohne eine entsprechende UNO-Resolution, neuerlich in den Irak einmarschierten, wurde diese Haltung bestätigt.

Besonders entscheidend war der militärische Einsatz der Amerikaner für die politische Entwicklung am Balkan. Den Europäern gelang es die längste Zeit nicht, dem Gemetzel in Bosnien, insbesondere in Sarajewo, ein Ende zu setzen. Führende europäische Medien, wie die „Neue Zürcher Zeitung" sprachen bereits von einer „westlichen Selbstaufgabe in Bosnien". In einem Leitartikel vom Juli 1995 etwa wurde kritisiert, dass „das denkwürdige Schauspiel der Londoner Bosnien-Konferenz" ein Zeichen des Zerfalls und der schwachen Regierungen ist, „die ihre Differenzen nicht im höheren Interesse beilegen können". Konkret kritisierte das Schweizer Blatt auch, dass sich der Westen nicht entschließen konnte, durch ein militärisches Einschreiten die Streitparteien in Bosnien zur Vernunft zu bringen.

Die Situation am Balkan änderte sich drastisch, als die Regierung Clinton beschloss, serbische Stellungen zu bombardieren. Erst dann waren nämlich die Streitparteien bereit einzulenken. In Dayton, Ohio, wurden die führenden Protagonisten der streitenden Gruppen am Balkan – Milosevic für die Serben, Tudjman für die Kroaten und Izetbegovic für die Bosnier – an den Verhandlungstisch gebracht. Unter amerikanischem Druck gelang es, ein Friedensabkommen zu unterzeichnen.

Die NATO wurde dann von der UNO mit der Durchsetzung dieses Abkommens betraut und im Dezember 1995 begann die „Implementation Force" (IFOR) mit starker amerikanischer Beteiligung ihr Mandat. Nach der erfolgreichen Durchsetzung der militärischen Bestimmungen von Dayton konnte die IFOR in eine „Stabilisation Force" (SFOR) umgewandelt werden.

So war es auch, als die NATO im Frühjahr 1999 begann, Serbien zu bombardieren, um den serbischen Präsidenten Milosevic zu einem Einlenken im Kosovo zu bewegen. Zuvor war den serbischen Streitkräften vorgeworfen worden, sie hätten im Kosovo eine Politik der ethnischen Säuberung betrieben. Als Ergebnis dieses Bombardements mussten sich die serbischen Truppen aus dem Kosovo zurückziehen, die Kosovo-Force (KFOR) unter Führung der NATO wurde mit der Herstellung und Erhaltung des Friedens beauftragt. Von den fast 50.000 Soldaten, die im Rahmen der KFOR eingesetzt wurden, waren zwar nur 5.300 Amerikaner, aber auch hier war das US-Engagement entscheidend. Auch bei diesem Einsatz zeigte sich, dass die Alliierten zwar an der Operation beteiligt waren, bei den militärischen Einsätzen aber die Amerikaner die Hauptlast trugen und die Entscheidungshoheit hatten.

Bei all diesen Aktionen, ob sie nun von der UNO oder von der NATO durchgeführt wurden, wurde eines klar: Ein Fortschritt am Balkan konnte erst erzielt werden, wenn militärische Mittel eingesetzt wurden. Und zu diesem Einsatz militärischer Mittel kam es stets erst, wenn die Amerikaner eine entsprechende Initiative ergriffen.

2.3.1.3 Die USA als bestimmende Kraft der Globalisierung

Die militärische Kraft, verbunden mit dem politischen Willen der USA, hat wohl auch dazu beigetragen, dass Amerika heute das einzige Land ist, das die Globalisierung weltweit entscheidend beeinflusst und gestaltet: Die Amerikaner waren die einzigen, die seit Ende des Kalten Krieges militärische Interventionen auf vier Kontinenten durchgeführt haben; nur Amerika beeinflusst das politische, das wirtschaftliche und das kulturelle Geschehen weltweit. Dazu kommt noch eines: Die Amerikaner haben das notwendige Sendungsbewusstsein, für „Frieden und Freiheit", „Wohlfahrt und Sicherheit" auch wirklich zu kämpfen.

Egon Matzner hat in seiner Abhandlung „A Monopolar World Order – On the Socio-Economic of US Dominance" in beeindruckender Weise dargelegt, wie sehr der „Washington Consensus" die Welt prägt. Demnach haben schon um 1980 führende Vertreter der US-Regierung, des Weltwährungsfonds (IMF), der Weltbank und anderer wichtiger Institutionen jene Prinzipien festgelegt, die weltweit eine entscheidende Wende in der internationalen Wirtschaftspolitik bewirkten: Die Stabilität der Währungen, die Beseitigung der nationalen Budgetdefizite und eine stärkere Kontrolle der Geldmengen wurden genauso zu einem grundlegenden politischen Postulat erhoben wie die Deregulierung der Märkte, die Abschaffung von Subventionen sowie die Privatisierung von Unternehmen und öffentlichen Einrichtungen.

Dieses Programm wurde zunächst unter Ronald Reagan in den USA und dann unter Margret Thatcher in Großbritannien umgesetzt. Es wurde von der Europäischen Union und anderen westlichen Ländern übernommen und nach dem Zusammenbruch der Sowjetunion den früheren kommunistischen Ländern zur Lösung ihrer Wirtschaftsprobleme vorgeschrieben. Sogar das vom Sozialisten Mitterrand regierte Frankreich übernahm 1983 mit einer „politique de rigueur" die Postulate des Washington Consensus. Auch die Länder Südostasiens verschrieben sich dem neoliberalen Modell, das damit praktisch weltweit Akzeptanz fand. Damit setzte sich die ursprünglich von Amerika geprägte Auffassung durch, dass private Unternehmen, Wettbewerb, Marktwirtschaft und die Liberalisierung der Kapitalmärkte die Grundlagen für Wohlstand, Wohlfahrt, ja letztlich für politische Demokratie sind.

Ausgehend von diesem wirtschaftlichen Konsens haben dann die USA – so Matzner weiter – ihre politische, wirtschaftliche, militärische und kulturelle Dominanz ausgebaut. Entscheidend war und ist, dass die Amerikaner die eigenen Interessen mit den „westlichen Werten" gleichsetzen und gleichzeitig auch den Entscheidungsmechanismus bestimmen. Somit sind es nicht mehr die Vereinten Nationen, die bestimmen, wann und ob die Internationale Gemeinschaft in einen Konflikt eingreifen soll, sondern die USA entsprechend ihren eigenen Interessen. Die Irak-Kriege von 1991 und 2003 sind dafür wohl genauso ein Beispiel wie der NATO-Einsatz im Kosovo 1999. Dazu kommt noch, dass die politische Macht der USA weltweit durch ein System von Allianzen unterstützt wird, wie die NATO oder die „Partnerschaft für den Frieden" (PfP) sowie durch regionale Allianzen.

Nach diesen Vorstellungen wird die weltweite wirtschaftliche Vorherrschaft der USA durch den Dollar als internationale Leitwährung untermauert sowie durch jene Institutionen, die von der Ideologie des „Washington Consensus" getragen sind; wie durch den Internationalen Währungsfonds, die Weltbank oder die Welthandelsorganisation (WTO). Den kulturell-medialen Bereich schließlich dominieren die Amerikaner mittels internationaler Nachrichtenagenturen, Fernsehstationen wie CNN, Hollywood und jene Non-Governmental Organisations (NGOs), die von Washington finanziert werden.

Wie immer man nun die amerikanische Vorherrschaft in der Welt von heute beurteilt, fest steht eines: Die USA üben nicht nur auf allen Kontinenten eine starke politische, militärische, wirtschaftliche und kulturelle Dominanz aus, sie bestimmen auch die Spielregeln in all diesen Bereichen. So ist es den Vereinigten Staaten gelungen, ihr Modell von Demokratie und Marktwirtschaft zu einem universellen Werk zu erklären. Wer immer diesem Modell nicht entspricht, ist somit nicht nur in einem potentiellen Interessenskonflikt mit den USA, jede Abweichung kann auch als Verstoß gegen „universelle Werte" gesehen werden.

Damit sind aber auch mögliche Konflikte in der Zukunft vorprogrammiert. Denn man kann wohl annehmen, dass Menschen in Asien und Afrika, ja selbst in Südamerika und Europa auch Wertvorstellungen vertreten, die nicht immer jenen Washingtons entsprechen. Wie weit damit ein Zusammenprall einzelner Gruppen, wenn schon nicht ganzer Zivilisationen vorprogrammiert ist, wird die Zukunft zeigen.

2.3.1.4 Die Bush-Doktrin der alleinigen Vorherrschaft

a) "The National Security Strategy of the United States"

Unter diesem Titel wurde im September 2002 von der Regierung Bush ein Grundsatzpapier zur Außen- und Sicherheitspolitik der Vereinigten Staaten vorgelegt. Darin wurde die militärische und außenpolitische Vorherrschaft Amerikas festgeschrieben: Die USA würden es in Zukunft nicht mehr zulassen, dass ihre militärische Vorherrschaft von anderen Mächten gefährdet würde. Die USA würden sich nunmehr das Recht vorbehalten, Präventivschläge gegen feindliche Staaten oder terroristische Gruppen zu führen, die Massenvernichtungswaffen erzeugen. Und: Die USA würden in Zukunft ihre militärische und wirtschaftliche Stärke zur Förderung „freier und offener Gesellschaften" einsetzen. Insgesamt wurde diese Politik bald als Bush-Doktrin bezeichnet, als „distinctly American internationalism" qualifiziert. Dies bedeutet wohl, dass die Amerikaner in Zukunft stets dann auf der internationalen Bühne agieren, wenn es ihren Interessen entspricht, sonst nicht.

Die Bush-Doktrin verwies Begriffe wie „containment" oder „Abschreckung", die in der Vergangenheit Grundzüge der US-Außenpolitik bestimmten, in die Geschichtsbücher. Auch die im internationalen Bereich drohenden Gefahren wurden neu definiert. So sah man die Gefährdung der eigenen Sicherheit in der Zukunft nicht mehr durch expandierende Staaten, sondern eher durch solche verursacht, die als „Aussteiger" in der internationalen Gemeinschaft betrachtet werden. Jedenfalls wurde die Rüstung vorangetrieben, um allen möglichen Gefahren entgegentreten zu können und die internationale Diplomatie sollte dazu eingesetzt werden, den „Wettbewerb der Werte" zu gewinnen.

Insgesamt wurde in der National Security Strategy klar festgehalten, dass amerikanische Interessen Vorrang haben und es dort keine Kompromisse gibt, wo diese Interessen gefährdet erscheinen. Grundsätzlich würden die USA in Zukunft aktiv, ja aggressiv auf der internationalen Bühne auftreten, „um ein Kräftegleichgewicht zu Gunsten der Freiheit" zu fördern. Damit wurde eine Synthese von Idealismus und Realismus erreicht, der Einsatz der eigenen Macht zur Verwirklichung der eigenen Ideale und Interessen. Und weil Terroristen und „Schurkenstaaten" heute die Möglichkeit haben, versteckt und aus dem Hinterhalt zu agieren, muss es auch möglich sein, ihnen durch Präventivschläge zuvorzukommen.

Damit enthält die neue amerikanische Sicherheitsdoktrin neben aktuellen Aspekten auch sehr grundsätzliche Neuerungen: Waren Souveränität, Gleichheit aller Staaten und die Nichteinmischung in die Angelegenheiten Dritter bisher feste Grundsätze, auf denen das geltende Völkerrecht aufbaut, so wurden diese durch die neue Bush-Doktrin sehr in Frage gestellt. Die Zukunft wird zeigen, wie weit auch die Praxis der internationalen Beziehungen durch die neuen amerikanischen Leitsätze auf Dauer geändert wird. Angesichts der gegebenen militärischen Überlegenheit der USA und ihrer „demokratischen Mission" in der Welt, dürfte die „Bush-Doktrine" eine nachhaltige Wirkung über die Amtsperiode jenes Präsidenten hinaus haben, der ihr den Namen gab.

b) Eine Tradition des Unilateralismus

So sehr eine einseitige Vorgangsweise der USA immer wieder als etwas Besonderes dargestellt wird, die Vereinigten Staaten haben durchaus eine Tradition, die Entwicklung der Welt aus ihrer Sicht zu analysieren und die eigene Politik entsprechend festzulegen. Diese Vorgangsweise wurde dann jeweils in Doktrinen der jeweiligen Präsidenten festgelegt: Als nach dem Zweiten Weltkrieg Griechenland Gefahr lief, ein Opfer der kommunistischen Machtergreifung zu werden und auch die Türkei aus dem westlichen Bündnis auszuscheren drohte, kam es zur Truman-Doktrin (1947). Darin erklärte Präsident Harry S. Truman, dass es die Politik der Vereinigten Staaten ist, „freie Völker zu unterstützen, die sich der Unterdrückung durch bewaffnete Minderheiten oder einem Druck von außen widersetzen". Diese Doktrin wurde dann über die ursprünglich betroffene Region des östlichen Mittelmeers hinaus ausgedehnt. In der Eisenhower-Doktrin wiederum gaben die USA die Erklärung ab, dass sie im Nahen Osten immer dann intervenieren würden, wenn eine Regierung dies verlangt, die von einem kommunistischen Umsturz bedroht ist. Die Johnson-Doktrin (1965) stellte fest, der amerikanische Präsident könne die militärischen Streitkräfte seines Landes überall dort auf der westlichen Hemisphäre einsetzen, wo eine kommunistische Bedrohung festgestellt wurde. Diese Doktrin wurde verkündet, als Lyndon B. Johnson amerikanische Truppen in die Dominikanische Republik schickte.

Die Nixon-Doktrin (1969) wurde im Zusammenhang mit den amerikanischen Erfahrungen in Vietnam proklamiert und betraf ursprünglich die Länder der Dritten Welt und Ostasien. Demnach würden die USA in Zukunft – so diese Doktrin – die regionale Sicherheit und die „Eigenverantwortung" der Nationen im Fernen Osten unterstützen, ohne dass amerikanische Truppen direkt eingesetzt würden. Konkret hieß dies, dass die Last der Kriegsführung bei künftigen Kriegen von den Armeen der betroffenen Länder selbst getragen werden müsste, die Amerikaner würden sich lediglich auf eine unterstützende Rolle beschränken.

Die Carter-Doktrin (1980) wiederum hielt fest, dass jeder Versuch der Sowjetunion, Kontrolle über den persischen Golf zu gewinnen, als ein Angriff auf die Lebensinteressen der Vereinigten Staaten betrachtet würde. Die Reagan-Doktrin (1986) schließlich kündigte an, die Vereinigten Staaten würden sich aktiv für die Verbreitung der Demokratie in der Welt engagieren. „Demokratische Revolutionen" würden demnach in Zukunft humanitäre und militärische Unterstützung erhalten, wo immer sie stattfinden.

Diese verschiedenen, im Laufe der letzten Jahrzehnte von US-Präsidenten proklamierten Doktrinen zeigen zumindest zweierlei: Einmal, dass es Amerika immer wieder verstanden hat, sich neuen Herausforderungen zu stellen; aber auch, dass diese Hinwendung zu neuen Zielen oder neuen Methoden der Außenpolitik durchaus auch einseitig proklamiert und durchgesetzt wurde.

Dies war auch die amerikanische Politik nach den Terroranschlägen vom 11. September 2001. Wurde der Regierung Bush seit ihrem Amtsantritt vorgeworfen, sie würde sich im internationalen Geschehen zu sehr mit einer Beobachterrolle begnügen, so änderte sich dies radikal nach diesen Anschlägen. Der amerikanische Präsident proklamierte umgehend den „Krieg gegen den Terrorismus", militärische Aktionen folgten in Afghanistan und im Irak. Wurde noch im Juli

2001 in der „New York Times" in einem Leitartikel der Vorwurf erhoben, die Regierung Bush stünde international im Abseits, so zeigte gerade diese Regierung, dass sie sehr wohl entschlossen war, wenn notwendig auch allein zu handeln. Wurde Präsident Bush vorgeworfen, er würde sich über wichtige internationale Verträge und über die internationale Zusammenarbeit hinwegsetzen, so änderte sich diese Haltung auch nach dem 11. September 2001 nicht. Der Unilateralismus wurde eher verstärkt.

Schon in den Monaten zuvor hatte sich die Regierung in Washington gegen wesentliche, von der internationalen Gemeinschaft getragene Institutionen ausgesprochen, so gegen die Schaffung des Internationalen Strafgerichtshofs, gegen die Ratifizierung des Kyoto-Protokolls, gegen die Einhaltung des Raketen-Abwehrvertrags und für die Abschwächung eines Vertrages eingesetzt, der den Handel mit Handfeuerwaffen einschränken sollte. Darüber hinaus zogen sich die USA zurück, als es darum ging, die Bestimmungen über das Verbot von biologischen Waffen umzusetzen. Die Ratifizierung des 1996 verhandelten Atomtest-Vertrages und des 1993 mit Russland verhandelten Vertrags zur Reduzierung nuklearer Waffen wurde auf unbestimmte Zeiten verschoben.

Der Vorwurf der „New York Times" ging nun dahin, dass Washington versuchen müsste, die internationale Ordnung durch den Ausbau des Völkerrechts zu beeinflussen und zu gestalten, und dass das nicht geht, wenn Amerika im Abseits steht. Zur selben Zeit wurde auch in den kanadischen Medien der Vorwurf erhoben, die Vereinigten Staaten würden, ohne Rücksicht auf die Internationale Gemeinschaft, ihren eigenen Weg gehen. So schrieb die führende kanadische Tageszeitung „The Globe and Mail" unter der Überschrift „Bush Takes Unilateral Approach": „Man hört geradezu, wie ein internationaler Vertrag nach dem anderen von George W. Bush zerrissen wird. Zunächst war es das Kyoto-Protokoll, dann wird es wohl der Raketenabwehrvertrag sein, eine wesentliche Grundlage der internationalen Rüstungskontrolle."

Die Vorwürfe gegenüber den USA zielten jedenfalls darauf, dass sie „isolationistisch" oder „unilateralistisch" wären. Und auch der damalige kanadische Außenminister John Manley vertrat die Meinung, „Washington is acting alone".

Dies würde zu einer Konfrontation und zu einer größeren Unsicherheit nicht nur für die Amerikaner, sondern für die ganze Welt führen. Ähnliche Kritik kam von der „International Herald Tribune", wo es hieß: „An American President who walks away from so many treaties might be one who wants to walk away from the world" (1. August 2001).

Von offizieller amerikanischer Seite wurden diese Angriffe zurückgewiesen. Gleichzeitig leugnete man nicht, dass man viele Verträge als überholt ansah, da sie „aus einer anderen Zeit stammten". In Zukunft sollte jede Abmachung für sich auf ihre Nützlichkeit hin überprüft werden. Der Direktor des Planungsstabes im US-Außenministerium, Richard Haass, erfand dafür die Bezeichnung „Multilateralismus à la carte".

All das waren, und nur das sollte hier festgehalten werden, Kommentare zur Außenpolitik von Präsident Bush und seinem Team vor den Terrorangriffen am 11. September 2001. Im Gegensatz zu dem, was viele Kritiker schrieben, hatte Bush von Anfang an eine besondere Sicht von der Rolle seines Landes und seines Führungsanspruchs in der Weltpolitik: Amerika würde demnach die Spielregeln festlegen, und in das internationale Geschehen eingreifen oder auch nicht, wie immer es eben die Interessenlage der USA erforderte. Man stellte sich gegen Verträge, die den Handlungsspielraum des Militärs (Raketenabwehrvertrag), des amerikanischen Konsumenten (Kyoto) oder das Freizeitverhalten (Kontrolle von Handfeuerwaffen) beeinträchtigen könnten. Man war aber sehr wohl bereit, massiv vorzugehen, sobald es die eigene Sicherheit erforderte.

Natürlich kann in diesem Zusammenhang die Frage gestellt werden, ob und wie eine internationale Ordnung funktionieren kann, wenn die Regeln, die die Grundlage für diese Ordnung darstellen, von einer einzigen Supermacht beliebig aufgehoben werden können. Die Schlussfolgerung kann dabei nur sein, dass die Amerikaner eben nicht so sehr an Vereinbarungen, sondern viel mehr an die eigene Macht und Stärke glauben. Machtpolitik blieb damit dort eine grundlegende Denkweise, wo amerikanische Interessen involviert waren.

2.3.1.5 Der US-Alleingang in der Weltpolitik

Wohl als eine Auswirkung der Terroranschläge wurde die US-Neigung verstärkt, die Weltpolitik im Alleingang zu meistern. Somit haben die Terroranschläge vom 11. September 2001 nicht zu einer grundsätzlich neuen Haltung der Regierung Bush geführt. Innerhalb der USA erstarkte der Patriotismus, in der Außenpolitik wurden bestehende Trends noch verstärkt. Verstärkt wurde auch das Bewusstsein.

Verstärkt wurde das Bewusstsein, dass Amerika das Gute in der Welt repräsentiert und von den Kräften des Bösen angegriffen wird.

Noch etwas zeigte sich: Die Amerikaner empfanden die von den NATO-Alliierten angebotene Unterstützung gar nicht als Hilfe, sondern eher als Bürde. Schon im Kosovo-Konflikt zeigten sich die unterschiedlichen politischen Auffassungen. So waren etwa die Griechen aufgrund der Zugehörigkeit zur selben Region den Serben historisch verbunden und den Franzosen wurde vorgeworfen, sie hätten immer wieder militärische Geheimnisse weitergegeben. Was auch tatsächlich geschah, die Amerikaner haben aus der Kosovo-Aktion eine Lehre mitgenommen: Es erscheint manchmal den eigenen Interessen dienlicher, allein oder mit einigen wenigen ganz engen, treuen Verbündeten vorzugehen als mit einer großen, eher heterogenen Allianz.

Als die Amerikaner dann nach den Terroranschlägen vom 11. September im Oktober 2001 terroristische Stellungen im Afghanistan angriffen, suchten sie sich ihre Verbündeten aus. Die hochgespielte Erklärung der NATO, wonach Artikel V des Bündnisses in Kraft treten würde und der Angriff auf das World Trade Center einen Angriff auf alle darstellte, verhallte. Tatsächlich wurden nur einige treue Verbündete eingeladen, den Krieg gegen den Terrorismus mitzutragen: Die Briten, die Kanadier und einige andere.

Die gegen die Terroristen eingesetzte Streitmacht war beeindruckend: Von Anfang an setzten die Amerikaner B-1, B-2 und B-52 Bomber ein, 25 auf Flugzeugträgern stationierte Flugzeuge und 50 Cruise Missiles, die von amerikanischen und britischen Kriegschiffen und U-Booten abgeschossen wurden. Schon die B-2 Spirit-Bomber wirkten wie Erscheinungen aus einem Zukunftsfilm. Der Einsatz ihrer Waffen wurde von einem Global Positioning System (GPS) über Satelliten gesteuert. Der B-1 Lancer-Bomber wiederum war das Rückgrat der US-Langstreckenbomber und hielt einige Rekorde für Geschwindigkeit, Zerstörungskraft und Flugreichweite.

Dass der amerikanische Präsident George W. Bush vor diesem Einsatz gelobte „We will not waiver. We will not tire. We will not falter. And we will not fail. Peace and freedom will prevail", erscheint selbstverständlich. Tatsächlich wurde aber demselben Präsidenten nur kurze Zeit vorher noch vorgeworfen, seine Außenpolitik wäre zu zurückhaltend, ja isolationistisch. Die Amerikaner zeigen eben immer wieder, dass sie selbst dann ihre volle militärische Stärke innerhalb kurzer Zeit entfalten können, wenn man glaubt, sie hätten sich in sich selber zurückgezogen.

Dieser Glaube ist offensichtlich zutiefst in der Überzeugung von der eigenen Sendung begründet. Wenn Präsident Bush feierlich verkündete: „Wer nicht für uns ist, ist gegen uns und steht auf der Seite der Terroristen", dann spiegelt dies die tiefe Überzeugung wieder, dass er selber für das Gute kämpft. Außerdem sind die Amerikaner davon überzeugt, dass das, was gut für Amerika ist, auch gut für die Welt sein muss. Schon der Kalte Krieg wurde gegen „das Reich des Bösen" geführt. Der Sieg in diesem Krieg – so die Meinung vieler Amerikaner – hat dann neuerlich bewiesen, dass letztlich das Gute über das Böse siegt.

Diese Haltung rechtfertigt auch die Anwendung unterschiedlicher, ja selbst unerlaubter Mittel. Denn der Zweck heiligt eben die Mittel. So wurde in dem im November 2002 erschienenen Buch „Bush at War" aufgezeigt, wie der amerikanische Geheimdienst Central Intelligence Agency (CIA) Millionen Dollar an Schmiergeldern unter den kriegerischen Stammesfürsten in Afghanistan verteilte, um sie für den Kampf gegen die Taliban zu gewinnen. Insgesamt hat die CIA 70 Millionen Dollar bar in Afghanistan ausbezahlt, was Präsident Bush, so das Buch, als „bargain", also als ein Geschäft ansah.

Auch hier kann man wohl sagen, dass eine derartige Vorgangsweise nicht neu ist. Schon in der Vergangenheit war die CIA in den verschiedensten Geheimoperationen und versteckten Geschäften involviert. Die Attacken der Terroristen haben die amerikanische Führung aber offensichtlich auch darin bestärkt, dass alles gerechtfertigt ist, was zur Niederlage der Feinde beiträgt.

2.3.2 Realpolitik überall

Wenn die USA heute als einzige Supermacht in ihrer Außenpolitik einer patriotischen Realpolitik verpflichtet sind, so heißt das noch lange nicht, dass nicht auch in anderen Teilen der Welt Außenpolitik nach wie vor auf Machtpolitik aufbaut. Die Rüstungsausgaben, der internationale Waffenhandel und die zahlreichen Kriege zeugen davon genauso, wie die zahlreichen Beziehungen zwischen einzelnen Ländern, die dadurch geprägt sind, dass die Bemühungen, die eigene Macht auszuweiten, im Vordergrund stehen.

2.3.2.1 Kriege bestimmen weiterhin das Weltgeschehen

Nach einer Statistik der Vereinten Nationen waren zu Beginn des 21. Jahrhunderts mehr als ein Drittel der Länder Afrikas und Asiens und fast die Hälfte der Staaten des Nahen Ostens in bewaffnete Konflikte involviert. Selbst in zwei Ländern Europas und in fünf Staaten Lateinamerikas gab es bewaffnete Auseinandersetzungen.

Nach den Vereinigten Staaten führten Israel und Ägypten seit dem Zweiten Weltkrieg die meisten Kriege. Israel kämpfte nach dem Unabhängigkeitskrieg (1948) im Suez-Krieg (1956), im Sechs-Tage Krieg (1967), im „Stellungs-Krieg" gegen Ägypten (1967 – 1970), im Yom Kippur Krieg (1973) und im Libanon (1982). Darüber hinaus kam es zweimal in einer „Intifada" zu bewaffneten Auseinandersetzungen mit Palästinensern (1987 und 2001/2002). Ägypten wiederum kämpfte in fünf Kriegen gegen Israel und einmal gegen Jemen, beteiligte sich an drei internationalen Missionen und hatte einen Grenzzwischenfall mit Libyen. Pakistan wiederum führte drei Kriege mit Indien und einen mit Bangladesch, etc...

Auch die riesigen Summen, die jährlich für Waffenkäufe ausgegeben werden, sind wohl ein wesentliches Indiz dafür, dass viele Regierungen ihren politischen Bestrebungen mit Waffengewalt Nachdruck verleihen wollen. In dem von Steven D. Strauss 2002 herausgegebenen Band „World Conflicts" werden als die größten Waffenexporteure die USA (18 Milliarden Dollar im Jahr), Russland (4,5 Milliarden Dollar) und Frankreich (vier Milliarden Dollar) angeführt. Selbst Polen, Deutschland sowie Tschechien und die Slowakei (gemeinsam) exportieren noch Waffen um eine Milliarde Dollar im Jahr. Die größten Importeure sind nach dieser Statistik Irak und Iran (je sechs Milliarden Dollar), Saudi Arabien (drei Milliarden Dollar) und Indien (drei Milliarden Dollar).

Laut Stockholm International Peace Research Institute (Sipri) nahm der Handel mit konventionellen Waffen zwischen 2002 und 2006 um beinahe 50% zu. Die USA und Russland waren die größten Waffenexporteure; beide hatten einen Anteil von 30% am Welthandel. China und Indien waren die größten Importeure von konventionellen Waffen.

Strauss bringt auch eine sehr gute Zusammenfassung all jener bewaffneten Konflikte, die es in der Welt um die Jahrtausendwende gab und die, je nach Intensität, das Weltgeschehen und die Schlagzeilen bestimmen. Diese Aufzählung reicht von den Kriegen in West- und Zentralafrika über die Darstellung der Spannungen auf der Koreanischen Halbinsel sowie zwischen Indien und Pakistan, die religiösen und ethnischen Auseinandersetzungen in Indonesien, über die Konflikte am Balkan bis zu den Bürgerkriegen in Lateinamerika.

Diese Darstellung zeigt jedenfalls sehr klar, dass auch in einer Zeit, in der es keine direkten bewaffneten Konflikte zwischen Großmächten gibt, und trotz der „Pax Americana", zahlreiche Auseinandersetzungen mit Waffengewalt geregelt werden.

2.3.2.2   Realpolitik auch in der Zukunft

Man kann also davon ausgehen, dass auch in der Zukunft zahlreiche Länder ihre Außenpolitik nach machtpolitischen Gesichtspunkten ausrichten. Der Kampf um mehr Macht wird wohl weiter wesentliche Bereiche des internationalen Geschehens bestimmen. Einige Wissenschafter wie John J. Mearsheimer glauben daher, dass auch in den kommenden Jahrzehnten eine „realistische Betrachtungsweise" der beste Schlüssel zum Verständnis der internationalen Beziehungen sein wird. Dieser Realismus würde in der Zukunft, so wie in den letzten Jahrzehnten, davon ausgehen, dass sich Staaten gegenseitig misstrauen und alles tun, um auf Kosten des anderen machtpolitische Vorteile zu erreichen.

Machtkämpfe in der Zukunft lassen sich durchaus ausmalen: Eine Szenerie wäre, dass die Vorherrschaft der USA, die ja auch in Westeuropa und in Ostasien je 100.000 Truppen stationiert haben, in Frage gestellt würde. Ein weiterer Grund für Spannungen könnte sein, dass ein Land innerhalb dieser beiden Regionen die Vorherrschaft anstrebt.

Schon im Jahre 1992 hat das amerikanische Verteidigungsministerium in einem Strategiepapier als „wesentliches Ziel" festgelegt, alles zu tun, um eine Bedrohung der amerikanischen Vorherrschaft in der Zukunft zu verhindern. Die Bush-Doktrin vom November 2002 hat diese Zielsetzung bestätigt. Wo gibt es nun solche möglichen Bedrohungen? Zweifellos in Ostasien durch ein erstarkendes China. Im Jahre 2000 hatte China ein Bruttonationalprodukt (BNP) von 1,18 Billionen Dollar bei einer Bevölkerung von 1,4 Milliarden Menschen. Gleichzeitig unterhielt es eine Armee von 2,2 Millionen Mann mit 410 nuklearen Sprengköpfen. Japan hatte damals ein BNP von vier Billionen Dollar, eine Bevölkerung von 126 Millionen Menschen und eine Armee von 150.000 Soldaten. Dem gegenüber hatte Russland ein BNP von 0,33 Billionen Dollar, eine Bevölkerung von 147 Millionen und eine Armee von 350.000 Mann, die allerdings über 10.000 nukleare Sprengköpfe verfügte. Im Vergleich dazu hatten die USA damals ein BIP von 8,5 Billionen Dollar.

2008 zeigte sich laut CIA World Factbook folgendes Bild: China hatte 1,33 Milliarden Einwohner und ein BNP von 3,2 Billionen Dollar. Es unterhielt die größte Armee der Welt mit 2,3 Millionen Mitgliedern. Japan hatte eine Bevölkerung von 127 Millionen und ein BNP von 4,4 Billionen Dollar. Seine Armee zählte 240,000 Mann. Russland hatte eine Bevölkerung von 140 Millionen Menschen und ein BNP von 1,3 Billionen bei einer Armee von knapp über einer Million Mann. China verfügte über 600 nukleare Sprengköpfe, die USA über 9000 und Russland über 16000.

China hatte also um die Jahrtausendwende eine zehnmal größere Bevölkerung als Japan, allerdings nur ein Siebentel des BIP der USA. Russland war sowohl hinsichtlich der wirtschaftlichen Leistungskraft, als auch bevölkerungsmäßig den anderen Mächten in Ostasien unterlegen, verfügte allerdings über ein erhebliches Arsenal an nuklearen Waffen. Würde es nun China gelingen, das Pro-Kopf-Einkommen seiner Bevölkerung auf jenes von Südkorea zu bringen, betrüge sein BIP 10,6 Billionen Dollar, bei einem Gleichziehen mit dem japanischen Pro-Kopf-Einkommen sogar 41 Billionen Dollar. Dies würde bedeuten, dass dann das chinesische Pro-Kopf-Einkommen ein Vielfaches von dem der USA betragen würde.

Nun ist kaum voraus zu sagen, wie sich die chinesische Wirtschaft in Zukunft entwickeln wird. Aber bei den riesigen Bevölkerungszahlen dieses Landes besteht jedenfalls die Möglichkeit, dass China einmal in der Zukunft sein wirtschaftliches und militärisches Potential ausbauen und einen Führungsanspruch in der Region stellen könnte. Damit wären auch die Voraussetzungen für machtpolitische Auseinandersetzungen gegeben.

Im Vordergrund der außenpolitischen Konzeption Russlands wiederum, die im Juni 2000 von Präsident Vladimir Putin vorgestellt wurde, stehen die „Gewährleistung der Sicherheit Russlands" sowie die Wahrung und Stärkung seiner Souveränität und territorialen Integrität. Gleichzeitig werden auch seine Autorität und seine Positionen in der internationalen Gemeinschaft „als Großmacht" angesprochen, wobei auch der militärischen Stärke, neben anderen Faktoren, in den internationalen Beziehungen weiterhin eine maßgebliche Rolle eingeräumt wird.

Die „Tendenz zur Schaffung einer unipolaren Weltstruktur, in der die USA aufgrund ihrer wirtschaftlichen Stärke dominieren", wird im russischen Strategiepapier als eine neue Herausforderung und Gefahr angesehen. „Die Strategie unilateraler Aktionen kann die internationale Lage destabilisieren, Spannungen und Wettrüsten provozieren... und Zwiste verschärfen", heißt es weiter.

Der russische Außenminister Igor Ivanoff setzt sich in seinem Buch „Die neue russische Diplomatie – Rückblick und Visionen", immer wieder dafür ein, dass den nationalen Interessen seines Landes Rechnung getragen wird. Gleichzeitig wird betont, dass im Zusammenhang mit der außenpolitischen Strategie eine Militärdoktrin erarbeitet wurde, deren Ziel es ist, die außenpolitische Konzeption im Verteidigungsbereich umzusetzen.

So sehr also gar nicht daran gezweifelt werden soll, dass Russland, wie Ivanoff immer wieder betont – seinen Platz in der demokratischen Staatenwelt im Rahmen der internationalen Ordnung sucht, so ist es nur logisch, dass es dort zu Konflikten kommen kann und kommt, wo unterschiedliche nationale Interessen aufeinander treffen. Es wird also auch in der Zukunft für die Realpolitik ein weites Feld geben, wie dies im Abschnitt „die Alte Welt der Staaten" ausführlich dargestellt wird.

3. Die traditionellen Player: Außenpolitik als Privatsache des Monarchen

3.1 Von den absoluten Herrschern von einst …

Die Wesenselemente, die der Diplomatie und der Außenpolitik im Zeitalter ihrer Entstehung zu Grunde lagen, prägten ihren Stil und ihren Inhalt durch Jahrhunderte, ja teilweise bis heute. Ein ganz entscheidendes Wesenselement bestand darin, dass es das Ziel der herrschenden Dynastien war, ihr Patrimonium, also den Herrschaftsbereich der eigenen Familie, zu vergrößern. Die Vermengung von privater und öffentlicher Herrschaft wurde dadurch unterstrichen, dass Hochzeiten dazu dienten, Dynastien zu stärken; Kriege waren auch ein Ausdruck persönlicher Interessenskonflikte, ja Ludwig XIV drückte die Haltung vieler Herrscher aus, wenn er sagte: „L'Etat, c'est moi", der Staat bin ich. Der Staat war eine Sache in den Händen des Souveräns, des Fürsten oder Königs, der mit dem Staat nach eigenem Gutdünken verfahren konnte und einzig vor Gott verantwortlich war. Die Beziehungen zwischen den europäischen Staaten gestalteten sich Jahrhunderte hindurch als Allianzen oder Konfrontationen zwischen Kaisern, Königen und Prinzen. Man kann daher kaum von „internationalen" Beziehungen sprechen, weil die Nationen als staatsbildendes Element noch gar nicht existierten.

Der Herrscher konnte zum Kriegsdienst aufrufen, Recht sprechen und Steuern einheben. Das persönliche Ehrgefühl und die persönlichen Ambitionen eines Herrschers übertrugen sich dann auf den Staat, den er regierte. In diesem Sinne verkörperten die auswärtigen Beziehungen eines Landes Macht und Ruhm des Herrschers. Die Geschichtsschreibung leistete dann ihren Beitrag, um eine Regierungszeit mit Heldentaten zu schmücken.

Diese Vermengung der offiziellen Aufgabe, des Amtes eines Kaisers oder Königs mit seiner Person, wurde noch dadurch unterstrichen, dass Gott im Rahmen der Krönungsfeierlichkeiten sehr direkt in die Begründung des Herrschaftsanspruches miteinbezogen wurde. Das hat dem Kaiser, dem König, in den Augen seiner Zeitgenossen die entscheidende Legitimation verschafft. Wurde durch eine Wahl, etwa zum König des „Heiligen römischen Reiches" eine Machtposition begründet, so erhielt diese durch die Krönung, bei der die Ölung ein besonderes Zeremoniell darstellte, oder durch die Zustimmung des Papstes, einen sakralen Charakter. Dass manche Eroberungskönige, wie Karl der Große, Knut von Dänemark oder Stefan von Ungarn heilig gesprochen wurden, unterstrich den quasi – priesterlichen Status und den Eindruck, die Macht würde von Gottes Gnaden ausgeübt.

Während in der germanischen Tradition das Königtum noch in den außerordentlichen militärischen Leistungen eines Anführers begründet wurde, fügte die Kirche sakrale Elemente hinzu, die oft auf biblische Ereignisse verwiesen. Auf diese Weise kam es jedenfalls in den Monarchien Jahrhunderte hindurch zu einer Vermengung des persönlichen Patrimonium mit den öffentlichen Aufgaben eines Herrschers, was vor allem in den Beziehungen nach außen zum Tragen kam.

Diese zentrale Macht wurde überall dort und in jenem Zeitpunkt zu einer absoluten ausgebaut, wo es dem Herrscher gelang, durch den Sieg über die Gegner im Inneren des Landes einen absoluten Machtanspruch durchzusetzen. Dass dann gerade in der Zeit des Absolutismus mit Richelieu, dem Westfälischen Frieden und Ludwig XIV die Grundzüge der modernen Staatenwelt und der internationalen Beziehungen ausgeformt wurden, hat das Wesen der Diplomatie bis heute geprägt: der absolute Herrscher erhält das Recht, die auswärtigen Beziehungen alleine zu gestalten; er verkörpert die Souveränität seines Landes; er kann Kriege erklären und Friedensverträge schließen.

Es versteht sich von selbst, dass in einem System, das von absoluten Herrschern geprägt war, die persönlichen Beziehungen eine besondere Rolle spielten. Allianzen wurden zwischen den Herrschern gebildet, zwischenstaatliche Beziehungen waren zunächst Beziehungen zwischen Dynastien. Dass in einem solchen System Machtverhältnisse ganz entscheidend durch Hochzeiten gestärkt oder geschwächt werden konnten, liegt auf der Hand. Natürlich konnte auch der Freund von heute der Feind von morgen sein. Aber seit dieser Zeit erhielten die internationalen Beziehungen durch die besondere Stellung der Souveräne einen besonderen persönlichen Charakter, den sie bis heute beibehalten haben.

Von den unzähligen Beispielen, die die Geschichte dazu kennt, sollen in der Folge nur einige ausgewählt werden, die aufzeigen, wie Dynastien durch Hochzeiten gestaltet wurden; wie Herrscher versuchten, ihren Ruhm durch Kriege zu begründen; und wie Fürsten im Dienste der Staatsraison handelten.

3.1.1 Hochzeiten stärken Dynastien

„Blutsbande" haben in der Geschichte immer eine Rolle gespielt, in manchen Epochen wurden sie sogar zu ganz entscheidenden Gestaltungskräften. Die alten

Sagen erzählen von der Blutrache und der Bedeutung der verwandtschaftlichen Beziehungen; das Feudalsystem im Mittelalter stützte sich darauf. Der Charakter der zwischenstaatlichen Beziehungen als „Privatsache" wurde jedenfalls immer wieder dadurch hervorgehoben, dass Herrscherhäuser ihre Stellung durch Hochzeiten begründeten, ausbauten und absicherten. Von den unzähligen Beispielen sollen hier nur einige aufgezeigt werden, die vor allem die Habsburger und die Bourbonen betrafen.

Für die Habsburger hat die „Burgundische Hochzeit" die Grundlagen für eine Herrschaft gelegt, die kurz darauf durch die spanische und die ungarisch-böhmische Doppelhochzeit ausgebaut wurde. Nach dem Motto „Bella gerant alii, tu felix Austria nube", begründeten die Habsburger „ein Reich, in dem die Sonne nie unterging".

Die „Burgundische Hochzeit" zwischen Maximilian I und Maria von Burgund fand 1477 *per procuram,* also über Stellvertreter, in Brügge statt. Diese legte den Grundstein für die darauf folgende Heiratspolitik. Politisches Kalkül, Zufall und Glück, die Einbeziehung der Kinder und Enkelkinder in die Machtpolitik der Dynastie führten dazu, dass Karl V, der Enkel von Maximilian I, ein gewaltiges Erbe antreten konnte.

Wie zäh das politische Ringen schon bei der Anbahnung der Heiratsgespräche war, zeigt die Tatsache, dass das erste Treffen zwischen dem Vater Maximilians, Friedrich III, und dem Vater Marias, Karl dem Kühnen von Burgund, schon drei Jahre vor der Hochzeit stattfand. Immerhin erhoffte sich Herzog Karl für die Hand seiner Tochter den Titel eines römischen Königs oder die Ernennung zum Reichsvikar links des Rheins.

Als Karl 1477 bei der Schlacht von Nancy völlig unerwartet fiel, war seine Tochter und Erbin Maria den revoltierenden flämischen Ständen ausgesetzt. Diese hätten viel lieber eine Verbindung mit dem 14-jährigen französischen Dauphin Charles, dem späteren Karl VIII gesehen, als mit Maximilian von Österreich. Aber Maria hielt allen Werbungen stand und so fielen die burgundischen Territorien, also im Wesentlichen das heutige Belgien, Luxemburg und Burgund, an das Haus Habsburg.

Die spanische Doppelhochzeit war gegen die französische Expansionspolitik gerichtet, die das Reich an seiner Westgrenze bedrohte, insbesondere die Vorlande, die im Besitz der Habsburger waren. Dabei wurden am 5. November 1495, ebenfalls *per procuram*, der Infant Juan, Sohn von König Ferdinand von Aragonien und Isabella von Kastilien mit Erzherzogin Margarethe, der Tochter Maximilians, vermählt. Gleichzeitig heiratete die Schwester des spanischen Thronfolgers, Johanna (in die Geschichte als Wahnsinnige eingegangen), den Sohn Maximilians, Erzherzog Philipp (den Schönen).

Juan verstarb noch im Jahre der Eheschließung und ließ Margarethe schwanger zurück. Nachdem das Kind kurz nach der Geburt ebenfalls verstorben war, rückte Johanna in der Thronfolge auf und wurde Erbin der Königreiche Kastilien, León, Aragonien und Granada, also Spaniens. Als Johanna 1500 Erbin wurde, kam die bedeutendste Heiratsverbindung der neueren Geschichte zum Tragen. Im Herbst 1506 verstarb Philipp und damit war der Weg für seinen Sohn Karl (V), ein Welterbe anzutreten, frei. Johanna, immerhin die Mutter zweier Könige und Kaiser, durch die dem Hause Habsburg der Aufstieg zur Weltmacht ermöglicht wurde, wurde in die völlige Isolierung nach Tordesillas abgeschoben, wo sie 35 Jahre vegetierte.

Durch die ungarisch-böhmische Doppelhochzeit, die 1515 stattfand, wurden die Grundlagen für die österreichisch-ungarische Monarchie gelegt. Dabei heiratete Anna Jagiello, die 1503 als ältestes Kind des ungarischen Königs Wenzel II und Anne de Foix zur Welt kam, Ferdinand, den Enkel von Maximilian I. Gleichzeitig wurde der Sohn Wenzels II, Ludwig Jagiello, mit der Enkeltochter Maximilians I, Maria vermählt.

Da 1515 die Wahl des Bräutigams für Anna noch unklar war, ehelichte diese zunächst *per procuram* Kaiser Maximilian I, also den Großvater des künftigen Gatten; die tatsächliche Eheschließung mit seinem Enkel Ferdinand fand dann erst 1521 in Linz statt. Ludwig wurde überhaupt schon als Ungeborener Maximilians Enkeltochter Maria versprochen. Da Ludwig bei der Hochzeit noch minderjährig und sein Vater bereits 1516 verstorben war, führte Maximilian die Vormundschaft und trat als Vikar für das Königreich Ungarn auf.

Als Ludwig II Jagiello 1526 in der Schlacht bei Mohacz gegen die Türken fiel, kamen die Königreiche Böhmen und Ungarn, gemäß dem Erbvertrag, an das Haus Österreich.

Alle anderen Herrscherhäuser versuchten genauso, durch eine kluge Heiratspolitik ihre Macht zu erweitern. So etwa hat sich der französische König Franz I an Papst Clemens VII gewandt, um die Vermählung seines Sohnes Heinrich (II) mit der Nichte des Papstes, Katharina von Medici, einzuleiten. Die Hochzeit fand dann tatsächlich am 28. Oktober 1533 statt.

Als Heinrich II 1559 stirbt, ist sein Sohn und Nachfolger, Franz II, verheiratet mit Maria Stewart, erst 15 Jahre alt. Es ist ihm nur eine Regierungszeit von einem Jahr beschieden. Sein Bruder und Nachfolger, Karl IX (1560–1574), ist bei Regierungsantritt erst 10 Jahre alt. Damit übernimmt die Königin-Mutter Katharina von Medici (1519–1589) die Regentschaft, die sie im Nahmen ihrer Söhne – nach Karl auch für Heinrich III (1574–1589) – manchmal auch mit ihnen, ausübt.

Katharina von Medici wird schon zu ihren Lebzeiten beschuldigt, sie habe die politischen Theorien ihres Florentiner Landsmannes Niccolò Machiavelli in Frankreich umgesetzt. Hat dieser in seinem „Il Principe" (1516) schon geschrieben, dass man aus Gründen der Staatsraison auch vor Morden und Massakern nicht zurückschrecken sollte, um sein Ziel zu erreichen, so organisierte Katharina vom 23. auf den 24. August 1572 die „Bartholomäusnacht". Dabei ist es ihr gelungen, die Vertreter des protestantischen Adels, die man vorher noch zur Hochzeit von Heinrich von Navarra mit Margarethe von Valois eingeladen hatte, zu ermorden. Katharina von Medici hat jedenfalls eine ganze Epoche der Religionskriege und der Machtpolitik in Frankreich geprägt.

Nachdem die erste Ehe Heinrich IV von Frankreich vom Papst annulliert worden war, heiratete er 1600 Maria von Medici. Nach der Ermordung Heinrich IV im Jahre 1610 verfolgte Maria (1575–1642) als Regentin ihre eigene Heiratspolitik, die auf eine französisch-spanische Annäherung und somit auf eine Verbindung mit dem Hause Österreich ausgerichtet war: so heiratete ihr Sohn Ludwig XIII 1615 die Tochter des spanischen Königs Philipp III, Anne d'Autriche, während ihre Tochter Elisabeth (1602–1644) gleichzeitig mit dem Thronfolger Philipp (IV) vermählt wird. Da Spanien damals in Frankreich als „Erbfeind" gesehen wurde, sind diese dynastischen Verbindungen auch auf Kritik gestoßen. Entscheidend war dann jedenfalls, dass Maria bei ihrem Sohn Ludwig XIII 1629 die Ernennung von Kardinal Richelieu zum Ersten Minister durchsetzte. Er bestimmte bis zu seinem Tod 1642 die französische Außenpolitik, die darauf ausgerichtet war, alles zu tun, was Frankreich nützte und was dem Ausbau seiner Macht diente.

Von den unzähligen dynastischen Verbindungen, die eingegangen wurden, um Frankreichs Ruhm und Macht zu fördern, sollten nur noch zwei erwähnt werden, die Habsburgerinnen betrafen.

Da der 30-jährige Krieg in seinen letzten Jahren vor allem zwischen Frankreich und Spanien geführt wurde, überlegten einige Diplomaten schon vor Kriegsende, ob nicht eine Heirat zwischen Ludwig XIV und der spanischen Infantin Marie-Therese, Tochter von Philipp IV, einem Frieden dienlich wäre. Da die spanische Seite zurückhaltend reagierte, täuschten die Franzosen zunächst eine mögliche Heirat mit einer savoyischen Prinzessin vor. Bei den Verhandlungen um den Ehevertrag für die zwei Königskinder, die beide 1638 geboren waren, ging es dann um verschiedene Gebietsansprüche Frankreichs, um die Abtretung habsburgischer Rechte im Elsass, um die Erbfolge in Spanien. Schließlich wurde die Ehe zwischen Ludwig XIV und Marie-Therese im Pyrenäen-Frieden von 1659 verankert, wobei auch festgehalten wurde, dass der Verzicht der Infantin auf den spanischen Thron nicht rechtskräftig wird, wenn die vereinbarte Mitgift nicht bezahlt wird.

Dass Hochzeiten zwischen Herrscherhäusern auch Ausdruck einer neuen Außenpolitik sein konnten, zeigte die Heirat zwischen Ludwig XVI von Frankreich und der Habsburgerin Marie Antoinette. Durch diese Verbindung sollte die neue Allianz zwischen zwei Dynastien bestärkt werden, die vorher den Inbegriff der kriegerischen Auseinandersetzungen in Europa darstellten. Interessen des eigenen Landes vermengten sich so mit dynastischen Interessen, wobei gerade auch am Beispiel von Marie-Antoinette als „Autrichienne" ersichtlich ist, wie gefühlsbetont die Bevölkerung neue Verbindungen aufnehmen konnte.

Die Hochzeit Napoleons wiederum mit Marie-Louise, der Tochter des österreichischen Kaisers Franz I, war Ausdruck dafür, dass der Kaiser der Franzosen am Höhepunkt seiner Macht angekommen war: Er regierte das „Grand Empire" mit 130 Departements und 45 Mio. Einwohnern, wovon ein Drittel nicht französischen Ursprungs war. Auch diese Heirat sollte eine politische Verbindung zwischen den beiden Höfen in Wien und Paris befestigen. Dabei glaubte insbesondere Metternich, dass diese Ehe für Österreich nach den verlorenen Kriegen so lange vorteilhaft wäre, als das Land schwach war. Tatsächlich hat sich dann Österreich, trotz der dynastischen Verbindung, in die Allianz gegen Napoleon eingereiht und wesentlich zu seinem Sturz beigetragen.

All diese Beispiele von dynastischen und ehelichen Verbindungen, die noch beliebig fortgesetzt werden könnten, zeigen, dass Außenpolitik die längste Zeit Privatsache der Herrscher war, dass die Macht eines „Hauses" mit der eines Landes engstens verbunden war.

3.1.2 Kriege begründen den Ruhm der Herrscher

So sehr Hochzeiten zwischen herrschenden Dynastien dazu dienten, die Macht des eigenen Hauses fortzusetzen und auszubauen, so führten Herrscher auch immer wieder Kriege, um ihren Ruhm zu begründen und zu festigen. Auch hier gibt es eine sehr klare Wechselbeziehung zwischen dem privaten Streben nach Ruhm und der Auswirkung auf die politische Geschichte eines Landes.

Weit ins Mittelalter geht die Auffassung zurück, dass sich die Menschheit eigentlich aus drei Ständen zusammensetzt: denen die beten; denen die kämpfen; und denen, die arbeiten. Dabei entwickelten die Soldaten ein sehr ausgeprägtes Standesbewusstsein und fühlten sich jedenfalls denen, die arbeiteten, aber vielfach auch den Betenden, einfach überlegen. Der Stolz auf die eigene Tätigkeit ist jedenfalls eine wesentliche Grundlage eines jeden Standesbewusstseins und der Adel der Feudalzeit begründet seine vorrangige Stellung auf den Stolz, im Krieg Ehre und Ruhm zu erwerben. Damit war der Kriegsdienst nicht nur eine Pflicht, der man gelegentlich nachging, der Kampf wurde sogar zum eigentlichen Lebenszweck.

Schon der römische Geschichtsschreiber Tacitus berichtet vom germanischen Ehrenkodex, wonach es besser war, tot zu sein als besiegt. Derselbe Ehrbegriff bestimmte auch die großen Sagen des frühen Mittelalters. Ein Krieg bedeutete nicht nur Abenteuer, sondern auch die Möglichkeit, Ruhm und Reichtum zu gewinnen.

War dieser Stolz der „Kriegerkaste" gerechtfertigt? Tatsache ist jedenfalls, dass die europäischen Staaten durchaus im Kampf begründet wurden, wobei der Sieger dann auch, etwa durch die Übernahme des Christentums, für sich in Anspruch nehmen konnte, „von Gottes Gnaden" zu regieren. Als sich später die verschiedenen wirtschaftlichen und gesellschaftlichen Gemeinwesen immer mehr zu Nationalstaaten entwickelten, gelang es einzelnen Herrschern, diese durch kriegerische Auseinandersetzungen zu festigen und zu vergrößern. So begründeten Ludwig XIV von Frankreich (1643–1715); Friedrich II von Preußen (1740–1786); und Peter der Große von Russland (1682–1725) ihren Ruhm.

Entscheidend für die Entwicklung der internationalen Beziehungen war es jedenfalls, dass es alleine das souveräne Recht des Herrschers war, Kriege zu erklären und Frieden zu schließen, beziehungsweise jene Personen zu ernennen, die diese Aufgaben für ihn durchführten, also Botschafter und Generäle. An Hand der genannten Herrscherpersönlichkeiten soll diese Entwicklung näher aufgezeigt werden.

Auch wenn am Ende des Mittelalters der „Ritter ohne Furcht und Tadel" vom Landsknecht abgelöst worden war und Auseinandersetzungen wie der 30-jährige Krieg an Grausamkeit kaum zu überbieten waren, so suchten auch nachher Herrscher immer wieder, ihren Ruhm durch Kriege zu begründen. So ging das Streben von Ludwig XIV dahin, das Territorium Frankreichs zu vergrößern und, wenn möglich, bis zu seinen natürlichen Grenzen, wie Pyrenäen und Rhein, auszudehnen.

Nachdem Ludwig XIV 1661 die Regierungsverantwortung alleine übernommen hatte, führte er vier große europäische Kriege, wobei es ihm darum ging, dem Geschehen in Europa seinen Stempel aufzudrücken: im so genannten „Devolutionskrieg" (1667-68) verlangte er, im Namen seiner Gattin Marie-Therese, die Abtretung der spanischen Niederlande (Friede von Aachen 1668). Von 1672-1678 führte er einen Krieg gegen Holland aus Rache dafür, dass dieses zusammen mit England und Schweden einen „Dreibund" gegen ihn geformt hatte (Friede von Nijmegen 1679). Von 1688-1697 führte Ludwig XIV den Krieg gegen die Liga von Augsburg, nachdem sich nach der Widerrufung des Edikts von Nantes nicht nur die protestantischen Stände, sondern auch katholische Staaten und selbst der Papst gegen ihn gewandt hatten (Friede von Ryswick, 1697). Schließlich begann er 1701 den spanischen Erbfolgekrieg, der 1714 mit dem Frieden von Rastatt endete und dem französischen König insofern einen Misserfolg brachte, als damals die Vorherrschaft Englands auf den Meeren begründet wurde.

In den 48 Jahren von 1667 bis zu seinem Tod 1715 führte also Ludwig XIV nicht weniger als 29 Jahre lang europäische Kriege. Dazu kamen noch Kriege gegen den Kaiser und das Reich wie etwa die Eroberung Straßburgs 1681 und jene, die die Deutschen „Raubkriege", die Franzosen hingegen „Guerres de Réunion", also Wiedervereinigungskriege nennen. In diesem Zusammenhang kann auch erwähnt werden, dass Ludwig XIV während seiner Regierungszeit 52% der Staatshaushalte für Kriege ausgab.

Ludwig XIV dachte jedenfalls in Kategorien von Ruhm und Macht, wobei Kriege dazu dienten, beides zu begründen. Wurden diese Kriege wirklich als eine

„natürliche Handlungsweise der Prinzen" betrachtet, wie dies manche Geschichtsschreiber sehen? Jedenfalls gab es einen, noch aus der Feudalzeit übernommenen Ehrenkodex und eine Konkurrenz zwischen den Herrschern, wozu dann noch Handelsinteressen, koloniale Streitigkeiten und religiöse Auseinandersetzungen kamen. Ein Krieg wurde somit offensichtlich nicht als Ausnahmezustand, sondern als Regelfall angesehen und ein großer König musste als ein großer Krieger erscheinen. Ein Friede diente dem Sonnenkönig dazu, jenen Krieg vorzubereiten, der die Vorherrschaft Frankreichs und seines Königs bestärken sollte. Und vor allem eines: die Außenpolitik war „Domaine réservé" des Königs und Ludwig XIV hat diese Prärogative mehr als jeder andere verkörpert. Damit diente er vielen Herrschern seiner Generation und späteren Generationen als Vorbild.

Als Friedrich II von Preußen 1740 in Schlesien einfiel, war dies, wie er selber sagte, „die Frucht jugendlichen Ehrgeizes und Tatendrangs". Der deutsche Historiker Johannes Haller sprach dann wohl für viele deutsche Professoren der Geschichte, wenn er es als das „Verdienst Friedrichs des Großen" bezeichnete, dass er „die übermenschliche Kraft besaß", aus dem preußischen Staat etwas in seiner Wesensart Neues zu machen, nämlich einen Militärstaat. So schreibt Haller: „Es war die Tat eines Genius, der außerhalb der Gesetze normaler Entwicklung steht, weil er anders ist, mehr kann und mehr will als der normale Durchschnitt und mit seinem Willen selbst der Entwicklung das Gesetz diktiert. Die Tat eines Genius hat der deutschen Geschichte die Richtung gegeben".

Johannes Haller würdigte das Wesen des preußischen Militärstaates, das er darin sah, dass sein Heer aus den eigenen Mitteln des Staates erhalten werden konnte – während andere „Subsidien von Frankreich oder Spanien nahmen" – und seine Truppen aus dem eigenen Lande aushob. Das militärische Genie Friedrichs II wird auch von der internationalen Fachwelt anerkannt. Ob es richtig ist, dass „die Untertanen willig und opferfreudig ihr Letztes für den Krieg und für ihr Vaterland hergegeben haben", wie manche Bewunderer meinen, mag dahingestellt sein.

Richtig ist jedenfalls, dass mit Preußen ein Staat geschaffen wurde, in dem das Militär und der Soldat eine vorherrschende Stellung einnahmen. Die Befürworter des preußischen Militarismus stellten den Vergleich mit dem spartanisch-römischen Wesen her: hier gehörte ein jeder, ob reich oder arm, mit Leib und Seele, mit Hab und Gut, dem Staat, dem er diente, mit dem er lebte, für den er starb. „Das war nur in Preußen möglich, wo der König selbst das Beispiel gab". Tatsächlich gaben Herrscher immer wieder im eigenen Namen Kriegserklärungen ab und setzte Heere in Bewegung. So schrieb etwa Wilhelm II bei Ausbruch des Ersten Weltkrieges an König Georg V von England so, als wäre der Staat, den er regierte, sein Privateigentum: „*Ich* werde natürlich von einem Angriff auf Frankreich absehen und *meine* Truppen anderwärtig verwenden, wenn Frankreich *mir* seine Neutralität anbietet...die Truppen an *meiner* Grenze werden soeben telefonisch abgehalten, die französische Grenze zu überschreiten".

Richtig ist zweifellos, und nur dies sollte hier dargestellt werden, dass sich die private Neigung von Herrschern, ihre Vorliebe für Heer und Krieg, nicht nur auf die Nachfolger übertragen hat, sondern dazu führte, dass das private Verhalten die staatlichen Einrichtungen entscheidend prägte. Preußen ist dafür ein besonderes Beispiel. Aber selbst in Epochen wie der unsrigen, in denen man glauben sollte, dass politische Entscheidungen rational getroffen werden, kann man feststellen, wie die persönliche Haltung von Regierenden außenpolitische Entscheidungen beeinflusst.

3.1.3 Fürsten im Dienste der Staatsraison

Inhalte und Formen der Diplomatie wurden auch dadurch entscheidend geprägt, dass die Gestalter der Diplomatie, ihren Herrschern verpflichtet und ergeben, in ihnen die Grundlage der außenpolitischen Legitimität gefunden haben. Auch in ihrem außenpolitischen Handeln ging es um die Stärkung der Macht ihres Monarchen und des Staates. Die europäische und die internationale Ordnung sollten jeweils so gestaltet werden, dass sie mit einer Machterweiterung für das eigene Land verbunden waren. Entscheidend dabei war auch, dass die Machtvollkommenheit des eigenen Souveräns gerade in den auswärtigen Beziehungen als absolut angesehen wurde und das eigene Handeln im Sinne dieses Anspruches erfolgte. Eine Mitbestimmung der Bevölkerung war völlig ausgeschlossen. Selbst als sich, etwa im 19. Jahrhundert, in den europäischen Staaten Parlamente etablierten, waren deren Mitbestimmungsmöglichkeiten in der Außenpolitik durchaus beschränkt. So sehr vielleicht in der Stunde der Not, etwa während der Napoleonischen Kriege, das Volk aufgerufen wurde, für die nationale Ehre Opfer zu bringen, so versuchten gerade die führenden Staatsmänner der späteren Epoche, Europa wieder nach dynastischen Prinzipien zu ordnen.

Im Folgenden soll kurz dargelegt werden, welchen Beitrag drei eminente Staatsmänner – Richelieu, Metternich und Bismarck – in diesem Sinne zur Ausprägung und Gestaltung dessen leisteten, was wir Diplomatie nennen.

Armand Jean du Plessis, Kardinal de Richelieu (1585–1642)

Jean Armand du Plessis, Kardinal de Richelieu, wurde in einer Zeit Erster Minister Frankreichs, als das Land im Inneren von Unruhe erschüttert und von außen von den habsburgischen Ländern eingekreist war: die Nachkommen von Karl V. herrschten nämlich nicht nur in Mitteleuropa und in Spanien, sondern auch in Norditalien, in den Niederlanden und in Burgund.

Für Richelieu war daher das Ziel klar: Die Macht des Königs, Ludwig XIII., musste gestärkt werden. Dazu war es notwendig, die Macht des Hochadels zu brechen, Dissidenten wie die Hugenotten wurden ins Ausland verbannt. Um die äußere Macht Frankreichs zu entfalten, nützte Richelieu die schwierige Situation des Habsburgischen Kaisers, der im 30-jährigen Krieg kämpfte, um den Protestantismus in Deutschland zu besiegen. Während aber Kaiser Ferdinand II. als überzeugter Katholik Trost und Hilfe im Gebet suchte und auf Gott vertraute, um seine Gegner zu besiegen, ging Kardinal Richelieu ein Bündnis Frankreichs mit den Protestanten ein. Zu einer Zeit, als der Kaiser noch dynastisch dachte und seine Religion im Geist des Universalismus als Grundlage auch für sein außenpolitisches Handeln diente, dachte und handelte Richelieu bereits in nationalen Kategorien. So kam im Frühjahr 1631 der Bündnisvertrag zwischen dem katholischen Frankreich und dem protestantischen Schweden zustande, der Gustav Adolf eine Million Taler als Unterstützung zusicherte. Für jedes Jahr, das

Schweden in Deutschland kämpfte, bezahlte Richelieu weitere 400.000 Taler. Richelieu hat damit wesentliche Grundsätze der neueren internationalen Beziehungen geprägt, nämlich jene, dass es dabei um die Macht des eigenen Staates geht, die des Königs, die der Krone. Die Verkörperung dieses Prinzips der Macht stellte der Herrscher dar.

Dieser Gedanke wurde noch philosophisch untermauert: In einer Zeit der Bürgerkriege in England, Frankreich und Deutschland schrieb Thomas Hobbes in seinem „Leviathan": „Nur die Macht vermag die Raubtierinstinkte der Menschen zu bändigen; die Furcht, die diese Macht einflösst, hält sie im Zaum. Im Naturzustand fallen die Menschen in Anarchie. Es muss daher eine oberste Macht geben, die Ordnung schafft".

Richelieu zeigte, wie sehr ein mächtiger Zentralstaat, der nach nationalen Interessen handelt, die internationale Ordnung prägen kann. 1639 rückten die Franzosen in das Elsass vor, die Einkreisung durch Habsburg wurde gesprengt. Im Westfälischen Frieden wird Deutschland zerstückelt, eine Vielzahl souveräner Fürstentümer wurde geschaffen, von denen für die nächsten 150 Jahre zumindest ein Teil immer wieder von Frankreich abhängig war. Und noch mehr: die religiöse, allumfassende Idee einer dynastischen Herrschaft musste dem machtpolitischem Denken in nationalstaatlichen Kategorien weichen weichen.

Klemens Wenzel Fürst von Metternich (1773–1859)

Der dynastische Gedanke als Lebensprinzip war wohl nirgends so ausgeprägt wie in Österreich. Staatskanzler Klemens Wenzel Fürst Metternich baute in diesem Sinne seine Außenpolitik auf ein Wertesystem auf, das die machtpolitische Vorherrschaft des Hauses Österreich in Mitteleuropa, in Deutschland, in Italien und auf dem Balkan begründen und sichern sollte. In einer „heiligen Allianz" mit dem russischen Zaren, Alexander I. , und dem preußischen König, Friedrich Willhelm III. , sollte die bestehende Ordnung gegen die neuen Strömungen von Demokratie, Volkssouveränität und Liberalismus verteidigt werden. „Der katholische Kaiser, der orthodoxe Zar und der protestantische König reichten einander die Hände in dem gleichen Glauben, dass die Gebote der Gerechtigkeit, der Liebe und des Friedens, sich als einzige Grundlage des Staats-wesens durchsetzen werden", wie es Hugo Hantsch formulierte.

Nicht nur, dass im eigenen Lande jede demokratische Mitgestaltung unmöglich war, diente die Außenpolitik dazu, die Internationale Gemeinschaft dazu einzu-setzen, neue Ideen zu unterdrücken. So sehr es Metternich gelang, mit der auf dem Wiener Kongress geschaffenen europäischen Ordnung dem Kontinent ein Jahrhundert des Friedens zu bescheren, seine Außenpolitik und sein Name sind auch mit dem von ihm geschaffenen System der Unterdrückung verbunden.

Dabei war Metternich nach der Erfahrung der „Französischen Revolution" wohl davon überzeugt, dass Revolutionen mehr Unterdrückung und nicht mehr Frei-heit schaffen. Die Großmächte sollten sich daher zusammenschließen, um sich gegen jede Störung der Ordnung, von Innen oder von Außen, zur Wehr zu set-zen. Es sollte nur jene Ordnung gelten, die auf einer legitimen Autorität beruht. Legitimität bedeutete dabei die Herrschaft eines Souveräns „von Gottes Gna-den".

Der legitime Herrscher, der alleine die Außenpolitik gestaltet, hat in der Logik des Metternichschen Systems den Vorteil, dass jeder Staat nur mit einer Stimme nach außen auftritt. Dadurch wird eine Spaltung, wie sie durch die Beteiligung des Volkes hervorgerufen werden könnte, in der Außenpolitik nicht möglich. Um die Stärkung der regierenden Gewalt und der bestehenden Ordnung zu ge-währleisten, wurde in den "Karlsbader Beschlüssen", nicht nur die Zensur ver-schärft, auf verschiedenen Kongressen beschlossen die Großmächte ein Inter-ventionsrecht, das ihnen erlaubte, überall mit bewaffneter Macht einzugreifen, wo die bestehende politische oder soziale Ordnung gefährdet erschien.

Tatsächlich gelang es dem „System Metternich", Österreichs Einheit trotz seiner nationalen und religiösen Vielfalt noch eine Zeit lang zu erhalten. Auch die auf dem Wiener Kongress festgelegte Vorherrschaft Österreichs konnte über eine Generation   sichergestellt werden. Aber so sehr auch Kaiser Franz I. in Metter-nich den „Retter der Dynastie, des Staates, ja Europas" sah, eine auf die bestehende Ordnung gegründete Außenpolitik konnte offensichtlich neue Entwicklungen höchstens verzögern, nicht aufhalten.

Während es also heute aktive Bestrebungen gibt, durch Interventionen der Staatenwelt weltweit Demokratie und Grundrechte zu verankern, gingen vor 200 Jahren die Ziele der „Heiligen Allianz" in die entgegengesetzte Richtung, man wird sehen, welchen Erfolg die Internationale Gemeinschaft nunmehr mit ihren Bestrebungen hat.

Otto Eduard Leopold Fürst von Bismarck-Schönhausen (1815-1899)

Wenn Otto von Bismarck bestrebt war, die bestehende internationale Ordnung durch den Ausbau der Macht Preußens zu ändern und auch innerstaatlich manche Strömungen, wie das nationale Bewusstsein, in den Dienst seiner Außenpolitik zu stellen, so begründete auch er sein machtpolitisches Streben mit der in der Souveränität des Monarchen liegenden Legitimität. So erklärte er etwa 1887 im Reichstag zur Frage, ob das Heer dem Kaiser oder dem Parlament verpflichtet sein sollte, ganz eindeutig: „Das deutsche Heer ist eine Einrichtung, die von den wechselnden Majoritäten des Reichstages nicht abhängig sein kann. Dass die Fixierung der Präsenzstärke von der jeweiligen Konstellation und Stimmung des Reichstages abhängen sollte, ist ausgeschlossen".

Mit Hartnäckigkeit und Verschlagenheit führte Bismarck, ganz im Sinne seiner Realpolitik, eine Außenpolitik, die einmal mit Österreich eine Allianz einging, dann die Donaumonarchie aus Österreich verdrängte, um später mit Wien den „Zweibund" zu begründen. Einmal setzte Bismarck auf die Neutralität Frankreichs und Russlands und auf ein Bündnis mit Italien, um die Hegemonie zunächst im Deutschen Bund und dann in Europa zu erreichen, um dann, nach einem kurzen Krieg gegen Frankreich, als Sieger den preußischen König zum deutschen Kaiser ausrufen zu lassen.

Als Realpolitiker strebte Bismarck die Vorherrschaft des Deutschen Reiches in Europa an, war aber gleichzeitig bemüht, Russland und England nicht zu verfeinden. Aus diesem Grunde wollte er Frankreich isolieren, St. Petersburg und

Wien für seine Interessen verpflichten und zeigte Zurückhaltung gegenüber den kolonialen Bestrebungen Großbritanniens. Als Bismarck dann 1890 demissionierte und den Bestrebungen Wilhelms II nach einer „Weltpolitik" weichen musste, begann jene Isolierung Deutschlands, die zum Niedergang im Ersten Weltkrieg führte.

Bismarck zeigte jedenfalls noch, dass Realpolitik und Staatsraison nicht nur mit Größe und Machtstreben verbunden sind, sondern auch mit dem Bestreben nach Sicherheit für das eigene Land. Darüberhinaus wollte der „Realist" Bismarck eine Ordnung erhalten, die seinen Nachfolgern nicht mehr genügte. Außerdem gehörte es zu seinem, auf Realismus aufbauendem Konzept, dass Macht geteilt und jede Veränderung der bestehenden Machtverhältnisse abgesichert werden muss.

3.2   … zu den Gipfeltreffen von heute

Die Tatsache, dass Diplomatie und internationale Beziehungen Epochen hindurch durch die persönliche Autorität und den persönlichen Stil der Herrschenden geprägt wurden, wirkte sich bis auf unsere Tage aus. Einerseits hat die „Demokratische Revolution", die seit den Anfängen der Diplomatie in der Zeit des Absolutismus stattfand, die längste Zeit die Außenpolitik nicht erfasst, andererseits haben die Verfassungswirklichkeit und die Gipfeltreffen des Fernsehzeitalters den Staats- und Regierungschefs neue Möglichkeiten eingeräumt.

3.2.1   Außenpolitik als „Domaine réservé" des Monarchen

Nach Jahrhunderten der Außenpolitik als „Privatsache" ist es nicht überraschend, dass die Außen- und Sicherheitspolitik eines Landes als „Domaine réservé" der Staatsspitze galten. Die Exekutive eines Landes wollte sich vorbehalten, die auswärtigen Beziehungen als „eigene Domäne", als Herrschaftsrecht wahrzunehmen. Im Sinne eines „Herrengutes" sollte die Gestaltung der Außenpolitik ein Vorrecht des Staats- beziehungsweise Regierungschefs sein.

Einerseits wegen der besonderen Bedeutung der Diplomatie für die Stellung eines Landes in der Staatengemeinschaft, aber auch, weil Entscheidungen etwa bei Verhandlungen oft rasch getroffen werden müssen, behielt die Exekutive in der Außenpolitik einen entscheidenden politischen Handlungsvorsprung, selbst noch in einer Zeit, als andere politische Bereiche schon längst einer genauen parlamentarischen Kontrolle und Mitentscheidung unterzogen waren.

So sehr die verschiedenen Revolutionen, wie etwa die „Französische" oder jene von 1848 forderten, dass auf Grund von demokratischen Verfassungen eine klare Gewaltenteilung durchgeführt wird, so blieben Diplomatie und Militär ein Vorrecht der Regierung. Dies galt auch in Ländern wie Frankreich, die eine republikanische Verfassung annahmen.

Sicherlich ist das Prinzip des „Domaine réservé" immer wieder Schwankungen und Interpretationen unterworfen. Einmal versuchen Strömungen wie die Friedensbewegungen, Einfluss auf die Außenpolitik zu gewinnen, ein anderes Mal wird die Macht eines Präsidenten beschnitten, wie in den USA nach dem Vietnamkrieg, weil man glaubte, dieser hätte seine Kompetenzen überschritten. Darüber hinaus kam es durch die zwischenstaatliche Zusammenarbeit zu einer Internationalisierung des Entscheidungsprozesses in außenpolitischen Fragen. Aber auch dabei ist es meist nur ein kleiner Kreis der politischen Elite, der mit den entsprechenden Themen befasst ist.

Aber selbst wenn sich Parlamente, Parteien, Öffentlichkeit und Interessensgruppen verstärkt mit internationalen Themen befassen, das geschichtlich entstandene Demokratiedefizit in außenpolitischen Fragen ist weiterhin sehr stark. Dazu kamen neue Probleme: verschiedene Funktionen des Staates, wie etwa die Schutzfunktion nach außen, wurden auf eine internationale Ebene verlagert, ohne dass auf dieser Ebene demokratische Entscheidungsmechanismen vorgesehen wären. Darüber hinaus werden bei internationalen Konferenzen oder bei Gipfeltreffen Entscheidungen getroffen, die die entsprechenden innerstaatlichen Institutionen stark präjudizieren.

3.2.2 Im Rampenlicht der Öffentlichkeit: Präsidenten und Regierungschefs

Nicht jede Verfassung ist so eindeutig wie die französische, die die Gestaltung der Außen- und Sicherheitspolitik eindeutig dem Staatsoberhaupt vorbehält. Dies geht vor allem darauf zurück, dass die 1958 als Grundlage für die fünfte Republik geschaffene Verfassung auf die starke Persönlichkeit von General De Gaulle ausgerichtet war. Demnach übertrug die Verfassung dem Staatspräsidenten nicht nur die Kompetenz, die eigenen Botschafter zur ernennen und ausländische zu empfangen, sondern auch das Mandat, Verträge zu verhandeln und zu ratifizieren.

Es war dann aber insbesondere die politische Praxis, die den Staatspräsidenten zum entscheidenden Faktor in der französischen Außenpolitik gemacht hat. General de Gaulle hat diese Praxis geprägt, seine Nachfolger haben sie übernommen. So war es de Gaulle, der die Unabhängigkeit Algeriens, den Austritt Frankreichs aus dem militärischen Verband der NATO, sowie die eigenständige Ostpolitik seines Landes in der Zeit des Kalten Krieges festgelegt hat. Präsident Mitterand hat dann, zusammen mit dem deutschen Kanzler Helmut Kohl die Versöhnungsgeste in Verdun gesetzt und die Europapolitik geprägt. Jacques Chirac wiederum versuchte, gegenüber einer von den USA dominierten Welt eine gewisse Eigenständigkeit der französischen Außenpolitik zu behaupten.

Was die Verteidigungspolitik betrifft, so überträgt die französische Verfassung dem Staatsoberhaupt eine besondere Rolle, da er es ist, der die nationale Unabhängigkeit und die territoriale Integrität garantiert. Der Staatspräsident steht an der Spitze des nationalen Verteidigungsrates und er ist es, der alleine über den Einsatz der französischen Nuklearwaffen entscheidet. Es war de Gaulle, der den Aufbau einer eigenständigen französischen atomaren „Force de Frappe" entschieden hat, die Entscheidung seiner Nachfolger war dann ausschlaggebend dafür, ob sich Frankreich an militärischen Einsätzen beteiligte oder nicht.

Wenn der amerikanische Präsident in den zwanzig Jahren zwischen 1975 und 1995 auf den drei großen US-TV-Stationen sechzehn Mal öfter gezeigt wurde als die Vertreter des Kongresses zusammen, dann vor allem auch deshalb, weil er zu außenpolitischen Themen Stellung nahm, internationale Entwicklungen kommentierte oder versuchte, dazu die Öffentlichkeit für seinen Standpunkt zu gewinnen. Die Außenpolitik verschafft somit nicht nur Öffentlichkeit, sondern auch den Status einer Führungspersönlichkeit. Ganz besondere Ereignisse, wie etwa die Teilnahme von Präsident Franklin D. Roosevelt an der Konferenz in Jalta, der Auftritt Kennedys in Berlin oder die Reise von Richard Nixon nach Beijing bekommen sogar geschichtliche Bedeutung.

Als Harry Truman 1948 festhielt: "Ich mache die Außenpolitik", konnte er auch noch hinzufügen: „Und um die Gestaltungsmöglichkeiten im militärischen Bereich würden mich Cäsar, Dschingis Khan und Napoleon beneiden". Selbst wenn die amerikanische Verfassung theoretisch auch dem Kongress in der Außenpolitik eine nicht unwesentliche Mitsprache einräumt, in der Praxis haben sich die Präsidenten ihre Autorität bei der Festlegung und Durchführung der Außenpolitik fest verankert. Dies einmal deshalb, weil der Präsident vom Volk gewählt wird, nach Außen das ganze Land vertritt und als Staats- und Regierungschef Oberkommandierender der Streitkräfte ist. Selbst wenn es darum ging, militärische Aktionen anzuordnen hat der amerikanische Präsident dies immer wieder ohne, manchmal sogar gegen die Zustimmung des Kongresses getan. Der 1973 verabschiedete „War powers act", der darauf abzielte, den außenpolitischen Spielraum des Präsidenten einzuengen, hatte nicht die gewünschte Wirkung. Dies insbesondere auch deshalb, weil der oberste Gerichtshof der USA in außenpolitischen Fragen immer wieder für die exekutive Gewalt entschied.

Man hat auch wiederholt versucht, die Mitsprache des Kongresses bei internationalen Entscheidungen zu umgehen. Da etwa internationale Verträge nach der amerikanischen Verfassung der Zustimmung des Senats bedürfen, werden immer mehr „Executive agreements" abgeschlossen, die dieser Zustimmung nicht bedürfen. Daraus hat sich folgende Situation ergeben: Während im Zeitraum von 1789 bis 1889 genauso viele Verträge wie „Executive agreements" abgeschlossen wurden, gibt es seit 1975 zweiundzwanzig Mal mehr „Executive agreements" wie internationale Verträge. Selbst die 1973 mit Vietnam abgeschlossenen „Friedensverträge" erhielten keinen formellen Vertragscharakter, um die Ratifizierung durch den Senat zu umgehen. Insgesamt haben heute von den 15.000 von den USA unterzeichneten internationalen Vereinbarungen 13.500 die Form von „Executive Agreements".

Insgesamt kann man wohl sagen, dass ein amerikanischer Präsident, fast wie ein Monarch im Zeitalter der klassischen Diplomatie, nicht nur die Verantwortung für Erfolg und Misserfolg der Außenpolitik seines Landes trägt, die von ihm verfolgten Ziele, sein Stil und seine Autorität in außenpolitischen Fragen bestimmen in einem ganz entscheidendem Ausmaß die Beurteilung der gesamten Amtszeit. Die Monarchen vergangener Zeit wurden danach beurteilt, ob es ihnen gelang, ihre Macht und ihr Reich auszuweiten. Die „imperiale Präsidentschaft Amerikas" zeichnet sich dadurch aus, dass militärische Interventionen größte Zustimmung finden, solange sie erfolgreich sind. Was dazwischen liegt, nennen wir Fortschritt.

Auch in den parlamentarischen Regierungssystemen Europas geht der Zug der Zeit dahin, dass der Regierungschef der eigentliche Vertreter seines Landes nach außen ist und die wesentlichen außenpolitischen Entscheidungen trifft. Margret Thatcher etwa widmet die Hälfte ihrer 1231 Seiten umfassenden Erinnerungen, die unter dem Titel „Downing Street Nr.10" erschienen sind, außenpolitischen und internationalen Fragen. Darin legt sie nicht nur sehr klar dar, wie sie Dirigismus und Zentralismus innerhalb der Europäischen Gemeinschaft ablehnte; dass sie eine EG wollte, in der Waren, Kapital und Dienstleistungen frei ausgetauscht werden konnten. Es ging ihr um eine stärkere Kooperation der Mitgliedsstaaten, ohne das Recht der einzelnen Länder anzutasten, ihren eigenen Weg zu gehen. Sie war so lange für eine außenpolitische Kooperation auf EG-Ebene, solange der Westen gestärkt blieb und das Schwergewicht unverändert auf den guten Beziehungen zu den Vereinigten Staaten lag. Darüber hinausgehende Tendenzen zu einem einheitlichen Europa nannte sie „föderalistische Hirngespinste".

Margaret Thatcher schrieb ausführlich von der sowjetischen Bedrohung, davon, wie Institutionen wie die NATO als erfolgreiches Beispiel für die Zusammenarbeit zwischen starken Nationen gelten können und wie die Vereinten Nationen lediglich einen kraftlosen Internationalismus verkörperten. Als Außenminister wird nur berufen, wer die Vorstellungen der Regierungschefin teilt und im ganzen Buch wird eines klar: bei den unzähligen internationalen Konferenzen, Besuchen und Gesprächen, ist es die Ministerpräsidentin, die die Haltung ihres Landes darlegt und sie ist es, die die außenpolitische Linie zu Krieg und Frieden, zum militärischen Gleichgewicht oder zu einzelnen Fragen wie den Mittelstreckenraketen darlegt.

Insgesamt kann man wohl Folgendes sagen: die Tendenz der modernen Diplomatie zu Gipfelgesprächen und Gipfeltreffen, verbunden mit dem dadurch hervorgerufenen medialen Echo bewirkt, dass sich das Engagement der Staats- und Regierungschefs in außenpolitischen Fragen, selbst über den formal gegebenen verfassungsrechtlichen Rahmen hinaus stark verstärkt hat. Ist man ein Zyniker, wenn man feststellt, dass die Außenpolitik damit wieder am Weg zurück zu dem ist, was sie lange Zeit war, nämlich „Privatsache des Herrschers"?

II.Teil: Die alte Welt der Staaten

Gibt es in der Staatenwelt unterschiedliche Prioritäten hinsichtlich der mit der Außenpolitik verfolgten Machpolitik einerseits, der Förderung der persönlichen Wohlfahrt der Bürger andererseits, so kann man darüberhinaus feststellen, dass zwei weitere entgegengesetzte Tendenzen die Entwicklung bestimmen: Auf der einen Seite leben wir in fast 200 Nationalstaaten, die als souverän gelten, es gibt nationale Armeen und Grenzen, wie seit Jahrhunderten, ja man spricht sogar vom Zusammenstoß der Zivilisationen. Auf der anderen Seite gibt es die Globalisierung, den stark wachsenden Welthandel und eine Internationale Gemeinschaft, von der sich viele erwarten, dass sie einen aktiven Beitrag zum internationalen Frieden leistet.

Wir sehen also vor uns einerseits eine Welt der Staaten, die es immer noch gibt, während andererseits starke Tendenzen in Erscheinung treten, die in Richtung Weltstaat deuten. Einerseits fühlen sich die Menschen nach wie vor ihrer Nation verpflichtet und finden in ihr jene Identität, die Geborgenheit vermittelt, andererseits ist die Globalisierung eine Realität, die täglich stärker sichtbar wird. Während die Staaten nach wie vor als souverän gelten, haben neue Techniken in der Kommunikation und im Verkehr schon längst nicht nur die nationalen Grenzen, sondern auch die Macht der Nationalstaaten überwunden. Während alte Ideologien wie der Nationalismus oder neue Bewegungen wie der islamische Fundamentalismus die Menschen in gegnerische Lager spalten, haben sich die Ideen der Demokratie, der Marktwirtschaft und des Umweltschutzes weltweit ausgebreitet. Auch wenn es noch Diktaturen und isolierte Volkswirtschaften gibt, das Streben nach Wohlstand hat die Welt erobert und es gibt keine Gegend mehr, in der nicht zumindest Bürgerinitiativen mehr Demokratie verlangen.

Auch wenn die Internationale Gemeinschaft vielfach noch eine Wunschvorstellung ist, sie tritt bereits heute in unterschiedlichen Erscheinungsformen auf und hat auch bereits revolutionäre Neuerungen erreicht: als „Friedensgemeinschaft" führen Staaten vom Balkan bis Ost-Timor, in Afrika und Asien friedenserhaltende Aktionen durch. Eine „Internationale Wertegemeinschaft" hat durchgesetzt, dass die Menschenrechte stärker beachtet werden als früher, ja dass so mancher Diktator vor Gericht gestellt wurde. Zudem tritt eine „Internationale Hilfsgemeinschaft" dort auf den Plan, wo Menschen durch Naturkatastrophen Schaden leiden.

Bei genauerer Betrachtung mag es sein, dass diese Internationale Gemeinschaft vor allem aus den USA und Europa besteht. Aber andererseits spricht man oft so, als wäre der Weltstaat bereits verwirklicht, etwa wenn es um die universelle Geltung der Menschenrechte geht, zu der sich alle Regierungen bekennen, die in den Vereinten Nationen vertreten sind. Auch wenn Länder wie Russland und China neues Machtbewusstsein zeigen und andere, wie der Iran oder Nordkorea, gegen den Willen der „Staatengemeinschaft" Atomwaffen erzeugen wollen, haben Wirtschaft, Wissenschaft und Technik zu einer globalen Intensivierung der Beziehungen auf den verschiedensten Ebenen geführt, die noch vor einer Generation undenkbar gewesen wäre.

Bedeutet eine globalisierte Welt eine friedlichere Welt? Nicht unbedingt. Der Weg von der Welt der Staaten zum Weltstaat ist noch lange und selbst in diesem kann es Bürgerkriege geben. Dennoch zeigt diese Entwicklung, dass die Internationale Gemeinschaft gemeinsame Ziele hat – vom Umweltschutz bis zur Entwicklungspolitik – die nur gemeinsam verwirklicht werden können.

1. Die Souveränität als Grundlage der internationalen Ordnung

Durch Jahrhunderte, vor allem seit dem Westfälischen Frieden, war die Souveränität der Nationalstaaten ein bestimmendes Wesensmerkmal der internationalen Beziehungen: Demnach konnte ein Staat innerhalb seiner Grenzen die höchste Autorität ausüben und ist, nachdem alle Staaten die gleichen Rechte haben, nach außen keiner übergeordneten Macht unterworfen. So hatte ein Staat das alleinige legitime Recht, zur Aufrechterhaltung der inneren Ordnung und zur Wahrung seiner Ansprüche nach außen Gewalt einzusetzen. Die Macht des Staates spiegelte die Stellung des Fürsten, der über dem Gesetz stand, wider. Dieser Fürst war, kraft seiner souveränen Stellung, sogar in der Lage, Untertanen etwa nach Amerika zu verkaufen und konnte zur Aufrechterhaltung seiner Macht Allianzen schließen oder Kriege erklären.

1.1 Die Theorie der Souveränität

Nach verschiedenen Theorien der Souveränität war der „Prinz" als „Ebenbild Gottes" (Jean Bodin) nur diesem verantwortlich und konnte, entsprechend dem Eigentumsbegriff des römischen Rechtes, über „sein Territorium frei verfügen und jeden anderen davon ausschließen". Da diese Theorien in Zeiten entwickelt wurden, als es, wie in England oder Frankreich, aufgrund von Glaubenskämpfen oder Bürgerkriegen kräftige interne Unruhen gab, war das Bestreben darauf gerichtet, durch ein klares Machtmonopol Anarchie zu verhindern. Nach den Wirren des Dreißigjährigen Krieges sollten auch die internationalen Beziehungen auf eine rechtliche und theoretische Basis gestellt werden, deren Kern eben die staatliche Souveränität war.

Der Ursprung und die Theorien der Souveränität waren eng mit der Entwicklung der Staaten und ihrer Institutionen im ausgehenden europäischen Mittelalter verbunden. Wesentlich dabei war, dass sich einzelne Herrscher einmal von der Autorität des „Heiligen Römischen Reiches" loslösten, aber auch von der kirchlichen Autorität des Papstes. Außerdem festigten Könige ihre politische Macht dadurch, dass sie den Einfluss der feudalen Stände innerhalb ihres Herrschaftsbereiches brachen. Neben dem römischen Eigentumsbegriff beeinflusste auch die römische Vorstellung von „Herrschaft" die Entwicklung des Begriffs der Souveränität. Der Staat wurde als „summa potestas", also als eine Machtfülle gesehen, die dann später als Souveränität verstanden wurde. Außerdem basierte das römische Recht auf dem Prinzip, dass die politische Gemeinschaft die Macht („Imperium") hatte, von den Bürgern unbedingten Gehorsam zu verlangen.

Mit der Rezeption des römischen Rechts wurden auch dessen Grundgedanken in das abendländische Denken eingeführt. So bricht Niccolò Machiavelli (1469-1527) mit dem mittelalterlichen Universalismus und der damit verbundenen göttlichen Autorität als höchste Gewalt. Seine Religion setzt auf den Staat, also auf eine Machtstruktur, die Sicherheit und Eigentum gewährleisten konnte. Der

Staat wurde also mit jener Macht gleichgesetzt, die Gesetze beschließen, verwalten und durchsetzen kann.

Der Staat blieb durch Jahrhunderte die oberste Autorität, deren Macht einmal aus Furcht, einmal aus Respekt anerkannt wurde und dies noch in einer Zeit, als für viele Staaten die tatsächliche Souveränität bereits höchst fraglich erschien. Dies wohl deshalb, weil auch die Fiktion der „souveränen Gleichheit" aller Staaten aufrecht erhalten wurde, die es in der realen Welt nie gegeben hat und auch heute nicht gibt. So hat San Marino 60,5 km², 27.700 Einwohner und ein Bruttoinlandsprodukt (BIP) von einer Milliarde Dollar. Die Volksrepublik China hingegen hat 9,6 Millionen km², 1,3 Milliarden Einwohner und ein BIP von 8.883 Milliarden Dollar (2005; zu Kaufkraftparität). Auch wenn beide Länder in der Generalversammlung der Vereinten Nationen nur eine Stimme haben, kann man wohl nicht sagen, dass beide in der Staatengemeinschaft dieselbe Rolle spielen.

1.2 Die Funktionen des souveränen Staates

Der starke Glaube an die Souveränität eines Staates selbst dort, wo sie vielfach Fiktion geworden ist, hängt wohl auch damit zusammen, dass die gestaltende Kraft des Staates in den verschiedensten Bereichen enorm war und vielfach noch ist.

Zunächst war es die Aufgabe des absoluten Staates, die Ordnung im Inneren herzustellen und dem eigenen Land einen entsprechenden Platz in der internationalen Staatengemeinschaft zu verschaffen. In der demokratischen Version des Souveränitätsgedanken waren es dann die Bürger eines Landes, die in seiner Geschichte ihre Identität fanden und sich entsprechend stark dazu bekannten. Außerdem hat der souveräne Staat einzelnen Gruppen seiner Bürger ermöglicht, als Träger seines politischen oder wirtschaftlichen Systems zu agieren. Somit bildeten die Begriffe „Staat" und „Souveränität" die längste Zeit eine Einheit und wurden ein Grundelement in der Entwicklung der heutigen Weltordnung.

Wenn die Ordnungsfunktion des souveränen Staates auf seinem Territorium eine ureigenste Aufgabe darstellte, so war damit auch das exklusive Recht verbunden, Gesetze zu erlassen, Steuern einzuheben, Verträge abzuschließen oder ein Militär zu unterhalten. Innerhalb seines Territoriums durfte niemand diese Rechte dem souveränen Staat streitig machen.

Je mehr die eigenen Bürger davon profitierten, dass der Staat seine grundlegenden Aufgaben – also Rechtssprechung, Entwicklung der Wirtschaft, Gewährleistung der sozialen Sicherheit – ordnungsgemäß erfüllte, umso stärker konnten sich seine Bürger mit ihm identifizieren. In den einzelnen Epochen wurden diese Aufgaben mit unterschiedlicher Intensität erfüllt. In der Zeit des Merkantilismus wurde der wirtschaftlichen Tätigkeit des Staates der Vorzug gegenüber den Kräften des Marktes gegeben. In der Zeit des Wohlfahrtsstaates wurde die Leistungsfähigkeit eines Landes daran gemessen, wieweit es die „Daseinsvorsorge" seiner Bürger gewährleisten konnte. In der Epoche der „Deregulierung" und „Privatisierung" hingegen wurde der Bereich der staatlichen Aufgaben zurückgedrängt.

Wenn es im Jahre 2006 zunächst 192 und nach der Unabhängigkeitserklärung von Montenegro 193 Staaten gab, so wurden diese offiziell als souverän angesehen, die Fiktion der Gleichheit wurde, vor allem in den verschiedenen internationalen Organisationen, aufrecht erhalten. Diese traditionelle Vorstellung vom souveränen Staat lebt auch deshalb weiter, weil es Ideologien gibt, die sie einerseits untermauern und andererseits innerhalb der Staatengemeinschaft trennend wirken: so etwa der Nationalismus, fundamentalistische Bewegungen oder Vorstellungen der Globalisierungsgegner. Dazu kommen noch althergebrachte Verhaltensweisen, wie die Aufrechterhaltung von nationalen Armeen, die Gewährung von Subventionen für die nationale Wirtschaft oder überhaupt der Weiterbestand nationaler Grenzen. Darüber hinaus setzen Diktatoren und andere Außenseiter genauso auf ihre „nationale Souveränität" wie Staaten, die das internationale Kräfteverhältnis zu ihrem „nationalen Vorteil" verändern wollen.

2. Ideologien, die trennen

2.1 Der Nationalismus als bleibende Kraft in den internationalen Beziehungen

Nach dem Zweiten Weltkrieg entstand vielfach der Eindruck, der Nationalismus wäre für immer diskreditiert, der Nationalstaat hätte endgültig seine Bedeutung verloren. Die international politische Verflechtung wurde durch eine Vielzahl von internationalen Organisationen vorangetrieben, im militärischen Bereich wurden transnationale Bünde geschaffen und in der Wirtschaft dominierten transnational-integrative Tendenzen.

Wenn auch der Nationalstaat noch als Träger der Souveränität angesehen wurde, so nahm man doch an, dass er seinen Handlungsspielraum im außenpolitischen Bereich weitgehend verloren hätte. Dies vor allem deshalb, weil man meinte, er hätte seine klassischen Funktionen wie Schutz vor äußerer Aggression, Sicherung der nationalen Wirtschaft und Schaffung eines einheitlichen Marktes an supra- und internationale Organisationen mehr oder weniger bereits abgegeben.

Tatsächlich hat sich aber bald herausgestellt, dass ganz entscheidende Normen und Postulate, die in der Satzung der Vereinten Nationen, in den Verträgen der Europäischen Gemeinschaft oder auch in den Statuten des Europarates verankert wurden, deshalb nicht verwirklicht werden konnten, weil nationalstaatliche Interessen dem entgegenstanden, weil die Nationalstaaten nicht bereit waren, wesentliche Funktionen und Kompetenzen tatsächlich abzutreten. Sogar eine entgegengesetzte Entwicklung ist eingetreten: Der Nationalstaat ist nicht nur gestaltendes Element der internationalen Entwicklung geblieben, sondern regionale Nationalismen wie die baskische und katalanische Autonomiebewegung in Spanien, das Auftauchen nationaler Bewegungen in Schottland und Wales oder der flämische und wallonische Nationalismus in Belgien sind (wieder) auf den Plan getreten und beeinflussen ebenfalls das internationale Geschehen nachhaltig.

Der Nationalismus hat sich somit als bleibende Kraft erwiesen, die in der Lage ist, die internationale Entwicklung auch in einer Epoche zu bestimmen, in der die wirtschaftlichen und technischen Notwendigkeiten schon lange übernationale Lösungen erfordern. Es genügt also nicht mehr, die Notwendigkeit einer internationalen Zusammenarbeit zu postulieren, vielmehr muss man untersuchen, warum das nationale Interesse immer noch ein desintegrierendes Wesensmerkmal der internationalen Szene ist und insofern eine effektive grenzüberschreitende Kooperation und Solidarität behindert.

2.1.1 Nationalismus als Streben nach politischer Identität

Worin liegt die Kraft des Nationalismus, worin die Ursache seines Wiedererstehens? Wenn es im „Katholischen Soziallexikon" zum „Nationalismus" heißt, dass die Idee des Nationalstaates „den Universalismus antiker und mittelalterlicher Staatsauffassungen überwunden hat", dann ist damit der Nationalismus als ein Phänomen angesprochen, welches ganze Epochen prägte. Wenn auch anders als früher, so ist doch anzunehmen, dass der Nationalismus in den kommenden Jahren als geistige Haltung, als kultureller Wert, als politische Kraft für die internationalen Beziehungen wieder eine wesentliche Rolle spielen wird.

Der Nationalismus gründet auf dem Gefühl der Zugehörigkeit zu einer historisch-politischen Schicksalsgemeinschaft. Er ist ein „Wir-Gefühl", welches sich auf Elemente gemeinsamer historischer Erfahrungen sowie ethnischer und kultureller Werte beruft. Wenn man in Betracht zieht, dass Ideologien, internationale Bildungsprogramme und internationale Organisationen immer wieder mit geringem Erfolg versucht haben, das Nationalgefühl als politisch relevanten Faktor zu überwinden, dann liegt der Schluss nahe, dass es sich bei ihm um eine stark prägende Kraft handeln muss. Es ist wohl die Suche des Menschen nach Identität, sein Streben nach Werten, mit denen er sich identifizieren kann, die dem Nationalismus zugrunde liegen. Der Mensch will einer Gemeinschaft zugehören, er überträgt auf sie Erwartungen, deren Verwirklichung ihm alleine unmöglich ist. Dabei kann der Mythos einer gemeinsam erlebten Vergangenheit ebenso eine Rolle spielen wie eine reale oder irreale Hoffnung auf eine schönere Zukunft.

Ab dem Zeitpunkt, in welchem die Nation zum entscheidenden Bezugspunkt politischer Loyalität wurde und die auf Dynastien ausgerichteten politischen

Bindungen ablöste, wurde auch das Volk anstelle des Monarchen der wahre Souverän des Staates. Es ist daher mit großer Wahrscheinlichkeit anzunehmen, dass der Nationalismus solange seine Faszination beibehalten wird, als die Volkssouveränität nicht nur verfassungsrechtliche, sondern auch politische Auswirkungen hat, wie dies in den westlichen Demokratien der Fall ist.

Da heute der Wohlfahrtsstaat seine primäre Legitimation daraus bezieht, dass die materielle Sicherstellung der Bürger eine entscheidende Staatsaufgabe wurde, mögen die Bezugspunkte für das Nationalgefühl nicht mehr dieselben wie früher sein, als es emotional um Vaterland und Heimattreue ging. Doch muss die Bindung an die nationale Gemeinschaft deshalb nicht weniger intensiv sein.

2.1.2. Erscheinungsformen des Nationalismus

a) Die Stagnation des Europa-Gedankens – eine der Ursachen des wieder erstarkenden Nationalismus.

Wenn die Stärke der europäischen Einigungsbewegung nach dem Zweiten Weltkrieg vor allem im Wissen um die Nützlichkeit der Zusammenarbeit bei der Lösung von Fragen lag, die eine europäische Antwort verlangten, dann ist die Stagnation der Europabewegung heute wohl darin begründet, dass die Lösung der gegenwärtigen wirtschaftlichen und sozialen Probleme immer noch von den nationalen Regierungen erwartet wird.

Gefragt nach den Sorgen, die ihn bewegen, nennt der Franzose genauso wie der Niederländer die Sicherung des Arbeitsplatzes, die Teuerung, die Pension, den Urlaub, die Sicherung der sozialen Errungenschaften, die Unfallverhütung und die berufliche Ausbildung. Die Hoffnungen richten sich dabei überwiegend auf die nationalen Regierungen und weniger auf die zentralen europäischen Institutionen in Brüssel. Analysiert man etwa eine Studie der Nürnberger „Bundesanstalt für Arbeit" zum Problem der Arbeitslosigkeit, so kann man feststellen, dass alle dort genannten Maßnahmen von der eigenen Regierung durchgeführt werden sollen. Selbst Brüsseler Rezepte für die Millionen Arbeitslosen in Europa sind oft bloße Berichte; Programme, effektive Maßnahmen und Entscheidungen werden hingegen den nationalen Regierungen überlassen.

Wenn sich das „Europa der ersten Stunde" deshalb bewährte, weil es gelang, gegen die von außen drohenden Probleme eine gemeinsame politische Lösung zu finden, dann könnte Europa heute nur Erfolg haben, wenn der politische Wille stark genug wäre, die inneren Probleme, die ja vielfach auch gemeinsame Probleme sind, gemeinsam zu meistern. Dieser gemeinsame politische Wille ist aber vielfach nicht vorhanden.

Die Stagnation des Europagedankens hat heute daher zumindest zwei Ursachen: Die Bevölkerung erwartet sich einerseits die Lösungen ihrer dringenden Probleme von der eigenen nationalen Regierung, andererseits stellen die Verantwortlichen in Brüssel immer wieder nicht die anstehenden Probleme, sondern die zu deren Lösung geschaffenen Institutionen in den Vordergrund. Während in der Nachkriegszeit das Bewusstsein, gemeinsame Probleme gemeinsam lösen zu können, zu einer stärkeren Einigung führte, bringt nunmehr die Erwartung einer Lösung der anstehenden Probleme auf nationaler Ebene die Gefahr mit sich, dass mit dieser Haltung auch das politische Bewusstsein der europäischen Gemeinsamkeit verloren geht. Nicht ein integriertes, sondern ein national fraktioniertes Europa scheint wieder mehr gefragt.

b) Nationalismus im früheren Osteuropa – die Suche nach historischer Identität

Der Marxismus betrachtete den Nationalismus als „bürgerliche Ideologie" und tat ihn als solche im Bereich der internationalen Beziehungen ab. Allen Erscheinungsformen des Nationalismus wurde der Kampf angesagt, proklamiert wurde der „proletarische Internationalismus". Bürgerlicher Nationalismus und proletarischer Internationalismus, das sind, so sagte es bereits Lenin, zwei unversöhnliche feindliche Konzeptionen, die eben die großen feindlichen Lager in der Welt widerspiegelten.

Wie aber sah die Realität aus? Selbst in der kommunistischen Zeit konnte man sehen, wie engagiert Rumänien auf der Suche nach der eigenen nationalen Vergangenheit Geschichtsforschung betrieb; Welche Bedeutung in Polen den Jahren der nationalen Unabhängigkeit beigemessen wurde, oder wie stark Jan Huss im Bewusstsein der Tschechen verankert war. Daran konnte man erkennen, wie lebendig der Nationalismus als politische Kraft selbst im kommunistischen Teil Europas war. In seiner Abhandlung zum Thema „Nationalismus, Nationen und die Politik des Westens" führte der englische Historiker und Russland-Spezialist Hugh Seton-Watson (1916-1984) aus: „Am überzeugendsten wird die Doktrin, Nationalismus sei eine Nebenerscheinung des Klassenkampfes und werde mit Beseitigung der ‚Bourgeoisie' und mit der Errichtung des ‚Sozialismus' verschwinden, von der Geschichte der Sowjetunion widerlegt. Das multinationale russische Imperium von 1917 entwickelte sich zum multinationalen Imperium von 1979, an seinen westlichen Grenzen gestützt von einem Gebiet des multinationalen sowjetischen Neo-Kolonialismus mit einer Bevölkerung, die etwa die Hälfte jener des Imperiums selbst ausmacht." Die „sozialistischen Länder" im Vorfeld der Sowjetunion hatten kein weniger ausgeprägtes Nationalbewusstsein und waren nicht weniger erbittert über die russische Oberherrschaft als ihre nationalen Vorgänger.

Selbst in der kommunistischen Zeit stellte Ernst Trost in seinem Buch „Auf den Spuren der versunkenen Donaumonarchie" fest, dass man aufhorchen muss, „wenn man die Sprache junger Historiker vernimmt": Sie verzichten auf die Bequemlichkeit krasser Schwarz-Weiß-Malerei, in die sich die klassische kommunistische Geschichtsschreibung geflüchtet hat. Sie suchen die Wahrheit. Denken wurde wieder Mode. Neben den geeichten marxistisch-leninistischen Geschichtsinterpreten konnte eine neue Generation ihre Stimme erheben: in Budapest, in Prag, in Krakau, in Agram und in Laibach wurde ernsthaft die Geschichte erforscht und die Ereignisse von 1956 in Ungarn, von 1968 in der Tschechoslowakei und von 1980 in Polen zeigten, dass die Menschen in dieser Region ihre Geschichte kannten und ihre nationale Identität nicht vergessen hatten. Der spätere Zusammenbruch des Kommunismus kann ohne die Rolle, die der Nationalismus der einzelnen Länder dabei gespielt hat, wohl nicht erklärt werden.

c) Nationalismus in der Dritten Welt: zwischen Integration und Abgrenzung

Zu Beginn des Falkland-Krieges (1982) war unter dem Titel „Der Nationalismus kommt Argentiniens Generälen sehr entgegen" Folgendes zu lesen: „Das Regime zweifelte keinen Augenblick am nationalistischen Eifer des Volkes". Die Rechnung ging – zumindest vorerst – auf. Drei Tage nachdem die Machthaber dem Höhepunkt einer ersten innenpolitischen Krise entgegensteuerten, stand Argentinien dank der Malwinen-Eroberung wie ein Mann hinter seinen Offizieren. Der Freudenrausch, in den Argentinien sofort nach Bekanntwerden des Coups fiel, stellte stellenweise den Taumel nach dem Sieg seiner Fußballelf bei den Weltmeisterschaften 1978 im eigenen Land in den Schatten. Nach der Kunde der Rückeroberung und der ‚Wiederherstellung der nationalen Ehre' verwandelten sich Städte und Dörfer in ein „blau-weißes Meer" der Nationalfarben.

Wenn nun Generäle in Lateinamerika auf den Nationalismus ihrer Landsleute setzen, wenn die SWAPO in Namibia auf eine geschlossene Front gegen die Weißen gestützt wurde und wenn in Mozambique versucht wurde, mit einer einheitlichen Sprache, dem Portugiesischem, verschiedene Stämme zu einer Nation zu verbinden, dann verweist dies nicht nur auf unterschiedliche Formen des Nationalismus in der Dritten Welt, sondern auch darauf, dass der Kampf gegen den Kolonialismus vielfach als Kampf um die eigene nationale Identität geführt wurde. Lange Zeit bewirkte dies, dass sich in Afrika südlich der Sahara zwei Arten von Konflikten unterscheiden ließen: Einerseits kämpfte in Südafrika der schwarze „Afrikanische National-Kongress" gegen den weißen Nationalismus, andererseits ging es, von Eritrea bis Simbabwe, vielen afrikanischen Stämmen um die Behauptung der eigenen „nationalen" Identität.

Dazu schreibt Leslie Rubin: Der afrikanische Nationalismus hat dieselben Aufgaben wie ein Nationalismus in anderen Gebieten: Er soll den Völkern Afrikas sagen, wer die Afrikaner sind, darüber hinaus solle er aber auch den Nigerianern, den Togolesen und den Menschen in Kenia sagen, was ihre spezifischen Merkmale sind. Der Nationalismus soll die Politik nach innen vereinheitlichen und nach außen abgrenzen. Dazu kommt allerdings noch, dass für die Auseinandersetzungen zwischen den einzelnen ethnischen Gruppen und Stämmen zumindest zwei Gründe angeführt werden können: Einmal ging es darum, jene Position, die durch den Abzug der Weißen freigeworden sind, für die eigene Gruppe in Anspruch zu nehmen, darüber hinaus konnte festgestellt werden, dass nach dem Abzug der Europäer wiederum Gegensätze auftraten, die bereits vor ihrem Erscheinen bestanden. Ein „Nationalgefühl" sollte es ermöglichen, diese Gegensätze zumindest zu mildern.

2.1.3 Kann der Nationalismus überwunden werden?

Viele Probleme, die es heute weltweit gibt, können wohl kaum gelöst werden, wenn sie primär von einem nationalen Standpunkt aus beurteilt werden, wenn die „Lösungen" also hauptsächlich nationale Interessen befriedigen sollen. Der Zusammenhang etwa zwischen dem Kaffepreis in Europa und dem Lebensstandard in Kolumbien oder Brasilien kann solange nicht hergestellt werden, als es keine Institutionen gibt, welche die Macht haben, dies zu tun.

Der Nationalismus ist nach wie vor deshalb eine bestimmende Kraft, weil die meisten Staaten auch jene Entscheidungen, die in internationalen Gremien getroffen werden, nach der eigenen Interessenlage akzeptieren oder auch nicht. Dies ist wohl auch das große Dilemma der Vereinten Nationen. Gegründet in einem Geist der Gemeinsamkeit und der Zusammengehörigkeit, funktionieren sie vielfach nur wie eine Staatenkonferenz des 19. Jahrhunderts. Wie aber sollen aus einer geistigen Haltung des 19. Jahrhunderts heraus die Probleme des 21. Jahrhunderts gelöst werden? Wie soll eine tiefgreifende Krise vermieden werden, wenn die wirtschaftlichen, sozialen und technischen Probleme viel rascher voranschreiten, als sich die geistige Haltung entwickelt, die Grundlage für eine Lösung sein soll? Zurzeit jedenfalls besteht kein übertriebener Grund zum Optimismus, das nationale politische Handeln würde jener Verantwortung gerecht, wie sie die internationalen Herausforderungen tatsächlich verlangen.

Dennoch muss man überlegen, ob der Nationalismus als desintegrierende Kraft der internationalen Entwicklung nicht doch überwunden werden könnte. Dazu folgende Anhaltspunkte:

Eine Geisteshaltung, die nicht auf rationalen Überlegungen aufbaut, wird kaum durch rationale Überlegungen beeinflusst werden können. So einsichtig es ist, dass ein geordnetes, weniger konfliktgeladenes Handeln im Rahmen einer für alle verbindlichen internationalen Ordnung besser ist als eine anarchische Gesellschaft, wo wenig Rationalität in der internationalen Politik bisher eine ausreichende Legitimation war. Das Gefühl der Zusammengehörigkeit, der Identität, der Sicherheit, das der Nationalismus als Ideologie bietet, kann nur durch andere Werte, durch ein anderes Bekenntnis ersetzt werden.

Beispiele aus der Geschichte zeigen, dass nationale Gegensätze überwunden werden können, wenn oft auch nur nach schweren Erschütterungen. Das „Serbien muss sterbien" klingt für uns heute genauso absurd wie die „Wacht am Rhein". Jeder nationalen Bewusstseinsveränderung sind also politische Zusammenbrüche vorausgegangen, ehe einer geänderten Politik – vom Jugendaustausch bis zur kulturellen Zusammenarbeit – ein Erfolg beschieden war. Angesichts historischer Erfahrungen besteht heute zumindest die Hoffnung, dass eine Bewusstseinsänderung im Sinne des Forcierens einer übernationalen Zusammenarbeit möglich ist.

Heute kann man die Staaten danach einteilen, ob sie Macht, auch militärische Macht, zur Durchsetzung ihrer Politik einsetzen oder nicht. Es gibt somit zwei Gruppen von Staaten, wobei jene, für die Macht ein integraler Bestandteil ihrer Außenpolitik ist, auch jene sind, die letztlich nationalistisch handeln. Es kann und muss daher die Aufgabe der anderen Staaten, zu denen auch Österreich gehört, sein, für übernationale Lösungen einzutreten und internationale Strukturen zu stärken. Einige Staaten agieren allerdings immer noch so, als ginge es nur um ihre eigene Macht und um ihre eigene Sicherheit. Seit dem Beginn des Atomzeitalters steht aber etwas viel Gravierenderes auf dem Spiel als die Sicherheit einzelner Nationen, nämlich die Zukunft der Menschheit insgesamt. Es geht daher darum, das nationale Interesse einzelner Staaten dem Überlebensinteresse aller Menschen unterzuordnen.

2.2 Panarabismus, arabischer Nationalismus und islamischer Fundamentalismus

Seit Jahren ist der Islam in einer expansiven Phase. In Indien ist ein Vordringen gegenüber dem Hinduismus festzustellen, in Schwarzafrika dringt der Islam nach dem Süden vor, in vielen Ländern kam es zu einer starken Radikalisierung. Schon vor Jahrzehnten gab es in diese Richtung in den Vereinigten Staaten die ersten Anzeichen, wo die „Black Muslims" als Sekte auftraten, und religiöse Überzeugung mit politischem Radikalismus verbanden. Selbst in der Sowjetunion, wo jahrzehntelang offiziell der Atheismus gepredigt wurde, konnte man feststellen, dass der Islam auch nach Jahren der kommunistischen Herrschaft seine prägende Kraft in der Bevölkerung nicht verloren hatte.

Traditionell hat Ägypten in der islamischen Welt stets eine große Rolle gespielt. Dieses Land war seit dem 13. Jahrhundert immer wieder tonangebend, da es als einzige wichtige Kulturprovinz des Islam von den Verheerungen des Mongolensturms unberührt geblieben war. Außerdem hat Ägypten unter den arabischen Ländern die stärkste Eigenindividualität entwickelt, da es als einziges arabisches Land über eine breiten Schichten bewusste kulturelle Tradition verfügt, die historisch über die Islamierung hinausreicht. Anwar al Sadat (1918-1981) hat versucht, einen spezifischen ägyptischen Nationalismus zu fördern, was aber von jenen Kreisen abgelehnt wurde, die dem Panislamismus nahe standen.

Der koptische intellektuelle Makram Ebeid (1879-1961), der in den dreißiger Jahren des 20. Jahrhunderts auch Generalsekretär der Wafd-Partei war, schreib in seiner Abhandlung zum Thema „Die Ägypter sind Araber" Folgendes: „Wir sind Araber. Wir müssen uns immer in Erinnerung rufen, so lange wir leben, dass wir Araber sind, geeint durch Leiden und Hoffnungen, eng miteinander verbunden durch Katastrophen und Schmerzen, aneinander geschmiedet durch die Ungerechtigkeiten, die uns zugefügt wurden, so wie sich unsere Nationen in jedem Lebensbereich ähnlich geworden sind."

1952 setzte eine Gruppe von Offizieren um Gamal Abdel Nasser (1918-1970) den ägyptischen König Faruk (1920-1965) ab, der nicht nur eine britische Erziehung hatte, sondern mit Großbritannien auch wirtschaftliche und militärische Beziehungen unterhielt. Schon König Faruk war um eine ägyptische Vorherrschaft im Rahmen einer Pan-arabischen Bewegung bemüht und schon unter ihm stellte die nationalistische Wafd-Partei immer wieder die Regierung.

Bereits während des ersten Krieges gegen Israel 1948 gründete Nasser die Gruppe der „Freien Offiziere", deren Ziel es wurde, Ägypten vom letzten Einfluss des Kolonialismus zu befreien. Nach dem Putsch von 1952 wurde Nasser die dominierende politische Gestalt Ägyptens. Er setzte sich außenpolitisch das Ziel, die Araber zu einigen und wollte innenpolitisch den „arabischen Sozialismus" umsetzen. Die 1956 erfolgte Verstaatlichung des Suez-Kanals, der bis dahin von französischen und britischen Interessen beherrscht wurde, löste im Land eine Welle der Begeisterung aus. Auch die im selben Jahr durch eine englisch-französisch-israelische Militärintervention erlittene Niederlage konnte in einen politischen Sieg verwandelt werden: Ägypten behielt den Suez-Kanal, Engländer und Franzosen wurden aus dem Land gewiesen.

Die panarabische Idee erlitt einen gewaltigen Rückschlag, als die 1958 mit Syrien geformte Union der „Vereinigten arabischen Republik" bereits 1961 wieder auseinander fiel. Die entscheidende, demütigende Niederlage erlitten aber Nasser und sein System im „Sechs-Tage Krieg" 1967 gegen Israel. Militärisch konnte sich damals Israel entscheidend durchsetzen. Außerdem zeigte sich immer mehr, dass der „arabische Sozialismus" den breiten Schichten der Bevölkerung bei weitem nicht jenen Wohlstand bringen konnte, den man erhofft hatte. Dies wohl auch deshalb, weil die andauernde militärische Konfrontation mit Israel Mittel verschlang, die in anderen Bereichen dringend gebraucht worden wären. Und obwohl Nasser die Religion respektierte, war den Islamisten sein ganzes Konzept viel zu westlich geprägt und das Scheitern seiner Politik wurde als Beweis dafür angesehen, dass man sich wieder auf die eigene Tradition und die eigene politische Stärke besinnen müsse.

2.2.1   Entstehung und Ziele des Panarabismus

Der Panarabismus als jene Ideologie, welche die politische Einigung der durch die historische Entwicklung in souveräne Staaten aufgespaltenen Gebiete arabischer Sprache als den höchsten Wert anstrebt, ist in teilweiser Imitation europäischer Nationalismen mit dem Zerfall des Osmanischen Reiches entstanden. Dem Osmanischen Reich waren fast alle Gebiete arabischer Zunge, mit Ausnahmen etwa Marokkos, als Provinzen eingegliedert gewesen. Darüber hinaus erhielt der Panarabismus starke Impulse aus dem anti-kolonialistischen Kampf gegen England, Frankreich oder Italien.

So schrieb der große Theoretiker der Arabischen Einheit, der 1880 geborene Syrer Sati' Al-Husri (gestorben 1967), Folgendes: Die Unterschiede und Gegensätze, die man heute zwischen den arabischen Staaten feststellen kann – ob dies nun die Verwaltungsorganisation betrifft oder die politischen oder wirtschaftlichen Institutionen – alle sind sie das Erbe der Besetzung. Sie sind durch den Kolonialismus entstanden, es gibt sie nur in der jüngsten Geschichte der Araber.

Der Historiker und Philosoph Monah Al-Sol wiederum verteidigt den Islam gegen den kulturellen Imperialismus des Westens. Er verurteilt die Behauptung, der Islam wäre der Grund dafür, dass die Araber in ihrem täglichen Leben zurückgeblieben wären. Allerdings tritt er auch dem Versuch einiger orientalistischer Schulen entgegen, die heiligen Institutionen in ihrer Erstarrung als einzig gültige zu erklären, ohne den Geist, die Ideen und die Prinzipien, die ihnen zugrunde liegen, zu betrachten.

Letztlich zielt der Panarabismus auf die Wiederherstellung jener Machtentfaltung, die den Höhepunkt des Abbasiden-Kalifats auszeichnete, wobei aber die politische Organisation des geeinten „Arabien" unterschiedlich programmiert wird. Nach einem ersten Höhepunkt in der Zwischenkriegszeit trat dann der Panarabismus unter Gamal Abdul Nasser, von Ägypten ausstrahlend, stark in Erscheinung. War Palästina zunächst der Anlass für anti-kolonialistische Demonstrationen, so wurde es mit der Gründung des Staates Israel zum Ansatzpunkt beziehungsweise Kristallisationskern des arabischen Nationalismus und blieb es die längste Zeit. Groß waren nämlich die Erwartungen, die in die arabische Einheit gesetzt wurden, wie es etwa Makram Ebeid ausdrückte: Die arabische Einheit ist eine Realität. Was sie braucht, ist eine organisatorische Grundlage. Ziel der arabischen Einheit sollte eine geschlossene Front gegen den Imperialismus sein. Ziel sollte darüber hinaus aber auch sein, den Wohlstand zu sichern, die wirtschaftlichen Möglichkeiten zu entwickeln, die gegenseitigen Interessen zu stärken und die Beziehungen aufeinander abzustimmen. An anderer Stelle heißt es: Die Araber sind eine einzige „Ummah" (Gemeinschaft), Ägypter, Iraker, die Bevölkerung des Maghreb, alle sind die Völker und Stämme eines einzigen „Ummah", das ist die arabische „Ummah".

2.2.2   Das Wesen der panarabischen Bewegung

Sati' Al Husri stellt die Vorherrschaft des Arabismus so dar: Der Arabismus ist nicht auf die Bewohner der arabischen Halbinsel beschränkt, noch ist er spezifisch für die Muslime alleine. Im Gegenteil, er erstreckt sich auf alle, die sich den arabischen Ländern zugehörig fühlen und die arabische Sprache sprechen, ob es nun Ägypter sind, Kuwaiter, Marokkaner, Muslime oder Christen, Sunniten oder Schiiten oder Drusen, Katholiken, Orthodoxe oder Protestanten. Jeder ist ein Kind des Arabismus, so lange er sich einem arabischen Land zugehörig fühlt und die arabische Sprache spricht. Die arabischen Staaten, wie sie gegenwärtig existieren, sind nicht durch den Willen ihrer Bewohner entstanden, auch nicht aufgrund natürlicher Gegebenheiten, sondern vielmehr aufgrund der Übereinkünfte und Verträge zwischen fremden Mächten, die sich untereinander die arabischen Staaten aufgeteilt haben, um sie zu beherrschen.

Wie lange innerhalb der panarabischen Bewegung Strömungen wirksam sein können, ist daraus ersichtlich, dass es zur Reaktivierung zweier Haltungen gekommen ist, die seit dem 9. Jahrhundert spürbar gewesen sind: Schu'ubiyya, wonach alle Muslime gleich sind, unabhängig von der ethnischen Zugehörigkeit, und Anti-Schu'ubiyya, wonach die Araber eine Vorzugsstellung einzunehmen haben, insbesondere deshalb, weil Mohammed Araber war und der Koran auch auf arabisch geoffenbart wurde. Von Bedeutung ist auch die Aufspaltung der „arabischen Welt" in vier Kulturräume:

- Irak und der Osten der arabischen Halbinsel, traditionell gegen Osten, Iran und Indien orientiert;

- Groß-Syrien, orientiert gegen Norden, gegen die Türkei und Südwesteuropa;

- die Nil-Länder, Ägypten und Sudan, zusammen mit dem Westen der arabischen Halbinsel, orientiert gegen den Süden hin, gegen Afrika und Europa;

- die Maghrebländer, die kulturell von den übrigen Gebieten oft abgeschlossen waren und daher auch im Rahmen der panarabischen Bewegung vielfach weniger aktiv erschienen.

2.2.3 Das Erstarken des islamischen Fundamentalismus

Wie kam es in den letzten Jahrzehnten zum Erstarken des islamischen Fundamentalismus? Wie kann man dieses Phänomen erklären.

Ein wesentliches Ziel des Fundamentalismus ist die Rückkehr zum Ur-Islam, also eine innere Vision, die Überwindung der inner-islamischen Spaltung und die Bekämpfung der westlichen Überfremdung. Darüber hinaus geht es der fundamentalistischen Bewegung um die Aufhebung der Trennung zwischen säkularer und spiritueller Autorität nach dem Vorbild des Propheten und der „großen Kalifen". Außerdem hat diese Bewegung auch eine expansionistische Komponente: die islamische Rechtsordnung, die islamische Weltordnung sollen in der ganzen Welt herrschend werden, was aber nicht notwendigerweise die Übernahme des islamischen Glaubens durch alle Menschen bedeuten muss.

Eine Erklärung für das Erstarken des Fundamentalismus liegt auch darin, dass seit einer Generation in den islamischen Ländern breitere Schichten der Bevölkerung am öffentlichen Leben teilnehmen, und zwar Schichten, die traditionell stark im Islam verhaftet waren. Die allgemeine Schulpflicht spielte dabei wohl genauso eine Rolle wie der verstärkte Zugang zu den Universitäten. Eine gewisse Demokratisierung mancher Institutionen erlaubte auch eine stärkere politische Aktivierung mancher Bevölkerungskreise. Wo früher vielleicht eine winzige verwestlichte Oberschicht über eine apathische Masse herrschte, dort rückten immer mehr Personen mit traditionell-islamischem Hintergrund in Entscheidungspositionen auf. Dort konnten sie, zumindest in einem gewissen Bereich, das öffentliche Leben mitgestalten.

Darüber hinaus ist das Erstarken des Fundamentalismus wohl auch auf die Enttäuschung zurückzuführen, dass die oben dargestellten, vom Westen übernommenen Ideologien des Nationalismus, des Sozialismus oder selbst des Panarabismus, die erhofften Ziele, insbesondere den erwünschten Lebensstandard, nicht erreichen konnten. Somit entdeckte man nach diesen Enttäuschungen wieder die eigenen Wurzeln, den Islam. Für Islamisten lagen die Gründe für das Scheitern in der mit der westlichen Lebensweise einhergehenden Dekadenz, im Unglauben.

Das Symbol der Niederlage der arabischen Sache wurde der „Sechs-Tage-Krieg". Im Juni 1967 gelang Israel ein handstreichartiger Sieg über Ägypten, Syrien und Jordanien. Die Luftwaffe der arabischen Länder wurde am Boden zerstört, israelische Truppen eroberten die Sinai-Halbinsel, drangen bis zum Suez-Kanal vor und besetzten auch die zu Syrien gehörenden Golan-Höhen. Es war ein kompletter israelischer Sieg und eine Demütigung der Araber. Die arabischen Massen, die bis dahin Gamal Abdel Nasser zugejubelt hatten, mussten erkennen, dass seine Politik – basierend auf dem „panarabischen Nationalismus" gescheitert war.

Wenn also die vom Westen übernommenen Konzepte scheiterten, dann war es nur natürlich, dass man sich mehr den eigenen Wurzeln, dem eigenen Glauben zuwandte. Konkret bedeutete dies die Ablehnung des vom Westen kommenden Materialismus, seine Konzeption der Modernität und der damit verbundenen Trennung von Religion und Staat. Die Islamisten wollten im Gegensatz dazu eine stärkere Betonung der Religion in den verschiedensten Lebensbereichen und insbesondere die Einführung der „Schariah", des islamischen Gesetzes.

Es ist diese Verbindung von religiöser Überzeugung und politischem Wollen, die dem islamischen Fundamentalismus seine besondere Kraft verleiht. Dazu kommen Erfolge wie die Revolution im Iran oder der Krieg in Afghanistan, die dieser Bewegung eine besondere Sendung verliehen haben.

Ein politisch militanter Islam war verschiedentlich die Triebkraft für eine politische Bewegung, die zunächst in Opposition zu den offiziellen Regierungen einzelner Länder stand. Sayyid Qutb in Ägypten (1903-1966), Abu al-Ala al-Mawdudi (1903-1979) und Ruhollah Khomeini (1900-1989) waren Wortführer dieses militanten Islam, der die Massen in der muslimischen Welt ansprach. Sie forderten eine Rückkehr zu den Fundamenten, also den grundlegenden Texten des Islam – deshalb der Ausdruck „Fundamentalisten" – und die Umsetzung des islamischen Rechtes, der „Schariah" durch einen islamischen Staat. Diese militanten Wortführer sprachen davon, dass sie für ihren Glauben einen „Heiligen Krieg" den „Jihad" führen und notfalls auch den Märtyrer-Tod sterben wollten.

Dieser militante Islam stellte sich, wie gesagt, gegen den Westen und die von diesem ausgehende moderne Entwicklung. Zu dieser „Modernität" zählen die Errungenschaften der Aufklärung: der Glaube an eine Entwicklung hin zu einer besseren Zukunft, die Gestaltung des öffentlichen Lebens auf der Basis von individueller Freiheit und Demokratie, sowie die Trennung von Kirche und Staat. Die islamischen Fundamentalisten hingegen sehen ihre Zukunft „in der besseren Vergangenheit". Sie sind überzeugt, dass das ideale Gemeinwesen in den ersten Jahren nach der Gründung des Islam bestand, als man nach den „ewigen Grundsätzen des Koran" und den anderen frühen Schriften lebte und regierte. Wozu eine „westliche Verfassung", wenn der Koran und die „Schariah" das perfekte Grundgesetz darstellen, wonach das Recht nicht vom Volk, sondern von Gott ausgeht, dem wirklichen Souverän? Auch wenn manche Islamisten anerkannten, dass das Volk befragt werden soll, etwa im Rahmen eines Rates (Ŝūra), die Idee einer im Volke begründeten Demokratie ist ihnen fremd. Einige Eigenheiten des islamischen Rechtes, wie öffentliche Hinrichtungen oder Amputationen von Gliedern sowie Vorschriften betreffend Frauen oder Nicht-Muslime, müssen nach ihrer Ansicht fester Bestandteil einer islamischen Gemeinschaft sein und dürfen nicht verändert werden.

Am Beginn der Wiederbelebung des Islam standen die Moslembrüder, die 1928 als Organisation in Ägypten von Hasan al-Banna (1906-1949) gegründet wurden. Von dort dehnten sie sich nach Syrien, Palästina, Jordanien und Nord-Afrika aus. Sie waren sowohl eine politische Organisation, als auch eine Vereinigung mit karitativem Charakter, die sich um die Bedürfnisse der Mitmenschen kümmerte. Manchmal schreckten sie auch nicht vor Gewalt zurück: So führten die Moslembrüder in Ägypten einen blutigen Kampf gegen Gamal Abdel Nasser, der ihnen zu westlich und zu weltlich war. Ihr Anführer, Sayyid Qutb, wurde 1966 vom Nasser-Regime hingerichtet. Seither wird er von den radikalen Sunni-Moslems als Held und Märtyrer verehrt.

Qutbs These: so wie es in der Zeit vor dem Islam keine Wahrheit gab, so ist auch der moderne Staat Ungläubigen wie Nasser ausgesetzt, die ihre Legitimität im „Volk" oder in der „Nation" begründen und nicht in Gott. Es wäre daher die Pflicht eines jeden Moslems, gegen diese korrupten Ungläubigen einen „Heiligen Krieg" zu führen.

In den 1960er und 1970er Jahren begann innerhalb des schiitischen Zweigs der Moslems eine eigene, aber ähnliche Bewegung. Die entscheidende Triebkraft bei den Schiiten war Ayatollah Ruhollah Khomeini. In seinem Hauptwerk „Eine islamische Regierung" (1971) trat er dafür ein, dass jeder Staat von religiösen Gelehrten geführt und beherrscht wird. Sowohl die politische, als auch die religiöse Vorherrschaft sollte bei einer obersten religiösen Führung beziehungsweise einem Rat als Hüter des islamischen Rechts liegen. Der höchste islamische Würdenträger sollte auch die oberste Autorität im Staat darstellen. Nach der iranischen Revolution 1978/79 füllte Khomeini selbst diese Position aus, wobei er dann systematisch alle jene ausschaltete, die ihm geholfen hatten, den Schah zu stürzen, wenn sie nicht seine politischen und religiösen Ansichten teilten.

Die iranische Revolution hatte eine starke Ausstrahlung in die ganze islamische Welt. Auch wenn radikale Sunniten im Glauben abwichen, die Iraner zeigten, wie man eine religiöse Revolution erfolgreich durchführen kann. Immerhin hatte eine in der islamischen Masse begründete Volksbewegung einen mächtigen, in vielen Belangen verweltlichten Staat gestürzt, was die längste Zeit unmöglich erschien. Es hatten sich jene durchgesetzt, die den „Heiligen Krieg" und das Märtyrertum predigten. auch wenn die islamische Revolution sich nur in einem Land durchsetzte, viele wurden wachgerüttelt, ihre Ideen erhielten einen neuen Auftrieb.

Einen weiteren starken Auftrieb erhielt der islamische Fundamentalismus durch den Krieg, der in den 1980iger Jahren in Afghanistan gegen den sowjetischen Einmarsch geführt wurde. Die Mitglieder der „Internationalen Brigade", die dort im Namen des Islam gegen die Ungläubigen kämpften, wollten nach dem Sieg über die sowjetischen Truppen den „Heiligen Krieg" in andere Teile der Welt tragen. Insbesondere wurden die Vereinigten Staaten, die die Islamisten in Afghanistan massiv militärisch unterstützt hatten, deren neues Feindbild. Osama Bin Laden, ein dissidenter Millionär aus Saudi-Arabien, führte diesen Kampf an. Er fand zunächst Unterschlupf im Sudan, dann bei den Talibans in Afghanistan. Nach Angriffen auf die US-Botschaften in Kenia und Tansania im Jahre 1998, die immerhin 240 Menschenleben forderten, gab es zwar amerikanische Gegenschläge, die Terroranschläge vom 9/11 2001 konnten aber geplant und durchgeführt werden. So sehr die Vereinigten Staaten vor diesen Anschlägen offensichtlich nicht die Kraft und die Entschlossenheit fanden, gegen islamische Terroristen wirkungsvoll aufzutreten, so wurde nachher ein „Krieg gegen den Terror" erklärt und in einer Art geführt, die Zweifel hinsichtlich des erhofften Erfolges aufwirft.

2.2.4   Wie lange dauert der Zusammenprall der Epochen?

Wie werden sich die Beziehungen der Moslems zum Westen in der Zukunft entwickeln? Dabei geht es sowohl um jene Moslems, die bereits im Westen wohnen, aber auch um die große Mehrheit in den arabischen Ländern, in der Türkei, im Iran und in Asien.

Wenn Moslems am Marienplatz in München demonstrieren und Flugblätter mit dem Inhalt verteilen, „der Islam ist eine friedliche Religion", dann glauben diese Demonstranten dies wohl auch. Wenn aber gleichzeitig ihre Glaubensbrüder in London und Madrid Bomben legen und unschuldige Männer, Frauen und Kinder in die Luft sprengen, tun diese dies, wie sie selber sagen, im Namen des Islam. Offensichtlich hat der Islam, wie die meisten Religionen, verschiedene Wirklichkeiten. Eine Religion, die weltweit 1,4 Milliarden Anhänger umfasst, vereinigt in sich die verschiedensten Kulturen, aber auch die verschiedensten Strömungen:

- Es gibt solche, die Wesenszüge der westlichen Zivilisation, wie die Trennung von Kirche und Staat akzeptieren, und andere, die ganz im Gegenteil, das islamische Gesetz (die Schariah) mit der Vorherrschaft der Religion überall einführen wollen.
- Unter jenen, die das islamische Gesetz einführen wollen, gibt es wieder die verschiedensten Gruppen: einmal solche, die dies auf friedlichem Wege erreichen wollen; und andere, die dies mit Gewalt und Terror durchsetzen wollen.

Seit Napoleon mit seiner Expedition versuchte, in Ägypten Superiorität zu demonstrieren, haben Araber beziehungsweise Moslems dem Westen gegenüber Ressentiments. Die ganze Epoche des Kolonialismus hat diese Ressentiments verstärkt. Die Gründung des Staates Israel hat viele Moslems in ihrem Glauben bekräftigt, der Westen wäre jüdisch dominiert und dem Islam gegenüber feindlich eingestellt.

Wenn manche heute dem entgegenhalten, es habe auch im Christentum Perioden gegeben, in denen die Verbreitung des Evangeliums mit dem Schwert gepredigt wurde, so ist dies richtig und trifft auch den Kern der Problematik. Dieser liegt nämlich darin, dass sich heute in Teilen der islamischen Welt das abspielt, was die Christenheit vor hunderten von Jahren erlebt hat. In der Zwischenzeit hat es im christlichen Westen starke Veränderungen gegeben, insbesondere durch die Aufklärung, die es im Islam nicht gegeben hat. Die kritische Grundhaltung der Aufklärung gegenüber der Religion führte im Westen zu einem neuen Verhältnis zwischen Kirche und Staat. Die Kirchen wurden damit im Westen nicht länger als Teil einer universalen göttlichen Ordnung gesehen, sondern als eine Vereinigung von Menschen, die sich den Inhalt ihres Glaubens auswählen können. In Frankreich war die Aufklärung besonders kirchenfeindlich und führte zu einer totalen Trennung zwischen Kirche und Staat. In Deutschland verband sich eine materialistische Philosophie mit einer antiklerikalen Haltung. Wenn heute in Frankreich junge moslemische Mädchen in öffentlichen Schulen das Kopftuch tragen wollen, dann treffen sie auf ein Verbot – keine religiösen Symbole in öffentlichen Institutionen – das ursprünglich gegenüber der katholischen Kirche erlassen wurde.

Es geht also nicht um einen Zusammenprall der Zivilisationen als solchen, sondern um eine Konfrontation zwischen Gruppen innerhalb verschiedener Zivilisationen, die offensichtlich in jeweils unterschiedlichen Epochen leben. Wenn in der Zeit der Kreuzzüge Christen mit der Waffe in der Hand für ihren Glauben gekämpft haben und wenn im 30-jährigen Krieg die furchtbarsten Gemetzel unter Christen deshalb stattfanden, weil man sich über liturgische Fragen nicht einigen konnte, dann findet man heute diese geistige Haltung bei jenen islamischen Fundamentalisten wieder, die den Terror gegen den Westen propagieren, beziehungsweise im Bürgerkrieg, wie er im Irak zwischen Schiiten und Sunniten stattfindet.

Der Zusammenprall findet also einerseits innerhalb des Islam statt, aber auch zwischen radikalen Islamisten und dem Westen. Dabei ist wohl kaum eine Lösung in Sicht. Für die radikalen Moslems ist das Ziel erst erreicht, wenn die ganze Welt zum Islam übergetreten ist. Man kann auch nicht damit rechnen, dass sich in absehbarer Zeit eine geistige Bewegung, wie die der Aufklärung, in der ganzen islamischen Welt durchsetzen wird. Bleiben die verschiedensten Formen der „Dialoge", die aber hauptsächlich zwischen jenen stattfinden, die ohnehin dem jeweils aufgeklärten Flügel angehören. Somit kann man davon ausgehen, dass der islamische Fundamentalismus dazu beitragen wird, dass die „Welt der Staaten" auch in Zukunft traditionelle Wesensmerkmale beibehalten wird, die sie in der Vergangenheit ausgezeichnet haben: Ideologien, die trennen und Menschen, die ihre Überzeugung mit Gewalt durchsetzen wollen.

2.3 Der Zionismus als Grundlage der israelischen Außenpolitik

Ohne Zweifel ist im besonderen Maße die Außenpolitik des Staates Israel von einer nationalen Ideologie bestimmt, von der des Zionismus. Der Zionismus ist zwar keine einheitliche, streng dogmatische Ideologie, doch beruhen die moderne jüdische Einwanderung nach Palästina, der Aufbau einer jüdischen Gesellschaft und die Gründung wie der Fortbestand des Staates Israel in einem so starken Maße auf Gemeinsamkeiten unterschiedlicher zionistischer Strömungen, dass mit Recht von einer Ideologie gesprochen werden kann.

2.3.1 Zur Geschichte des Zionismus

Die geschichtliche Entwicklung ist in diesem Zusammenhang deshalb wichtig, weil die israelische Außenpolitik ihren Vorläufer in der zionistischen Außenpolitik findet. Lange vor der Gründung des Staates Israel gab es eine „Außenpolitik der zionistischen Bewegung", die ihren Zweck in der Errichtung des zionistischen Staates mit diplomatischen Mitteln hatte. Die Verhandlungen Theodor Herzls (1860-1904) mit der Hohen Pforte in Istanbul waren der Beginn dieser Außenpolitik.

Walter Laqueur, Professor für Zeitgeschichte in Tel Aviv und an der Georgetown University in Washington, stellt den Ursprung des Zionismus so dar: Der politische Zionismus erschien vor etwas mehr als 100 Jahren auf der europäischen Szene. Seine geistigen Wurzeln reichen zurück bis zur Französischen Revolution und der darauf folgenden romantischen Welle des nationalen Erwachens. Als politische Bewegung stand er in der liberal-humanistischen Tradition des Risorgimento, der Tradition Lajos Kossuths (1802-1894) und Tomas Masaryks (1850-1937). Er unterschied sich von anderen zeitgenössischen Nationalbewegungen insofern, als die Juden ein landloses Volk waren, das bis zu einem bestimmten Grad seinen spezifischen Nationalcharakter verloren hatte. Damals erschien den Juden die Idee einer nationalen Wiedergeburt als eine Schimäre. Doch so geschwächt die Kohäsion auch schon war, die Verfolgungen, denen einzelne Juden wie auch die Gemeinschaft als Ganzes ausgesetzt waren, trugen zur Wiederbelebung und Festigung des schwindenden Nationalbewusstseins bei.

Hannah Arendt beschreibt die Anfänge des Zionismus so: Leicht verkürzend könnte man sagen, dass die zionistische Bewegung durch zwei typische politische Ideologien des europäischen 19. Jahrhunderts ins Leben gerufen wurde – den Sozialismus und den Nationalismus. Lange bevor der Zionismus entstand, war es auf großer Linie zu einer Verbindung zwischen diesen beiden, scheinbar entgegengesetzten Doktrinen gekommen, nämlich bei all den national-revolutionären Bewegungen kleiner europäischer Völker, die gleichermaßen sozial wie national unterdrückt waren. Innerhalb der zionistischen Bewegung hat sich eine solche Verbindung jedoch nie vollzogen. Stattdessen war die Bewegung von Anfang an gespalten zwischen sozialrevolutionären Strömungen und dem Streben nach nationaler Emanzipation, wie es Herzl und seine Anhänger in Mitteleuropa formuliert hatten.

2.3.2 Zum Wesen des Zionismus

Wie immer die sozialen oder nationalen Strömungen im Einzelnen verlaufen sind, bereits eine Darstellung der tristen Lebensbedingungen der Juden im zaristischen Russland und dann in der Sowjetunion erklärt das Streben nach nationaler Identität, schon lange bevor es zur Massenvernichtung kam. So heißt es in einer 1927 erschienenen Darstellung über „Land und Leute in Sowjetrussland" wie folgt: „Als Landesfremde waren die Juden unter den Zaren vielen Beschränkungen unterworfen. Die erheblichste war die, dass ihnen im Allgemeinen nur im Königreich Polen und fünfzehn westlichen und südlichen Gouvernements zu wohnen erlaubt war. Ihnen war ein Ansiedlungsbezirk angewiesen, außerhalb dessen sie sich nur unter gewissen Voraussetzungen aufhalten durften, aber auch in diesen, ihnen freigegebenen Bezirken, genossen die Juden keineswegs volle Freizügigkeit. Es war ihnen nicht gestattet, auf dem Land in Dörfern zu wohnen oder Grundbesitz zu erwerben. Auf diese Weise wurden sie alle in Städte und Städtchen zusammengepfercht. Je mehr der Staat sie von den Rechten als Staatsbürger ausschloss, umso größer wurde bei ihnen das Zusammengehörigkeitsgefühl, das Gefühl der Schicksalsgemeinschaft. Die Hauptmasse der jüdischen Bevölkerung waren Handwerker und Kleinhändler. Da das Handwerk sich vom Vater auf den Sohn vererbte, so gab es in den einzelnen Städten und Städtchen eine Unzahl Meister desselben Handwerks. Im Ansiedlungsbereich herrschte eine Not, wie man sie sich in Westeuropa gar nicht vorstellen konnte. Die Juden scheuten keine Arbeit. Man sah sie als Lastträger, Kutscher und Straßenkehrer. So arm sie auch waren, so wurden doch alle Kinder im Lesen und Schreiben unterrichtet".

Joseph Roth schrieb im November 1926 in der „Frankfurter Zeitung" über die damalige Situation der Juden in der Sowjetunion: „Das Elend der armen Juden ist vorläufig nur gemildert durch die Freizügigkeit. Aber so viele auch in die neu erschlossenen Gebiete abwandern – die alten Ghettos sind immer noch überfüllt. Ich glaube, dass der jüdische Proletarier schlechter lebt als jeder andere. Meine traurigsten Erlebnisse verdanke ich meinen Wanderungen durch die „Moldawanka", das Judenviertel in Odessa. Da geht ein schwerer Nebel herum, wie ein Schicksal, da ist der Abend ein Unheil, der aufsteigende Mond ein Hohn. Die Bettler sind hier nicht nur die übliche Fassade der Straße, hier sind sie dreifache Bettler, denn hier sind sie zu Hause". Es wurde kritisiert, dass der Zionismus nichts anderes bedeutete, als die kritiklose Übernahme des Nationalismus in seiner deutschen Version. Diesem zufolge ist die Nation ein unvergänglicher Organismus, das Produkt einer unvermeidlichen Entfaltung angeborner Qualitäten. Die Völker werden nicht als politische Organisationen oder soziale Gruppen mit Anspruch auf politische Zusammengehörigkeit, sondern als übermenschliche Persönlichkeiten betrachtet. Aber warum sollte dieses Denken nicht von einem Volk übernommen werden, das der eigenen Tradition stark verhaftet ist und, wie die geschilderten Zustände zeigen, nur eine Hoffnung hat, nämlich auf eine bessere Zukunft?

Wenn man heute sagt, der Zionismus sei der Glaube an die gemeinsame Zukunft des jüdischen Volkes, dann ist damit auch das Streben verbunden, alles zu tun, damit die Schrecken der Vergangenheit nicht wiederkehren. Zionismus ist damit auch eine Antwort auf den Antisemitismus, für alle unterdrückten Juden der Traum von der Erlösung aus ihrem Elend. Davon ausgehend glaubten die Zionisten, ähnlich wie die Nationalen in Deutschland oder Italien im 19. Jahrhundert, dass ein Jude ohne eigenes Land Stiefkind der Menschheit bleiben würde. Da der Zionismus vor allem auch die Assimilation als Hauptgegner betrachtete, predigte er die „Heimholung der Verbannten".

Was ist heute der große gemeinsame Nenner des Zionismus, sozusagen der harte Kern seiner Ideologie? Es sind dies das Bekenntnis zum jüdischen Volk (in der Diaspora und unter den Bedingungen der Assimilation keineswegs eine Selbstverständlichkeit, sondern eine weltanschauliche Entscheidung) und der Anspruch dieses Volkes auf eine nationale Heimstätte in „Eretz Israel".

So ist auch die israelisch-zionistische Außenpolitik nicht nur vom Existenzrecht Israels und dem Trachten nach Sicherheit bestimmt, sondern auch vom Bekenntnis zum jüdischen Volk in Israel und in der Diaspora. Ohne jüdische Bürger anderer Staaten ungefragt zu vereinnahmen, stellt sich Israel, nicht zuletzt geprägt von der furchtbaren Erfahrung des Holocaust, auch als Zufluchtsort für Juden in Not aus aller Welt dar. Dabei war es eine besondere Aufgabe, Juden aus arabischen Ländern und aus der Sowjetunion die „Heimkehr" nach Israel zu ermöglichen. Aus Furcht, die Schrecken der Vergangenheit könnten wiederkommen, wird der Zionismus auch in Zukunft zwei Hauptziele verfolgen: Den Juden die Selbstachtung und die Achtung der Nicht-Juden zu gewinnen und eine jüdische nationale Heimstätte zu haben, wo die Juden „als freie Männer auf ihrer eigenen Erde leben und friedlich in ihren eigenen Häusern sterben können" (Herzl).

Die Tatsache, dass der Zionismus bei der Verwirklichung dieser Ziele zunächst auf den arabischen Nationalismus gestoßen ist, der den Kampf um seine Rechte ebenfalls ideologisch begründete und dann auf den islamischen Fundamentalismus, lässt für die überschaubare Zukunft jede Aussicht auf einen Kompromiss fast aussichtslos erscheinen. Die Geschichte hat immer wieder gezeigt, dass jene Auseinandersetzungen, die von Heilslehren getragen werden, auf der Basis von rationalen Überlegungen nicht gelöst werden können.

2.4   Globalisierungsgegner

Zahlreich sind die Autoren, die die These vertreten, dass der freie Handel und der weltweite Austausch von Waren und Dienstleistungen genauso den Wohlstand aller fördern, wie die freien Finanzströme. Tatsache ist auch, dass seit dem Fall des Eisernen Vorhangs das freie Spiel der Kräfte am Weltmarkt entscheidend stärker geworden ist, dass Grenzen wesentlich durchlässiger wurden und Industriezentren mancherorts dort entstanden sind, wo früher Mangel und Armut herrschten.

Gleichzeitig wurden Industrieregionen, die die längste Zeit als Modell der wirtschaftlichen Leistungskraft in Europa oder Nord-Amerika galten, von einem Strukturwandel erfasst, der niedrige Löhne, mehr Wettbewerb, ja Arbeitslosigkeit mit sich brachte. Grundsätzlich kann man wohl sagen, dass die Globalisierung, um die es hier geht, als weltweite wirtschaftliche Auseinandersetzung denen nützte, die sich im Wettbewerb durchsetzen und Produkte erzeugen können, die weltweit gekauft werden. Jene hingegen, die dieser Konkurrenz nicht gewachsen sind, kommen mehr oder weniger unter die Räder. Ein entscheidendes Problem dabei ergibt sich dadurch, dass der Konkurrenzkampf nicht zu gleichen Bedingungen stattfindet. So produzieren die europäischen Arbeiter zu anderen Löhnen, unter anderen sozialen Rahmenbedingungen und anderen Umweltvorschriften als Arbeiter in China, Indien oder Vietnam.

Dass eine derartige Entwicklung bei jenen, die von ihr negativ betroffen sind, Angst erzeugt, liegt auf der Hand. Dass es dann Analytiker gibt, die die gesamte Globalisierung kritisch sehen, ist nicht verwunderlich. Da seit dem 19. Jahrhundert die verschiedensten Entwicklungen in ideologische Systeme gepresst werden, ist es nur folgerichtig, dass auch die Globalisierung eine ideologische Dimension erhielt. Demonstrationen und der Kampf gegen Feindbilder waren die Folgen.

Hier können diese Phänomene nur punktuell dargestellt werden. Dabei kann man wohl sagen, dass die Globalisierungsgegner, die aus den verschiedensten Gruppierungen kommen, in ihrer Ablehnung der weltweit wirkenden Marktkräfte und der sie fördernden Institutionen noch relativ geschlossen auftreten. Schwieriger ist es, in dieser Bewegung ein von allen gemeinsam angestrebtes Ziel zu erkennen, das am ehesten noch in der Erhaltung der steuernden Kraft des Nationalstaates liegt. So sehr also die Globalisierungsgegner einerseits selbst das Produkt eines weltweiten Phänomens sind, so hängen viele von ihnen an einem

Modell, das – vielleicht leider – als „Welt von Gestern" bezeichnet werden muss.

2.4.1   Entwicklungen, die Angst erzeugen

Als das System von Import-Quoten, das die europäische und die amerikanische Textilindustrie jahrzehntelang vor Billigstimporten aus Asien schützte, im Jänner 2005 auslief, stiegen die Importe von chinesischen Baumwollhosen in die USA um 1573%, die von T-Shirts und Blusen um 1277% und die von Baumwoll-Unterwäsche um 318%. Kein Wunder, dass damit die noch verbliebenen Teile der Textilindustrie in den USA und in Europa, wo eine ähnliche Entwicklung stattfand, dem Untergang geweiht waren. Was dann von der deutschen Bekleidungsindustrie noch blieb, waren Umsätze mit Produkten, die zu 95% im Ausland gefertigt wurden. Ebenso dramatisch war der Schrumpfungsprozess bei Lederwaren oder im Spielzeugbereich, also in allen Branchen, wo die Produkte in China oder Vietnam zu niedrigsten Lohnkosten hergestellt werden konnten.

Seit China Ende des 20. Jahrhunderts seine Grenzen öffnete und zur Marktwirtschaft überging, hörte man ständig Meldungen, dass Industriebetriebe zumindest Teile ihrer Produktion nach China verlagerten oder Banken und Versicherungen Informatik-Arbeiten in Asien erledigen ließen. Traditionelle Industrien gaben ihre Produktionsstätten in Europa und Nord-Amerika auf und wanderten in Billiglohn-Länder ab.

Selbst anerkannte Wirtschaftsexperten wie der Nobelpreisträger Paul Samuelson begannen, eine Kernthese der Nationalökonomie, wonach ein Land von offenen Grenzen zwingend profitieren müsse, in Frage zu stellen. Wenn China massive Produktivitätsvorteile ausspielt, so Samuelson, könne sich der Warenaustausch für andere Länder wie die USA oder für Europa negativ auswirken. In einer durch Ausgliederung und Deindustrialisierung verunsicherten Öffentlichkeit fand seine Aussage eine starke Aufnahme.

Dazu kam in Europa noch, dass traditionelle Industrien nicht nur durch die Globalisierung, sondern auch durch die EU-Erweiterung oder überhaupt durch den

Übergang zur Wissensgesellschaft betroffen waren. In der Schweiz etwa lag die Beschäftigungsquote in der Industrie 1994 noch bei 24%, und ist bis 2004 auf 19% zurückgegangen, also um ein Fünftel. Selbst wenn die Wertschöpfung der Industrie in dieser Zeit gesteigert werden konnte, war dies ein geringer Trost für jene Arbeitnehmer, die ihren Job verloren. Im gesamten OECD-Bereich gab es eine ähnliche Entwicklung. Hier lag der Beschäftigungsanteil im Industriesektor Anfang der 1970er Jahre bei 37% und ist dann in einer Generation auf 26% gefallen.

Was diesen Strukturwandel besonders schmerzlich machte, war die Tatsache, dass große Konzerne an ihren zentralen Produktionsstätten oft hunderte, ja tausende Arbeitnehmer in einem sehr kurzen Zeitraum freisetzten. Die strukturellen Veränderungen früherer Jahre, die etwa das Gewerbe und die Landwirtschaft betrafen, erstreckten sich über einen längeren Zeitraum, betrafen kleinere Einheiten. Die betroffenen Bauern, Handwerker oder Gemischtwarenhändler konnten durchaus in der gleichzeitig aufgebauten Industrie unterkommen. Eine Übersiedelung der gekündigten Arbeiter nach China ist dagegen nicht möglich.

Kein Wunder, dass diese Entwicklung auch bei jenen Angst erzeugt, die die längste Zeit den „Mittelstand" unserer Gesellschaft bildeten: Angst vor Arbeitslosigkeit; Angst vor dem Verlust des Wohlstandes, den man sich in jahrzehntelanger Arbeit geschaffen hat; Angst vor der Zukunft; Angst vor den neuen internationalen Spielregeln. Denn während es im Nationalstaat weitgehend politische Entscheidungen waren, die den Rahmen für das wirtschaftliche Handeln bestimmten, waren es nunmehr die Gewalten des Weltmarktes, die den Verlauf der Dinge bestimmten; und denen, so ein weit verbreitetes Gefühl, war man ausgeliefert.

Die Situation wurde noch dadurch verschärft, dass es neben sehr deutlichen Verlierern der Globalisierung auch sehr erkennbare Gewinner gab. Während einerseits in einzelnen Ländern Rekordarbeitslosigkeit entstand und die Löhne für ganze Branchen über Jahrzehnte stagnierten, konnten andererseits Unternehmen gerade wegen der durchgeführten Rationalisierungen Rekordgewinne erzielen. Manche Managergehälter stiegen ins Unermessliche. Dass gleichzeitig mit den

Veränderungen der Alterspyramide die Altersvorsorge und das Gesundheitssystem wesentlich teurer wurden, brachte die Grundfesten des Wohlfahrtsstaates überhaupt ins Wanken.

Insgesamt gab es also genug objektive Gründe, die Menschen veranlassen konnten, sich gegen die Globalisierung, gegen die Erfassung der ganzen Welt in einem gemeinsamen Markt zu unterschiedlichen Spielregeln auszusprechen.

2.4.2 Idealisten und Ideologen

Man muss kein Revolutionär sein um festzustellen, dass die Globalisierung der Wirtschaft sowohl in den traditionellen Industrieländern als auch in der Dritten Welt mit Schwierigkeiten für jene verbunden ist, die vom Strukturwandel negativ betroffen sind. Der Beitritt Vietnams etwa zur Welt-Handelsorganisation (WTO) hat der dortigen Leder-, Schuh- und Textilindustrie einen weltweiten Markt eröffnet, bis dahin unproduktive verstaatlichte Betriebe und Teile der öffentlichen Verwaltung wurden jedoch zu Lasten bestehender Besitzstände umstrukturiert. Jetzt mag es noch als Idealismus gelten zu glauben, die alten, vielfach auf Rüstung ausgerichteten Konzerne des alten Ostblocks oder stark subventionierte Staatsbetriebe in der Dritten Welt hätten in einem nationalstaatlichen Rahmen ewig weiter bestehen können. Die Globalisierungsgegner haben jedoch eine Ideologie entwickelt, wonach dem weltweiten Freihandel alle Schuld an der Unsicherheit, der Armut und dem Krieg in der Welt gegeben wird. Mit dem IMF, der Weltbank und der WTO wurden darüber hinaus Feindbilder entwickelt, denen, zusammen mit den USA und dem „Internationalen Kapital", gleichfalls alle Verantwortung sowohl am sozialen Elend, als auch an der Umweltverschmutzung gegeben wurde.

Ein typischer Vertreter der „Bewegung von Seattle und Genua", der sich selbst als intellektueller Aktivist bezeichnet, ist Michel Chossudovsky. In seinem Buch „Global Brutal – Der entfesselte Welthandel, die Armut, der Krieg" argumentiert er so: Die vom Westen beherrschten internationalen Großbanken verdienen an instabilen Finanzmärkten. Die internationalen Konzerne, unter dem Druck der von ihnen selbst verschuldeten Überproduktion, setzen auf die Ausweitung der Märkte in den Entwicklungs- oder Transformationsländern. Dies geht nur, wenn sie deren produktive Basis zerstören. Diese Länder hängen immer mehr an der kurzen Leine von Weltbank, IMF und WTO und werden neuerlich kolonialisiert. Die „Dritte Welt" würde zu einem offenen ökonomischen Territorium degradiert, ohne eigene Regelungskompetenz und ohne Vetomöglichkeiten.

Die Allianz der Reichen, so Chossudovsky weiter, forciert die Globalisierung der Armut, der Umweltzerstörung, der sozialen Apartheid, des Rassismus und der ethnischen Zwietracht. Nach der Ära des Kalten Krieges rutschen große Teile der Weltbevölkerung jetzt in eine beispiellose wirtschaftliche und soziale Krise, die noch brutaler ist, als die Weltwirtschaftskrise der 1930er Jahre. Ganze Volkswirtschaften brechen zusammen, ganze Zivilgesellschaften werden zerstört, Arbeitslosigkeit und Elend nehmen Überhand. Die neue Weltordnung, so die Globalisierungsgegner, basiert auf dem falschen Konsens von Washington und Wallstreet, der das System der freien Märkte als einzige mögliche Wahl auf dem schicksalhaften Weg zu globalem Wohlstand verordnet.

In seinem Buch führt Michel Chossudovsky über fast 500 Seiten aus, wie seit den frühen 1980er Jahren IMF und Weltbank den Entwicklungsländern als Bedingung für Umschuldungsverhandlungen jene Strukturanpassungen aufgezwungen haben, „die zur Verarmung hunderter Millionen von Menschen geführt haben". Zu keiner Zeit in der Geschichte hat der – mit makroökonomischen Instrumenten manipulierte – „freie Markt" eine so wichtige Rolle für das Schicksal souveräner Staaten gespielt. Dadurch wird Entwicklungsländern zunehmend die Möglichkeit genommen, ihre Volkswirtschaften eigenständig aufzubauen. Stattdessen verwandeln die internationalen Finanzorganisationen diese Länder in Reservoirs für billige Arbeitskräfte und billige natürliche Ressourcen. Den Kern des globalen Wirtschaftssystems bildet eine strukturelle Ungleichheit des Handels, der Produktion und der Kredite zwischen reichen und armen Ländern, wobei die von der WTO aufgestellten Regeln nicht nur internationales Recht verletzen, sie legitimieren auch Handelspraktiken, die an kriminelle Handlungen grenzen. Denn: die Regeln der WTO geben immer Banken und Multis das Recht, die Marktkräfte zu ihrem Vorteil zu manipulieren. Nationale Institutionen werden destabilisiert, einheimische Produzenten in den Bankrott getrieben.

So ausführlich diese von den Globalisierungsgegnern geäußerte Kritik an der weltwirtschaftlichen Entwicklung ausfällt, so spärlich sind vielfach ihre Lösungsansätze. Diese beschränken sich oft darauf, dass die Armut beseitigt und der Weltfriede gesichert werden könnte, wenn „die Neue Weltordnung entwaffnet wird". So, als hätte es in der traditionellen Welt der Staaten keine Armut und keine Kriege gegeben.

2.4.3 Demonstrationen und Feindbilder

Ihrer Ideologie entsprechend haben die Globalisierungsgegner auch ihre Feindbilder aufgebaut: den internationalen Währungsfond (IMF), die Weltbank, die WTO und Amerika überhaupt.

Den 1944 in Bretton Woods geschaffenen Institutionen des IMF und der Weltbank so wie der 1995 gegründeten WTO wird vorgeworfen, dass sie demokratisch nicht legitimierte Bürokratien sind, die unter einem zwischenstaatlichen Schirm zu Gunsten mächtiger wirtschaftlicher und finanzieller Interessen operieren. Hinter diesen globalen Institutionen stünden Wall-Street-Banken und die Chefs der größten Wirtschaftskonzerne der Welt. Die von ihnen von den einzelnen Ländern erzwungenen Strukturreformen fördern, so etwa Michel Chossudovsky, die „friedliche Rekolonialisierung" durch bewusste Manipulation der Marktkräfte. Ja noch mehr: die von IMF und Weltbank praktizierte rücksichtslose Durchsetzung von Wirtschaftsreformen ist eine besondere Art von Krieg.

Zu Beginn des dritten Jahrtausends, so die Globalisierungsgegner, gehen Krieg und freie Märkte Hand in Hand. Wenn sich ein Land weigert, sich den westlichen Banken und den multinationalen Konzernen zu öffnen, wie es die WTO verlangt, dann treten Militär- und Geheimdienste des Westens auf den Plan. Die internationalen Finanzinstitutionen arbeiten jedenfalls auch mit der NATO und ihren verschiedenen „Friedens"- Missionen zusammen, vor allem bei der Finanzierung eines allfälligen Wiederaufbaus. Der Krieg ist demnach das „multilaterale Investitionsabkommen der letzten Instanz". Er zerstört physisch, was durch Deregulierung, Privatisierung und die Erzwingung von Marktreformen noch nicht vernichtet wurde. Direkte kriegerische Kolonialisierung und die Errichtung westlicher Protektorate erfüllen de facto den Zweck, westlichen Banken und multinationalen Konzernen dort ungehinderten Zugang zu verschaffen, wo sie es wollen.

Kritisiert wird insbesondere auch, dass der IMF allen 150 verschuldeten Ländern stets die gleichen Maßnahmen verordnet: Haushaltsdisziplin, Abwertung der eigenen Währung, Liberalisierung des Handels sowie Privatisierung und Deregulierung. Schuldnernationen verlieren damit ihre wirtschaftliche Souveränität sowie die Kontrolle über ihre Steuer- und Geldpolitik. Sie gerieten damit unter die wirtschaftliche Vormundschaft vom IMF und Weltbank.

Ohne auf all diese Vorwürfe im Einzelnen einzugehen – hier geht es vor allem darum, darzustellen, wie weit Globalisierungsgegner auch Gegner der Entwicklung hin zum Weltstaat sind – kann man wohl sagen, dass eine wirtschaftliche Entwicklung und die Überwindung von Wirtschaftskrisen ohne Schmerzen nur schwer möglich ist. In Finnland etwa wurde die schwere Krise zu Beginn der 1990er Jahre durch massive Eingriffe in die bestehenden Strukturen und Besitzstände überwunden. Der wirtschaftliche Aufschwung wurde dann erreicht, weil die Bevölkerung wieder mehr gearbeitet als konsumiert hat. Das Ersparte wurde in Zukunftstechnologien investiert. Auch der Übergang in Estland von der kommunistischen Planwirtschaft zur freien Marktwirtschaft belastete einige Bevölkerungsgruppen, insbesondere jene mit staatlichem Einkommen, sehr schwer. Die von weiten Schichten der Bevölkerung gebrachten Opfer trugen aber wesentlich dazu bei, dass Estland in wenigen Jahren beachtliche wirtschaftliche Leistungen erbringen konnte. Was die Monotonie der vom IMF vorgeschlagenen Rezepte betrifft, so ist es richtig, dass eine stärkere Anpassung an lokale oder regionale Gegebenheiten sinnvoll wäre. Österreich etwa hat sich nach dem Zweiten Weltkrieg sehr gut in einer „Mischwirtschaft" entwickelt: Auch wenn grundsätzlich das Prinzip der Marktwirtschaft generell akzeptiert wurde, es gab in unserem Land sowohl einen ausgedehnten verstaatlichten Sektor, als auch einen privaten Mittelstand, die beide wesentlich zum Wiederaufbau beigetragen haben.

Den Demonstranten, die bei den verschiedenen Konferenzen der WTO, der Weltbank und des IMF auf die Straße gehen, geht es offensichtlich zunächst darum, ihre Gegnerschaft zu demonstrieren. Seit es im Dezember 1999 in Seattle 40.000 Demonstranten und Randalierern gelang, schon die Eröffnungsfeierlichkeiten zu verhindern und über die ganze Stadt der Ausnahmezustand verhängt werden musste, wird bei ähnlichen Anlässen über die Demonstranten oft mehr berichtet als über den Inhalt der Tagungen. Großes Medien-Echo erhielt ein Prozess, den einige Duzend Demonstranten in Seattle gegen internationale Konzerne vor einem „Volkstribunal" wegen der Zusammenarbeit mit Diktaturen als Verbrechen gegen die Menschheit inszenierten. Der Slogan der Demonstranten „Wir sind Bürger, nicht Konsumenten", machte Schlagzeilen.

Aus der Sicht der Globalisierungsgegner war ihr Auftritt in Seattle ein großer Erfolg: das vorgesehen Arbeitsprogramm der WTO konnte nicht abgewickelt werden; offizielle Vertreter einzelner Staaten gaben den Demonstranten moralische Unterstützung und auch bei den weiteren Tagungen haftete der WTO das Etikett der „Bürgerferne" und des „undemokratischen Bürokratismus" an. Dies wohl auch deshalb, weil selbst von offizieller Seite ziemliche Kritik geäußert wurde. So sagte der damalige französische Wirtschaftsminister: „Wenn man das Volk vergisst, dann ruft es sich in Erinnerung"; die US-Handelsrepräsentantin sprach davon, die WTO müsse die „Kritik der Civil Society" berücksichtigen, und selbst Präsident Clinton verlangte, die WTO müsse dringend verbindliche Umwelt- und Arbeitsstandards in ihre Verträge aufnehmen. Diese Äußerung führte dann aber zu „Verschwörungstheorien", wonach es Allianzen gäbe zwischen Demonstranten und jenen Industriestaaten, die zu Lasten der Entwicklungsländer „Sozialklauseln" zur Sicherung weltweit gerechter Arbeitsstandards verabschieden wollen.

Grundsätzlich stellt sich die Frage, welche Rolle die kritisierten internationalen Organisationen tatsächlich spielen. Haben sie die Allmacht, die ihnen von einigen zugeschrieben wird oder können sie nicht einmal jene Aufgaben erfüllen, die ihnen zugedacht sind, wie es manchmal den Anschein hat? Wie mächtig ist der IMF in einer Zeit, in der die aufstrebenden Entwicklungsländer wegen der hohen Erdöl- und Rohstoffpreise ihre Schulden vorzeitig zurückzahlen? Wie glaubwürdig ist die Weltbank, die von einem früheren engsten Mitarbeiter des amerikanischen Präsidenten geführt wird, der aber nunmehr die USA wegen der zu geringen Entwicklungshilfe-Leistungen massiv attackiert? Was bewirken G8-Treffen, die ein Medienzirkus geworden sind, wobei die Abschirmung der Demonstranten oft mehr Schlagzeilen macht als die dort beschlossenen Versprechungen? Und wie lange kann es sich die WTO noch leisten, eine ergebnislose Konferenz nach der anderen zu organisieren? Manchmal wird der Eindruck vermittelt, ohne Demonstranten hätten diese Institutionen schon längst noch mehr an Interesse verloren.

3. Traditionelles Denken – traditionelles Verhalten: Grenzen, Kriege, Subventionen

Traditionelles Denken prägt in unserer traditionellen Welt der Staaten immer noch ein Verhalten, das sich dadurch auszeichnet, dass Nationalstaaten einerseits jene Basis bilden, auf der die internationale Ordnung aufgebaut ist, und von der man auch erwartet, dass sie die Lebensbedingungen ihrer Bürger fördert. In diesem Sinne bestehen weiter Grenzen, die vor Jahrhunderten gezogen wurden; werden in vielen Teilen der Welt Kriege geführt, um die eigenen Ideen oder Machtansprüche durchzusetzen; werden von der Regierung Subventionen gewährt, um die eigene „Nationalökonomie" zu schützen und zu fördern.

3.1 Grenzen – im Raum und im Denken

Unsere Zivilisation zeichnet sich dadurch aus, dass der Mensch seit Beginn der Moderne die Grenzen seines Handelns bis in den Weltraum hinein tragen will. Genauso, wurden die Grenzen im Bereich der Wissenschaft, der Technik oder der Wirtschaft stets neu festgelegt. Andererseits ist unsere Weltordnung nach wie vor dadurch geprägt, dass wesentliche Entscheidungen innerhalb der traditionellen Grenzen, die oft Staatsgrenzen sind, getroffen werden und innerhalb eines klar umgrenzten Bereiches gelten. Die Verwaltungsstrukturen größerer und kleinerer Territorien funktionieren innerhalb bestimmter Grenzen, die Wirtschaftsförderung ist meist auf ein bestimmtes Gebiet abgestellt und insbesondere die kulturelle Identität bezieht sich häufig auf einen klar abgegrenzten Raum.

Vor allem die Ausübung der staatlichen Hoheitsrechte – Armee, Polizei und Justiz – ist auf ein klar abgegrenztes Hoheitsgebiet festgelegt.

So sehr also im Rahmen der Globalisierung, insbesondere durch die Entwicklung der Technik, der Information und der Wirtschaft, bis dahin bestehende Grenzen überwunden wurden, so gibt es nach wie vor ein fest bestimmtes System von Grenzen. Manche Grenzkontrollen wurden während der letzten Jahre sogar verschärft. Dabei stellt sich auch die Frage, „wie viel Grenze" der Mensch braucht, um in einer Welt voller Gefahren das Gefühl der Geborgenheit nicht zu verlieren; und „wie wenig Grenze" erreicht werden soll, um weltoffen agieren zu können. Wie sehr das Gefühl, dass Grenzen Schutz bieten, im menschlichen Bewusstsein verankert ist, sieht man daran, dass es im Bereich des europäischen Einigungsprozesses immer wieder langer und zäher Verhandlungen bedarf, um Kompetenzen, die bis dahin im Rahmen eines klar umgrenzten nationalen Aufgabenbereiches ausgeübt wurden, auf eine überstaatliche Ebene verlagern zu können.

Zu lange Zeit haben territoriale Grenzen das Leben der Menschen zutiefst geprägt, als dass sie nicht selbst dort noch nachwirken würden, wo Öffnungen stattgefunden haben. Das ursprüngliche deutsche Wort für Grenze war "Mark" oder "Anewand" (wo der Pflug wendet), Als aber in der ottonischen Epoche (10. Jahrhundert) dieser Begriff auch für die an der Grenze liegenden Länder in Gebrauch kam, wurde für die Grenzlinie das polnische Wort „granica" übernommen. Die französischen und englischen Bezeichnungen für Grenze „frontière" und „frontier", erscheinen zum ersten Mal im 13. Jahrhundert und hängen mit jenem Begriff zusammen, den wir in der Sprache der Kriegsführung verwenden: Die „Front" wird dort gebildet, wo die Armeen aufeinander stoßen. In diesem Sinne wurde auch ein Burg-Wall als Grenze angesehen, bevor dieses Wort dann als territoriale Abgrenzung zwischen zwei Staaten verwendet wurde.

Seit dem Entstehen der staatlichen Souveränität war es dann die Grenze, die bestimmte, wo der Hoheitsbereich eines Herrschers endete und der eines anderen begann. Unzählige Kriege wurden geführt, um Grenzen neu festzulegen und Territorien zu vergrößern. Im europäischen Norden etwa fand die erste entscheidende Schlacht zwischen den für die römische Kirche kämpfenden deutschen Ordensrittern und den orthodoxen Russen unter der Führung von Alexander Newsky 1242 am Peipussee statt. Es folgten Jahrhunderte von Kämpfen, die die Grenze einmal einige Kilometer in die eine, dann in die andere Richtung verschoben, bis sie nach dem Zweiten Weltkrieg in der heutigen Form festgelegt wurde. Die Bedeutung der französischen Könige wurde weitgehend danach bestimmt, wieweit es ihnen gelang, die „natürlichen Grenzen" Frankreichs zu erreichen. So wurde die Größe Ludwig XIV schon deshalb anerkannt, weil es ihm gelang, den Rhein zu erreichen und diesen Fluss als Grenze zu Deutschland festzulegen. Und auch der Erfolg der ebenfalls Jahrhunderte dauernden Kämpfe Österreichs gegen die Türken wurde danach bestimmt, nach welchem Feldzug welche neue Grenzziehung möglich war.

Dass alleine die Befestigung einer Grenze einen Kulturschock auslösen kann, wissen alle, die einmal in der Zeit des Kalten Krieges eine Grenzkontrolle am „Eisernen Vorhang" passieren mussten. Damals haben Stacheldraht und Minenfelder eine abschreckende Wirkung sowohl auf jene ausgeübt, die dahinter wohnen mussten, aber auch auf die Reisenden, die ins Land gekommen sind. Immerhin ging gerade in dieser Zeit ein Aufatmen durch Europa, als die Konferenz für Sicherheit und Zusammenarbeit in Europa (KSZE) 1975 in Helsinki festlegte, dass Grenzen in Europa nur auf friedlichem Wege verändert werden dürften. Jedenfalls können Grenzen trennen, aber auch verbinden, und es ist der Geist, in dem sie gezogen werden, der darüber entscheidet.

So sehr Grenzen heute in manchen Bereichen kaum mehr existieren – vom Waren- bis zum Informationsaustausch, im Bereich der finanziellen Transaktionen und der Investitionen – so bestehen sie in anderen Bereichen nach wie vor. Asylwerber und Flüchtlinge haben oft größte Schwierigkeiten, Landesgrenzen zu überschreiten und die USA bauen, im Kampf gegen den Terrorismus, Grenzen dort auf und aus, wo sie vorher oft kaum bestanden, wie gegenüber Kanada im Norden oder gegenüber Mexiko im Süden. Dass bei so gewaltigen Umwälzungen wie beim Zerfall der Sowjetunion oder dem Jugoslawiens vorher festgelegte Grenzen – selbst nach einigen Kriegen – bestehen blieben, zeigt, wie sehr

Volksgruppen, aber auch die internationale Staatenwelt, an einmal festgelegten Grenzen festhalten wollen.

Grenzen vermitteln aber nicht nur Macht über das Gebiet, das sie umschließen, sie sind Teil einer jeden nationalen Identität und haben auch einen großen symbolischen Charakter. Die Fahne an der Grenze demonstriert nicht nur Souveränität, sie ist auch Hoheitszeichen, mit der ganze Armeen ihr Schicksal verbunden haben. Jahrhunderte lang kämpfte Frankreich, um sein Staatsgebiet zu den „natürlichen Grenzen" auszudehnen, von den Pyrenäen bis zum Rhein. Für Italien lohnte es sich, in den ersten Weltkrieg einzutreten, um die Brenner-Grenze zu erreichen; und Grenzverschiebungen, verbunden mit Gebietsverlusten wie Elsass-Lothringen, Westpreußen oder Oberschlesien haben bei vielen Deutschen nach dem Ersten Weltkrieg das Gefühl verstärkt, „Versailles" sei ein „Diktat" gewesen.

Angesichts der Tatsache, dass Jahrhunderte lang auch Krieg über jene Grenzen geführt wurde, hinter denen Naturschätze lagen, bedeutete die von Frankreich und Deutschland nach dem Zweiten Weltkrieg getroffene Entscheidung, Kohle- und Eisenvorkommen auf ihren Territorium in Zukunft gemeinsam ausbeuten zu wollen, einen historischen Durchbruch. Das Abkommen von Schengen, wonach der freie Personenverkehr in weiten Teilen der EU verwirklicht wurde, war ein weiteres ganz entscheidendes Ereignis im europäischen Einigungsprozess.

Dennoch muss man feststellen, dass in wesentlichen Teilen der Welt die Grenzen ihre traditionelle Bedeutung behalten, zum Teil sogar gefestigt haben. Die internationale Kriminalität, der Drogenhandel und der Terrorismus haben dazu geführt, verstärkt grenzüberschreitende, illegale Aktivitäten zu kontrollieren. Somit sind Grenzen nach wie vor nicht nur ein fester Bestandteil der Welt der Staaten, sie sind ein konstitutiver Teil der internationalen Ordnung, die sich sowohl durch die Geografie, als auch durch die Psychologie bestimmt.
In diesem Sinne schreibt der Kultursoziologe Roland Girtler in seinem Buch „Abenteuer Grenze": „Grenzen sind etwas vom Menschen Geschaffenes. Auch die so genannte natürliche Grenze ist eine Grenze, die der Mensch durch Symbole zu einer solchen gemacht hat – und sogar diejenige des Todes. ...Eine

Grenze kann auch mit einer Trennung von Wirklichkeit und Wahrheit verbunden sein. Um die eigenen Wahrheiten zu sichern, wird etwa die Einfuhr von Literatur über die Grenze verhindert...Weshalb Räume durch Grenzen sowohl eine Heiligung als auch eine Degradierung erfahren können." Womit Girtler den Kern trifft: Grenzen beziehen sich einmal auf geografische und räumliche Bereiche und haben sowohl unser Verhalten begründet als auch unsere Geisteshaltung geprägt. Dieses Verhalten bleibt oft selbst dann, wenn Grenzen bereits abgebaut werden.

3.2   Kriege – in der Welt von gestern und morgen

Befasst man sich mit der Frage, ob sich die Welt der Staaten einmal in einen Weltstaat verwandeln könnte, dann muss man, ob man will oder nicht, den Krieg als trennende, ja zerstörende Kraft mit ins Kalkül ziehen. Der Krieg war seit Menschengedenken ein Teil des menschlichen Lebens und Sterbens. Das alte Testament erzählt davon genauso wie die römische Geschichte oder die Sagen vieler Naturvölker. Während der letzten zwei Jahrhunderte wurden Kriege Teil der nationalen Politik. Kämpfen und Sterben wurde mit Mannesmut und Tapferkeit für das Vaterland gleichgesetzt. Seit der Entstehung der Nationalstaaten erhielt der „Tod für das Vaterland" einen besonderen Platz in unserer Kultur.

Schon beim nordamerikanischen Indianerstamm der Sioux hieß es: „War was an accepted way for a man to find wealth and prestige." Und Erich Ludendorff, deutscher Oberbefehlshaber im Ersten Weltkrieg, schrieb in seinen „Kriegserinnerungen 1914-1918": „Das Erheben zum Sprung im feindlichen Feuer ist eine große Tat. Sie ist noch lange nicht die schwerste. Welche Verantwortungsfreudigkeit, welche ungeheure Entschlusskraft gehört dazu, sich selbst und andere in den Tod zu führen oder zu schicken".

Seit dem Zweiten Weltkrieg, besonders aber seit dem Ende des Kalten Krieges, ist es hinsichtlich der Haltung zum Krieg zu einer gewaltigen Änderung gekommen, wobei sich folgende Dreiteilung der Welt feststellen lässt: Während in vielen Regionen der Krieg seinen traditionellen Stellenwert behalten hat und gekämpft wird wie eh und je, hat sich in den westlichen Wohlfahrtsstaaten die nationale Außenpolitik vom Einsatz militärischer Mittel zur Durchsetzung nationaler Interessen losgelöst. Dies gilt sowohl für die Haltung der Regierungen, aber auch der starke Anstieg der Zivildienstwerber zeigt, dass für viele junge Menschen das militärische Engagement keine primäre Option mehr ist. Zu dieser „Außenpolitik ohne Krieg" als Mittel der nationalen Politik der Wohlfahrtsstaaten und der traditionellen Haltung zum Krieg bei der übrigen Welt kommt die besondere Einstellung der USA, was den Einsatz militärischer Macht betrifft.

Während also die westlichen Demokratien als „Friedenszone" betrachtet werden können, wird im Rest der Welt Krieg geführt: Aus Afrika wird immer wieder von Kriegen, Bürgerkriegen und Massakern berichtet, aus Asien von Kriegen in Kaschmir, Kriegsgefahr wie zwischen China und Taiwan oder Unruheherden wie Indonesien. Im Zusammenhang mit den kriegerischen Auseinandersetzungen im Kongo-Kinshasa, an der ein halbes Dutzend afrikanischer Staaten beteiligt war, schrieb die „New York Times" sogar vom „Ersten afrikanischen Weltkrieg".

Wesentlich für den Beobachter der internationalen Beziehungen ist, dass in diesen Erdteilen die Anwendung von Gewalt sehr wohl noch als natürliche Fortsetzung der Politik, aber eben mit anderen Mitteln, erachtet wird. Da geht es um die politische Macht und um Stammesfehden, um Öl und Diamanten, um Drogen und Edelhölzer, um in der Religion begründete Glaubenskriege und darum, abtrünnige Provinzen gewaltsam besetzt zu halten, so wie auch in Europa hunderte von Jahren hindurch. Man könnte fast glauben, nicht alle Menschen, die heute leben, schreiben das Jahr 2000: Während die einen vielleicht schon die Geisteshaltung des 22. Jahrhunderts erreicht haben, denken und handeln andere noch wie unsere eigenen Vorfahren in vergangenen Jahrhunderten.

3.2.1 Materielle Interessen als Kriegsursache

Jeder Krieg, der geführt wird, hat seine eigenen Ursachen und folgt seiner eigenen Dynamik. Dennoch kann man verschiedene Typen von internationalen Konflikten feststellen, wobei die einen ihre Ursache in Auseinandersetzungen über materielle Interessen haben, während die anderen im „Kampf der Ideen" begründet sind. Was die materiellen Interessensgegensätze betrifft, so rechnet Joshua S. Goldstein dazu Grenzstreitigkeiten, den Streit darüber, wer nationale Regierungen kontrolliert, sowie Wirtschaftskonflikte dazu. Zu den Auseinandersetzungen über Ideen zählt er ethnische, religiöse und ideologische Konflikte.

Auseinandersetzungen über Territorien können einzelne Gebiete oder ganze Staaten umfassen. Grenz- und Gebietsstreitigkeiten können dann besonders intensiv werden, wenn sie über konkrete Forderungen hinaus symbolischen Charakter bekommen. Dies war immer wieder der Fall, vom Konflikt um Elsass-Lothringen, das 1871 von Frankreich an das Deutsche Reich abgetreten werden musste bis zu den Auseinandersetzungen um das Kosovo.

Auch wenn die territoriale Größe eines Landes nicht mehr jene Bedeutung hat wie früher, als Reichtum und Macht eines Landes sehr eng damit verbunden waren, der Kampf um Gebiete – sei es zur Vergrößerung des eigenen, sei es im Rahmen einer Unabhängigkeitsbewegung – wird wohl auch in Zukunft Grund für kriegerische Auseinandersetzungen sein. Zu zahlreich sind die offenen Fragen, die damit verbunden sind, vom Nahen Osten über den Kaukasus; von Kaschmir bis Südost-Asien; und von Afrika bis Lateinamerika. Dazu kommen noch Meinungsverschiedenheiten über territoriale Gewässer, über Fischgründe oder über Naturschätze.

Wenn in früheren Epochen, in denen man glaubte, nur das Gleichgewicht sichere den Frieden, zahlreiche Kriege geführt wurden, um dieses Gleichgewicht zu sichern, dann könnten in Zeiten, in denen die Meinung vorherrscht, nur Demokratie sichere den Frieden, die Errichtung von Demokratien in einzelnen Ländern verstärkt ein Kriegsgrund werden.

Auseinandersetzungen über wirtschaftliche Fragen, etwa Handelsdispute, versucht man heute im Rahmen der WTO zu lösen, während wirtschaftliche Interessen noch für den Ausbruch des Ersten Weltkriegs und auch für den Beginn des Zweiten Weltkriegs verantwortlich gemacht wurden. Offensichtlich hat sich in der Zwischenzeit die Meinung durchgesetzt, dass man im Zeitalter der Hochtechnologie ein Land nicht erobern muss, um dorthin exportieren zu können. Richtig ist, dass die USA immer noch Embargos über „strategische Güter" verhängen und auch ihre Kriege gegen den Irak werden immer wieder mit den dortigen Ölreserven in Zusammenhang gebracht. Auch in einigen der von ihren Herrschern ausgebeuteten Länder – von Haiti bis Sierra Leone und dem Kongo – waren die dort entstandenen Bürgerkriege Anlass für ausländische Interventionen. Aber insgesamt wurden bewaffnete Konflikte über wirtschaftliche Fragen in vielen Fällen von subtileren Arten, Druck auszuüben, abgelöst.

Ein echter Krieg wird hingegen gegen jene geführt, die in Peru, Bolivien oder Kolumbien an der Erzeugung und dem Handel von Kokain beteiligt sind. Dies auch deshalb, weil Guerilleros und paramilitärische Gruppen damit ihre Aktivitäten finanzieren. Wie schwer es ist, die Erzeugung und den Handel von Drogen militärisch zu bekämpfen, hat sich auch in Afghanistan herausgestellt. Der dortigen Taliban-Regierung war es 2001 gelungen, die Opium-Produktion drastisch zu reduzieren. Nach dem Einmarsch der Amerikaner und der alliierten Truppen 2003 hingegen, erreichte der Opiumanbau einen neuen Höhepunkt.

Insgesamt kann man wohl sagen, dass man damit rechnen muss, dass auch in Zukunft in wesentlichen Teilen der Welt Kriege über die Kontrolle von Grenzen, von Gebieten und von Bodenschätzen geführt werden.

3.2.2 Religionskriege

Religionskriege haben ganze Epochen unserer Geschichte geprägt, von den Kreuzzügen über die Reformations-Kriege bis zum 30-jährigen Krieg. Und selbst als preußische Truppen während des Ersten Weltkriegs die katholische Kathedrale von Reims beschossen, haben manche Franzosen dies als Ausdruck eines Religionskrieges gesehen.

Da die Religion das geistige Rückgrat einer Nation darstellen kann, können Auseinandersetzungen zwischen Nationen über Machtfragen eine religiöse Dimension erhalten. So hätten Polen und Quebec ohne die starke Verankerung der katholischen Kirche in diesen Ländern als Nation kaum überlebt. Da die meisten

Inder Hindus und die Palästinenser weitgehend Moslems sind, hat dies dazu geführt, dass die Religion bei den Auseinandersetzungen auf dem indischen Subkontinent und in Palästina eine ganz entscheidende Rolle spielt. Auch der Krieg zwischen Aserbaidschan mit einer moslemischen Bevölkerung und den christlichen Armeniern hatte genauso eine religiöse Komponente wie die Balkan-Kriege zwischen den katholischen Kroaten, den orthodoxen Serben, sowie den moslemischen Bosniern und Albanern.

Während der letzten Jahrzehnte haben, wie oben dargestellt, bei den verschiedensten Religionen die Fundamentalisten an Boden gewonnen. Diese Bewegungen zeichnen sich einmal dadurch aus, dass sie bestrebt sind, mit religiösen Wertvorstellungen das politische Geschehen zu prägen. Außerdem werden religiöse Dogmen als das „höhere Gesetz" angesehen. In diesem Sinne bilden „Revolutionswächter" im Iran islamische Fundamentalisten aus, damit sie in anderen Ländern aktiv werden. Jüdische Fundamentalisten errichten Siedlungen in den besetzten Gebieten und christliche Fundamentalisten haben in den USA Druck auf die Regierung ausgeübt, damit sich ihr Land aus dem „Bevölkerungsprogramm der Vereinten Nationen", das für die Geburtenregelung eintrat, zurück zog.

Seit der erfolgreichen islamischen Revolution im Iran haben Pakistan und der Sudan das islamische Recht (Schariah) ohne Revolution eingeführt, genauso wie die nördlichen Provinzen von Nigeria. Da in manchen Ländern des Nahen Osten die autoritären Regime kaum eine politische Opposition zulassen, sind die Moscheen jene Orte, wo eine kritische Haltung gegenüber den bestehenden Verhältnissen ausgedrückt werden kann.

Afghanistan ist ein Beispiel dafür, wie aus einer Mischung von andauernden Bürgerkriegen, Armut und Fundamentalismus ein Land ein Übungsplatz für Terroristen werden kann, wie für jene, die die Anschläge vom 11. September 2001 durchgeführt haben. In Algerien gab es bereits Mitte der 1990er Jahre einen sehr blutigen Bürgerkrieg zwischen einer säkularisierten Militärregierung und islamischen Fundamentalisten, der 100.000 Menschenleben forderte. Wenn bei Auseinandersetzungen innerhalb islamischer Länder Fundamentalisten westlich orientierte Regierungen durch eine „islamische Gemeinschaft" ersetzen wollen, dann kann dies als inner-islamischer Konflikt angesehen werden. Wenn aber manche bestrebt sind, einen islamischen Gottesstaat auf der ganzen Welt zu errichten, dann ist dies genauso nach außen gerichtet, wie Anschläge, die in Madrid oder London durchgeführt werden.

Dabei liegt es auf der Hand, dass der Fundamentalismus der einen Seite jenen der anderen fördern kann. Die wirtschaftliche Situation, nationaler Chauvinismus oder Machtstreben können dabei genauso verstärkend wirken wie ein verklärtes historisches Bewusstsein.

3.2.3 Kriege über Ideen und Ideologien

Ginge es bei Kriegen nur um materielle Interessen, wäre es vielleicht sogar leichter, sie zu vermeiden oder zu beenden. Oft geht es aber um „Ideen und Ideologien", um den Hass zwischen Nationen, um Glaubensfragen, um Themen, die sich rationalen Lösungen entziehen.

Kriege zwischen Nationen und ethnischen Gruppen wurden sehr oft auch von Ideologien beziehungsweise dem Nationalismus getragen. Der klassische Krieg zwischen Nationen war wohl der Erste Weltkrieg. Mit welcher Verbissenheit dieser geführt wurde, ist daraus ersichtlich, dass während seiner Dauer täglich durchschnittlich 1300 Deutsche und 900 Franzosen „am Feld der Ehre" fielen. So sehr nationale oder ethnische Konflikte auch Auseinandersetzungen über Territorien oder Machtfragen beinhalten können, primär geht es um die Gegnerschaft, es geht um den Kampf gegen jemanden, der eine andere Geschichte, Sprache oder Kultur hat.

Zu kriegerischen Auseinandersetzungen kann es auch kommen, wenn ethnische Minderheiten ihren eigenen Staat mit international anerkannten Grenzen haben wollen. Dies wiederum kann zusätzliche Schwierigkeiten aufwerfen, wenn Gruppen dieser ethnischen Minderheit außerhalb der neuen Grenzen gelassen werden. Wenn diese Gruppen sich diskriminiert fühlen, wenn sie sich dem

„Heimat-Staat" der Mehrheit anschließen wollen, kann es zu neuen bewaffneten Konflikten kommen.

Die Kurden etwa, die keinen eigenen Staat haben und auf die Territorien von vier Staaten aufgeteilt sind – Türkei, Irak, Iran und Syrien – haben während der 1990er Jahre gegen türkische und irakische Militärs gekämpft. Als das hauptsächlich von Rumänen bewohnte Moldau im Zuge des Zusammenbruchs der Sowjetunion unabhängig wurde, hat die russische Bevölkerungsgruppe nach einem bewaffneten Konflikt die, international nicht anerkannte, „Republik Transnistrien" gegründet.

Die Balkankriege der 1990er Jahre waren zu einem großen Teil ethnische Konflikte: nachdem Kroatien und Slowenien am 25. Juni 1991 ihre Unabhängigkeit von Jugoslawien erklärt hatten, kam es im ganzen Land zu Vertreibungen, ja ethnischen Säuberungen. Besonders grausam wurde der Bürgerkrieg ab 1992 in Bosnien-Herzegowina geführt, wo bis zu seiner Beendigung durch die Dayton-Abkommen 1995 hunderttausende Menschen getötet oder interniert wurden beziehungsweise flüchten mussten.

Die Provinz Kosovo ist deshalb so umkämpft, weil sie von den Serben als ihre „Urheimat" betrachtet wird, die sie auf keinen Fall aufgeben wollten, obwohl diese Provinz schon zu Zeiten Jugoslawiens zu 80% von Albanern bewohnt war. 1995 wurden noch 20.000 Serben im Kosovo angesiedelt, die aus der Krajina vertrieben worden waren. Zur Durchsetzung ihrer nationalen Ambitionen bildeten die Albaner ihre eigene Befreiungsarmee (KLA). Als politische Gespräche, die unter englischem und französischem Vorsitz in Rambouillet geführt wurden, kein Ergebnis brachten, begann die NATO im März 1999 Bombardements gegen serbische militärische Einrichtungen im Kosovo und gegen Ziele in Serbien. Dem Abschluss der NATO-Bombardements folgte eine „NATO-Friedenstruppe" (KFOR), unter deren Schutz nunmehr die albanische Mehrheit ihre politischen Einrichtungen aufbauen konnte, während Serben, jetzt als Minderheit, vor Übergriffen geschützt werden mussten.

Zu ethnischen Auseinandersetzungen kam es auch auf anderen Kontinenten. Eine besonders grausame ethnische Säuberung fand 1994 in Rwanda statt. Damals hatte die Hutu-Mehrheit 500.000 Angehörige der Tutsi-Minderheit innerhalb weniger Wochen hingeschlachtet. Die schwache Reaktion der „Internationalen Gemeinschaft" auf diese Grausamkeiten zeigte, wie wenig die internationalen Bestimmungen zum Schutz der Menschenrechte gegenüber dem immer noch stark verankerten Grundsatz der „Nicht-Einmischung in die inneren Angelegenheiten eines Staates" gültig sind.

Was wird die Zukunft bringen? Wenn man weiß, dass alleine in Nigeria 250 verschiedene ethnische Gruppen leben, dass überall in Afrika die staatlichen Grenzen, unabhängig von der ethnischen Zugehörigkeit der dort lebenden Menschen, willkürlich gezogen wurden und dass in Russland der Tschetschenien-Konflikt in anderen Teilen des Landes ähnliche Bewegungen auslösen könnte, dann ist wohl Skepsis angebracht. Für die Internationale Gemeinschaft stellt sich dabei eine Frage: sollen überall auf der Welt jene Kräfte unterstützt werden, die nach „nationaler Freiheit" streben, auch wenn dies zu Lasten jener geht, die bis dahin als Territorialstaaten die Träger der „Internationalen Ordnung" waren.

Schon der Zweite Weltkrieg war sehr stark durch die Auseinandersetzungen zwischen Ideologien geprägt: Hitler wollte den Bolschewismus durch den Einmarsch in die Sowjetunion besiegen und Churchill und Roosevelt proklamierten den Krieg gegen das nationalsozialistische Deutschland als einen Kampf für Demokratie und Menschenrechte. Der Kalte Krieg war geprägt von der Auseinandersetzung der Demokratien unter Führung der USA mit dem totalitären kommunistischen System, dominiert von der UdSSR. Die Kluft zwischen den beiden Lagern war so prägend, dass der „Westen" gleichgestellt wurde mit liberalen Werten, während der „Osten" Kommunismus bedeutete.

Dass selbst in Zeiten, in denen die internationalen Beziehungen sehr stark von gegensätzlichen Ideologien dominiert waren, die Realpolitik weiter eine Rolle spielte, war einmal daraus ersichtlich, dass sich die USA immer wieder mit lateinamerikanischen Diktatoren verbündeten, vor allem auch darin, dass es zwischen den beiden kommunistischen Giganten Sowjetunion und China zu einem echten Bruch kam. Mit militärischen Mitteln wurde die ideologische Auseinandersetzung an einigen Schnittstellen zwischen den beiden Blöcken geführt, von Vietnam bis Angola und von Äthiopien bis Nicaragua.

Generell kann man wohl sagen, dass Bewegungen, die von Ideologien geprägt sind, das internationale Geschehen in mehrerer Hinsicht beeinflussen können: So kann eine auf ideologischer Basis in einem Land durchgeführte Revolution das internationale Geschehen insofern stark beeinflussen, als die daraus hervorgegangene neue Regierung ein bestehendes Allianz-System verlässt und damit das vorher gegebene Gleichgewicht verändert. Das kann zu neuen Spannungen und militärischen Interventionen führen. Außerdem kann eine ideologische Bewegung das Nationalgefühl eines Landes stark steigern, was zu einem aggressiven Verhalten gegenüber den Nachbarstaaten oder in der Außenpolitik generell führen kann.

Ob nun Ideologien verschiedene Gruppen inspirieren, die im Terrorismus eine Möglichkeit zur Durchsetzung ihrer Ideen sehen oder ob durch ideologische Gegensätze Kriege zwischen Staaten ausgelöst werden, Ideologien werden wohl auch in Zukunft eine bestimmende Kraft in den internationalen Beziehungen darstellen.

3.3 Subventionen – Wirtschaftpatriotismus und politische Interessen

Da viele Regierungen ihre Legitimität praktisch dadurch erhalten, dass sie bemüht sind, die Wohlfahrt ihrer Bürger zu fördern, sind sie in einer schwierigen Wirtschaftslage versucht, einen Einfluss auf das wirtschaftliche Geschehen auszuüben. Dieser Einfluss wird einmal durch die Gewährung von Subventionen geltend gemacht, ein anderes Mal dadurch, dass man versucht, die eigene Wirtschaft vor der ausländischen Konkurrenz zu schützen. In einigen Ländern, wie in der Folge dargestellt, ist diese Haltung, die die „Welt der Staaten" seit Beginn des Industriezeitalters geprägt hat, noch besonders stark.

3.3.1 Der staatliche Einfluss auf die Wirtschaft

So sehr sich die Ideen des Freihandels während der letzten Jahrzehnte durchgesetzt und wesentlich zur Globalisierung der wirtschaftlichen Aktivitäten beigetragen haben, so kann man gleichzeitig feststellen, dass Regierungen immer wieder versuchen, in das wirtschaftliche Geschehen einzugreifen. Dies insbesondere dann, wenn es darum geht, Arbeitsplätze im eigenen Land zu schaffen oder zu erhalten, Defizite in der Handelsbilanz auszugleichen oder die Abhängigkeit von anderen Ländern zu verringern.

Dabei hat es in den einzelnen Staaten stets unterschiedliche Auffassungen hinsichtlich des staatlichen Einflusses auf die Wirtschaft gegeben: während England schon sehr früh auf den Freihandel setzte, hat die französische Monarchie stets im Einfluss der öffentlichen Hand eine Stütze ihrer Wirtschaftspolitik gesehen. Schon Voltaire hat festgestellt, dass es der Freihandel war, der England reich gemacht hat. Gleichzeitig wurde das Land mächtig und die Bürger haben einen Sinn für Freiheit und Selbständigkeit entwickelt. Im Gegensatz dazu hat Frankreich seit den Zeiten eines Jean-Baptiste Colbert im 17. Jahrhundert versucht, Importe und Exporte zu regeln, die Gründung von Fabriken über den Staat zu steuern und, wenn notwendig, die eigene Volkswirtschaft losgelöst vom internationalen Geschehen zu fördern.

Österreich weist mit seiner monarchischen Tradition viele Ähnlichkeiten mit Frankreich auf.

Selbst in den 1960er Jahren wurde an manchem österreichischen Gymnasium noch unterrichtet, es müsse das Ziel einer jeden staatlichen Wirtschaftspolitik sein, „autark" zu werden, also sich selbst versorgen zu können. Tatsächlich hat sich herausgestellt, dass jene Staaten, die diesen Weg eingeschlagen haben, wie Albanien oder China bis zu ihrer Öffnung um 1980, dafür einen sehr hohen Preis bezahlen mussten: die Abgeschlossenheit von der Außenwelt führte zu sehr hohen Produktionskosten im eigenen Land und damit zu einer Verarmung der Bevölkerung.

Auch wenn eine „Politik der Autarkie" heute in den meisten Ländern der Vergangenheit angehört, so wird es auch in Zukunft zahlreiche Regierungen geben, die versucht sein könnten, eine schützende Hand über bestimmte Entwicklungen in der Wirtschaft oder über einzelne Unternehmen zu halten. Eine Politik des Protektionismus wird immer dann verlangt, wenn einzelne Entwicklungen des Weltmarktes negative Auswirkungen auf die heimische Wirtschaft haben könnten. So sehr etwa billige Importe dem Konsumenten zugute kommen, so können sie gleichzeitig die Existenz heimischer Industrien gefährden, was den Ruf nach Schutzzöllen laut werden lässt. Auch wenn es darum geht, eine neue heimische Industrie aufzubauen, können Zölle während dieser Phase einen entsprechenden Schutz gewähren. Außerdem wird in einzelnen Ländern immer wieder verlangt, dass Industrien, die im Zusammenhang mit der nationalen Sicherheit gesehen werden, vor der ausländischen Konkurrenz geschützt werden müssen.

Insgesamt ist die Versuchung, Wettbewerb bei den anderen, aber Schutz für sich selber zu verlangen, sehr groß. Das gilt sowohl für einzelne Regierungen, für Interessenvertretungen, aber auch für die Unternehmen selber.

3.3.2 „Wirtschafts-Protektionismus" weltweit

In dem Wirtschaftsjahr, das am 31. März 2006 endete, produzierten die japanischen Auto- und LKW-Hersteller, darunter Toyota, Honda und Nissan, mehr Fahrzeuge im Ausland, nämlich 10,93 Millionen, als in Japan mit 10,89 Millionen. Man könnte also glauben, die Globalisierung habe sich voll durchgesetzt.

Gleichzeitig publizierte aber die EU-Kommission einen „Subventions-Bericht", aus dem hervorging, dass die damals 25 EU-Mitgliedsstaaten an Unternehmen und Wirtschaftssektoren (ohne Eisenbahnen) Beihilfen in einer Gesamthöhe von 63,8 Milliarden Euro gewährten, fast ebensoviel wie im Vorjahr, als es 64,7 Milliarden Euro waren; (wobei Landwirtschaft, Fischerei und Verkehr darin nicht enthalten waren). Obwohl die EU den Regierungen der Mitgliedsländer immer wieder wettbewerbsrechtliche Grenzen zur Gewährung solcher Beihilfen setzt, hat also eine Kürzung kaum stattgefunden. In absoluten Zahlen stand 2005 Deutschland mit Beihilfen von 20,3 Milliarden Euro an der Spitze, vor Frankreich (9,7 Milliarden Euro) und Italien (6,4 Milliarden Euro). Insgesamt zeigte sich, dass die 2004 beigetretenen Staaten, gemessen am BIP, subventionsfreudiger waren als die alten Mitglieder.

Wirtschaftlicher Patriotismus tritt vor allem dann in einer Abwehrhaltung in Erscheinung, wenn ein „nationales Flagschiff" an ein ausländisches Unternehmen verkauft werden soll, während man stolz ist, wenn führende ausländische Marken erworben werden. So gab es größte Entrüstung in Italien, als sich ausländische Interessen an der „Banca nazionale del lavoro" und an der „Banca Antonveneta" anmeldeten. Als der indische Konzern „Mittal Steel" seine Absicht bekundete, den französisch-luxemburgischen Stahlkonzern „Arcelor" zu übernehmen, reagierten Konzernführung und französische Öffentlichkeit zunächst mit Entrüstung, bis auf Druck der Aktionäre dem Kaufangebot nachgegeben werden musste. In Spanien gab es größten Widerstand gegen einen Kauf von „Endesa" durch E.On. und als das Unternehmen „Ports World" aus Dubai von britischen Hafenbetreibern das Management wichtiger US-Häfen übernehmen wollte, gab es Proteststürme im amerikanischen Kongress. Es wurden sicherheitspolitische Bedenken angeführt und darauf hingewiesen, dass zwei der Terroristen vom 11. September 2001 aus Dubai kamen. Dabei hatte Präsident George W. Bush den Deal auch mit dem Argument unterstütz, Dubai hätte stets den Kampf gegen den Terrorismus voll unterstützt.

Da der Wirtschaftspatriotismus Ausdruck einer nationalen Tradition ist, sind die diesbezüglichen Diskussionen in Frankreich besonders heftig. Als der italienische Konzern „Enel" das französische Flagschiff „Gaz de France" übernehmen wollte, beeilte sich die Regierung, rasch eine Fusion zwischen dem französisch geführten Konzern „SUEZ", ebenfalls in der Wasser- und Elektrizitätsversorgung tätig, und „Gaz de France" zu erreichen, um, wie der französische Ministerpräsident ausführte, „einen französischen Konzern mit weltweiter Ausstrahlung" zu schaffen. Und die offiziellen Reisen des französischen Staatspräsidenten in China, Indien oder Thailand waren generell als „Veranstaltungen eines Handelsreisenden" organisiert, deren Erfolg daran gemessen wird, wie viele Aufträge der Präsident heimbringt.

Auch in der französischen Wirtschaftspolitik folgt man also dem von de Gaulle geprägten Leitmotiv, der einmal gesagt hat, „Frankreich ist nur solange Frankreich, als es der Welt seine Größe demonstrieren kann." Doch wie weit entsprechen diese Worte, wie weit entsprechen die politischen Absichtserklärungen den Realitäten? Wie weit hat in der Zeit der Globalisierung eine nationale Regierung überhaupt noch Steuerungsmöglichkeiten und wieweit kann ein multinationaler Konzern überhaupt noch einem einzelnen Land zugerechnet werden?

Verschiedene Statistiken zeigen, dass Frankreich, was die Offenheit seiner Wirtschaft betrifft, im Durchschnitt der Industriestaaten liegt. Dies bestätigt auch ein von der UNCTAD herausgegebener Index: im Jahre 2004 betrugen die französischen Direktinvestitionen im Ausland 47,8 Milliarden Dollar, während sich die ausländischen Investitionen in Frankreich auf 24,3 Milliarden Dollar beliefen. Laut UNCTAD betrugen die französischen Direktinvestitionen im Ausland 2006 bereits 115 Milliarden Dollar, ausländische Direktinvestitionen in Frankreich beliefen sich damals auf 81,1 Milliarden Dollar(entspricht einer Zunahme von fast 200%). Dabei kommt eine weitere Seite des in diesen Fragen offensichtlich gespaltenen Bewusstseins der Franzosen zum Ausdruck: die Übernahme ausländischer Betriebe durch französische wird als Erfolg gefeiert, während der Kauf französischer Konzerne durch ausländische hingegen als Beeinträchtigung der „nationalen Ehre" empfunden wird.

Dass sich unabhängig von diesen Diskussionen das Verhalten der französischen Konsumenten geändert hat, ist aus folgender Entwicklung ersichtlich: von den im Jahre 2006 in Frankreich neu zugelassenen zwei Millionen Personenautos entfielen nur mehr 54% auf französische Marken, während es 1980 noch 77% waren.

Eine Ernüchterung gibt es auch dann, wenn man die Struktur der „nationalen Flaggschiffe" näher analysiert: so erzielt der französische Öl-Konzern „Total" 95% seiner Gewinne außerhalb Frankreichs, die Eigentümerstruktur setzt sich zu 83% über den Markt, also ohne nationale Einflussnahme zusammen. „Arcelor", dessen Kauf durch „Mittal Steel" eine Zeit lang zu einer Fahnenfrage erklärt worden war, hat seinen Hauptsitz in Luxemburg mit einem Generaldirektor aus diesem Land; nur ein Viertel der Beschäftigten sind Franzosen. „Danone", dessen geplante Übernahme durch Pepsi-Cola ebenfalls einen Sturm der Entrüstung ausgelöst hatte, findet 85% seiner Aktionäre über den Markt und beschäftigt gerade 13% der Mitarbeiter in Frankreich.

Dabei ist wohl eines richtig: der Wirtschaftspatriotismus ist, insbesondere in einer Zeit der Globalisierung, auch Ausdruck nationaler Ängste. Menschen, die von Betriebsschließungen betroffen sind oder diese befürchten hoffen, bei der nationalen Regierung Schutz und Hilfe zu finden. Für den Einigungsprozess in Europa war es daher nachteilig, dass diese, durch die Globalisierung entstandenen Ängste, durch die EU nicht vermindert, sondern durch die EU-Erweiterung eher verstärkt wurden. Dabei wäre angesichts der weltweiten Entwicklung eine stärkere europäische Solidarität zweckmäßig gewesen.

3.3.3 Russland – der Staat behält eine Schlüsselrolle in der Wirtschaft

In Russland hatte der Staat traditionell einen starken Einfluss auf die Wirtschaft und auf die Gesellschaft. Die nach dem Zusammenbruch der Sowjetunion entstandene politische Instabilität wirkte sich sehr negativ auf die Wirtschaft aus. Von 1991 bis 1994 ging die Produktion um 47% zurück, aber die Wirtschaft ist nicht ganz zusammengebrochen. Die Deckung der Grundbedürfnisse konnte über den Schwarzmarkt sichergestellt werden, und es kam zu keinen sozialen Unruhen. Besonders für Russland gilt wohl Folgendes: Der Markt funktioniert auf seine Weise vor allem für die, die die Spielregeln kennen. Gab es früher keine richtige Planwirtschaft, so waren auch nach dem Zusammenbruch der Sowjetunion vor allem persönliche und betriebliche Beziehungen ausschlaggebend. Auf diese Weise konnten jene Oligarchen, die in der Zeit Boris Jelzins enge Kontakte zu ihm beziehungsweise zu seinen Beratern hatten, riesige Vermögen anhäufen.

Man muss in Zukunft wohl damit rechnen, dass Protektionismus und eine eher willkürliche Haltung gegenüber Auslandsinvestitionen weiter bestehen bleiben. Es kann dann von der jeweiligen Situation abhängen, ob jene Kräfte die Oberhand behalten, die für Protektionismus und wirtschaftlichen Nationalismus ein-

treten, oder jene, die die Wirtschaft im Sinne eines globalen Wettbewerbs um-
strukturieren und ausrichten wollen. Im Oktober 2006 hat die russische Regierung eine Liste strategisch wichtiger Wirtschaftsbranchen erstellt, in die ausländische Unternehmen nur mit offizieller Genehmigung investieren dürfen. Diese
Beschränkungen sollen für folgende Branchen gelten: die Rüstungs- und Raum-
fahrtindustrie; den Flugzeugbau; und für besondere Sparten des Anlagenbaus;
für die Atomindustrie; für die Rohstoffindustrie sowie für Monopole von ge-
samtstaatlicher Bedeutung. Unternehmen der genannten Branchen sollen in Zukunft ihre Aktien nur mit Erlaubnis der Regierung verkaufen können. Darüber
hinaus soll die Beteiligung von Ausländern an den als „strategisch" eingestuften
Unternehmen höchstens 50% betragen dürfen. Für ein Überschreiten dieser
Grenze wäre eine zusätzliche Sondergenehmigung erforderlich.

Präsident Vladimir Putin hatte bereits in einem Erlass vom Juli 2005 eine Liste
von 1063 russischen Unternehmen als „strategisch" eingestuft. Diese Staatsun-
ternehmen oder Gesellschaften, deren Anteil zu 100% in der Hand des Staates
liegen, dürfen nicht ohne weiters privatisiert werden. Analog zu diesen Vorstellungen soll der Zugang ausländischer Investoren zu den Bodenschätzen des
Landes geregelt werden. Danach würden Ölvorkommen von über 70 Millionen
Tonnen und Gasfelder von mehr als 50 Milliarden m³ als „strategisch" gelten,
was bedeuten würde, dass ausländische Beteiligungen daran Beschränkungen
unterliegen. Jedenfalls kann man damit rechnen, dass der russische Staat seine
Interessen bei der Ausbeutung der Bodenschätze künftig stärker beachtet wissen
will.

3.3.4 China – anhaltender Wirtschaftspatriotismus

Der gewaltige wirtschaftliche Aufschwung Chinas während der letzten Jahrzehnte war direkt mit der Öffnung des Landes und mit seiner Integration in die
Weltwirtschaft verbunden. Selbst große chinesische Banken gingen an internationale Börsen und ausländische Kreditinstitute konnten sich an chinesischen
beteiligen. Ausländische Firmen investierten massiv in den Technologie- und
Forschungsbereich und der Beitritt Chinas zur WTO war ein sichtbares Zeichen
der Internationalisierung der chinesischen Wirtschaft.

Gleichzeitig war aber die chinesische Führung, die 2002-2003 die politische Leitung des Landes übernahm, bemüht, ihre eigenen Vorstellungen in der Wirtschaftspolitik umzusetzen. Und diese sahen nach wie vor einen starken staatlichen Einfluss auf das wirtschaftliche Geschehen in mehrerer Hinsicht vor: einmal dahingehend, dass Staatsbetriebe effizienter gestaltet werden sollten; aber auch, dass der ausländische Einfluss in manchen Bereichen beschränkt bliebe und beschränkt würde.

So veröffentliche die „Staatliche Kommission für die Aufsicht über den Staatsbesitz und die Verwaltung" (Sasac) im Dezember 2006 eine Liste von Industriebereichen, in denen der Staat eine führende Rolle und eine „absolute Kontrolle" ausüben müsse. Darunter fielen folgende Sektoren: Stromerzeugung und der Betrieb des Elektrizitätsnetzes; Petrochemie und Erdölgewinnung; Telekommunikation; Kohlenbergbau; Luftverkehr und Schifffahrt. In den Bereichen Stromerzeugung und Elektrizitätsversorgung; Erdöl, Erdgas und Petrochemie, Rüstung und Telekommunikation soll der Staat Alleineigentümer sein oder zumindest eine deutliche Mehrheit der Aktien besitzen. Bei Kohle, Luftverkehr und Schifffahrt soll die öffentliche Hand zumindest kontrollierende Anteile besitzen.

All diese Industriebereiche erachtete die chinesische Regierung von „strategischem und nationalem Interesse". Darüber hinaus war dieser Wirtschaftsprotektionismus auch Ausdruck eines neuen politischen Selbstbewusstseins, wie es einem Lande zusteht, das innerhalb kürzester Zeit durch riesige Überschüsse in der Handelsbilanz große Währungsreserven angehäuft hat. Wie sollte aber auch eine kommunistische Partei, wie die KPC, die nach wie vor den alleinigen politischen Machtanspruch im Lande erhob, im Bereich der Wirtschaft jegliche Kontrolle aus der Hand geben?

Somit ist die vom „Sasac" veröffentlichte Liste nicht nur Ausdruck einer vom Staat verfolgten Industriepolitik, sondern ein Zeichen des generellen Machtanspruches schlechthin. Die gleichzeitig vorgenommenen Reformen bei den verstaatlichten Unternehmungen zielten darauf ab, die Ertragskraft zu steigern. Um dies zu erreichen, sollten die vom Staat kontrollierten Betriebe in einzelne Bereiche so zu Konglomeraten fusioniert werden, dass sie jeweils die Marktführung übernehmen konnten. Es handelt sich dabei um die Autoindustrie, die Informationstechnologie, um die Bauwirtschaft sowie um die Eisen- und Stahlindustrie.

Ob nun diese Modernisierung durch den Ankauf und die Integration ausländischer Unternehmen, durch eine Reduzierung der 161 in Besitz des Staates befindlichen Konglomerate oder durch weitere Privatisierungen erfolgt: die Regierung in China wird auch weiter einen entscheidenden Einfluss auf die Wirtschaftspolitik ausüben, was wohl auch notwendig ist, um die im Land bestehenden ungeheuren sozialen Unterschiede etwas abzuschwächen.

4. Machtstreben in einer multipolaren Welt

So sehr sich die USA nach dem Zweiten Weltkrieg zunächst im Wettstreit mit der Sowjetunion und nach Beendigung des Kalten Krieges als alleinige Weltmacht in Politik, Wirtschaft und Kultur durchgesetzt haben, so haben schon der Vietnam-Krieg und später die Intervention im Irak gezeigt, dass auch diese Weltmacht nicht allmächtig ist. Wenn nun die Vereinigten Staaten zu Beginn des 21. Jahrhunderts verschiedentlich den Anschein erweckten, als würden sie die Welt im Alleingang, also „unipolar", regieren wollen, so gibt es doch eine Reihe von anderen Staaten, die eine „multipolare Welt" anstreben. Dies einmal aus grundsätzlichen Überlegungen, aber auch, weil sie selber in traditionellen machtpolitischen Kategorien denken und somit einen größeren Machtanspruch erheben. Diese „multipolare Welt" sollte sich dadurch auszeichnen, dass die Legitimation der internationalen Entscheidungen sowie ihre machtpolitische Umsetzung nicht von einem Land alleine begründet werden kann. Im Folgenden soll kurz dargelegt werden, wie Frankreich, China, Indien und Japan, sowie Russland und der Iran Ausdruck dieser multipolaren Welt sind, beziehungsweise sein wollen.

4.1   Frankreich in der Tradition seiner nationalen Größe

Die Außenpolitik Frankreichs geht davon aus, dass die Welt der Staaten nur dann eine Internationale Gemeinschaft bilden kann, die diesen Namen verdient, wenn die Verantwortung in der Welt geteilt wird; wenn die Legitimität in den internationalen Organisationen festgelegt und wenn die internationale Gerichtsbarkeit anerkannt wird. Konkret: wenn nicht die USA alleine entscheiden, was gut ist für die Welt und nicht nach ihren Belieben handeln können.

Die Verantwortung in einer interdependenten Welt sollte, nach französischer Auffassung, insofern geteilt werden, als jedes Land in seinem Bereich und nach seinen Möglichkeiten einen spezifischen Beitrag zur Erhaltung des Friedens und der Stabilität leisten soll. Die längste Zeit wäre Macht so ausgeübt worden – so etwa Dominique de Villepin, anlässlich einer Botschafterkonferenz 2002 – dass eine Großmacht Alliierten für ihre Unterstützung Schutz geboten hätte, wie der Feudalherr seinen Vasallen. Heute aber ist es so, dass auch eine Weltmacht nicht unerheblichen Gefahren ausgesetzt ist, etwa terroristischen Angriffen. Jene, die die Regeln der internationalen Gemeinschaft nicht akzeptieren, laufen Gefahr, dass sie selber Opfer einer Destabilisierung werden: „Zu viel Macht untergräbt die Macht", so die französische Schlussfolgerung.

Um Machtexzesse im internationalen Bereich zu verhindern, muss Macht geteilt werden: im Bereich der Sicherheit; der Solidarität; der Kultur. Jedes Land hat dabei die Verpflichtung, seine Stimme zu erheben, und das Recht, gehört zu werden. In diesem Zusammenhang tragen die USA und Europa eine besondere Verantwortung. Aufgrund der gemeinsamen Geschichte sind sie den gemeinsamen Werten von Freiheit, Demokratie und Recht verbunden.

Das heißt nicht, dass Amerika und Europa immer in gleicher Weise handeln müssen, sie können sich auch ergänzen. Während die USA eine außerordentliche Kraft und Dynamik besitzen, zeichnet sich Europa durch Erfahrung und eine einmalige Vielfalt aus. Die Welt braucht daher Europa genauso wie die Vereinigten Staaten, die im Rahmen einer neuen euro-atlantischen Gemeinschaft zusammenarbeiten sollen. Genauso braucht aber die Welt auch andere Pole der Stabilität, der Identität und der Verantwortung, ob es sich nun um Russland, China, Japan, Indien oder andere Mächte handelt. Sie alle müssen ihre Rolle auf der internationalen Bühne spielen.

So wie die Verantwortung in der Welt und für die Welt von allen getragen werden muss, so müssen alle Staaten auf der Basis der Legalität handeln, die von der internationalen Staatengemeinschaft festgelegt wurde. Wenn Frankreich 2003 darauf bestand, dass die Amerikaner nur mit einem Mandat der UNO in den Irak einmarschieren dürften und dass im „Krieg gegen den Terrorismus" die international festgelegten Regeln eingehalten werden müssten, dann war dies ebenfalls eine klare Aussage gegen eine unipolare und für eine multipolare Welt.

Frankreich folgt damit selbst nach einer 50-jährigen Mitgliedschaft in der EU jenen Prinzipien, die von de Gaulle für eine eigenständige Außenpolitik, auch im Sinne der nationalen Größe, festgelegt wurden. De Gaulle hat immer wieder Eigenständigkeit demonstriert: So, als Frankreich aus dem militärischen Verband der NATO austrat; als er, mitten im Kalten Krieg, seine eigene Ostpolitik führte; als er die französische Armee als „Force de frappe" mit eigenen Atomwaffen ausstattete oder als Frankreich als erstes westliches Land das kommunistische China anerkannte.

Frankreich setzte seine eigenwillige Politik im Glauben an eine universelle Sendung überall dort fort, wo es gedachte, nationale Interessen durchzusetzen: selbst in einer Zeit, als George W. Bush den Iran als Teil der „Achse des Bösen" darstellte, investierten französische Unternehmen – Banken, Autohersteller und Öl-Konzerne – in 15 Jahren dort über 25 Milliarden Euro. Frankreich verfolgte innerhalb der WTO stets seine eigenen Interessen und setzte auch durch, dass in der UNESCO eine „Konvention zum Schutz der kulturellen Diversität" verabschiedet wurde, die Amerika verhindern wollte.

4.2   Die neue Rolle Süd- und Ostasiens

4.2.1   Kommt wieder eine Welt, wie sie einmal war?

Nach einer Studie des „Economist" (September 2006) erzeugten die heutigen Industrieländer im Jahre 1500 gerade 20% des BIP der Welt (gemessen an der Kaufkraftparität), während der Rest der Welt, getragen von China, Indien und Lateinamerika – für 80% aufkamen. Selbst 1820 entfielen erst 25% der wirtschaftlichen Leistungen auf die heutigen Industrieländer, 75% hingegen auf den Rest der Welt. Bis 1913 hatte sich das Kräfteverhältnis umgekehrt und 1950 erzeugten die heutigen Industrienationen 60% des weltweiten BIP. Bis 2025 soll – so die Prognose – neuerlich ein starker Wandel eintreten. Dann würden wiederum lediglich 38% des weltweiten BIP auf die heutigen Industrieländer entfallen, 62% auf den Rest der Welt.

Während die Liste der zehn größten Volkswirtschaften 2005 – gereiht nach ihrer Wirtschaftskraft – die USA, Japan, Deutschland, China, Großbritannien, Frankreich, Italien, Kanada, Spanien und Brasilien umfasst, wird die Reihenfolge 2040 wie folgt lauten: China, USA, Indien, Japan, Mexiko, Russland, Brasilien, Deutschland, Großbritannien und Frankreich.

Insbesondere das Erstarken Asiens als Wirtschaftsmacht, die vom Osten und Süden dieses Kontinents ausgehende Dynamik, erschüttert das bisher gegebene geopolitische und wirtschaftliche Gleichgewicht und führt zu einem neuen internationalen Kräfteverhältnis. Süd- und Ostasien finden somit jenen Platz wieder in der Weltwirtschaft, den sie vor Beginn der in Europa stattgefundenen internationalen Revolution einnahmen.

Während der letzten Jahrzehnte hat in Asien, ausgehend von Japan und den „Tiger-Staaten", eine wirtschaftliche und technische Entwicklung stattgefunden, die diese Staaten von Agrar- zu Industrieländern verwandelte und zu entscheidenden Akteuren der Weltwirtschaft machte. Während 1950 Japan noch einen Lebensstandard hatte, der unter jenem von Jamaika oder den Philippinen lag, hat sich dieses Land, zusammen mit Südkorea, Hongkong, Taiwan und Singapur zur Industrienation gewandelt, weit über dem Weltdurchschnitt.

Seit den 1980er und 1990er Jahren ist es dann China und Indien gelungen, ihre Volkswirtschaften neu auszurichten. China hat mit jahrelangen Wachstumsraten um die 9% nicht nur erreicht, dass sein BIP vervielfacht wurde, durch eine enorme Steigerung der Exporte wurde das Land ein entscheidender Player im Welthandel; durch die Höhe seiner Importe konnte es die Entwicklung in der Region entscheidend beeinflussen. Mit 62 Milliarden Dollar an ausländischen

Direktinvestitionen im Jahr bleibt China die wichtigste Destination unter den Schwellenländern, während es Indien gelungen ist, bei einem Wirtschaftswachstum zwischen 5% und 7% den Bereich der Hochtechnologie stark zu entwickeln; dies unter anderem durch die Auslagerung von Dienstleistungen aus der ganzen Welt.

Dieser wirtschaftliche Aufschwung erfolgte insbesondere durch die Einführung der Marktwirtschaft und durch die Öffnung gegenüber dem Weltmarkt, wobei in den einzelnen Staaten die Regierungen vielfach eine lenkende Funktion behielten. Dass nach der großen Währungskrise, die 1997/98 Süd-Ost Asien erfasste, der Aufschwung fortgesetzt werden konnte, zeigt, dass die im Sinne der Marktwirtschaft erfolgte Umgestaltung der Wirtschaftssysteme struktureller Natur war und weitergeführt werden konnte.

Entscheidend ist nun Folgendes: Durch diese Entwicklung erreichten die Länder Asiens eine wesentliche Rolle im internationalen Wirtschafts- und Währungssystem und können wieder jenen Platz einnehmen, den sie vor der industriellen Revolution und vor der Kolonisierung innehatten. Damals standen Indien und China im Mittelpunkt der Weltwirtschaft; Indien wegen seiner Textilwirtschaft und der Baumwollspinnereien; China wegen seines sehr produktiven industriellen Bereichs, seiner Landwirtschaft und seines Handels. Aufgrund dieses Aufschwungs wurden andere Länder der Region in die sich ausbreitende Prosperität miteinbezogen.

Nach manchen Statistiken fertigten die chinesischen Manufakturen um 1750 ein Drittel der Weltproduktion, Indien 18,5%, während Europa für 23% aufkam. Damals zählte China 207 Millionen Einwohner und Europa 130 Millionen. Wenn man zu China und Indien die Länder Süd-Ost Asiens, das Ottomanische Reich und Persien hinzuzählt, dann erzielte Asien an die 80% der Weltproduktion. Vor allem dominierte dieser Erdteil die Textilindustrie, die dann die erste Schlüsselindustrie während der industriellen Revolution in Europa wurde.

Während also bis ins 18. Jahrhundert Asien die Weltwirtschaft dominierte, gewann Europa durch die industrielle Revolution zu Beginn des 19. Jahrhunderts die Oberhand. Sehr viel spricht dafür, dass im 21. Jahrhundert wieder mehrere Zentren die Weltwirtschaft bestimmen werden. Die entscheidenden Fragen sind dabei nun folgende: Wie weit können diese Veränderungen der bisher gegebenen wirtschaftlichen Aufgabenteilung ohne große Einbrüche und Wirtschaftskrisen zu einem neuen Gleichgewicht führen? Wie wirkt sich der wirtschaftliche Aufschwung Asiens auf die verschiedenen Bereiche aus, von der Umwelt bis zur Energieversorgung? Und vor allem eines: wieweit beanspruchen jene Länder, die einen vorderen Platz in der Weltwirtschaft finden, auch einen entsprechenden politischen Rang? Nicht zuletzt war es ein ganz entscheidender Grund für den Ausbruch des Ersten beziehungsweise Zweiten Weltkrieges, dass das Deutsche Reich und dann Japan auf Grund ihrer wirtschaftlichen Erfolge in die Reihe der Weltmächte aufgenommen werden wollten. Kann man hoffen, dass die mit der Globalisierung der Wirtschaft einhergehende Neuverteilung der Macht ohne größere militärische Konflikte erfolgen wird?

4.2.2 Die Welt aus der Sicht Pekings

China hat die wirtschaftliche Globalisierung in einmaliger Weise genützt, um seinen Platz in der Weltwirtschaft wieder zu finden. Verbunden mit diesem wirtschaftlichen Aufschwung kam ein verstärktes politisches Selbstbewusstsein, das noch durch erhöhte Rüstungsanstrengungen unterstützt wurde. Die politische Führung in Peking sprach sich immer dafür aus, dass die Welt nicht von einer einzigen Nation dominiert werden darf, sondern nach multilateralen Spielregeln funktionieren müsse. Manche sehen in China bereits den großen künftigen Rivalen der USA.

Die Demütigungen, die China durch die Kolonialmächte im 19. Jahrhundert hinnehmen musste, sind im Lande noch präsent, genauso wie die Invasion Japans in den 1930er Jahren, deren historische Darstellung selbst heute immer wieder zu diplomatischen Spannungen mit Tokio führt. Angesichts der Verwüstungen, die jeder Krieg mit sich bringt und der Vorteile, die der internationale Handel, selbst bei stärkster Konkurrenz, bieten kann, bekundet das offizielle China sein Interesse dahingehend, dass der Aufstieg des Landes in einer multipolaren Welt friedlich verläuft. Die 2001 erfolgte Mitgliedschaft Pekings in der WTO war dabei eine wichtige Etappe.

So sehr sich die wirtschaftlichen Beziehungen mit den USA zum Vorteil Chinas entwickelt haben, so kritisiert die Regierung in Beijing doch immer wieder, dass ihr Land von amerikanischen Militärstützpunkten eingekreist ist und Amerika offensichtlich versucht, die politische Macht Chinas einzudämmen. Peking setzt dem gegenüber auf eine „friedliche Koexistenz", sowie auf eine Politik der guten Nachbarschaft. Wenn sich Beijing offiziell jedem Hegemonialstreben widersetzt, dann ist damit zunächst eine mögliche Vorherrschaft der USA gemeint. China selbst ist eine Atommacht, hat aber 1996 ein Moratorium hinsichtlich der Atomversuche erklärt und den Vertrag betreffend die Nicht – Weiterverbreitung der Kernwaffen unterzeichnet. Es hat auch einige internationale Verträge betreffend die Rüstungskontrolle ratifiziert.

In der Region spielt China eine immer größere Rolle. Es gehört seit 1991 dem „Forum für eine stärkere wirtschaftliche Zusammenarbeit im asiatisch-pazifischem Raum" (APEC) an; es ist eine besondere Partnerschaft mit den Ländern Süd-Ost Asiens (ASEAN) eingegangen, mit denen bis 2010 eine Freihandelszone erreicht werden soll und in Boao, in der chinesischen Provinz Hainan, gibt es seit 2000 ein Wirtschaftsforum, ähnlich jenem, das jährlich in Davos stattfindet.

Für Spannungen in der Region sorgt weiter die Taiwan-Frage, da Peking nach dem Motto „Ein China, zwei Systeme" die Angliederung der Insel an das Festland verlangt. Mit dem im März 2005 beschlossenen „Gesetz gegen die Loslösung Taiwans" wurde diese Haltung wiederum bestätigt. Damals haben Washington und Tokio ihre Militärkontakte verstärkt und Taiwan in die gemeinsame Militär-Strategie eingegliedert. Diese Entscheidung hat die Beziehungen zwischen den beiden asiatischen Nachbarn belastet, die ohnehin schon in Konkurrenz um die regionale Vorherrschaft standen.

Insgesamt zeichnet sich die chinesische Außenpolitik durch eine gewisse Vielschichtigkeit aus: Trotz der erwähnten Spannungen mit Japan hat Peking die japanische Wirtschaft in der Zeit der Krise nicht unwesentlich dadurch unterstützt, dass der Import japanischer Waren stark erhöht wurde. Während den USA im Sicherheitsrat der Vereinten Nationen hinsichtlich der nuklearen Ambitionen des Iran und bei anderen Themen Paroli geboten wird, arbeitet Beijing mit Washington in der Frage der Eindämmung der atomaren Bewaffnung Nord-Koreas zusammen.

In der Europäischen Union sieht China wohl ein gewisses Gegengewicht zu den USA. Da aber das 1989 gegen China verhängte Waffenembargo auf amerikanischen Druck immer wieder verlängert wurde, dürfte es keine Illusionen über die machtpolitischen Verhältnisse geben. Im Rahmen der „Shanghai-Gruppe" wurde mit Russland eine „strategische Partnerschaft" geschlossen; die Beziehungen mit Indien und Brasilien wurden durch groß aufgezogene offizielle Staatsbesuche in ein neues Licht gestellt. Mit Ländern Lateinamerikas und Afrikas hat China seine Kontakte im gegenseitigen Interesse ausgebaut: Einerseits sollten aus diesen Regionen Rohstoffe bezogen werden, im Gegenzug könnte China seine Produkte dorthin exportieren. Auch mit der arabischen Welt soll der Warenaustausch in diesem Sinne bis 2010 verdreifacht werden. Dabei bietet sich Peking gegenüber den Ländern der Dritten Welt insofern als bevorzugter Partner an, als dabei, im Gegensatz etwa zur EU, beim Abschluss von Abkommen die Frage der Menschenrechte ausgeklammert bleibt.

4.2.3 Die Welt aus der Sicht Neu-Delhis

Auch Indien strebt eine multipolare Welt an, auf der Basis des geltenden Völkerrechts, wobei den Vereinten Nationen, wo es einen permanenten Sitz im Sicherheitsrat haben möchte, eine besondere Aufgabe zukommt. Dabei sieht sich Indien, seit es seine erste Atombombe gezündet hat und gefestigt durch den wirtschaftlichen Aufschwung, als Großmacht auf der Weltbühne.

Während Indien in der Zeit des Kalten Krieges als führende Nation unter den „Blockfreien" enge Beziehungen zur Sowjetunion unterhielt, ist es nunmehr um ein Gleichgewicht zwischen Washington, Moskau und Peking bemüht, sowie um eine Normalisierung der Beziehungen zu den Nachbarn. Relativ rasch hat

Neu Delhi dann eine Annäherung an die USA in einer fast spektakulären Weise vollzogen. Zwar hat die amerikanische Regierung nach den indischen Atomversuchen 1998 Sanktionen verhängt, doch relativ bald darauf, 2001, wurde eine „strategische Partnerschaft" mit den USA geschlossen. Die Meinungsverschiedenheiten, die mit den Vereinigten Staaten hinsichtlich des indischen Nuklear- und Weltraumprogramms weiter bestanden, wurden 2005 behoben, als auch das 1974 verhängte Embargo betreffend den Transfer von Atomtechnologie aufgehoben wurde. Im Gegenzug hat Neu Delhi akzeptiert, seine militärischen nuklearen Einrichtungen von den zivilen zu trennen und diese der Inspektion der Internationalen Atomenergiebehörde (IAEA) zu unterstellen.

An dieser gegenseitigen Verständigung mit den USA wurde auch festgehalten, als diese, auf Grund der Intervention in Afghanistan, ihre Zusammenarbeit mit Pakistan intensivierte. Auf innenpolitischen Widerstand stieß allerdings das indische Abstimmungsverhalten in der IAEA in der Iran-Frage, das auf amerikanischen Druck zustande kam. Dieses Verhalten wurde von der Opposition als „Aufgabe einer unabhängigen Außenpolitik" gesehen. Außerdem verhandelte Neu Delhi mit Teheran den Bau einer Erdgasleitung zur Deckung seines Energiebedarfes.

Die Europäische Union ist der erste Handelspartner Indiens und hat in diesem Land beträchtliche Investitionen getätigt. Doch auch wenn es seit dem Jahr 2000 jährliche Gipfeltreffen mit der EU und seit 2004 ebenfalls eine „strategische Partnerschaft" gibt, es mangelt der EU immer noch an Visibilität, wohl auch deshalb, weil in den bilateralen Beziehungen vielfach jene mit den Mitgliedsstaaten der EU in Vordergrund stehen.

Die Beziehungen zu Russland bleiben stark, auch wenn sie nicht mehr jene Intensität haben, die sie zur Zeit der Sowjetunion aufwiesen. Für die Zukunft ist eine intensivere Zusammenarbeit im militärischen Bereich sowie bei der Atom- und Weltraumforschung geplant. Auch die Handelsbeziehungen sollen ausgebaut werden, wobei gemeinsame Projekte für die indische Energieversorgung in Angriff genommen werden sollen. Jährliche indisch-russische Gipfeltreffen sollen eine Interessensgemeinschaft in wesentlichen Bereichen demonstrieren: beide Staaten weisen eine ethnische und religiöse Vielfalt auf und sind daran interessiert, dass ihre territoriale Integrität gewahrt bleibt. Daraus ergibt sich eine Interessensgemeinschaft im Kampf gegen den islamischen Fundamentalismus und für die Aufrechterhaltung von Frieden und Sicherheit in Zentralasien. Indien will einmal verhindern, dass sich in der Region, unter Führung von Pakistan, eine islamische Bewegung bildet, vor allem aber will es von den Bodenschätzen in Sibirien profitieren.

Indien führt auch einen Dialog mit den Staaten Südost-Asiens (ASEAN), einmal, um vom wirtschaftlichen Aufschwung dieser Region zu profitieren, aber auch, um das Feld nicht alleine China zu überlassen. 2003 wurde mit ASEAN ein Abkommen geschlossen, das einmal zu einer Freihandelszone führen soll. Dabei verfolgte Neu Delhi eine gewisse Doppelstrategie: mit Japan, Singapur und Südkorea sollen die Wirtschaftsbeziehungen ausgebaut werden, während mit Vietnam, Malaysien, Indonesien und Thailand die militärische Zusammenarbeit intensiviert werden soll.

Man kann davon ausgehen, dass der rasante Aufstieg Chinas die Machthaber in Neu Delhi beschäftigt. Seit 2003 der damalige indische Ministerpräsident Atal Behari Wajpayee Peking besuchte, besteht die gegenseitige Absicht, alte Grenzstreitigkeiten unter einer „politischen Perspektive" zu lösen. Im militärischen Bereich wurden vertrauensbildende Maßnahmen gesetzt und die wirtschaftliche Zusammenarbeit soll weiter dazu beitragen, vorhandenes Misstrauen abzubauen.

Die Idee einer multilateralen Zusammenarbeit zwischen Indien, China und Russland wurde schon verschiedentlich angeschnitten. Grundsätzlich erachtet Neu Delhi wohl seine Beziehungen zu den USA als entscheidend für seine Anerkennung als Großmacht. Dafür ist Indien auch immer wieder Kompromisse eingegangen, die manchmal auf beiden Seiten Kritiker gefunden haben. Aber immerhin ist es Neu Delhi gelungen, seine Beziehungen zu den USA wesentlich zu verbessern und sich sowohl gegenüber der amerikanischen Supermacht als auch innerhalb der WTO zusammen mit gleichgesinnten aufstrebenden Nationen zu profilieren.

4.2.4 Die Welt aus der Sicht Tokios

Seit dem Zweiten Weltkrieg war Japan ein treuer Verbündeter der USA. Es sah sich als „unsinkbarer Flugzeugträger" der USA in der Zeit des Kalten Krieges, der den Sowjets den Weg in den Pazifik versperrte und sendete 2003 auch seine Truppen in den Irak. Aber wann immer Stimmen laut wurden, die davon sprachen, dass Japan eine bestimmende Rolle in den internationalen Beziehungen sucht, traten auch die Mahner auf, die an die imperialistische Rolle Japans in der Vergangenheit erinnerten. Dabei hatte Japan in seiner Verfassung festgelegt, keine Atomwaffen zu besitzen und höchstens 1% seines BIP für die Verteidigung auszugeben.

Die zwischen Japan und den USA 1952 geschlossene Militärallianz war ein Kernstück des Bündnissystems während der ganzen Zeit des Kalten Krieges, ob nun die Sowjets in Afghanistan einmarschierten oder SS20 Raketen in Sibirien aufstellten. Ministerpräsident Nakasone Yasuhiro, ab 1982 japanischer Ministerpräsident, sprach sogar von einer „Schicksalsgemeinschaft" zwischen Japan und Amerika. Die japanische Führung dieser Zeit war überzeugt, dass ihr Land nur als enger Verbündeter der Vereinigten Staaten seine Stimme auf der internationalen Bühne erheben könne.

Natürlich gab es immer wieder Zwistigkeiten, wie sie auch unter Alliierten vorkommen, weil die Japaner ihren eigenen Markt zu sehr abschirmten und gleichzeitig zu stark auf die amerikanischen Märkte, etwa im Autobereich, vordrangen. Auch verlangten die Amerikaner einen stärkeren Beitrag Japans zur eigenen Sicherheit und Verteidigung. Und als 1990 in Japan die größte Wirtschaftskrise der Nachkriegszeit ausbrach, sah sich das Land gezwungen, seine Außenpolitik, stets verbunden mit großzügigen Entwicklungshilfe-Programmen, sowie den Platz, den es international einnehmen wollte, zu überdenken.

Grundsätzlich erachtete es Japan auch in seinem nationalen Interesse, die internationalen Organisationen politisch und finanziell zu unterstützen. In diesem Sinne wurde das Land eine wesentliche Stütze der Vereinten Nationen und der größte Geldgeber im Bereich der öffentlichen Entwicklungshilfe. Seit der damalige Ministerpräsident Takeshita Noboru 1988 erklärte, sein Land wolle die Liste der Beitragszahler im Bereich der Entwicklungshilfe anführen, hat Japan seine Beiträge verdoppelt. Die Bestrebungen Japans, einen permanenten Sitz im Sicherheitsrat der Vereinten Nationen zu erhalten, sollten ebenfalls die Rolle des ostasiatischen Landes in der Weltorganisation unterstreichen, aber auch seine Bedeutung zumindest als regionale Macht.

Wenn die schwere Wirtschaftskrise verschiedene Anpassungen notwendig machte, so verschafften die immer noch erheblichen finanziellen Leistungen dem Land einen besonderen Stellenwert in Asien, aber auch in Afrika und Lateinamerika. So wurden auf Initiative Japans in Tokio seit 1993 regelmäßig Entwicklungskonferenzen für Afrika abgehalten, die dann die Prioritäten der japanischen Außenpolitik widerspiegelten. In diesem Sinne hat Ministerpräsident Koitsumi Junichiro erklärt, sein Land wolle die Hilfe für Afrika bis 2008 verdoppeln.

Dabei bleibt Asien eine wesentliche Priorität der japanischen Politik. Trotz der aus der Vergangenheit stammenden Schwierigkeiten – vom Massaker von Nanking bis zum ungelösten Kurilen-Konflikt mit Russland – ist der Ferne Osten für Japan sowohl strategisch als auch wirtschaftlich die entscheidende Region. Da Japan hinsichtlich seiner „Kriegsschuld" am Zweiten Weltkrieg eine Haltung einnimmt, die etwa jener Deutschlands nach dem Ersten Weltkrieg entspricht und weit von einem „alleinigen Schuldbekenntnis" entfernt ist, kommt es mit China und Korea immer wieder zu Auseinandersetzungen über die Geschichte. Dies vor allem dann, wenn führende japanische Politiker den Yasukuni-Schrein besuchen, wo die japanischen Gefallenen des Zweiten Weltkriegs geehrt werden. Dass aber letztlich eine pragmatische Haltung angestrebt wird, zeigte Ministerpräsident Shinzo Abe, den 2007 sein erster offizieller Besuch im Ausland nach Beijing führte. Dabei stellen der gewaltige wirtschaftliche Aufschwung Chinas und die damit verbundenen politischen Ambitionen auch die japanische Außenpolitik vor eine neue Herausforderung. Diesen wird Japan wohl auch in Zukunft als Alliierter der USA begegnen, auch wenn es versucht, sowohl in den internationalen Organisationen als auch in der Region einen größeren eigenen Spielraum zu bekommen.

4.2.5 Die neue Rolle Russlands

Es gibt kaum ein anderes Land, wo es so schwer fällt zu beurteilen, ob es „stark" ist oder „schwach", wie bei Russland. Für dieses riesige Land sind das nur relative Begriffe.

Die internationale Stellung Russlands wurde während der letzten Jahre sehr stark von der inneren Situation des Landes geprägt: betonte man in der Zeit nach dem Zusammenbruch der Sowjetunion unter Gorbatschow und Jelzin immer wieder das gemeinsame Interesse mit dem Westen, so ist man in der Zwischenzeit zu einer Realpolitik zurückgekehrt, die vorwiegend auf russischen Interessen aufbaut. Diese neue Realpolitik schließt auch den Einsatz von Macht, insbesondere wirtschaftlicher Macht, ein. Dabei stehen für Russland drei Bereiche im Vordergrund: die Beziehungen zu den USA und die Erweiterung der NATO; der asiatische Raum mit China und Japan; sowie die Kaukasus-Region und Zentralasien, von wo die Gefahr eines Fundamentalismus droht. Je mehr die Erweiterung der NATO um die Jahrhundertwende Form annahm, desto stärker versuchte Moskau, seine Macht in den früheren Sowjet-Republiken wieder zu etablieren. Umso schwerer muss es die russische Führung getroffen haben, als sich in Georgien 2003 mit der „rosa Revolution" und in der Ukraine 2004 mit der „orangen Revolution" ausgesprochen pro-westliche Regierungen durchsetzten. Auch die politischen Veränderungen in Kirgisien und Moldau, die 2005 stattfanden, bedeuteten ein weiteres Abbröckeln der russischen Macht in Ländern, die bis dahin zur russischen Einfluss-Sphäre zählten. Die außenpolitische Neuorientierung dieser Länder hing mit innenpolitischen Veränderungen zusammen, die durch Wahlen zustande kamen, bei denen westlich unterstützte NGOs eine nicht geringe Rolle spielten. Washington hat jedenfalls die russische Schwächeperiode genützt, um seine Positionen im Baltikum, am schwarzen Meer, im Süd-Kaukasus und in Zentralasien auszubauen.

Ursprünglich war der Zweck der „Gemeinschaft unabhängiger Staaten" (GUS) damit begründet, den Zusammenbruch der Sowjetunion friedlich zu bewältigen und die neuen Länder in der Einfluss-Sphäre Russlands zu behalten. Gleichzeitig mit der Loslösung von Russland veränderten sich auch die wirtschaftlichen

Beziehungen insofern radikal, als man vom früher üblichen Tauschhandel abging und Russland die Möglichkeit bekam, für sein Erdöl und Erdgas Weltmarktpreise festzulegen, die in Devisen beglichen werden mussten. Die Alternative dazu waren niedrige Preise, die Moskau gegen einen entsprechenden politischen Einfluss gewähren konnte.

Dabei nutzte Moskau auch eine andere Möglichkeit, die Entwicklung in Nachbarregionen zu beeinflussen: die lokalen Konflikte, die in Abchasien und Ossetien, in Transnistrien und in Nagornij-Karabakh zur Bildung autonomer Regionen geführt haben. Diese Konflikte, die ihren Ursprung schon in der sowjetischen beziehungsweise sogar vorsowjetischen Geschichte haben und weitgehend im Zusammenhang mit ungelösten Minderheitenfragen stehen, wurden von Moskau zur Destabilisierung von Regierungen benützt, die sich Russland gegenüber kritisch verhielten. Jedenfalls entstand verschiedentlich der Eindruck, Moskau käme eine instabile Situation an seinen Grenzen durchaus gelegen, weil dadurch die Möglichkeit geboten wurde, bei Konflikten Partei zu ergreifen.

Dieses neue Engagement Russlands, zumindest als regionale Macht, steht in direktem Zusammenhang mit der wieder gefundenen wirtschaftlichen Stärke sowie mit den hohen Öl- und Rohstoffpreisen.

4.2.6 Iran – Öl-Macht mit regionaler Ausstrahlung

Durch viele Epochen der Geschichte war der Iran eine starke Macht. Das große Reich des Darius und die Perserkriege haben in den Geschichtsbüchern genauso ihren festen Platz wie später die Parther, gegen die die Römer immer wieder erfolglos in den Krieg zogen. Die einstige Größe inspirierte immer wieder spätere Herrscher, bis hin zum Schah Reza Pachlevi, der, gestützt auf den Ölreichtum, sein Land zu einer militärischen Bastion gegen ein eventuelles sowjetisches Vordringen in den Nahen Osten ausbaute.

Die islamische Revolution, die 1979 unter Führung von Ayatollah Khomeini den Schah stürzte, erklärte die führende Nation des Westens, die USA, zum „großen Satan". Damit war eine Stoßrichtung des islamischen Fundamentalismus festgelegt: der Kampf gegen den von Amerika geführten Westen, seine Kultur und seine Zivilisation. Die vom Iran durchgeführte islamische Revolution erschütterte daher die internationale Ordnung in mehrerer Hinsicht: Machtpolitisch, weil der Iran seine Position als regionale Macht im Nahen Osten festigen wollte. Diese Ambition wurde noch dadurch unterstrichen, dass die Machthaber im Teheran, nach Ansicht westlicher Experten, danach strebten, eine eigene Atombombe zu bauen. Religiös, weil die schiitischen Mullahs im Teheran ihren religiösen Fundamentalismus in andere Gegenden der Welt, ob islamisch oder westlich, tragen wollten. Dabei bedienten sie sich einer Organisation wie der Hisbollah, die ihre Anhängerschaft durch eine Vielfalt von Aktivitäten rekrutiert, von der Sozialarbeit bis zur Durchführung von Terroranschlägen.

Diese politischen und religiösen Ambitionen des Iran werden durch die riesigen Ölvorkommen des Landes abgestützt. Wenn dann der Präsident des Landes, Mahmoud Ahmadinejad, den Holocaust leugnet und die Auslöschung Israels verlangt, dann wirkt dies nicht nur äußerst destabilisierend in der ohnehin unsichersten Region der Welt, sondern er platziert sein Land außerhalb der Gemeinschaft, die wir die „internationale" nennen.

Die Position des Iran wurde noch dadurch gestärkt, dass dieser das schiitisch geprägte Land der Welt ist. Dazu kommen noch die intensiven wirtschaftlichen Beziehungen zum Westen und die Tatsache, dass die USA in zwei Kriegen die Feinde des Iran besiegten, nämlich Saddam Hussein und die Taliban.

Der Iran ist die führende schiitische Nation der Welt. Von den weltweit 1,4 Milliarden Moslems sind 216 Millionen Schiiten; davon 34,4% Perser und 17,8 % Araber. Im Iran leben 62 Millionen Schiiten (90% der Bevölkerung); im Irak 18,2 Millionen (65% der moslemischen Bevölkerung); im Libanon 1,36 Millionen; in der Türkei 14,6 Millionen; in Aserbaidschan 6,3 Millionen; aber auch in Pakistan leben 33,2 Millionen Schiiten und in Indien 31,5 Millionen. So sehr nun auch die Schiiten in verschiedene religiöse Zweige aufgesplittert sind – Aleviten, Ismaeliten, Drusen – ein vom Westen gegen den Iran geführter Krieg könnte zu einer sehr starken Solidarisierung unter den Schiiten führen. Auch wenn die vom Iran ausgegangene religiöse Revolution zunächst durchaus „panislamische Züge" hatte, die seither stattgefundene Polarisierung – gegen den Westen und innerhalb der islamischen Welt – könnte sehr gut dazu führen, dass die „Partei Alis" (=Schi'at Ali) weiter zusammenrückt.

Entscheidend für die strategische Position des Iran ist seine starke Einbindung in die internationale Wirtschaft: der Iran produziert täglich 4,2 Millionen Fass Öl, (also etwa die Hälfte der saudi-arabischen Produktion), exportiert davon 55% und ist damit der viertgrößte Ölexporteur der Welt. Diese Ölexporte bringen 80% der Devisen ins Land und damit 60% der Einnahmen. Europa, Russland, China, Japan und Indien, sie alle stehen mit dem Iran in einem regen Handelsaustausch. 37% der iranischen Importe kommen aus der EU, vor allem Maschinen und Technologie. Allein 12,6% der iranischen Importe kommen aus Deutschland, das dafür Exportgarantien von vier bis fünf Milliarden Euro gewährt hat. Teheran kauft jährlich um eine Milliarde Dollar Waffen aus Russland, etwa die „Thor"-Raketen und hat mit Moskau einen 800-Millionen-Dollar-Vertrag über den Ausbau des Atomzentrums Buchehr abgeschlossen. Der Iran liefert 21,4% seiner Exporte nach Japan, das wiederum ein Drittel seiner Ölimporte aus dem Iran bezieht. Für China ist der Iran 2006 der wichtigste Öllieferant geworden; die beiden Länder haben 2004 einen Vertrag über die Lieferung von 1100 Millionen Tonnen Erdgas in der Höhe von 20 Milliarden Dollar abgeschlossen. Auch Neu Delhi, das 15% seines Erdöls aus dem Iran bezieht, verhandelt mit Teheran den Bau einer 2800 Kilometer langen Erdgas-Leitung.

Wie würden sich unter solchen Bedingungen internationale Wirtschaftssanktionen gegen den Iran auswirken? Zweifellos ist Teheran auch verwundbar. Einmal wegen des großen Anteils der Öleinnahmen an den öffentlichen Finanzen, aber auch, weil 40% des im Land verbrauchten Benzins in ausländischen Raffinerien erzeugt werden. Zu den unmittelbar wirtschaftlichen kommen aber auch die ungewissen politischen Auswirkungen von Sanktionen.

Welch ungewollte Auswirkungen etwa militärische Aktionen haben können, haben die Amerikaner in Afghanistan und im Irak in mehrerer Hinsicht erfahren: So zerschlug der amerikanische Einmarsch in Afghanistan (2001) das Regime der Taliban, die allerdings auch erbitterte Feinde der iranischen Schiiten waren;

und durch den 2003 begonnen Irakkrieg wurden in diesem Land die Schiiten an die Macht gebracht, die daraufhin ihre Kontakte zu den Glaubensbrüdern in Teheran ausbauen konnten. Die Amerikaner haben also durch ihre militärischen Interventionen Situationen geschaffen, deren positive Auswirkungen für den „Erzfeind Iran" noch gar nicht abgesehen werden können.

Insgesamt hat der Iran während der letzten Jahre sehr deutlich die Grenzen der „Internationalen Gemeinschaft" aufgezeigt. Während nämlich Washington massiv gegen Teheran als Teil der „Achse des Bösen" Druck machte, wurde der iranische Präsident Mahmoud Ahmadinejad im Juni 2006 zum „Forum von Shanghai", einer regionalen Organisation zur Pflege der Zusammenarbeit zwischen China, Russland, Kasachstan, Tadschikistan, Usbekistan und Kirgistan eingeladen. Dort verurteilte das iranische Staatsoberhaupt „jene Mächte, die die Welt beherrschen wollen und die nicht davor zurückschrecken, sich in die inneren Angelegenheiten anderer Länder einzumengen". Und während die Außenminister der EU, insbesondere auch die von Deutschland und Frankreich, mit viel Intensität versuchten, Teheran von der Entwicklung seines Atomprogrammes abzubringen, waren die Unternehmen dieser Länder bemüht, ihre wirtschaftlichen Beziehungen mit dem Iran auszubauen.

Welche Schlussfolgerungen kann man aus all dem ziehen? So sehr heute von Globalisierung, Interdependenz und einer neuen Weltordnung gesprochen und geschrieben wird, die alte Welt der Staaten besteht in vielerlei Hinsicht weiter: die Souveränität der Staaten ist formell immer noch die Grundlage der internationalen Beziehungen; es gibt nach wie vor Ideologien, die trennend wirken, vom Nationalismus bis zum islamischen Fundamentalismus. Und das Machtstreben der Staaten spielt sich vielfach noch in traditionellen Bahnen ab.

Daraus ergibt sich folgender grundlegender Widerspruch: Die auf Souveränität aufbauenden Nationalstaaten sind vielfach nicht mehr in der Lage, weltweite Probleme zu lösen. Andererseits ist der „Weltstaat" noch nicht genug entwickelt, um an die Stelle der derzeitigen Nationalstaaten zu treten.

Wenn Staaten versuchen, Entscheidungen zu Lösungen anstehender Probleme des 21. Jahrhunderts in einem Rahmen zu finden, der eher den Staatenkonferenzen des 19. Jahrhunderts entspricht, dann ist eine Entscheidungsfindung jedenfalls schwierig und manchmal überhaupt unmöglich. Das Ergebnis davon ist, dass die Internationale Gemeinschaft dann überhaupt versagt, wie beim Völkermord in Kambodscha, in Ruanda oder die längste Zeit am Balkan. Andere Entscheidungen, wie etwa jene hinsichtlich einer Intervention zum Schutz der Menschenrechte in Darfur, ziehen sich unendlich in die Länge.

Defizite gibt es auch bei der Sicherung beziehungsweise Erhaltung des Friedens. Bei manchen Krisenherden, wie im Nahen Osten oder in Zentralafrika, war über Jahre überhaupt keine Lösung möglich. Zu sehr ist das Verhalten der dort handelnden Akteure nach traditionellen Denkmustern ausgerichtet. In anderen Fällen ist die Internationale Gemeinschaft zu schwach, um einen Staat dazu zu bewegen, Spannungen innerhalb seines Territoriums, die zu einer Gefährdung des Friedens für die ganze Region führen können, abzubauen. Das ist im Libanon genauso der Fall wie in Zimbabwe.

Schließlich erweist sich die Lösung der verschiedensten Probleme, vom Schutz der Umwelt bis zum Drogenhandel und vom Kampf gegen die Armut bis zum Menschenhandel als sehr schwierig, wenn einerseits ein jeder Staat seine eigenen Vorstellungen von einer möglichen Lösung hat und andererseits in „ souveräne Rechte" nicht eingegriffen werden darf. Manchmal entsteht daher der Eindruck, die Welt bewegt sich nicht nur in Richtung Globalisierung, sondern auch zurück.

III. Teil: Eine neue Außenpolitik: Das Wohlfahrtsdenken in den internationalen Beziehungen

1. Die neuen Ziele: Eine Außenpolitik im Dienst des Menschen

Die Darstellung der internationalen Entwicklung, vom Spanischen Erbfolgekrieg bis zur amerikanischen Vorherrschaft zu Beginn des 21. Jahrhunderts hat jedenfalls gezeigt, dass die Beziehungen zwischen den Staaten immer wieder dieselben Ziele verfolgten: Diese waren die Erweiterung der Macht des eigenen Landes, Staatsräson und Realpolitik waren die tragenden Grundsätze, die, falls notwendig, durch Kriege durchgesetzt wurden.

So sehr diese Prinzipien für einen wesentlichen Teil der Staaten und der internationalen Beziehungen weiterhin Gültigkeit haben und haben werden, es gibt heute auch eine andere Legitimation für das außenpolitische Handeln: Die Förderung der Wohlfahrt der Bürger. So sehr die Erhaltung von Frieden und Sicherheit auch in Zukunft wesentliche Aufgaben der Diplomatie sein werden, so ist die internationale Zusammenarbeit heute auch ganz entscheidend darauf ausgerichtet, die Entwicklung zu fördern und die Umwelt zu schützen, die Rechte von Frauen, Kindern und benachteiligten Gruppen zu gewährleisten und die großen Herausforderungen in der Welt, von der Bekämpfung der Armut bis zur Beseitigung des Hungers, gemeinsam in Angriff zu nehmen.

1.1 Der Durchbruch der Volkssouveränität – auch in der Außenpolitik

Nach den furchtbaren Leiden der beiden Weltkriege und nachdem sich innerstaatlich das Prinzip des Wohlfahrtsstaates durchgesetzt hatte, wurde auch die Legitimität der internationalen Beziehungen, zumindest teilweise, auf eine neue Grundlage gestellt. Souveränität, und in vielen Fällen auch das Streben nach po-

172

litischer Stärke, blieben zwar weiterhin wesentliche Faktoren, gleichzeitig wurde aber die Förderung der persönlichen Wohlfahrt der Bürger zunehmend auch ein Ziel außenpolitischer Bestrebungen. Dies zeigte sich zunächst in den UN-Organisationen, die nach 1945 von der Generalversammlung der Vereinten Nationen gegründet wurden und insbesondere wirtschaftliche und soziale Aufgaben übernahmen, wie: UN Conference on Trade and Development (UNCTAD); UN Children's Fund (UNICEF), UN High Commission for Refugees (UNHCR); UN Development Programme (UNDP), UN Environment Programme (UNEP), World Food Programme (WFP); UN Fund for Population Activities (UNFPA). 1949 wurde der Europarat mit dem Ziel gegründet, den Frieden in Europa durch die Schaffung einer Wertegemeinschaft zu erreichen, die sich dazu bekannte, Demokratie, Menschenrechte und Rechtsstaatlichkeit auf unserem Kontinent durchzusetzen.

Während der letzten Jahre haben die Vereinten Nationen auf Großkonferenzen immer wieder Themen behandelt, die viele Menschen direkt berühren und eine Plattform für die entstehende "Transnational Civil Society" boten. Beispiele dafür sind die Umweltkonferenzen in Rio und Kyoto, die Konferenz über die Bevölkerungsentwicklung in Kairo oder die Frauenkonferenz von Peking sowie die Menschenrechtskonferenz in Wien.

Die wachsende Zahl von Non-Governmental Organisations (NGOs) steht im Einklang mit dieser Entwicklung: Gab es 1909 lediglich 176 NGOs, so war diese Zahl bis 1996 auf 5.500 gestiegen. Manche rechnen heute schon mit weit über 10.000 NGOs. Ihre Aktivitäten umfassen all jene Bereiche, wo man annimmt, dass eine internationale Zusammenarbeit eine Verbesserung der Lebensbedingungen erreichen könnte. Menschenrechtsorganisationen wie Amnesty International oder Human Rights Watch, Umweltschutzbewegungen wie der World Wildlife Fund und Greenpeace oder Frauenbewegungen sind gute Beispiele dafür, wie Themen auf nationaler und internationaler Ebene in gleicher Weise vertreten werden.

Gleichzeitig zeigen all diese Initiativen, dass ein wesentlicher Wandel hinsichtlich der Legitimität des außenpolitischen Handelns stattgefunden hat: Auch in der Außenpolitik steht nunmehr das Wohl der Bürger im Vordergrund. Dies gilt für alle, die eine Akzeptanz in der Internationalen Gemeinschaft anstreben. So sehr etwa die formelle Beschlussfassung einzelner EU-Organe deren Politik bestimmt, ob die Einigung Europas letztlich akzeptiert wird, hängt entscheidend davon ab, wie weit sich Europas Bürger davon eine Verbesserung ihrer Lebensqualität erwarten.

Auch die von den Vereinten Nationen und anderen internationalen Gremien immer wieder erstellten Rangordnungen nehmen auf die neuen Gegebenheiten Rücksicht: Gab es früher lediglich die Einteilung in Großmächte und Kleinstaaten, wobei diese Einteilung vor allem auf der militärischen Stärke beruhte, so wird heute der Stellenwert eines Landes auch nach der Lebensqualität, dem Schutz der Umwelt, der Ausgewogenheit zwischen arm und reich oder danach beurteilt, wie weit die Menschenrechte eingehalten werden. Der von den Vereinten Nationen jährlich erstellte Human Development Index ist dafür ein gutes Beispiel. Auch das internationale Engagement in diesen Bereichen bestimmt heute die Bedeutung eines Landes in der Welt. So haben sich Länder wie Kanada, Österreich oder Norwegen beim Aufbau des Human Security Network einen Namen gemacht.

1.2   Das weite Feld der humanitären Aktionen

Wie sehr humanitäre Ziele in den Vordergrund der internationalen Beziehungen getreten sind, zeigt das weite Betätigungsfeld der Vereinten Nationen, des Europarates und anderer Internationaler Organisationen. Dieses reicht von der Hilfe für Flüchtlinge und Vertriebene, den Kampf gegen Hunger und Unterernährung, der Unterstützung bei Naturkatastrophen bis zum Schutz von Zivilisten bei bewaffneten Konflikten. Entwicklungspolitik und Umweltschutz stellen eigene riesige Aufgabengebiete dar, genauso wie die Durchsetzung der Menschenrechte.

Eine gute Darstellung dieses weiten Feldes humanitärer Aktionen findet sich in dem Bericht, den der Generalsekretär der UNO der Generalversammlung Ende

August 2002 vorgelegt hat. Dabei ging es um die Hilfe für Flüchtlinge und Vertriebene; um die Hilfe bei Naturkatastrophen und um die Entwicklungspolitik.

1.2.1 Flüchtlinge und Vertriebene

Der Generalsekretär der Vereinten Nationen sprach damals von 50 Millionen Flüchtlingen und Vertriebenen, die wegen Naturkatastrophen oder wegen kriegerischen Auseinandersetzungen ihre bisherige Heimat verlassen mussten. Während es in Afghanistan, Angola, Sierra Leone und Sri Lanka aufgrund einer gewissen Beruhigung der Lage möglich war, 700.000 bisherige Flüchtlinge wieder zu integrieren, sind in Afrika, Asien, am Balkan und in Lateinamerika neue Krisengebiete entstanden.

Laut UNHCR gab es 2007 67 Millionen Flüchtlinge und Vertriebene weltweit. Besonders stark nahm 2007 die Zahl der afghanischen Flüchtlinge in Pakistan zu, nämlich um 1,15 Millionen Menschen. 600.000 Vertriebene kamen aus Somalia und 550.000 Flüchtlinge aus dem Irak.

In Mazedonien gelang es, 80 Prozent der 170.000 innerhalb des Landes Vertriebenen in ihre frühere Heimat zurückzubringen. Dasselbe konnte in Bosnien und Herzegowina sowie in Kroatien für 100.000 Menschen erreicht werden. Aber über 800.000 Menschen aus diesen Ländern konnten nicht nach Hause zurückkehren. Ende 2001 waren es 19,8 Millionen Flüchtlinge und Asylwerber, die in den Betreuungsbereich des United Nations High Commissioner for Refugees (UNHCR) fielen. Anlässlich des 50. Jahrestages der Genfer Flüchtlingskonvention wurde eine „Agenda for Protection" ausgearbeitet, um Verbesserungen bei der Flüchtlingsbetreuung und einen besseren Aufteilungsschlüssel zu erreichen.

Die Terroranschläge vom 11. September 2001 führten dazu, dass viele Staaten Asylverfahren verschärften. Da unter den Flüchtlingen etwa eine Million Kinder und Jugendliche waren, wurden besondere Anstrengungen unternommen, um ihnen eine Schulbildung zu ermöglichen. Besondere Unterstützung wurde auch jenen staatenlosen Frauen gewährt, die Heirats- oder Geburtsurkunden brauchten.

Insgesamt zeigt die enorme Zahl von Flüchtlingen, wie wichtig die internationale Zusammenarbeit in einem Bereich ist, dessen Probleme Grenzen und Nationen überschreiten. Um eine verbesserte Rückkehr von Flüchtlingen zu erreichen, arbeitet der UNHCR mit Entwicklungsorganisationen wie dem United Nations Development Programme (UNDP) oder dem United Nations Children Fund (U-NICEF) sowie der Weltbank zusammen.

1.2.2 Überlebenshilfe

Im Rahmen der neuen Ziele der Außenpolitik gibt es zahlreiche Initiativen, die darauf abzielen, Menschen zu helfen. Hier einige Beispiele:

Mit Hilfe des Welternährungsprogramms (WFP) wurden 2001 besondere Anstrengungen unternommen, um Afghanistan zu helfen, wo mehr als sechs Millionen Menschen versorgt wurden. Vor allem gelang es dort auch 2,9 Millionen Kinder zurück in die Schule zu bringen. Insgesamt konzentrierte sich das WFP auf die ärmsten Länder der Welt, sowie auf jene Gebiete, die von Naturkatastrophen oder durch Kriege verwüstet wurden. Dadurch konnten 77 Millionen Menschen in 82 Ländern mit 4,2 Millionen Tonnen an Lebensmitteln versorgt werden.

In einigen Ländern war es möglich, aufgrund einer verbesserten politischen Lage die Lebensbedingungen zu erleichtern, so etwa in Angola. Dort konnte zu Beginn des Jahres 2002 immerhin 2,7 Millionen Menschen hinsichtlich Ernährung und Gesundheit geholfen werden. Auch in Sierra Leone war es Hilfsorganisationen möglich, manche Gebiete des Landes zum ersten Mal in zehn Jahren zu erreichen.

In anderen Regionen wiederum, wie in Liberia, wo 200.000 Menschen in Gegenden lebten, die für Hilfsorganisationen nicht zugänglich waren, war die Lage weiterhin sehr bedrückend. Sehr schwierig blieben die Verhältnisse auch in der Demokratischen Republik Kongo, wo in manchen Gegenden die Unterernährung, insbesondere bei Kindern, ein beängstigendes Ausmaß erreicht hat. Auch im Sudan, wo sich die Verhältnisse wegen der internen Auseinandersetzungen verschlechterten wurden genauso Hilfsmaßnahmen ergriffen wie 2004 in jenen Ländern, die durch den Tsunami in Süd-Ostasien verwüstet wurden. Besondere Hilfsmaßnahmen wurden auch für jene Flüchtlinge eingeleitet, die nach der amerikanischen Invasion im Irak 2003 ihre Heimat verließen.

Der Bericht des Generalsekretärs fährt fort mit der Darstellung der Hilfe, die im Rahmen der United Nations Relief and Works Agency (UNRAWA) vier Millionen palästinensischen Flüchtlingen in den Bereichen Erziehung, Gesundheit und Soziales gewährt wird. Die dafür gewährte Hilfe belief sich auf mehr als 200 Millionen Dollar im Jahr. Im Sudan wiederum haben die Vereinten Nationen mitgeholfen, 3.500 Kinder-Soldaten ins Zivilleben zurückzuführen. Und in sechs afrikanischen Ländern, wo 13 Millionen Menschen Gefahr liefen, Opfer einer Hungerkatastrophe zu werden, haben die Food and Agricultural Organisation (FAO) und das World Food Programme (WFP) zusammengearbeitet, um das zu verhindern.

Auch das Jahr 2007 war durch starke Naturkatastrophen und insbesondere durch steigende Lebensmittelpreise gekennzeichnet. Dies verteuerte die Unterstützung durch das Welternährungsprogramm, wobei entwickelte Staaten zurückhaltend agierten, finanzielle Mittel bereitzustellen. Dennoch konnte das WFP 86,1 Millionen Menschen in 80 Staaten erreichen. Das größte Programm gab es 2007 in Darfur, wo 3 Millionen Menschen vom WFP betreut wurden.

In Bangladesch konnten nach dem Zyklon Sidr, der 3.800 Menschenleben kostete und 4,2 Millionen Menschen obdachlos machte, binnen sechs Stunden 100.000 Menschen erreicht werden. Insgesamt wurden dort 2,3 Millionen Menschen mit Nahrung versorgt, wobei auch Schiffe und Helikopter Lebensmittel in zerstörte und auf dem Landweg nicht erreichbare Gebiete transportierten. Die UNO ermöglichte eine zusätzliche Gesundheitsversorgung, um Seuchen vorzubeugen, und unterstützte den Wiederaufbau örtlicher Strukturen.

Lateinamerika war ein anderes Zielgebiet der Aktionen des Welternährungsprogramms. Hurrikans, Überflutungen und Erdbeben erforderten Soforthilfe für hunderttausende Obdachlose.

Da jährlich hunderte von Millionen Menschen durch Naturkatastrophen in Mitleidenschaft gezogen werden, haben die Vereinten Nationen auch in diesem Bereich einen Schwerpunkt gesetzt. Zusammen mit nationalen Regierungen wurden Anstrengungen unternommen, um Menschen, die Heim und Arbeitsplatz verloren hatten, zu helfen. Einen besonderen Schwerpunkt stellte auch die Hilfe für die Zivilbevölkerung, die Opfer bewaffneter Konflikte wurde, dar. Dabei konzentrierte man sich auf Afghanistan, aber auch Angola, Kambodscha, Liberia und Mosambik erhielten eine entsprechende Unterstützung.

Im Bereich der Entwicklungspolitik geht es den Vereinten Nationen insbesondere um die Bekämpfung der Armut. Dabei gehen die Bemühungen einmal dahin, die notwendigen Nahrungsmittel sowie einen Mindeststandard an Gesundheitsvorsorge und Erziehung zu gewährleisten. Bei internationalen Konferenzen, wie etwa bei jener der Welthandelsorganisation (WTO) 2001 in Doha, wurde versucht, mehr Agrarinvestitionen in Entwicklungsländern, aber auch einen Zollabbau für Agrarprodukte aus diesen Ländern zu vereinbaren.

All diese Initiativen, die der Generalsekretär der Vereinten Nationen in seinem Bericht aufgezeigt hat, beweisen eines sehr deutlich: Hilfe für Menschen auf der ganzen Welt ist ein wesentliches Ziel der internationalen Beziehungen geworden. So sehr sich Diplomatie nach wie vor mit Fragen der Sicherheit, mit Krieg und Frieden befasst, so ist die „humanitäre Dimension der Außenpolitik" ein wesentliches Ziel der Diplomatie aller Länder und der Tätigkeit zahlreicher internationaler Organisationen geworden.

1.3   Der besondere Stellenwert der Menschenrechte

Menschenrechte sind ein ganz wesentlicher Teil der „neuen Außenpolitik". Sie stellt den Kontrapunkt zu jener Außenpolitik dar, die sich Jahrhunderte lang auf Macht und Kriege konzentrierte. In einem anderen Kapitel wird ihr weltweites Erscheinungsbild dargelegt. Hier sollen lediglich einige grundsätzliche Fragen, die die Menschenrechte betreffen, angeschnitten werden.

1.3.1 Menschenrechte – eine Kraft, die bewegt und verändert

Menschenrechte umfassen eine ganze Reihe von Ansprüchen, die ein Mensch in einer modernen Gesellschaft in den verschiedensten Lebensbereichen hat, im täglichen Leben genauso wie im politischen, sozialen oder wirtschaftlichen Bereich. Die Ansprüche reichen von der sozialen Sicherheit bis zur Gesundheit, von der Ausbildung bis zur freien Wahl des Lebensgefährten.

So sehr die Menschenrechte schon von der Amerikanischen und der Französischen Revolution proklamiert wurden, waren es vor allem Konventionen nach dem Zweiten Weltkrieg, die zu einer neuen internationalen rechtlichen Verankerung führten: 1945 wurde das internationale Militärtribunal von Nürnberg zur Aburteilung der Kriegsverbrecher errichtet; 1948 wurde die Konvention über die Verurteilung des Völkermordes beschlossen. Am 10. Dezember desselben Jahres wurde von den Vereinten Nationen die „Allgemeine Erklärung der Menschenrechte" verabschiedet; 1950 kam es zur „Europäischen Konvention der Menschenrechte", die vom Europarat verabschiedet wurde.

1958 wurde von den Vereinten Nationen eine Resolution über das Selbstbestimmungsrecht der Völker verabschiedet, 1960 eine Erklärung über die Gewährung der Unabhängigkeit an die Kolonialvölker. 1961 wurde Amnesty International gegründet, 1966 wurden von den Vereinten Nationen die Pakte über zivile und politische sowie wirtschaftliche und soziale Rechte verabschiedet; zwei Jahre später wurden Kriegsverbrechen und Verbrechen gegen die Menschlichkeit als nicht-verjährbar erklärt.

1973 erklärten die Vereinten Nationen die in Südafrika praktizierte Apartheid zum Verbrechen, das mit allen Mitteln bekämpft werden müsse. 1975 wurden die Schlussakte von Helsinki beschlossen, die im "Korb 3" einen umfassenden Menschenrechts-Katalog enthielten. Entscheidend war, dass die damaligen kommunistischen Regierungen des Ostblocks diese Schlussakte im Rahmen der Konferenz für Sicherheit und Zusammenarbeit in Europa (KSZE) mitbeschlossen. War das Ziel von kommunistischer Seite zunächst, durch diese Konferenz den territorialen Status quo in Europa zu bestätigen, so zeigte sich, dass von diesen Schlussakten auch eine neue Dynamik ausging: Menschenrechtsbewegungen in Osteuropa begannen, sich darauf zu berufen.

Nach dem Fall des kommunistischen Regimes in Osteuropa bot der Europarat ein erstes Tor zu Europa. Russland trat 1996 bei und unterwarf sich ebenso wie die ehemaligen Sowjetrepubliken westlichen Menschenrechtsstandards und Kontrollmechanismen. Auch heute noch ist der Respekt der Menschenrechte, wie sie in der Europäischen Menschenrechtskonvention festgeschrieben sind, ein Zeichen der Zugehörigkeit zur internationalen Wertegemeinschaft und eine Bedingung für den Beitritt zur EU.

Ebenfalls im Rahmen der KSZE wurde 1989 in Wien eine Erklärung verabschiedet, in der insbesondere die religiösen Rechte sowie die kulturellen Rechte ethnischer Minderheiten hervorgehoben wurden. 1989 wurde eine Konvention über das „Recht des Kindes" verabschiedet, im selben Jahr wurde im Rahmen der Konvention „Lomé IV" die Einhaltung der Menschenrechte als Kriterium für die Gewährung von Entwicklungshilfe genannt.

1990 wurden in der Charta von Paris die Grundprinzipien für die neue Ordnung in Europa nach dem Zerfall des Kommunismus festgelegt. Dabei wurde gerade den Menschenrechten ein besonderer Stellenwert eingeräumt.

Eine zunehmende Rolle kam während der letzten Jahre der internationalen Überwachung von Wahlen zu, vor allem in Ländern, wo nach Jahren der Unterdrückung eine Chance für einen demokratischen Wandel bestand. So konnte ein Team von Wahlbeobachtern mitwirken, die Wahlen von 1987 in Südkorea und von 1990 in Bulgarien zu legitimieren. Andererseits wurde aufgezeigt, dass in Panama unter Noriega und auf den Philippinen unter Präsident Marcos Wahlschwindel betrieben wurde, womit diese Wahlen die internationale Akzeptanz verloren.

Somit zeigt sich, dass die Menschenrechte seit dem Zweiten Weltkrieg zu einer enormen Kraft geworden sind, die bewegt und verändert: Das Recht auf Selbstbestimmung und die Verwirklichung der Menschenrechte spielte bei der Auflösung der Kolonialreiche genauso eine Rolle wie im Kampf gegen die Apartheid oder die totalitären kommunistischen Regime. Dabei wurden zwei weitere Wesensmerkmale sichtbar: Einerseits wurden die Menschenrechte auf immer weitere Bereiche ausgedehnt und vor allem eines: Die Menschenrechte blieben nicht mehr ausschließlich innere Angelegenheit eines Staates.

1.3.2 Ein Interventionsrecht zum Schutz der Menschenrechte

Zu den großen Fragen, die die Staatenwelt heute teilt, gehört wohl jene, ob, wann und wo es ein Interventionsrecht zum Schutz der Menschenrechte geben soll.

Auch legt das, immer noch gültige, Prinzip der Souveränität fest, dass ein Staat auf seinem Territorium die höchste Gewalt ausüben kann und das Recht hat, Einmischungen von außen in die inneren Angelegenheiten abzuwehren. Menschenrechte könnten damit, auch wenn sie als international gültige Grundsätze aufgestellt wurden, von Staaten unter Berufung auf ihre Souveränität zurückgewiesen werden.

Die Entwicklung in den einzelnen Regionen der Welt ist noch sehr unterschiedlich. In Europa wurde schon mit der Errichtung des Europäischen Gerichtshofs für Menschenrechte des Europarates Bürgern das Recht eingeräumt, über die nationale Jurisdiktion hinauszugehen. Das bedeutete einen ganz entscheidenden Bruch mit der jahrhundertelangen Tradition, wonach jeder Staat in seinem Bereich die alleinige Gesetzgebung und Rechtsprechung ausüben konnte. Außerdem hat sich gezeigt, dass das Engagement von NGOs wie Amnesty International, der Human Rights League oder der Internationalen Juristenkommission Erfolge erzielen kann, auch wenn einige Staaten, vor allem Diktaturen, jede Intervention von außen gerade in Menschenrechtsfragen prinzipiell ablehnen.

Insgesamt setzt sich wohl immer mehr die Meinung durch, ein Staat, der innerhalb der internationalen Gemeinschaft Legitimität beanspruchen will, müsse seinen Bürgern gewisse Grundrechte einräumen. In diesem Sinne wurden auch von den Vereinten Nationen einige Resolutionen verabschiedet, die das Recht auf Intervention aus Gründen der Menschlichkeit einräumen: 1988, anlässlich der Erdbebenkatastrophe in Armenien, wurde die Resolution betreffend den humanitären Beistand bei Naturkatastrophen oder ähnlichen Situationen verabschiedet; 1991 beschloss die UNO "Safe Havens" für die Kurden im Irak. Damit wurde vom Sicherheitsrat der Vereinten Nationen ein ganz entscheidender Schritt gesetzt, indem einem Staat untersagt wurde, seine eigenen Bürger menschenunwürdig zu behandeln. Auch in Somalia und Bosnien kam es zu Interventionen zum Schutz der Menschenrechte; 1993 wurde von den Vereinten Nationen ein Tribunal zur Aburteilung der Verbrechen gegen die Menschlichkeit im früheren Jugoslawien eingesetzt. 1999 erfolgten die NATO-Angriffe gegen Serbien unter Berufung auf das Interventionsrecht zum Schutz der Menschenrechte und zur Verhinderung von ethnischen Säuberungen.

Damit ist eines klar: Wenn auch die Kriterien für eine Intervention aus Gründen der Menschlichkeit noch sehr vage sind und politisch, also eher willkürlich festgelegt werden, es wurde ein jahrhundertealtes Prinzip, wonach ein Staat innerhalb seiner Grenzen beliebig schalten und walten könne, in seinen Grundfesten erschüttert.

1.3.3 Internationale Gerichtsbarkeit bei Menschenrechtsverletzungen

Die Internationale Gerichtsbarkeit wird auch im Kapitel über die „Welt als Wertegemeinschaft" behandelt. Hier soll vor allem aufgezeigt werden, wie weit dieser Bereich die neuen Ziele der Außenpolitik widerspiegelt.

Während der letzten Jahrzehnte wurden zahlreiche Konventionen zum Schutz der Menschenrechte unterzeichnet: Eine „Allgemeine Erklärung zum Schutz der wirtschaftlichen, sozialen und kulturellen Rechte" (1966); „gegen Sklaverei und Zwangsarbeit" (1953); „gegen Kriegsverbrechen, Völkermord und Verbrechen gegen die Menschlichkeit" (1948); „gegen rassische Diskriminierung"; „gegen die Folter" (1984); „für die Rechte der Frauen" (1957) und „die Flüchtlinge" (1967), sowie „gegen den Menschenhandel" (1949).

Die längste Zeit galt allerdings der Grundsatz, dass kein Staat über einen anderen richten dürfe, uneingeschränkt. Nach dem Zweiten Weltkrieg wurden in Nürnberg und Tokio Verbrechen gegen den Frieden, gegen die Menschlichkeit und Kriegsverbrechen durch Militärgerichtshöfe abgeurteilt. In Westeuropa unterwarfen sich Staaten freiwillig einer übernationalen Gerichtsbarkeit. Das waren aber die längste Zeit eher die Ausnahmen.

Erst 1993 errichteten die Vereinten Nationen einen Internationalen Gerichtshof zur Aburteilung von Verbrechen, die gegen die Menschlichkeit in Ex-Jugoslawien begangen wurden, 1994 einen analogen Gerichtshof, um den Völkermord in Ruanda zu ahnden.

Dass es dazu gekommen ist, ist nicht zuletzt der Berichterstattung darüber zuzuschreiben. Wenn täglich Grausamkeiten von Gemetzeln, Zerstörungen und Plünderungen, von ethnischen Säuberungen und willkürlichen Ermordungen ins Wohnzimmer übertragen werden, entsteht ein starker Druck, dagegen etwas zu unternehmen. Dass das Vorgehen der internationalen Gemeinschaft dabei politisch motiviert und eher uneinheitlich ist, bleibt eine Tatsache. So wurde der Kosovo zu einem internationalen Anliegen erklärt, während Tschetschenien als innere Angelegenheit Russlands gilt.

Auch die Entscheidung der Richter des britischen Oberhauses, dass Augusto Pinochet, wenn auch ehemaliges Staatsoberhaupt, keine Immunität vor Strafverfolgung genießt, kann wohl kaum als ein für alle Zukunft gültiger Präzedenzfall gewertet werden. Denn kurz nach Pinochet kam der frühere tansanische Diktator Julius Nyerere nach London, ebenfalls um ärztlich behandelt zu werden. Obwohl, wie die „Financial Times" feststellte, wegen der katastrophalen Wirtschaftspolitik Nyereres Zehntausende seiner Landsleute den Hungertod starben, wurde er von den offiziellen britischen Stellen mit allen Ehren eines älteren Staatsmannes empfangen.

Das Vorgehen in Menschenrechtsfragen ist also immer noch stark politisch motiviert. Es ist zu erwarten, dass der nunmehrige Ständige Internationale Strafgerichtshof zu einer einheitlichen Rechtsprechung finden wird. Dennoch wurde

schon ein gewaltiger Schritt gesetzt, um jene internationale Ordnung zu überwinden, die lange Zeit gegolten hat, wonach eine Regierung beliebig über ihre
Untertanen verfügen konnte. Die verstärkte internationale Verflechtung, die
neuen Technologien, die immer größere Grausamkeiten und Verwüstungen ermöglichten, vor allem aber auch die direkte Übermittlung dieses Geschehens
durch die modernen Medien, haben dazu geführt, dass die Ahndung von Menschenrechtsverletzungen eine wesentliche Legitimation im Bereich der Internationalen Beziehungen wurde.

1.4   Sicherheit durch Zusammenarbeit

Fragen der nationalen Sicherheit, der nationalen Ökonomie und andere Aufgaben von nationalem Interesse fielen durch Jahrhunderte in den ureigensten Aufgabenbereich eines jeden Staates. Heute stellt sich die Frage, ob angesichts der
Globalisierung, gerade auch der internationalen Sicherheit und der neuen Herausforderungen dies immer noch der Fall ist.

Lange Zeit wurde die Gleichung, dass nationale Unabhängigkeit gleichzeitig
Friede und Wohlfahrt bedeutet, als gegeben angenommen. Das nationale Interesse galt dann als am besten gewährleistet, wenn der eigene Staat darüber befand. Im und durch den eigenen Staat galten auch die Interessen der Bürger als
am besten geschützt. Der Staat leitete seine Legitimität gerade davon ab, dass er
seinen Bürgern Schutz und Sicherheit bot, nach innen und nach außen.

Zweifellos kommt dem Nationalstaat auch heute noch eine entscheidende Bedeutung zu, in Sicherheitsfragen genauso wie in anderen Bereichen. Mit den
gewaltigen Veränderungen, die während der letzten Jahre im militärischen Bereich, in der Hochtechnologie, in der Wirtschaft und in der Kommunikation
stattgefunden haben, ist wohl die Frage berechtigt, welche Sicherheit für einen
Staat, für einen Bürger, durch internationale Zusammenarbeit erreicht werden
kann, ja ob nicht gerade darin in der Zukunft eine besondere Legitimität der internationalen Beziehungen begründet ist.

Oben wurde aufgezeigt, wie im Rahmen der Sicherheitssysteme, die jeweils nach größeren Kriegen entstanden sind, Entscheidungen über Krieg und Frieden doch immer einzelnen Staaten vorbehalten waren. Nunmehr gilt es darzustellen, in welcher Weise sich dieses System grundlegend geändert hat.

1.4.1 Von der nationalen zur regionalen Sicherheit

Was sind nun die neuen Gegebenheiten im Bereich der Sicherheit, etwa am Beispiel Westeuropas?

Im Vergleich zu den vergangenen Epochen haben die Staaten Europas, mit Ausnahme Russlands, drei wesentliche Funktionen verloren: Angesichts der gewaltigen Kosten moderner Waffen- und der damit verbundenen Informationssysteme – manche Kampfflugzeuge kosten bereits 100 Millionen Dollar pro Stück – ist kein europäischer Staat mehr in der Lage, seine Rüstung so auf- und auszubauen, dass sein Territorium unangreifbar wäre. Tatsächlich wird auch die Zusammenarbeit gerade im Rüstungsbereich ausgebaut. Was wohl noch entscheidender ist: Der Einsatz von militärischer Macht zur Durchsetzung der eigenen Außenpolitik ist in Europa denkunmöglich geworden. Sollte ein Staat dennoch einen anderen mit militärischen Mitteln bedrohen, so kann dies wohl nicht mehr als eine europäische Vorgangsweise bezeichnet werden. Hier besteht also bereits eine große Diskrepanz zwischen der Theorie der „nationalen Souveränität" und den tatsächlichen Gegebenheiten. Und: Innerhalb der NATO, zu der die meisten europäischen Staaten gehören, ist seit ihrer Gründung im Jahre 1949 eine Friedenszone entstanden.

So sehr also die Entscheidungen über die Sicherheit eines Landes weiter in nationalstaatlichen Gremien getroffen werden, so spricht doch sehr viel dafür, dass unter den nunmehrigen Gegebenheiten die Gewährleistung der Sicherheit selbst am besten im regionalen Rahmen erfolgt. Denn die entscheidende Frage lautet: In welchem Rahmen und unter welchen Gegebenheiten können die Werte und Bedürfnisse einer Gemeinschaft und deren Bürger am besten sichergestellt werden?

Da nun die Europäische Union in der politischen und wirtschaftlichen Zusammenarbeit große Fortschritte erzielt hat, liegt der Gedanke auf der Hand, auch die militärische Zusammenarbeit voranzutreiben. Das Streben nach einer eigenen „europäischen Verteidigungs-Identität" wäre damit eine Ergänzung des seit dem Zweiten Weltkrieg vollzogenen Einigungsprozesses.

Dabei sind allerdings einige, nicht unwesentliche Fragen ungeklärt: Wo in Europa, außer auf dem Balkan, soll eine europäische Streitmacht eingesetzt werden? Und auf dem Balkan sind die Amerikaner ohnehin schon engagiert. Ist ein eigenständiges europäisches Engagement außerhalb Europas ohne die Amerikaner möglich? Könnten die Europäer allein, etwa im Kaukasus, im Nahen Osten oder in Afrika Einsätze durchführen? Wie die bisherigen militärischen Aktionen gezeigt haben, unterscheidet sich die europäische Sicherheitspolitik von der amerikanischen in doppelter Hinsicht ganz entscheidend: Den Amerikanern stehen ganz andere Mittel für militärische Einsätze zur Verfügung, sowohl operationell, als auch logistisch. Und: Für die Amerikaner ist der Einsatz militärischer Mittel nach wie vor ein Teil ihrer nationalen Außenpolitik, für die Westeuropäer nicht mehr.

Offen ist dabei die Frage, wie weit, auch bei einer Entwicklung hin zu einer gemeinsamen europäischen Verteidigung, nationale Eigeninitiativen weiter möglich bleiben: Etwa französische Einsätze in Afrika, ein eigenständiger britischer Schulterschluss mit den Amerikanern, wie etwa im Irak, oder wie weit ein wieder erstarktes Deutschland auch eigene Interessen verfolgen könnte.

So sehr also wesentliche Indikatoren darauf hinweisen, dass die Sicherheitsinteressen eines Landes in Zukunft am besten im überregionalen, und nicht mehr im nationalen Rahmen gewährleistet werden, so ist noch nicht ganz klar, welches Gebiet dieser regionale Rahmen für einen europäischen Staat einschließen soll: Soll es ausschließlich um ein europäisches Sicherheitskonzept gehen oder sollten die Amerikaner mit eingebunden werden; und wenn ja, in welchem Ausmaß? Eine neue Legitimität der internationalen Beziehungen durch Zusammenarbeit im Sicherheitsbereich ist aber schon jetzt gegeben.

Darüber hinaus stellt sich, wie im Kapitel „Die Welt als Sicherheitsgemeinschaft" dargestellt, immer mehr die Frage, wie weit Einsätze zur Erhaltung der Sicherheit und des Friedens weltweit durch die Internationale Staatengemeinschaft durchgeführt werden können, beziehungsweise sollen. Ein europäisches Engagement dabei hängt ganz entscheidend davon ab, wieweit es gelingen wird, eine eigenständige europäische Streitmacht im Rahmen der EU aufzustellen.

1.4.2 Neue Gefahren und Herausforderungen

So sehr der machtpolitische Aspekt immer ein ganz entscheidender Teil jeder Außenpolitik war und ist, so gibt es heute und in Zukunft eine Reihe von anderen Gefahren, die die Menschen bedrohen und denen nur durch internationale Zusammenarbeit wirkungsvoll begegnet werden kann: Umweltprobleme, Terrorismus und organisierte Kriminalität, Seuchen und Drogen. Da eine Lösung dieser Probleme auf nationalstaatlicher Ebene allein nicht mehr möglich ist, ist auch in diesem Bereich eine zusätzliche Legitimität für eine internationale Zusammenarbeit entstanden.

Dass die Umweltverschmutzung vor nationalen Grenzen nicht halt macht und dass die Abholzung der Regenwälder, der Treibhauseffekt, die Verdünnung der Ozonschicht weltweite Auswirkungen haben, wurde schon auf vielen internationalen Konferenzen behandelt. Da die Diskrepanz zwischen der Rhetorik einerseits beziehungsweise der Umsetzung gefasster Beschlüsse andererseits nicht unerheblich ist, stellt sich die Frage, was tatsächlich getan wird. Das Vertrauen in die internationale Zusammenarbeit kann allerdings nur dort gestärkt werden, wo tatsächlich Erfolge erzielt werden. Dabei wird auch die grundsätzliche Problematik deutlich, wie nämlich internationale Programme bei der Vielzahl unterschiedlicher nationaler Interessen auch umgesetzt werden können. Die Legitimität der internationalen Beziehungen hängt jedenfalls in einem entscheidenden Ausmaß davon ab, wie weit dies gelingt.

Walter Laqueur führt in seinem Buch „The Age of Terrorism" 87 Terrororganisationen an, die von Al Amal (Hoffnung des Islam) im Libanon bis zur Frente Urbana Zapatista in Mexiko reichen. Viele dieser Gruppen haben nationale

Wurzeln, die meisten aber auch internationale Verbindungen. Gerade in einer globalen Mediengesellschaft finden jene ein großes Echo, die mit Gewaltakten Angst und Schrecken verbreiten. Dass auch Staaten terroristische Gruppen immer wieder unterstützen, macht eine internationale Zusammenarbeit bei der Bekämpfung besonders notwendig.

Der Zusammenhang zwischen Terrorismus, organisierter internationaler Kriminalität und Guerilla-Bewegungen wird dadurch deutlich, dass mit dem Narkoterrorismus Gruppen entstanden sind, die ihre Aktivitäten über den Drogenanbau finanzieren. Auf diese Weise agieren etwa die „Fuerza Armada Revolucionaria" (Farc) in Kolumbien oder der „Leuchtende Pfad" in Peru. 4.600 Tonnen Opium wurden 1999 allein in Afghanistan produziert, dreimal mehr als im Rest der Welt zusammengenommen. Über eine Million Lateinamerikaner arbeiten in der Drogenindustrie. Insgesamt erreichte der illegale weltweite Drogenumsatz in den 1990er Jahren einen Wert von 500 Milliarden Dollar jährlich, die Gewinne dabei übersteigen jene des Ölhandels.

Die Zahl der regelmäßigen Kokainkonsumenten wird in den USA auf sechs Millionen geschätzt; steigende Gesundheitskosten, höhere Unfallraten, Drogenkriminalität und verminderte Arbeitsfähigkeit verursachen allein in diesem Land jährliche Kosten von ca. 100 Milliarden Dollar.

In den Entwicklungsländern, die Drogen produzieren, schafft der Drogenanbau Einkommen, die ein Vielfaches über denen des Anbaus legaler Produkte wie Kaffee, Kakao oder Bananen liegen. Dies gilt insbesondere für jene ländlichen Gebiete, die wirtschaftlich darnieder liegen. Die langfristigen sozioökonomischen Kosten sind aber bei den Produzenten von Drogen letztlich genauso hoch wie bei den Konsumenten. Obwohl aber schon mehrmals dem illegalen Drogenhandel der Krieg erklärt wurde – bereits Präsident Ronald Reagan sprach Anfang der 80er Jahre von einer Gefährdung der nationalen Sicherheit der USA – ist der Drogenkonsum weiter angestiegen. Offensichtlich muss die internationale Zusammenarbeit dahingehend verstärkt werden, dass nicht nur die im Drogengeschäft involvierten kriminellen Organisationen bekämpft, sondern auch jene sozialen Bedingungen verbessert werden, die mit Drogenproduktion beziehungsweise Drogenkonsum in Zusammenhang stehen.

Neue Herausforderungen und Gefahren, denen nur international wirkungsvoll entgegengetreten werden kann, gibt es auch im Gesundheitsbereich, von neuen Krankheiten bis zum Schutz der Nahrungsmittel. Wenn Gesundheitsfragen schon in der Vergangenheit eine internationale Zusammenarbeit notwendig gemacht haben, so sind nunmehr neue Dimensionen entstanden, wie die weltweite AIDS-Epidemie zeigt. Durch die modernen Agro-Industrien wirken sich Lebensmittelvergiftungen ganz anders aus, als bei einer Struktur von bäuerlichen Kleinbetrieben und der ganze Fragenkomplex der Gen- und Biotechnik muss ohnehin international erst ausdiskutiert werden.

Damit sind im Bereich der internationalen Beziehungen nicht nur eine Reihe neuer Herausforderungen entstanden, die Legitimität dieser Beziehungen wird in Zukunft ganz entscheidend davon abhängen, wie weit die gegebenen Probleme von den Außenministerien, Diplomaten und internationalen Organisationen im Sinne der betroffenen Menschen gelöst werden können. Waren die auswärtigen Beziehungen durch Jahrhunderte hindurch ein „Domaine réservé" des Staatsoberhauptes und auf Machtpolitik ausgerichtet, so geht es nunmehr darum, auch bei internationalen Fragen Lösungen zu finden, die von den Bürgern akzeptiert werden. Im Folgenden wird daher aufgezeigt, wie versucht wird, im Rahmen von Großkonferenzen für all diese Fragen ein Problembewusstsein zu schaffen und, wenn möglich, auch Lösungen zu finden.

2. Neue Mittel in den internationalen Beziehungen: Internationale Organisationen, Großkonferenzen und Aktionspläne

Wenn ein wesentliches neues Ziel der internationalen Politik darin besteht, weltweit menschliches Leid zu mildern, die Lebensbedingungen der Menschen zu verbessern und Wohlstand zu schaffen, dann sind die neuen Mittel dafür Internationale Organisationen, Großkonferenzen und Aktionspläne, die durch Regierungen und NGOs erstellt werden. Ging es bei den klassischen diplomatischen Konferenzen darum, über Krieg und Frieden, über die neue Verteilung von Territorien und Herrschaftsansprüchen zu entscheiden, so haben die Großkonferenzen des Medienzeitalters eine andere Aufgabe: Durch die demonstrative Zusammenkunft von Delegierten zahlreicher Staaten, der Zivilgesellschaft oder von Interessenvereinigungen soll die „Aufmerksamkeit der Welt" auf bestimmte Probleme und, wenn möglich, auch auf Lösungsvorschläge gelenkt werden. So gab es in den 90er Jahren Großkonferenzen zu den verschiedensten Themen der Entwicklungspolitik, des Umweltschutzes, zur Gleichbehandlung der Frauen und der Kinder, zu Bevölkerungswachstum und zur Bildungspolitik.

War die Verwirklichung des Modells eines Wohlfahrtstaates zunächst die tragende Idee einiger Länder in Westeuropa nach dem Zweiten Weltkrieg, so hat sich später auch in der internationalen Gemeinschaft der Gedanke durchgesetzt, dass es soziale Grundrechte gibt.

Hier soll insbesondere dargestellt werden, welche Herausforderungen sich bei der Verwirklichung dieser sozialen Grundrechte stellen, in welchem Ausmaß Großkonferenzen die gegebene Problemlage ansprachen und welche Ergebnisse sie bewirkten.

2.1 Der Kampf gegen Armut – Hunger – AIDS: die Herausforderungen

2.1.1 Armut

Die Weltbank hat ein einfaches Kriterium dafür aufgestellt, wer in der Welt als absolut arm angesehen werden muss: Wer weniger als einen US-Dollar am Tag zur Verfügung hat (nach der Kaufkraftparität des Jahres 1993). Das sind 1,2 Milliarden Menschen, ein Fünftel der gesamten Menschheit beziehungsweise jeder vierte in den Entwicklungsländern. 2,8 Milliarden Menschen müssen mit zwei Dollars am Tag auskommen.

Weitere Zahlen ergänzen das Bild der Armut: 70 Prozent der Betroffenen sind Frauen; zwei Millionen Kinder sterben jährlich an Krankheiten, die mit etwas

Geld leicht verhindert werden könnten; 1,3 Milliarden Menschen haben keinen Zugang zu sauberem Trinkwasser; 120 Millionen sind arbeitslos; 80 Millionen Kinder haben keine Volksschulerziehung und der Schuldenstand der Entwicklungsländer betrug 1995 bereits 1,9 Billionen US-Dollar (also etwa ein Viertel des BIP der USA).

Alle diese Zahlen sind ein Ausdruck menschlicher Schicksale, wobei es um viel mehr als um Geld geht: Es geht um Männer und Frauen, die hungern, um Kinder, die nie die Möglichkeit haben, lesen und schreiben zu lernen, oder um Kranke, die keine entsprechende Pflege haben. Es geht also nicht nur darum, dass Menschen die notwendige wirtschaftliche Grundlage für ihr Leben fehlt, es mangelt oft auch am sozialen, kulturellen und politischen Umfeld.

Dabei gibt es große regionale Unterschiede: Die meisten Armen leben in Asien; ihr Anteil an der Gesamtbevölkerung ist aber in Afrika am höchsten, wo er in manchen Ländern südlich der Sahara 80 Prozent erreicht.

Insgesamt hat die Weltbank folgende regionale Verteilung jener Menschen festgestellt, die mit weniger als einem Dollar am Tag leben müssen:

Zahl der Personen in Millionen:

	1987	2000
Ostasien und Pazifik (ohne China)	114,1	65,1
China	303,4	213,2
Osteuropa und Zentralasien	1,1	24
Lateinamerika und Karibik	63,7	78,2
Naher Osten und Nordafrika	9,3	5,5
Südasien	474,4	522
Südliches Afrika	217,2	290
Insgesamt	**1183,2**	**1198,0**

Nach einer weiteren UNO-Statistik ging die Zahl jener, die mit einem Dollar am Tag leben mussten, von 1,25 Milliarden Menschen im Jahre 1990 bis 2004 auf 980 Millionen zurück, wobei die Anteile auf den einzelnen Kontinenten sehr unterschiedlich waren: In einigen Regionen, wie etwa in Ostasien, besonders aber in China, hat sich also die Lage verbessert, in anderen, wie in Afrika südlich der Sahara, verschlechtert. Insgesamt ist die Zahl der Armen weniger gestiegen als jene der Weltbevölkerung.

Wie ungleich die Einkommensverteilung ist, zeigen folgende Zahlen: Die wohlhabendsten 20 Prozent in der Welt beziehen mehr als 85 Prozent des globalen Einkommens, während 80 Prozent mit den restlichen 15 Prozent des Einkommens auskommen müssen. Die ärmsten 20 Prozent, immerhin 1,2 Milliarden Menschen, erhielten nur ein Prozent des Welteinkommens. Dagegen verfügt das reichste ein Prozent über so viel Einkommen, wie jene 3.420 Millionen Menschen, die die mittleren und unteren Ränge besetzen. Die Situation wird aber noch komplizierter, wenn man weiß, dass es auch innerhalb der „reichen Länder" Armut gibt und in den Ländern West-Europas und Nordamerikas nach nationalen Statistiken regelmäßig zwischen zehn und 15 Prozent der eigenen Bevölkerung als „arm" eingestuft werden. Gleichzeitig gibt es in den Entwicklungsländern Personen, die über unermesslichen Reichtum verfügen, nicht zuletzt einige aus dem politischen Establishment.

Hier soll vor allem eines festgehalten werden: Lebensqualität, Armut und Armutsbekämpfung sind Themen der internationalen Politik geworden. Dies kommt auch im Human Development Index (HDI) zum Ausdruck, der vom Entwicklungsprogramm der Vereinten Nationen (UNDP) jährlich herausgegeben wird. Dabei werden in jedem Land der Welt drei Faktoren gemessen und miteinander verglichen: Die Lebenserwartung bei der Geburt; der Stand der Erziehung, gemessen am Alphabetisierungsgrad der Erwachsenen und an der Schuldauer; sowie die Kaufkraft pro Kopf der Bevölkerung. Dadurch entsteht eine andere Rangfolge, als würden nur die Einkommen bewertet: Jene Länder, die ihr Erziehungssystem ausgebaut haben, wie Polen oder China, schneiden dabei wesentlich besser ab als Öl-Scheichtümer, wo etwa Frauen nicht die entsprechenden Bildungsmöglichkeiten haben. Während der letzten Jahre wurde der HDI regelmäßig von Kanada und den skandinavischen Wohlfahrtstaaten angeführt, während afrikanische Länder das Schlusslicht bilden.

2.1.2 Hunger

Die Welternährungsorganisation (FAO) sprach in ihrem „Sixth World Food Survey", herausgegeben 1996 davon, dass es in den Entwicklungsländern 800 Millionen Menschen gibt, die nicht genug zum Essen haben. Vor einer Generation waren es noch 900 Millionen, obwohl damals weniger Menschen auf der Erde lebten. 2002 waren 856 Millionen Menschen oder 14 Prozent der Weltbevölkerung unterernährt. Dabei betrifft die stärkste Unterernährung Subsahara-Afrika mit über 40 Prozent der Bevölkerung.

Die größten Fortschritte wurden in China und Südostasien erzielt, wo der Prozentsatz der Hungernden von 41 Prozent auf 16 Prozent der Gesamtbevölkerung fiel, also von 476 Millionen auf 269 Millionen. In Südasien, Lateinamerika und in der Karibik stieg die Zahl der Hungernden leicht, während es in Afrika sogar zu einem dramatischen Anstieg kam, nämlich von 103 Millionen auf 215 Millionen.

Die Situation ist also nach wie vor dramatisch. Nach manchen Berechnungen sterben heute in 64 Ländern täglich 40.000 Menschen an Hunger oder dessen Folgen, also in zwei Jahren mehr als durch die beiden Weltkriege.

Nun gibt es einen Streit darüber, ob und wie weit ein Zusammenhang zwischen dem Anstieg der Bevölkerung und einer dadurch ausgelösten Hungerkatastrophe besteht, seit Thomas Robert Malthus 1798 sein „Essay on the Principle of Population" veröffentlichte. Darin stellte er einen Zusammenhang zwischen dem Bevölkerungswachstum und der zur Verfügung stehenden Menge an Nahrungsmitteln her. Demnach zeigt das Bevölkerungswachstum die natürliche Tendenz, stärker zu steigen als die Erzeugung von Nahrungsmitteln. Damit entfallen auf jeden einzelnen immer geringere Mengen an Nahrungsmitteln, bis es zu Mangelsituationen, ja Hungerkatastrophen kommt. Dies wiederum, so Malthus, führt zu einer Verringerung der Bevölkerungszahl, die dann eben so weit geht, bis ein jeder wieder genug zu essen bekommt. Nach dieser Theorie wird die Bevölkerungsexplosion als ein wesentlicher Grund für Hunger in der Welt angesehen, „natürliche Grenzen" des Bevölkerungswachstums werden anerkannt.

Tatsächlich kam es während der letzten Jahrzehnte weltweit zu einer dramatischen Bevölkerungsexplosion: 1825 lebten auf der Welt eine Milliarde Menschen. Diese Zahl verdoppelte sich während der folgenden hundert Jahre. Von 1925 bis 1976 kam es zu einer weiteren Verdoppelung auf vier Milliarden. Um das Jahr 2000 wurde die Sechs-Milliarden-Marke erreicht. Bis 2025 könnte die Weltbevölkerung acht Milliarden ausmachen, 2050 dann zehn Milliarden. Wenn es zu keiner Verlangsamung des Bevölkerungswachstums kommt, könnten in hundert Jahren bis zu 23 Milliarden Menschen die Erde bevölkern.

Von 1950 bis 1955 stieg die Weltbevölkerung jährlich um 47 Millionen, von 1985 bis 1990 um 88 Millionen, also um das 11-fache der Einwohnerzahl Österreichs. Nur: Dieses Wachstum war äußerst ungleich verteilt: 1950 machte die Bevölkerung Afrikas die Hälfte von der Europas aus, 1985 kam es zu einem Gleichstand bei 480 Millionen Menschen und bis 2025 könnte die Bevölkerungszahl Afrikas dreimal so groß sein wie jene Europas, 1,58 Milliarden gegenüber 512 Millionen.

Die Hälfte des Zuwachses der Weltbevölkerung ereignet sich in nur sieben Ländern: Bangladesch, Brasilien, China, Indien, Indonesien, Nigeria und Pakistan. Wie sich die Bevölkerungsentwicklung in einzelnen Ländern abgespielt hat beziehungsweise bis 2030 darstellen könnte, zeigt folgende Statistik.

Bevölkerungswachstum zwischen 1950 und 1990 beziehungsweise Vorschau bis 2030 in den bevölkerungsreichsten Ländern:

Land	Bevölkerung (in Millionen)		
	1950	**1990**	**2030**
Bangladesch	46	114	243
Brasilien	53	153	252
China	563	1.134	1.624

Ägypten	21	54	111
Äthiopien und Eritrea	21	51	157
Indien	369	853	1.443
Indonesien	83	189	307
Iran	16	57	183
Mexiko	28	85	150
Nigeria	32	87	278
Pakistan	39	115	312
Insgesamt	**1.271**	**2.892**	**5.060**
In % der Weltbevölkerung	**50,8**	**54,6**	**56,8**

Quelle: Aus Brown und Kane (1995: 59)

In nur 11 Ländern lebt heute schon mehr als die Hälfte der Weltbevölkerung. Diese Länder sind am stärksten von der Bevölkerungsexplosion betroffen.

Nun gibt es, im Gegensatz zur Theorie von Malthus, eine andere Schule, die betont, dass es nicht nur auf die Menge der erzeugten Nahrungsmittel ankommt, sondern auch darauf, wie diese verteilt werden. Schon heute gibt es genug Getreide auf der Welt, um einen jeden mit 3.600 Kalorien täglich zu versorgen, was ein Drittel über der von der UNO geforderten täglichen Mindestration liegt.

In diesem Sinne argumentiert auch der Nobelpreisträger Amartya Sen in seinem Buch „Poverty and Famines – an Essay on Entitlement and Deprivation". Demnach entsteht eine Hungersnot dort, wo jemand nicht genug zu essen hat, beziehungsweise nicht das Geld hat, etwas zu kaufen, auch wenn insgesamt genug Güter vorhanden wären. Dass dabei die Einkommensverteilung in einem Land beziehungsweise einer Region genauso eine Rolle spielt wie die Funktionsfähigkeit eines Sozialsystems, liegt auf der Hand.

Auf Grund dieser Entwicklung wurden also auch die Versorgung mit Nahrungsmitteln, Hunger und die Bevölkerungsexplosion wesentliche Themen internationaler Konferenzen. Gerade die Lösung dieser Fragen kann in Zukunft darüber entscheiden, wie weit die Legitimität des internationalen Systems anerkannt wird oder nicht. Die Förderung der Wohlfahrt der Bürger wurde somit auch im internationalen Bereich ein wesentlicher Maßstab zur Beurteilung einer Politik, ja letztlich die Begründung ihrer Legitimität.

2.1.3 AIDS

AIDS hat sich während der letzten 25 Jahre wie eine Flut ausgeweitet. Es ist bisher gelungen, diese Flut zu stabilisieren, aber nicht wesentlich einzudämmen. 1988 wurde die Zahl der AIDS-Fälle in Afrika auf 100.000 geschätzt. Aber man glaubt, dass schon damals 20-mal mehr Menschen mit dem HIV-Virus, der AIDS verursacht, angesteckt waren.

Ende 2002 waren weltweit bereits 42 Millionen Menschen mit dem AIDS-Virus angesteckt, davon 29,4 Millionen im südlichen Afrika, sechs Millionen in Südasien. 1,2 Millionen in Ostasien und im Pazifischen Raum und ebenso viele in Osteuropa und Zentralasien. Für Nordamerika beträgt die Zahl 980.000, für Südamerika 1,5 Millionen, für die Karibik 440.000 und für Westeuropa 570.000. 3,1 Millionen Menschen sind im Jahr 2002 an AIDS gestorben, um 100.000 mehr als im Jahr zuvor. In beiden Jahren wurden je fünf Millionen Menschen mit dem HIV-Virus neu infiziert, wobei Frauen besonders stark betroffen waren.

Laut UNAIDS waren 2007 33,2 Millionen Menschen weltweit mit HIV infiziert, davon 22,5 Millionen oder 5 Prozent der Gesamtbevölkerung in Subsahara-Afrika, jeweils 1,6 Millionen in Lateinamerika und Osteuropa und Zentralasien und 800.000 in Ostasien. Bei 2,5 Millionen Neuansteckungen gab es 2007 1,7 Millionen Todesfälle. In Botswana und Swaziland sind über 25 Prozent der Bevölkerung HIV-positiv. Tendenziell lässt sich in Afrika ein Rückgang der Geburtenrate durch HIV-infizierte Frauen feststellen.

Während die Epidemie in Afrika südlich der Sahara bereits katastrophale Ausmaße angenommen hat, droht nunmehr die Gefahr einer unkontrollierten Ausbreitung in Russland, Indien und China.

In Botswana und Zimbabwe sind bereits ein Viertel der Bevölkerung im Alter zwischen 15 und 49 Jahren mit HIV beziehungsweise AIDS angesteckt; in Namibia und Sambia 20 Prozent; in Kenia 12 Prozent; in Malawi und Mosambik 15 Prozent und in Südafrika 13 Prozent. Damit hat AIDS entscheidende Auswirkungen auf die Bevölkerungsentwicklung: So wird die Lebenserwartung durch diese Krankheit in Botswana von 70 Jahren auf 41 Jahren reduziert, in Mosambik von 53 auf 38 Jahren und in Zimbabwe von 66 auf 41 Jahren.

Die große Gefahr für die Zukunft liegt nun darin, dass offensichtlich die Ausbreitung der Epidemie gerade in den bevölkerungsreichsten Ländern bevorsteht: Bereits 4 Millionen Inder lebten 2002 mit dem Virus, während zum selben Zeitpunkt schon eine Million Chinesen angesteckt waren. Für China wird allerdings bereits die Zahl von zehn Millionen Fällen für das Ende des laufenden Jahrzehnts vorausgesagt, wobei wegen der starken Migration von Gastarbeitern einzelne Provinzen besonders stark betroffen sind. In Russland und den Republiken der früheren Sowjetunion – wo 2002 immerhin 250.000 neue Infektionen festgestellt wurden – sind vor allem junge Menschen stark betroffen, oft im Zusammenhang mit Drogenkonsum.

Gerade der Bereich der Gesundheit hat gezeigt, dass durch internationale Zusammenarbeit Erfolge erzielt werden können: Masern, Pocken und Kinderlähmung konnten weitgehend ausgerottet werden. Mit AIDS ist der internationalen Gemeinschaft eine neue, gewaltige Aufgabe erwachsen.

2.2 Das Jahrzehnt der Großkonferenzen

Um die Weltöffentlichkeit auf die Probleme von Armut, Hunger und AIDS aufmerksam zu machen, sind die Vereinten Nationen im letzten Jahrzehnt des 20. Jahrhunderts dazu übergegangen, durch Großkonferenzen einzelne Problembereiche zu thematisieren. Die Zusammenkunft von Tausenden von Delegierten hat Vertretern von Staaten, von Interessensgruppen und der Zivilgesellschaft die Möglichkeit gegeben, Standpunkte klarzulegen, Lösungen aufzuzeigen, und vor allem auch eines: Durch eine intensive Berichterstattung in zahlreichen Medien das Interesse der öffentlichen Meinung zu gewinnen.

Damit unterscheiden sich diese Großkonferenzen in ihrem Charakter und in ihrer Zielsetzung sehr wesentlich von früheren diplomatischen Zusammenkünften. Ging es bei früheren Kongressen darum, hinter verschlossenen Türen so lange zu feilschen, bis man den Interessen des eigenen Landes gerecht wurde, so geht es bei den heutigen Großkonferenzen darum, gemeinsam durch ein möglichst starkes öffentliches Auftreten einen optimalen Druck zur Lösung internationaler Herausforderungen zu erreichen.

Wurden die klassischen diplomatischen Konferenzen stets von jenen Mächten dominiert, die ihre Außenpolitik auf ein starkes Machtpotential abstützen konnten, so können sich bei jenen Großkonferenzen, die auf die Förderung der Wohlfahrt ausgerichtet sind, auch jene Länder durchsetzen, die Diplomatie mit Engagement verbinden. Dieser Wandel ermöglicht eine neue Rolle für kleinere und mittlere Staaten in der internationalen Politik.

2.2.1 Die Weltkonferenz „Erziehung für alle" (Jomtien 1990)

Vom 5. bis 9. März 1990 fand in Jomtien, Thailand, die Weltkonferenz „Erziehung für alle" statt. Vertreter von 155 Ländern und 150 Organisationen nahmen daran teil. Man einigte sich darauf, dass noch vor dem Ende des Jahrzehnts die Volksschulerziehung für alle eingeführt und die Analphabeten-Rate drastisch reduziert werden sollten.

In einer Welt-Deklaration „Erziehung für alle" wurde darauf hingewiesen, dass schon in der Allgemeinen Erklärung der Menschenrechte das Recht eines jeden auf Erziehung verankert wurde. Dennoch hatten 1990 immer noch 100 Millionen Kinder, darunter 60 Millionen Mädchen, keinen Zutritt zu einer Volksschule. 960 Millionen Erwachsene, darunter zwei Drittel Frauen, konnten weder lesen noch schreiben. Weitere 100 Millionen Kinder und zahlreiche Erwachsene sind nicht in der Lage, eine Grundausbildung abzuschließen.

Die Welt-Deklaration geht von einer „erweiterten Vision" und von einer „erneuerten Verwendungszusage" aus, um überall und für jedermann einen Zugang zu Bildung und Erziehung zu erreichen. In einer viele Seiten umfassenden Erklärung wurde alles aufgezählt, was wünschens- und erstrebenswert ist, von der Notwendigkeit der ständigen Erneuerung der Bildungsinhalte bis zur Verstärkung der eigenen Identität durch den Gebrauch der Muttersprache. Es ist ein Dokument westlicher Fachleute, geschrieben für westliche Fachleute.

Wenn dabei die besondere Bedeutung die Erziehung von Frauen und Mädchen in den Vordergrund gestellt wird, ist dies verständlich: Einerseits werden in weiten Teilen der Welt Mädchen bei der Ausbildung immer noch benachteiligt, andererseits besteht ein direkter Zusammenhang zwischen ihrer Ausbildung und den verschiedensten Faktoren der Entwicklung. So zeigt sich etwa, dass in Ländern mit einer geringeren Alphabetisierungsrate bei Frauen die Fruchtbarkeitsrate besonders hoch ist, und umgekehrt.

In Afrika waren 2004, laut African Development Bank, 44 Prozent der Frauen und 28 Prozent der Männer Analphabeten.

In Afghanistan etwa konnten 1990 nur acht Prozent der erwachsenen Frauen lesen und schreiben, die Fruchtbarkeitsrate war mit 6,9 Prozent entsprechend hoch. Im Jemen betrugen die vergleichbaren Prozentsätze drei Prozent und sieben Prozent; in Burkina Faso sechs Prozent und 6,5 Prozent. In Singapur hingegen betrug die Alphabetisierungsrate 79 Prozent, die Fruchtbarkeitsrate hingegen nur 1,7 Prozent. Die Vergleichszahlen für Chile lauteten 96 Prozent und 2,7 Prozent; für Thailand 88 Prozent und 2,6 Prozent.

Mit der Konferenz „Erziehung für alle" wurde jedenfalls das Jahrzehnt der großen Konferenzen eingeläutet, viele weitere sollten folgen.

2.2.2 Welt-Bevölkerungskonferenz (Kairo 1994)

Vom 5. bis 13. September 1994 wurde in Kairo die Welt-Bevölkerungskonferenz (International Conference on Population and Development) abgehalten. 10.757 Delegierte nahmen daran teil, darunter die Vertreter aus 170 Staaten, von internationalen Organisationen; Vertreter der Spezialprogramme der Vereinten Nationen und der NGOs. Gleichzeitig mit der Konferenz organisierten 4.200 Aktivisten von 1.500 NGOs aus 133 Ländern das „NGO–

Forum 94". Andere Aktivitäten zum Thema Bevölkerung und Entwicklung wurden von Jugendgruppen und Parlamentariern durchgeführt.

Die Konferenz von Kairo hat versucht, die globale Dimension der Bevölkerungsentwicklung aufzuzeigen. Im abschließenden Bericht, dem Aktionsprogramm, wird der Zusammenhang aufgezeigt, der zwischen Bevölkerungswachstum einerseits sowie der wirtschaftlichen und sozialen Entwicklung, den Menschenrechten und den Umweltfragen andererseits besteht. Damit wurde die Bevölkerungsentwicklung nicht mehr ausschließlich unter dem Wachstumsaspekt und dem der Zuwachsraten gesehen, sondern im größeren Kontext der „nachhaltigen Entwicklung", der Verminderung der Armut und einer ausgewogenen Umweltpolitik.

Besonders hervorgehoben wird im Abschlussbericht die Rolle der Frauen, wo es heißt: „The key to this new approach is empowering women and providing them with more choices through expanded access to education and health services, skill, development and employment, and through their full involvement in policy- and decision-making processes at all levels."

Dass diese besondere Hervorhebung der Bedeutung und der Rechte der Frauen auch starke innenpolitische und kulturelle Implikationen haben kann, sieht man am Verhalten der USA: Unter Präsident Ronald Reagan etwa wurden jene Länder von den US-Hilfsprogrammen bei der Familienplanung ausgeschlossen, die die Abtreibung legalisiert hatten. Unter Präsidenten Bill Clinton wiederum wurde dieses Verbot aufgehoben, während unter Präsident George W. Bush neuerlich eine Änderung eintrat. In ähnlicher Weise waren die bei der Konferenz vom Vatikan und den arabischen Ländern abgegebenen Stellungnahmen von religiösen beziehungsweise kulturellen Grundsätzen geprägt.

Eines hat der Gipfel von Kairo wohl sehr klar gezeigt: Die Entwicklung der Bevölkerung in der Welt hat nicht nur größte Auswirkungen auf einzelne Regionen und Länder, sondern auf alle. Die wirtschaftliche und soziale Entwicklung der Industriestaaten ist dabei genauso betroffen wie jene der Entwicklungsländer, denn eines soll uns allen klar sein: Beim derzeitigen Gefälle der Entwicklung in der Welt können Migrationströme auf Dauer nicht aufgehalten werden. Es muss also auch im Bereich der Bevölkerungspolitik darum gehen, einen Einklang zwischen den internationalen Perspektiven einerseits und konkreten nationalen Aktionsprogrammen andererseits zu schaffen.

2.2.3   Weltgipfel über soziale Entwicklung (Kopenhagen 1995)

Vom 6. bis 12 März 1995 trafen sich über 14.000 Teilnehmer, darunter Delegierte aus 186 Ländern und 2.300 Vertreter von 811 NGOs zum Weltgipfel über soziale Entwicklung (World Summit for Social Development) in Kopenhagen. Parallel dazu veranstalteten 12.000 NGOs das „Forum 95".

Ziel der Veranstaltung war es, die Weltmeinung für die Beseitigung der Armut in der Welt, für die Vollbeschäftigung und für die Errichtung einer stabileren, sichereren und gerechteren Gesellschaftsordnung zu gewinnen. In der „Deklaration von Kopenhagen" kündigten die Delegierten an, sich für die Durchführung von zehn Zielen zu verwenden, darunter: Die Beseitigung der Armut, wobei ein entsprechender Zeitpunkt von den einzelnen Ländern festgelegt werden sollte.

Die Erreichung der Vollbeschäftigung wurde genauso zu einem wesentlichen politischen Ziel erklärt, wie die Überwindung der sozialen Ausgrenzung und die Verwirklichung der Gleichberechtigung von Mann und Frau. Der Aufstockung der notwendigen finanziellen Mittel wurde Priorität eingeräumt, sowie der Schaffung einer „wirtschaftlichen, politischen, sozialen und kulturellen Umwelt", die die Menschen in die Lage versetzt, die soziale Entwicklung tatsächlich zu verwirklichen. Wesentliche Punkte der Deklaration waren auch die Forderung nach Erziehung und Gesundheitsvorsorge für alle, sowie die verbesserte Zusammenarbeit mit den Vereinten Nationen zur Erreichung dieser sozialen Ziele.

Sowohl die Deklaration als auch das davon abgeleitete Aktionsprogramm wollten auf Ergebnissen in Rio (1992) sowie auf der Konferenz betreffend die Bevölkerungsexplosion (Kairo 1994) aufbauen. Die Frauenkonferenz von Beijing (1995) sowie jene über die Wohnverhältnisse (Istanbul 1996) sollten entsprechend präjudiziert werden. 1996 wurde zum „Internationalen Jahr zur Beseitigung der Armut" erklärt. Die Generalversammlung der Vereinten Nationen befasste sich in diesem Jahr in besonderer Weise mit der „Durchführung von Kopenhagen" und eine Sondersitzung der Generalversammlung sollte später die genaue Implementierung überprüfen.

Tatsächlich konnten beim Kampf gegen die Armut einige Fortschritte erzielt werden: Seit den 60er Jahren des 20. Jahrhunderts gelang es, die Lebenserwartung in den Entwicklungsländern von 46 Jahre auf 64 Jahre zu verlängern. Die Kindersterblichkeit wurde in diesem Zeitraum um die Hälfte reduziert und die Versorgung mit Trinkwasser wurde, laut einer Publikation der Vereinten Nationen, stark verbessert.

Dennoch müssen immer noch 1,2 Milliarden Menschen mit nur einem Dollar am Tag leben und 80 Millionen Kinder haben keine Möglichkeit, eine Schule zu besuchen. Entsprechend kritisch fällt die Beurteilung der Bilanz von Kopenhagen etwa durch die kanadische Entwicklungshilfe-Organisation OXFAM aus: Die Kindersterblichkeit konnte bei weitem nicht im vorgesehenen Ausmaß reduziert werden und wird bis 2015 sogar noch weiter ansteigen. Was den generellen Zugang zu einer Schulbildung betrifft, so werden 2015 immer noch 75 Millionen Kinder keine Möglichkeit haben, eine Schule zu besuchen. Das Ziel der Verwirklichung der Gleichberechtigung von Burschen und Mädchen bis 2005 wurde weit verfehlt. Dasselbe gilt für das Ziel, die Zahl der Armen bis 2015 zu halbieren. Dies, obwohl die Vereinten Nationen die Beseitigung der Armut zu einer ihrer wesentlichsten Prioritäten erklärten und die Jahre von 1997 bis 2006 zum „Internationalen Jahrzehnt zur Beseitigung der Armut" deklariert wurden.

2.2.4 Konferenz der Vereinten Nationen zur Errichtung von Wohnstätten – Habitat II (Istanbul 1996)

Diese Konferenz on Human Settlements fand vom 3. bis 14. Juni 1996 in Istanbul statt. 16.400 Delegierte, darunter Vertreter aus 171 Ländern, nahmen daran teil. Ziel der Konferenz war es, die Aufmerksamkeit der zuständigen lokalen, nationalen und internationalen Stellen auf die Wohnverhältnisse und die damit verbundenen Probleme in der Welt zu lenken. Aus diesem Grunde wurden auch Vertreter von Städten und Gemeinden sowie der NGOs in die Verhandlungen der Konferenz entsprechend eingebunden.

Die künftige Herausforderung ergibt sich aus folgenden Zahlen: Vor hundert Jahren lebte nur jeder Zehnte in einer Stadt, heute sind es bereits drei Milliarden, also die Hälfte der Menschheit. 23 Mega-Städte, davon 18 in den Entwicklungsländern, zählen bereits mehr als zehn Millionen Einwohner. Diese Entwicklung hat dazu geführt, dass heute Millionen von Armen gerade im städtischen Bereich unter oft menschenunwürdigen Bedingungen leben müssen.

Mit welchen Problemen die Errichtung von Wohnungen heute konfrontiert ist, ergibt sich daraus, dass allein die 15 größten städtischen Agglomerationen der Welt in der Zeit von 1992 bis 2010 von 186 Millionen Menschen auf 267 Millionen anwachsen. Nicht nur, dass dann Los Angeles 14 Millionen Einwohner, Mexiko-City 18 Millionen und New York 17 Millionen zählen wird, vor allem der Anstieg in einigen Ländern der Dritten Welt ist gewaltig: So wird sich in diesem Zeitraum die Bevölkerungszahl von Sao Paulo von 19 Millionen auf 25 Millionen erhöhen, jene von Lagos von neun Millionen auf 21 Millionen, und jene von Kairo von neun Millionen auf 13 Millionen. Bombay wird von 13 Millionen Einwohnern auf 24 Millionen anwachsen; Delhi von neun Millionen auf 16 Millionen; Dhakar (Bangladesh) von sieben Millionen auf 18 Millionen und Beijing von 11 Millionen auf 18 Millionen.

Allein diese Zahlen zeigen, mit welchen gewaltigen Problemen im Bereich des Wohnbaus, der Infrastruktur, der Versorgung und der Betreuung von den Kindern bis zu den Alten, diese und andere Städte in Zukunft konfrontiert sein werden. Die 250.000 Menschen, die die Erde täglich mehr zählt, wollen vor allem in Städten aufwachsen. Schon heute gibt es zehn Millionen Menschen, der Großteil davon Frauen und Kinder, die obdachlos sind. 600 Millionen Menschen leben unter Verhältnissen, die eine Gefährdung für das Leben oder für die Gesundheit darstellen. All dies sind globale Herausforderungen, wobei es darum gehen wird, wie weit es gelingt, dafür auch globale Lösungen zu finden.

Wenn nun Habitat II unter den gegebenen Bedingungen einen Aktionsplan ver-abschiedete, der auch ein Recht auf Wohnen vorsieht, dann ist dies eine politi-sche Forderung, deren Umsetzung im Aufgabenbereich, aber auch im Ermessen der einzelnen Staaten liegt. Es wird dem 1978 gegründeten „Zentrum der Ver-einten Nationen für ein menschliches Wohnen (UNHEC) mit Sitz in Nairobi ob-liegen, wie weit die Anregungen der Großkonferenz von Istanbul hinsichtlich einer dauerhaften Entwicklung im städtischen Bereich auch umgesetzt werden.

Für weitere praktische Arbeit in vielen Städten war es sicherlich wertvoll, dass im Rahmen von Habitat II 12 urbane Entwicklungsprojekte ausgezeichnet und zur Nachahmung vorgestellt wurden. Die dabei auch empfohlene Zusammenar-beit zwischen einzelnen städtischen Verwaltungen führt nicht nur zu Partner-schaften, sondern auch dazu, dass die im internationalen Bereich gewonnenen Erfahrungen entsprechend den lokalen Gegebenheiten in den verschiedenen Tei-len der Welt umgesetzt werden können.

2.2.5 Der Welternährungsgipfel (Rom 1996)

Der Welternährungsgipfel tagte vom 13. bis 17. November 1996 in Rom, einbe-rufen von der FAO (Food and Agricultural Organisation). Schon 1974 hatte eine Welternährungskonferenz das „unveräußerliche Recht" eines jeden Menschen proklamiert, frei von Hunger und Unterernährung zu leben. Aber als die FAO 1996 zu einem neuen Gipfeltreffen einlud, ging man davon aus, dass 2010 im-mer noch 680 Millionen Menschen an Hunger leiden würden, die Hälfte davon in Afrika südlich der Sahara. Tatsächlich leiden heute immer noch über 850 Mil-lionen Menschen an Hunger.

Die 10.000 Delegierten des Welternährungsgipfels kamen aus 185 Ländern, darunter waren 112 Staats- und Regierungschefs, beziehungsweise deren Stell-vertreter. Ziel der Konferenz war es, in einer feierlichen Erklärung und einem darauf aufbauenden Aktionsplan festzuhalten, dass Hunger und Unterernährung weltweit beseitigt werden müssen. Bis 2015 sollte die Zahl der Hungernden hal-biert werden.

Die Erklärung von Rom setzte sieben Schwerpunkte, die als Grundlage für die Erreichung dieses Zieles dienen sollten:

- Schaffung geeigneter politischer, sozialer und wirtschaftlicher Rahmenbedingen zur Bekämpfung von Armut und zur Herstellung eines dauerhaften Friedens. Volle und gleichberechtigte Einbeziehung von Mann und Frau.

- Verbesserter Zugang zu ausreichender, bedarfsgerechter und gesunder Nahrung mit einem angemessenen Nährwert für alle Menschen zu jeder Zeit.

- Nachhaltige Entwicklung der Landwirtschaft, Fischerei und Forstwirtschaft sowie des ländlichen Raums in Regionen mit hohem wie auch mit niedrigem Ertragspotential unter Berücksichtigung des multifunktionalen Charakters der Landwirtschaft.

- Verbesserung der Ernährungssicherheit für alle, dank geeigneter politischer Maßnahmen im Bereich Nahrungsmittel- und Agrarpolitik in einem fairen, marktorientierten Welthandelssystem.

- Verstärkung der präventiven Maßnahmen zur Verhinderung natürlicher und menschenverursachter Krisen und Katastrophen; rechtzeitige und gezielte Nahrungsmittelhilfe.

- Unterstützung eines optimalen Investitionsflusses von öffentlichen und privaten Mitteln in der Landwirtschaft zur Förderung des ländlichen Raumes.

- Umsetzung dieses Aktionsplanes und Zusicherung, den Folgeprozess auf allen Ebenen in enger Zusammenarbeit mit der internationalen Gemeinschaft zu überwachen.

Diese Erklärung stellt wohl eine gute theoretische Grundlage für die Beseitigung des Hungers dar. Entscheidend ist aber, wie weit von den einzelnen Regierungen beziehungsweise von der Internationalen Gemeinschaft die entsprechenden Schritte gesetzt werden. Konkret bedeutet dies, dass bei 800 Millionen hungernden Menschen, die es 1996 gab, deren Zahl jährlich um 22 Millionen verringert werden muss, um die bis 2015 vorgesehene Halbierung zu erreichen.

Tatsächlich ist auch einiges geschehen. Obwohl sich die Weltbevölkerung von 1960 bis zum Ende des Jahrhunderts von drei Milliarden auf sechs Milliarden verdoppelte, ist die Erzeugung von Nahrungsmitteln sogar rascher gestiegen. Dies führte zu einer Verminderung des Hungers in der Welt. So konnte insbesondere die Ernährungslage der Kinder verbessert werden, der Anteil der unterernährten Kinder unter fünf ging von 45 Prozent im Jahre 1960 auf 31 Prozent im Jahr 2000 zurück.

Dazu, dass trotz der Bevölkerungsexplosion eine weltweite Hungerkatastrophe vermieden werden konnte, hat die „Grüne Revolution" sehr viel beigetragen. Diese fand in den 60er und 70er Jahren des 20. Jahrhunderts statt. Damals haben Millionen von Bauern in der Dritten Welt damit begonnen, Kunstdünger und Chemikalien zur Ausrottung von Unkraut zu benutzen. Die Erfolge waren beeindruckend: Indien erzeugte ab 1990 einen Getreideüberschuss und chinesische Reisbauern konnten zwischen 1970 und 1995 ihre Ergebnisse um zwei Drittel steigern.

Allerdings gibt es immer noch 850 Millionen Menschen, die hungern. Stark subventionierte Bauern in den Industrieländern erzeugen zwar genügend Überschüsse, um alle ernähren zu können, allerdings nicht um einen Preis, den sich Menschen in der Dritten Welt leisten können. Aber selbst wenn diesen alle Überschüsse geschenkt würden, wäre dies keine Lösung: Da gerade viele Menschen der Dritten Welt von der Landwirtschaft leben, würden Gratislieferungen ihre Existenzgrundlage gänzlich zerstören. Die Lösung kann daher nur darin liegen, die Produktivität der Bauern in den armen Ländern zu steigern.

Lösungen bietet auch die Biotechnologie an, insbesondere durch genetisch modifizierte Nahrungsmittel. So sehr aber einige daran glauben, dass darin die Rettung der Welt vor dem Hungertod liegt, fürchten andere, genetisch modifizierte Organismen (GMOs) würden uns alle vergiften. Immerhin wurden im Jahre 2000 bereits 44 Millionen Hektar mit genetisch modifizierten Pflanzen angebaut, 20-mal mehr als nur vier Jahre vorher; 2005 waren es 90 Millionen Hektar Land. Allerdings befanden sich die meisten dieser Anbauflächen in Nordamerika, während Entwicklungsländer die neue Technologie noch eher wenig anwenden.

Wenn zweifellos Fortschritte bei der Bekämpfung des Hungers aufgetreten sind, so sind gleichzeitig auch neue Probleme entstanden, etwa im Trinkwasserbereich. So stellten Experten des World Water Council fest, dass 90 Prozent des Wassers, das sich zur Hälfte in den größten Seen der Erde befindet, durch Verschmutzung oder Austrocknung gefährdet sind. Die gestiegene Nachfrage nach Trinkwasser, nach Wasser für Bewässerungsanlagen oder für Industriebetriebe könnte zu einem massiven Ungleichgewicht bei der globalen Wasserversorgung führen. Der Missbrauch der fünf Millionen Seen, die es auf der Welt gibt, hätte schon vielfach zu einer Senkung des Wasserspiegels und zu einer Verschmutzung geführt, so die Experten in einer im November 2001 veröffentlichen Studie.

Nunmehr hat das World Water Council zusammen mit dem Center for Ecology and Hydrology einen „Water Poverty Index" herausgegeben. Dieser Index stuft die Länder danach ein, wie groß ihre Wasserreserven sind, beziehungsweise ob davon ein vernünftiger und umweltfreundlicher Gebrauch gemacht wird. Finnland und Kanada liegen in dieser Statistik mit fast 80 von 100 möglichen Punkten an der Spitze, aber auch Österreich und Schweden schneiden ganz gut ab. Die USA werden etwas schlechter beurteilt, weil sie mit ihrem Wasser in der Landwirtschaft, in der Industrie, aber auch im Haushalt zu verschwenderisch umgehen. Am Ende der Skala befinden sich Uganda, Niger und Haiti.

Im Juni 2002 tagte in Rom ein weiterer Welt-Ernährungsgipfel, dessen Aufgabe es war, über die sechs Jahre vorher gefassten Beschlüsse Bilanz zu ziehen. Insbesondere die Durchführung der zentralen Forderung, die Zahl der Hungernden bis 2015 zu halbieren, sollte kritisch überprüft werden. Dabei kam es zu einem sehr ernüchternden Ergebnis: Es gelang nur, die Ernährungssituation von sechs Millionen Menschen in einem Jahr zu verbessern. Zur Erreichung des vorgegebenen Zieles wäre es aber notwendig, die Zahl der Hungernden um jährlich 22 Millionen zu verringern. Schuld gab man dafür den Industrieländern, die für die landwirtschaftlichen Produkte aus der Dritten Welt nicht den notwendigen Marktzugang ermöglichten. Dadurch entstünden den Entwicklungsländern jedes Jahr Verluste in der Höhe von 100 Milliarden Dollar.

Aber bilden diese Handelshemmnisse wirklich das Hauptproblem? Zu einem ganz anderen Ergebnis kommt Sylvie Brunel, immerhin frühere Präsidentin der Aktion gegen den Hunger und Professorin an der Universität Montpellier in Südfrankreich. Unter dem Titel „Wenn Hunger zum Geschäft wird" führt sie aus, dass es keine „natürliche Gründe" für den Hunger in weiten Teilen Afrikas gibt. Simbabwe etwa war früher eine Kornkammer und die beiden Kongo-Staaten, nicht zu dicht besiedelt, waren immer fruchtbar.

Sylvie Brunel sieht die Gründe dafür, dass in Afrika südlich der Sahara ein Drittel der Menschen hungern, darin, dass die Länder schlecht regiert werden. Noch mehr: Die Regierungen lassen die Länder bewusst verkommen, weil sie von den Katastrophen profitieren, genauso wie Hilfsorganisationen, die dadurch ihre Budgets wieder in Ordnung bringen.

Schon während des Biafra-Krieges wurden Fotos von hungernden Kindern zu Propagandazwecken missbraucht, um für Sympathien zu werben. In ähnlicher Weise erfüllen Hungerskatastrophen, so Brunel, eine dreifache Funktion: Sie dienen dazu, zusätzliche Hilfsmittel zu empfangen; der Regierung, die Lebensmittel verteilt, soll Legitimität verschafft werden; und schließlich: Über die Verteilung der Güter kann man die Bevölkerung kontrollieren. Um diesen oft unheiligen Allianzen zwischen korrupten Regierungen und den Eigeninteressen der Hilfsorganisationen entgegen zu wirken, gibt es nur eines, so Sylvie Brunel: Eine strikte Kontrolle von Hilfsgütern und den Aufbau der für eine Gesellschaft notwendigen Einrichtungen für Erziehung und Infrastruktur.

Auch wenn diese Darstellung zynisch erscheinen mag, so kann es doch nicht sein, dass manche Regierungen in Afrika genauso oft eine Hungerskatastrophe ausrufen, wie sie einem Nachbarn oder einer oppositionellen Gruppe im eigenen Land den Krieg erklären. Wenn es eine Verpflichtung der internationalen Gemeinschaft zur Solidarität in Notfällen gibt, dann muss es auch das Recht geben, zur Verhinderung einer Hungerkatastrophe oder zur gerechten Verteilung von Hilfsgütern, zu intervenieren. Ein Interventionsrecht der Internationalen Gemeinschaft zum Schutze grundlegender Rechte ist wohl dort angebracht, wo diese durch das willkürliche Vorgehen von Regierungen gefährdet werden.

2.2.6 Der Millenniumsgipfel (New York 2000)

Im September 2000 trafen sich 117 Staats- und Regierungschefs der ganzen Welt am Sitz der Vereinten Nationen zum Millenniumsgipfel in New York. Sie kamen darin überein, den Kampf gegen Armut, Hunger, Analphabetismus, Umweltverschmutzung und gegen die Diskriminierung der Frauen in den Mittelpunkt ihres Aktionsprogramms zu stellen. Eine „Millenniums-Deklaration" wurde verabschiedet und ein Zeitrahmen für die Erreichung der festgelegten Ziele (Millennium Development Goals – MDGs) wurde festgelegt.

Im Einzelnen handelt es sich bei den MDGs um folgende Themen: Armut und Hunger sollen bis zum Jahre 2015 halbiert werden, vor allem die Zahl jener 980 Millionen Menschen, die noch mit einem Dollar am Tag leben müssen. Für alle Kinder soll die Möglichkeit geschaffen werden, dass sie eine Volksschule besuchen und die Kindersterblichkeit der Unter-Fünfjährigen soll um zwei Drittel verringert werden. Da es die Frauen sind, die beim Schulbesuch immer noch diskriminiert werden und die 80 Prozent der Flüchtlinge stellen, wurde die Notwendigkeit der Gleichberechtigung zwischen Mann und Frau besonders hervorgehoben.

Als weitere wesentliche Ziele wurde die Verbesserung der Gesundheitssysteme, vor allem für Mütter, sowie die Bekämpfung von AIDS und Malaria in den Vordergrund gestellt. Alle Bemühungen sollen darauf ausgerichtet sein, durch eine „nachhaltige Entwicklung" die Lebensverhältnisse in der Dritten Welt zu verbessern. Eine globale Partnerschaft, Hilfe, Handel und Schuldenerlass sollen dazu beitragen.

Wie realistisch nun die Verwirklichung dieser Ziele, vor allem innerhalb des vorgegebenen Zeitrahmens, tatsächlich ist, wird man sehen. Eines zeigte gerade der Millenniumsgipfel sehr deutlich: Die Verbesserung der Lebensbedingungen der Menschen wurde ein wesentliches Ziel der internationalen Bestrebungen. So wie in Westeuropa der Ausbau des Wohlfahrtsstaates seit dem Zweiten Weltkrieg die Legitimation der Regierungen im innerstaatlichen Bereich weitgehend bestimmt hat, so wurde die Förderung der Wohlfahrt der Menschen ein wesentliches Kriterium der internationalen Politik. Als Mittel zur Umsetzung haben auch die Staatschefs eine Großkonferenz, eben den Millenniumsgipfel gewählt.

2.2.7 Die internationale Konferenz über Entwicklungs-Finanzierung (Monterrey 2002)

Die internationale Konferenz zur Finanzierung der Entwicklung tagte vom 18. bis 22. März 2002 in Monterrey, Mexiko. An der Konferenz nahmen nicht nur 50 Staats- beziehungsweise Regierungschefs und 200 Minister teil, sondern auch die Spitzen des Internationalen Währungsfonds (IMF), der Weltbank und der Welt-Handelsorganisation (WTO) sowie Vertreter der privaten Wirtschaft und der Zivilgesellschaft.

In einer Proklamation „Konsens von Monterrey" genannt, einigten sich die Konferenzteilnehmer darauf, die Finanzierung der „nachhaltigen Entwicklung" so zu gestalten, dass die Armut ausgerottet und das Wachstum der Wirtschaft gewährleistet wird. Dafür soll nicht nur die internationale Zusammenarbeit intensiviert werden, auch entsprechende ausländische Direktinvestitionen, private Mittel und der internationale Handel sollten dafür eingesetzt werden. Die Regierungen sollen die Rahmenbedingungen schaffen, damit die entsprechenden Initiativen auch von Seiten der Privatwirtschaft gesetzt werden können. Als Voraussetzungen dafür wurden folgende Kriterien festgelegt: „Good governance"; der Kampf gegen die Korruption sowie die Einhaltung marktwirtschaftlicher Grundregeln.

Als Zeichen dafür, dass die USA dieses Programm unterstützen, hat Präsident Bush aus Anlass der Konferenz in Monterrey verkündet, die amerikanische Entwicklungshilfe würde während der nächsten drei Jahre um fünf Milliarden Dollar aufgestockt und die amerikanischen Beiträge zur Weltbank um 20 Prozent erhöht. Die damals 15 EU-Staaten hatten schon kurz vorher verkündet, sie würden alles tun, um ihre offizielle Entwicklungshilfe von den damaligen 0,33 Prozent ihres BIP bis 2006 auf 0,39 Prozent zu erhöhen.

Der Konsens von Monterrey sollte jedenfalls auch einen neuen Geist der Partnerschaft zwischen Norden und Süden, zwischen staatlichen Leistungen und privaten Initiativen zum Ausdruck bringen.

Nicht alle waren damit einverstanden. Für Hugo Chavez, den Präsidenten von Venezuela, war dieses Programm viel zu stark von den Gesichtspunkten des Internationalen Währungsfonds geprägt. Er verlangte, unter starkem Applaus der „Gruppe der 77", die Ausrufung des „sozialen Notstandes". Mit ihm zusammen machte Fidel Castro den Neoliberalismus für die Schwierigkeiten der Dritten Welt verantwortlich und sprach sich gegen einen „aufgezwungenen Konsens" aus.

Wenn also die Zeiten von Cancùn überwunden waren, wo man 1981 noch allgemein eine „Neue Weltwirtschaftsordnung" und die Lösung der Entwicklungsprobleme im Sinne einer sozialistischen Planwirtschaft anstrebte, so bestand bei weitem noch keine Einigung darüber, nach welchen Grundsätzen die Entwicklungspolitik in Zukunft erfolgen soll. Und der Generalsekretär der Vereinten Nationen, Kofi Annan, formulierte sehr deutlich, dass der neue Geist der Partnerschaft für die westlichen Industrieländer mehr finanzielle Hilfeleistungen, einen Erlass der Schulden und eine stärkere Öffnung der eigenen Märkte bedeuten müsse.

2.3 Warum ist die Entwicklung so schwierig?[1]

Bei der Entwicklung der Dritten Welt wurden zweifellos Fortschritte erzielt. Vor allem das Engagement zehntausender Idealisten, die als Entwicklungshelfer oft unter schwierigsten Bedingungen gearbeitet haben, um Menschen in der Dritten Welt zu helfen, die wichtigsten Herausforderungen des Alltags zu bewältigen, kann nicht hoch genug eingeschätzt werden.

Vergleicht man aber den Optimismus und die Erwartungen der 1960er Jahre mit dem, was eine Generation später tatsächlich erreicht wurde, so ist das Ergebnis eher enttäuschend. Als die Generalversammlung der Vereinten Nationen die 1960er Jahre zur ersten Entwicklungsdekade erklärten, rechneten noch viele damit, der Süden könnte in nicht allzu ferner Zukunft die Industrieländer in der „Entwicklung" eingeholt haben. In Studien wie dem „Pearson-Bericht" oder dem „Jackson-Bericht" wurden Leitlinien aufgezeigt, wie die Entwicklungsländer nach einigen Jahrzehnten den Lebensstandard von westlichen Wohlfahrtsstaaten erreichen könnten.

Abhandlungen darüber, warum dies nicht gelungen ist, verweisen auf die unterschiedlichsten Gründe. Hier sollen lediglich drei Aspekte hervorgehoben werden: Das in Europa erfolgreiche Modell des Marshallplans konnte offensichtlich schwer in andere Weltgegenden übertragen werden. Es wurden kaum Unterscheidungen zwischen Entwicklungshilfe und Überlebenshilfe gemacht, was zu Schwierigkeiten bei der Bilanzlegung führte. Und noch eines: Auf kulturelle Unterschiede wurde zu wenig Bedacht genommen.

2.3.1 Der Marshallplan ist kein Allheilmittel

Ende April 1947 hielt der damalige Außenminister George C. Marshall eine Radioansprache an die amerikanische Nation über die bittere Not in den vom Zweiten Weltkrieg zerstörten Ländern Europas. „Der Patient stirbt, während die Ärzte beraten", warnte der frühere Generalstabschef, den Präsident Truman einige Monate vorher zu seinem Außenminister ernannt hatte.

---

[1] Dieser Abschnitt wurde im Rahmen einer Diskussion mit Dr. Claus Raidl ausgearbeitet.

Wenige Wochen nach diesem Appell, am 5. Juni 1947, präsentierte Marshall in seiner berühmt gewordenen Rede an der Harvard Universität die Grundzüge eines Rettungskonzepts für Europa. Dieses hatte ein Planungsstab unter Leitung des Diplomaten George F. Kennan entworfen. Europa benötige während der nächsten drei oder vier Jahre dringend amerikanische Dollar und andere wirtschaftliche Hilfe von Amerika. Nur so könne der Teufelskreis des sozialen und politischen Zerfalls durchbrochen und das Vertrauen der europäischen Völker in ihre wirtschaftliche Zukunft wiederhergestellt werden.

George C. Marshall appellierte in seiner kurzen Rede gleichzeitig an die europäischen Regierungen, unverzüglich Initiativen zur praktischen Umsetzung eines solches Hilfsprogramms zu setzen.

Die Antwort ließ nicht lange auf sich warten. Noch im gleichen Monat leiteten der britischen Außenminister Ernest Bevin und sein französischer Kollege Georges Bidault erste Schritte zur europäischen Zusammenarbeit bei der Konkretisierung des amerikanischen Angebotes ein.

Im Herbst 1947 stimmte der amerikanische Kongress einer ersten Finanzierungstranche zum Marshallplan zu. Insgesamt investierten die USA 13,4 Milliarden Dollar (nach heutigem Wert wären dies gegen 90 Milliarden) in das Programm, das bereits 1951 offiziell beendet wurde. In diesen vier Jahren wuchs die europäische Industrieproduktion um mehr als 50 Prozent.

Der Marshallplan in Europa wurde ein großer Erfolg, nicht nur wirtschaftlich, sondern auch politisch und psychologisch. Er brachte einen raschen Fortschritt nach Europa und der Wiederaufbau wurde zügig in Angriff genommen. Darüber hinaus setzte der Marshallplan die Impulse für zukünftige europäische Zusammenarbeit.

Es war daher nur zu verständlich, dass der Marshallplan auch als Modell für die Entwicklung der Dritten Welt dienen sollte, als man dieses Projekt in Angriff nahm. Durch massive Geldzuführungen sollten, analog zu der in Europa gewählten Vorgangsweise, „unterentwickelte Länder" wie man damals noch sagte, in die Lage versetzt werden, die für ihre Industrialisierung notwendigen Investitionen zu tätigen. Walt Rostow, ein einflussreicher Nationalökonom, kam mit seiner Theorie zu Hilfe, als er in seinem 1960 erschienen Buch „The Stages of Economic Growth" den Zusammenhang zwischen Investitionen und dem „take-off" einer Volkswirtschaft feststellte.

In der Zwischenzeit weiß man, dass sehr viel Geld investiert werden kann, ohne einen entsprechenden "take-off" zu erreichen. Warum? Offensichtlich hat man ganz außer Acht gelassen, dass selbst das zerstörte Europa sehr viele Voraussetzungen mitbrachte, die für eine wirtschaftliche Entwicklung notwendig sind: Eine funktionierende Verwaltung; Unternehmer, die bereit waren, Initiativen zu ergreifen; eine gut ausgebildete Arbeiterschaft; ein funktionierendes politisches System; und schließlich Eliten, für die der „Dienst am Staat" kein Schlagwort war.

Europa brachte also sehr viele Voraussetzungen für eine wirtschaftliche Entwicklung mit. Was fehlte war Geld, und das stellte der Marshallplan zur Verfügung. Das Konzept war erfolgreich: Geld, ausgegeben unter den im Nachkriegs-Europa bestehenden Bedingungen, führte zu „Entwicklung und Wiederaufbau".

Offensichtlich deshalb machte man Geldleistungen zum Maßstab der Entwicklungshilfe für die Dritte Welt. In diesem Sinne wurde 1971 der Beschluss gefasst, die Industrieländer des Nordens sollten 0,7 Prozent ihres BIP für Entwicklungshilfe ausgeben. Seither werden jährlich Statistiken veröffentlich, die festhalten, wie weit Industrieländer diesem Ziel gerecht wurden. 1999 erreichten nur Dänemark, die Niederlande, Norwegen und Schweden die 0,7 Prozent-Marke; sieben Jahre später waren es wiederum dieselben Länder sowie Luxemburg, die das 0,7-Prozentziel erreichten. Japan, das größte Geberland, lag 1999 mit seinen Transferzahlungen von 15,3 Milliarden Dollar bei 0,35 Prozent; die Vereinigten Staaten mit 9,1 Milliarden Dollar aber nur bei 0,1 Prozent.

1999 flossen 248 Milliarden Dollar an öffentlichen und privaten Mitteln in die Entwicklungsländer, wesentlich weniger als 1996, als es noch 354 Milliarden Dollar waren. Insgesamt zahlten die Industrieländer in einer Generation eine

Billion Dollar an Entwicklungshilfe, also etwa zehnmal mehr als Europa seinerseits durch den Marshallplan erhielt. Die 22 wichtigsten Geberstaaten stellten 2006 laut OECD im Durchschnitt nur 0,3 Prozent ihres BIP für Entwicklungshilfe zur Verfügung, die USA gar nur 0,17 Prozent. Die G 7-Staaten gaben im Durchschnitt 0,26 Prozent ihres BIP für Entwicklungshilfe aus. Laut OECD flossen in diesem Jahr 104 Milliarden Dollar in die Entwicklungshilfe und 18,9 Milliarden Dollar Schulden wurden erlassen. Der Irak und Nigeria waren dabei die beiden größten Profiteure dieser Hilfe.

All diese Gelder haben bei Weitem nicht die erhofften Resultate erbracht. Das in Europa nach dem Zweiten Weltkrieg erprobte Modell, wonach Geld investiert wurde und als Ergebnis „Entwicklung" herauskam, konnte dort nicht funktionieren, wo es weder die notwendigen staatlichen Rahmenbedingungen noch die notwendigen privaten Initiativen gab, wo das politische System korrupt war und die politischen Eliten darauf ausgerichtet waren, sich zu bereichern.

Die Frage, was mit Geld erreicht werden kann, beziehungsweise was nicht, wurde kaum gestellt. Die Industrieländer werden in jährlich veröffentlichen Berichten lediglich danach beurteilt, wie viel sie zahlen, ohne dass entsprechende Statistiken über die Verwendung der Gelder bekannt gegeben würden. Es ist daher nicht überraschend, dass bei vielen Geberländern eine große Ernüchterung eingetreten ist. So sind die Zahlungen an Afrika von 1990 bis 1998 von 18 Milliarden Dollar auf 11 Milliarden Dollar zurückgegangen. Haben die beiden Blöcke während des Kalten Krieges noch versucht, sich mittels Entwicklungshilfe Loyalitäten zu kaufen, so ist auch dieses Interesse seither weitgehend weggefallen.

Es wäre daher im Sinne aller Beteiligten zu überprüfen, was von dem in Europa sehr erfolgreichen Modell des Marshallplanes für die Entwicklung anderer Regionen übernommen werden kann und was nicht. Jedenfalls ist es nicht zielführend, zu sehr auf einen Faktor, nämlich auf Geld zu bauen, wo die tatsächlichen Notwendigkeiten offensichtlich viel umfassender sind.

So sehr die Industrieländer weiter angehalten werden sollen, ihre Pflicht zu tun, so wäre es auch zielführend, ständig die effiziente Verwendung der Mittel zu überprüfen. Der Statistik über die geleistete Entwicklungshilfe soll jeweils eine andere über den tatsächlichen Einsatz der Mittel gegenübergestellt werden.

2.3.2 Entwicklungshilfe oder Überlebenshilfe?

Im österreichischen Parlament kam es einmal zu einer Diskussion über die von Österreichern geführte Schule in Guatemala. Kritisiert wurde von Entwicklungshilfsorganisationen, dass diese Schule, die als ein Entwicklungshilfe-Projekt angesehen wurde, auch Kindern von Familien der Mittelschicht, ja der Oberschicht, offen stehe. Entwicklungshilfe, so die Argumentation, stünde nur den Ärmsten zu.

Dabei wurde übersehen, dass alle Absolventen dieser Schule, ganz gleich aus welchen Familien sie kamen, zur Entwicklung ihres Landes beitragen können, ja, dass eine ausgebildete Mittelschicht und engagierte Eliten für die wirtschaftliche Entwicklung eines Landes sehr wichtig sind. Aber offensichtlich wird im Bereich der Entwicklungspolitik eine Unterscheidung nicht gemacht, die im innerstaatlichen Bereich selbstverständlich ist: Bei den staatlichen Zuwendungen wird nämlich zwischen sozialen Transferleistungen, die das Überleben sichern, einerseits und wirtschaftlichen Förderungen andererseits unterschieden. Diese wirtschaftlichen Maßnahmen haben das Ziel, die wirtschaftliche Entwicklung zu stimulieren.

Im innerstaatlichen Bereich würde es niemanden einfallen, eine Notstandshilfe, die jemand bekommt, um überleben zu können, nach den selben Kriterien zu beurteilen wie eine Wirtschaftshilfe, die dazu dient, neue Betriebe anzusiedeln oder bestehende auszubauen. Wenn es jedoch um Entwicklungshilfe geht, werden Gelder zur Bekämpfung der Armut oder der Kindersterblichkeit in denselben Topf geworfen mit solchen zum Ausbau der Infrastruktur oder zur Gründung von Industriebetrieben.

Eine klare Trennung bei der Zuteilung der Mittel würde es wohl erleichtern, die einzelnen Verwendungszwecke klarer zu erfassen, deren Effizienz zu überprüfen, und schließlich ein Urteil darüber zu fällen, was zurückgezahlt werden soll und was nicht. Wenn etwa UN-Generalsekretär Kofi Annan feststellt, die ärmsten Länder würden einen globalen Gesundheitsfonds in der Höhe von sieben Milliarden Dollar für die Bekämpfung von AIDS benötigen oder das Kinderhilfswerk UNICEF feststellt, der universelle Zugang zu einer Grundschule für alle würde außerordentliche neun bis 12 Milliarden Dollar kosten, dann sind dies wohl Gelder, die unter Notstandshilfe fallen und mit deren Rückzahlung niemand rechnen kann und soll.

Eine derartige Klarstellung könnte auch die Diskussion über die Rückzahlung der angehäuften Schulden erleichtern. So betrugen, nach Auskünften der Afrikanischen Entwicklungsbank (BAD), die gesamten Außenschulden des Kontinents im Jahre 1997 immerhin 312 Milliarden Dollar. Diese externe Schuldenlast bildete ein Haupthindernis für Investitionen und Wachstum. Der Schuldenberg allein der höchstverschuldeten ärmsten Länder (Highly Indebted Poor Countries – HIPC) belief sich 2001 auf 150 Milliarden Dollar. Nur fünf Jahre später beliefen sich die Außenschulden der 18 HIPC auf etwa 300 Milliarden Dollar, trotz des 2005 von den G 8 beschlossenen Schuldenerlasses. Allein Guinea-Bissau hatte 2007 Schulden von beinahe 300 Prozent seines BIP. Selbst hier würde eine klare Darlegung der wirtschaftlichen Möglichkeiten – oder Unmöglichkeiten – einen Beitrag zum besseren Verständnis, und damit zur Problemlösung, leisten.

Denn wenn etwa die Schuldenlast eines Landes das Dreifache des jährlichen Exporterlöses beträgt – ein realistisches Beispiel – dann kann ohnehin niemand damit rechnen, dass diese Schulden tatsächlich zurückgezahlt werden.

Was ist von all den Geldern, die heute in die Dritte Welt fließen, Überlebenshilfe, was dient vor allem der Entwicklung? 1995 betrug der Mittelzufluss in die Entwicklungsländer, abzüglich der Amortisationen, 231 Milliarden Dollar. Davon waren 64 Milliarden öffentliche und 166 Milliarden private Gelder. Die öffentlichen Gelder teilten sich auf in Schenkungen (33 Milliarden Dollar) und

Kredite (31 Milliarden Dollar). Von den privaten Geldern waren 54,8 Milliarden Dollar Kredite, 90 Milliarden Direktinvestitionen und 22 Milliarden Dollar Portfolio-Anlagen in Form von Aktien, Wertpapieren und Anleihen.

Dabei waren diese Gelder regional sehr unterschiedlich verteilt: Erhielt Schwarzafrika 36 Prozent der offiziellen Entwicklungshilfe, so ging nur ein Prozent der ausländischen Direktinvestitionen in diese Region. Vom gesamten privaten Kapitalfluss partizipierten Länder mit niedrigem Einkommen nur wenig, während allein nach China 47 Prozent der privaten Gelder und 40 Prozent der Direktinvestitionen gingen.

Nach einer Statistik der OECD erhielt China im Jahre 2000 den größten Betrag an offizieller Entwicklungshilfe, nämlich 1,7 Milliarden Dollar. Dies stellte allerdings nur 0,2 Prozent des chinesischen BIP dar. Fast ebensoviel offizielle Hilfe erhielt Vietnam, was aber 5,4 Prozent des nationalen BIP bedeutete. An dritter Stelle folgte Russland mit 1,6 Milliarden Dollar, 0,6 Prozent des russischen BIP; gefolgt von Indien mit 1,5 Milliarden Dollar beziehungsweise 0,3 Prozent des BIP. Gemessen am eigenen Bruttonationalprodukt war auch die offizielle Hilfe für Tansania sehr hoch, 11,6 Prozent des BIP beziehungsweise eine Milliarde Dollar; für Uganda 14,2 Prozent des BIP beziehungsweise 800 Millionen Dollar; für Ghana 12,3 Prozent des BIP beziehungsweise 600 Millionen Dollar und für Nicaragua 23,4 Prozent des BIP und 550 Millionen Dollar.

Im Jahr 2006 erhielt der Irak laut OECD 8,7 Milliarden Dollar Entwicklungshilfe, 2005 gar 22,1 Milliarden. Nigeria erhielt in diesem Jahr 11,4 Milliarden Dollar Unterstützung. Insgesamt erhielt Afrika 2006 von den 22 Geberstaaten der OECD 43,3 Milliarden Dollar Entwicklungshilfe. Osttimor und die Mongolei sind jene Staaten, in denen Entwicklungshilfe den größten Teil des BIP ausmacht, nämlich 45 % in Osttimor und 16% in der Mongolei.

Angesichts der großen Unterschiede auch innerhalb der Dritten Welt ist es nicht immer zielführend, Globallösungen mit globalen Konzepten für alle in gleicher Weise zu reklamieren. Vor allem müsste klar dargelegt werden, welche Leistungen zum Überleben von Menschen notwendig sind, beziehungsweise wo es um den wirtschaftlichen Aufbau geht. Analog dazu kann dann festgelegt werden, welche Aufgaben einem Staat übertragen werden sollen, beziehungsweise was von Privaten wahrgenommen werden kann. Eine ähnliche Arbeitseinteilung könnte hinsichtlich der regionalen beziehungsweise der nationalen Zusammenarbeit getroffen werden.

2.3.3 Das politische Verhalten als Hemmschuh

Im Zeitalter der „political correctness" ist es nicht angebracht, von Unterschieden zwischen den Menschen zu sprechen. Demnach sind die Menschen nicht nur „gleich geschaffen" und damit gleichwertig; Unterschiede, welcher Art auch immer, werden in Frage gestellt. Diese Haltung wurde noch dadurch verstärkt, dass die Genforschung festgestellt hatte, 99,9 Prozent aller Menschen haben ohnehin dieselben Gene.

Dennoch zeigt die Geschichte, dass es sehr wohl Unterschiede gibt, die in Kultur und Religion begründet sind, die gerade die wirtschaftliche Entwicklung von Regionen betrifft. Schon Max Weber hat in seiner „Protestantischen Ethik" aufgezeigt, dass der religiöse Glaube in manchen Ländern die wirtschaftliche Entwicklung gefördert hat. Wo nämlich die Religion lehrt, dass Reichtum auf Erden bedeutet, von Gott auserwählt zu sein, war dies für gläubige Menschen ein Ansporn, hart zu arbeiten und Reichtümer zu schaffen, um schon auf Erden zu den Auserwählten zu zählen.

So setzten sich Industrialisierung und Kapitalismus im protestantischen England und Holland früher durch als im katholischen Österreich oder in Italien. Diese katholischen Länder wiederum erreichten das Industriezeitalter früher als die Orthodoxen des europäischen Ostens.

Welche Schlüsse wir nun auch immer daraus ziehen, die unterschiedlichen Kulturen oder Unkulturen wirken sich auch in Ländern der Dritten Welt aus. Dabei geht es nicht nur um das Verhalten einiger Diktatoren, die sich persönlich mit Milliarden-Beträgen bereichert haben, es geht schlicht und einfach auch darum, wie eine Gesellschaft funktioniert. So gibt die in Berlin beheimatete Organisation „Transparency International" seit einigen Jahren einen Korruptionsindex heraus. Dabei werden Staaten danach gereiht, wie „sauber" beziehungsweise wie „korrupt" sie sind.

Finnland führte dabei 2002 die Liste jener westlichen Industriestaaten an, die als „am saubersten" eingestuft wurden. Eine zweite, bereits korruptionsanfälligere Gruppe von Staaten bildeten die osteuropäischen Länder. China fand sich an 59. Stelle, Russland an 71. Stelle. Die Gruppe der „am meisten korrupten Länder" wird von Staaten Lateinamerikas und der Dritten Welt gebildet. Nigeria, Kamerun und Bangladesch bildeten die Schlusslichter.

Transparency International stufte 2006 Finnland, Schweden und die Schweiz als „sauber" ein. Die größten Probleme in Bezug auf Bestechung gab es demnach in Albanien, Kamerun und Gabun; die schwersten Auswirkungen von Korruption auf das politische Leben wurden von den Befragten in Bolivien, Kamerun, Griechenland, Südkorea und Taiwan wahrgenommen.

In ähnlicher Weise hat die internationale Beratungsfirma Pricewaterhouse-Coopers einen „Opacity Index" erstellt, mit dem die Transparenz beziehungsweise Undurchsichtigkeit staatlicher Strukturen gemessen wird. Konkret wird dabei beurteilt, wie klar und verständlich das Rechtsystem beziehungsweise die Bestimmungen eines Landes sind. Ebenfalls gemessen wird die Durchschaubarkeit von wirtschaftlichen und politischen Maßnahmen der Regierungen, sowie des Steuersystems. Außerdem werden in den „Opacity Index" die Pflichten der Rechnungslegung und die Korruption auf den Kapitalmärkten miteinbezogen.

Bei diesem 2001 herausgegebenen Index, der die totale Undurchsichtigkeit mit 100 beurteilt, die totale Transparenz mit 0, erhielten China und Russland Werte von über 80, aber auch Indonesien, die Türkei, Südkorea und Tschechen lagen über 70; Brasilien, Taiwan und Kolumbien um 60. Am durchsichtigsten und damit am besten beurteilt waren nach dieser Statistik Chile, die Vereinigten Staaten und Singapur. Allerdings wurden die Untersuchungen offensichtlich vor dem Zusammenbruch der großen amerikanischen Konzerne Enron und World-Com gemacht. 2004 führte beim „Opacity Index" Finnland mit einem Wert von 13. Russland und China befanden sich mit Werten von 46 beziehungsweise 50 im untersten Drittel der Skala.

Ähnliche Indizes könnten auch über andere Bereiche, die sich auf die wirtschaftliche Entwicklung eines Landes auswirken, erstellt werden: Über die Einstellung zur Arbeit, über die Einkommensverteilung, oder über das Niveau des Schulsystems.

Während der letzten Jahre scheint in Dokumenten internationaler Organisationen immer wieder die Forderung nach „good governance" als Voraussetzung für Entwicklungshilfe auf. Es ist dies eine sehr vorsichtige Umschreibung dessen, was wesentlich deutlicher gesagt werden müsste: Dass Entwicklung nur möglich ist, wo es eine funktionierende staatliche Verwaltung gibt; dass der „Staatsdienst" Ethos und Pflichtgefühl voraussetzt und dass Entwicklung die Verbesserung der Wohlfahrt aller Bürger und nicht nur die der herrschenden Eliten bedeuten darf.

2.4 Der Schutz der Umwelt – Rio-Kyoto-Johannesburg: die Herausforderungen

Seit den 60er Jahren des 20. Jahrhunderts ist das Umweltbewusstsein vieler Menschen stark gestiegen. Man sah, dass die Umweltzerstörung und die Ausbeutung der Meere dazu führten, dass die Böden schlechter wurden und sich die Fischbestände nicht mehr regenerieren konnten. Tropische Regenwälder wurden zerstört und mit ihnen, so war zu befürchten, tausende Arten von Tieren und Pflanzen. Die Lagerung und Entsorgung des Mülls, der in immer größeren Mengen anfiel, wurde ein Problem. Dazu kamen die Klimaerwärmung, die Zerstörung der Ozonschicht und der „saure Regen". Diese drei Phänomene, die alle Gegenstand internationaler Übereinkommen wurden, sollen hier näher untersucht werden.

2.4.1 Die drohende Erderwärmung

Das 20. Jahrhundert war bereits um 0,6 Grad Celsius wärmer als das 19. Jahrhundert. Das erscheint nicht viel, aber einige Grade mehr oder weniger können bereits bewirken, dass das arktische Eis schmilzt und weite Landstriche überschwemmt werden; oder umgekehrt, dass es zu einer neuen Eiszeit kommt.

Nun hat man seit Ende der 1950er Jahre festgestellt, dass sich die Kohlendioxid (CO_2) –Emissionen stark erhöhen und viele Wissenschaftler glauben, dass dies die Ursache der Erderwärmung ist. Warum? Wenn durch die Verbrennung fossiler Brennstoffe durch Autos, Kohlenkraftwerke, durch die Industrie oder durch Haushalte große Mengen von CO_2 und anderen Treibhausgasen in die Atmosphäre strömen, festigen sich diese zu einer eigenen Schicht. Durch diese wird dann verhindert, dass die Sonneneinstrahlung von der Erde weg wieder in den Weltraum ausstrahlen kann. Diese Treibhausgase – CO_2 (zu 50 Prozent), Fluorkohlenwasserstoffe (FCKW) (zu 20 Prozent), Methan (zu 16 Prozent) Distickstoffmonoxid (zu sechs Prozent), perfluorierte Kohlenwasserstoffe (zu acht Prozent) und Schwefelhexafluorid – erzeugen somit einen Treibhauseffekt, eine übermäßige Erwärmung der Luft, wie sie in einem Glashaus vorkommt.

Seit der industriellen Revolution wurden durch menschliche Aktivitäten 271 Milliarden Tonnen Kohlendioxid in die Atmosphäre abgesetzt; heute sind es im Jahr 6,3 Milliarden Tonnen. Allein die USA produzieren 1,4 Milliarden Tonnen Kohlendioxid jährlich, China 846 Millionen Tonnen; Russland 414 Millionen Tonnen; Japan 308 Millionen Tonnen; Deutschland 241 Millionen Tonnen; Indien 250 Millionen Tonnen; Großbritannien 151 Millionen Tonnen; Kanada 115 Millionen Tonnen; Italien 107 Millionen Tonnen und Südkorea 104 Millionen Tonnen. Allein die Vereinigten Staaten sind also, bei einem Anteil von fünf Prozent an der Weltbevölkerung für 20 Prozent aller CO_2-Emissionen verantwortlich. Der Grund dafür sind die niedrigen Energiepreise in den USA, die großen Häuser und der starke Gebrauch von Autos.

Laut einer Carbon Dioxide Information Analysis Center für die UNO durchgeführten Studie wurden 2004 weltweit 27,3 Milliarden Tonnen CO_2 produziert.

Davon entfielen 6 Milliarden Tonnen auf die USA, 5 auf China, 4 auf die EU (25) und 1,5 auf Russland. Beim Pro-Kopf-Ausstoß von CO_2 führt Qatar die Liste an: Pro Kopf und Jahr wurden dort 69,2 Millionen Tonnen CO_2 produziert. Zum Vergleich: Ein US-Amerikaner produziert 20,4, ein Österreicher 8,5 Millionen Tonnen CO_2 pro Jahr.

Zahlreiche internationale Konferenzen, von Stockholm über Rio bis Kyoto, Den Haag und Marrakesch, haben sich mit dem Thema der Reduzierung der Treibhausgase befasst. Ein nicht unwesentliches Problem dabei besteht darin, dass von manchen der Zusammenhang zwischen CO_2-Emissionen und Klimaveränderung bestritten wird. Das Klima, so diese Argumentation, verändert sich ohnehin ständig, mit und ohne menschliche Einwirkung.

2.4.2 Die Zerstörung der Ozonschicht

Ozon ist ein Molekül, das aus drei Sauerstoffatomen besteht. Es kommt hauptsächlich in der Stratosphäre, also zehn bis 50 Kilometer über der Erdoberfläche vor, in der sogenannten Ozonschicht. Hier übt Ozon die Funktion aus, die sehr energiereichen ultravioletten Strahlen zu absorbieren. Dadurch werden Lebewesen und Pflanzen vor den negativen Auswirkungen dieser Strahlen geschützt.

Die Ozonschicht selbst läuft nun Gefahr, durch verschiedene Chemikalien wie Chloride, Fluor oder Bromine zerstört zu werden. All diese Chemikalien werden durch den Gebrauch von Fluorkohlenwasserstoffen freigesetzt. 1995 waren die stratosphärischen Ozonschichten über Europa und Nordamerika schon um zehn Prozent weniger dicht als in den 1970er Jahren, in manchen Gegenden sogar um mehr. Dies hat auch schon zu einer Verstärkung der radioaktiven Einstrahlung auf die Erde geführt. Dadurch wurde bereits ein verstärktes Auftreten von Hautkrebs verursacht, Immunsysteme wurden genauso wie das Wachstum von Meerespflanzen beeinträchtigt.

1985 wurde durch die „Wiener Konvention" erreicht, die Forschung über die negativen Auswirkungen der schädlichen Substanzen auf die Ozonschicht voranzutreiben. 1987 wurde dann von 27 Industriestaaten sowie der EU das

„Montreal Protocol on Substances that Deplete the Ozon Layer" unterzeichnet. Dieses Abkommen, das im Jänner 1989 in Kraft trat, sieht vor, dass die weltweite Produktion von FCKW und Halonen zunächst eingefroren und dann eine Halbierung der Produktion und des Konsums erreicht wird.

2.4.3   Der „saure Regen"

Während es hinsichtlich der Klimaerwärmung und der Zerstörung der Ozonschicht eine Reihe von Abkommen der Vereinten Nationen gibt, hat man bisher versucht, die durch den „sauren Regen" entstandenen Probleme zwischenstaatlich beziehungsweise regional zu lösen.

Tatsächlich hat der „saure Regen" schon überall auf der Welt Flüsse und Seen zerstört, die Gesundheit von Mensch und Tier beeinträchtigt und Ackerland geschädigt.

Zum „sauren Regen" kommt es, wenn Schwefeldioxid (SO_2) in die Luft freigesetzt wird. Fast alle fossilen Brennstoffe, vor allem Kohle, enthalten Schwefel. In den Vereinigten Staaten etwa sind die Kohlekraftwerke für zwei Drittel der SO_2-Emissionen verantwortlich. Diese entstehen, wenn fossile Brennstoffe verbrennen und sich der freigesetzte Schwefel mit Sauerstoff verbindet, wodurch SO_2 gebildet wird. Insgesamt werden weltweit 39 Prozent der Elektrizität aus Kohlekraftwerken gewonnen. Allein in den Vereinigten Staaten kommen 75 Prozent aller Schwefelemissionen aus solchen Kraftwerken und großen Industriebetrieben.

Das Fischsterben in den großen Seen zwischen Kanada und den USA wird genauso dem „sauren Regen" zugeschrieben wie die schlechte Wasserqualität in 3.000 Seen und in den Flüssen im Osten der Vereinigten Staaten. Auch das Fischsterben in den Seen von Norwegen und Schweden, England und Schottland, wird auf den „sauren Regen" zurückgeführt, genauso wie das Waldsterben im mittleren Westen der USA und in Osteuropa. Besonders gravierend ist das Problem in China, wo 73 Prozent der Energie aus Kohle gewonnen wird. Entsprechend ist bereits ein Viertel des gesamten Landes von SO_2-Emissionen betroffen.

Von Kanada werden die Vereinigten Staaten für die Verschmutzung von 16.000 ihrer Seen verantwortlich gemacht. 1978 kam es zwischen den beiden Ländern zum „Great Lakes Water Quality Agreement", das allerdings nur empfehlenden Charakter hat. In Europa haben sich die EU und die Economic Commission of Europe (ECE) der Vereinten Nationen zumindest um eine Eindämmung der negativen Folgewirkungen des „sauren Regens" bemüht.

In Helsinki kamen 30 europäische Länder 1985 überein, SO_2-Emissionen bis zum Jahre 1993 um 30 Prozent zu drosseln. Allerdings gehören einige Staaten, etwa Großbritannien, diesem 30-Prozent-Klub nicht an. Eine Reihe von Ländern haben von sich aus Begrenzungen für SO_2-Emissionen beschlossen. Ein Hauptproblem besteht aber weiter darin, dass Kohle die billigste und am weitesten verbreitete Energiequelle in der ganzen Welt ist, also ein Rohstoff, auf den viele Entwicklungsländer kaum verzichten können oder wollen.

So sehr die Erderwärmung, der „saure Regen" beziehungsweise die Zerstörung der Ozon-Schicht große Herausforderungen für unsere Umwelt darstellen, so kann nicht übersehen werden, dass diese Themen bei den verschiedenen Umweltkonferenzen, die im folgenden dargestellt werden, mit sehr unterschiedlicher Intensität behandelt wurden. Dies hängt wohl einmal mit dem unterschiedlichen Grad der gegebenen Gefährdung zusammen, könnte aber auch mit dem jeweiligen Modetrend zu tun haben, dem diese Themen immer wieder ausgesetzt sind.

2.5 Die großen Konferenzen – Rio, Kyoto, Johannesburg

2.5.1 Die Konferenz von Rio

Der Weltgipfel von Rio (United Nations Conference on Environment and Development – UNCED) fand vom 3. bis 14. Juni 1992 statt. Delegierte aus 172 Staaten, darunter 108 Staats- beziehungsweise Regierungschefs, sowie 2.400

Vertreter von NOGs nahmen daran teil. Gleichzeitig veranstalteten 17.000 NGO-Aktivisten ein NGO-Forum.

Sowohl von der Zahl der Teilnehmer her, als auch hinsichtlich des Umfangs der behandelten Themen war der Gipfel von Rio eine bis dahin in diesem Ausmaß nie da gewesene Veranstaltung. Die Botschaft des Gipfels war dann auch nicht nur, dass dringend einige Maßnahmen zur Sanierung der Umwelt gesetzt werden müssen, sondern insbesondere auch, dass die Menschen ihr Verhalten und ihre Lebensweise ändern müssen, wenn sie in einer besseren Umwelt überleben wollen.

Vor allem das Konzept der „nachhaltigen Entwicklung" (Sustainable Development) wurde damals in der internationalen Diskussion verankert. Dieser Begriff wurde 1987 von der World Commission on Environment and Development herausgearbeitet. Demnach soll eine Entwicklung so gestaltet werden, dass sie den Herausforderungen der Gegenwart gerecht wird, ohne die Bedürfnisse der künftigen Generationen in Frage zu stellen. Praktisch heißt dies, dass wirtschaftliche und soziale Probleme so gelöst werden sollen, dass diese Lösung nicht auf Kosten der Umwelt geschieht.

Der Erdgipfel von Rio hat drei Deklarationen verabschiedet und drei Konventionen initiiert:

a) Die drei Deklarationen

Die **„Deklaration von Rio"** verkündet 27 Grundregeln, nach denen Umwelt- und Entwicklungspolitik gestaltet werden sollen. Diese Prinzipien beziehen sich auf die nationale Verantwortung und die internationale Zusammenarbeit im Bereich des Umweltschutzes; auf die Bedürfnisse der Entwicklungsländer und die Bekämpfung der Armut; auf die Rolle und die Rechte der Bürger, der Frauen und der autochthonen Bevölkerung.

Weitere Ziele, die in der „Deklaration von Rio" angesprochen werden: Der siebente Grundsatz etwa unterstreicht die gemeinsame, aber unterschiedliche Verantwortung von Industriestaaten und Entwicklungsländern in Fragen des Umweltschutzes. Der zehnte Grundsatz wiederum stellt fest, dass bei Umweltfragen am besten alle Bürger auf der jeweiligen Ebene miteingebunden werden sollten. Darüber hinaus sollen die Bereiche öffentliche Erziehung, Information und Mitbestimmung ausgebaut werden.

Der 15. Grundsatz wiederum verlangt, dass man mit Maßnahmen zum Schutz der Umwelt selbst dann voranschreiten soll, wenn es in manchen Fragen noch keine volle Gewissheit seitens der Wissenschaft gibt.

Die „Agenda 21" ist ein 400-Seiten-Dokument, unterteilt in 40 Kapitel, das darauf abzielt, ein konkretes Aktionsprogramm zur „nachhaltigen Entwicklung" zu bilden. Die einzelnen Kapitel beziehen sich auf die verschiedensten Bereiche, wie: Nachhaltige Entwicklung im städtischen Bereich; Maßnahmen gegen die Zerstörung des Waldes; Management der Biotechnologie; Schutz gefährdeter Ökosysteme im Gebirge; sowie auf den Umgang mit gefährlichen Abfällen.

Einige Kapitel beziehen sich darauf, die Rolle von Aktionsgruppen zu stärken, etwa im lokalen Bereich, im Rahmen von Gewerkschaften oder auch in Wirtschaftskreisen. Die letzten acht Kapitel beziehen sich auf die Frage der Umsetzung all dieser Forderungen, insbesondere hinsichtlich der Finanzierung und der weiteren institutionellen Behandlung dieser Themen. Insbesondere wurde zur Umsetzung all dieser Ziele beziehungsweise zur Koordinierung der einzelnen UN-Aktivitäten die Commission on Sustainable Development ins Leben gerufen.

Da man sich auf bindende Beschlüsse zum Schutz des Waldes nicht einigen konnte, wurden zumindest die „Forest Principles" verabschiedet. Darin werden Leitlinien zum Schutz und der Bewirtschaftung des Waldes dargelegt, wobei aber auch unterstrichen wird, dass das „souveräne Recht" der einzelnen Staaten, über ihre Wälder frei zu verfügen, nicht angetastet wird.

b) Die drei Konventionen

Die Rahmenkonvention betreffend die **Klimaveränderung** (Framework Convention on Climate Change – FCCC) wurde von 153 Staaten unterzeichnet und ist nach eineinhalb Jahren in Kraft getreten. Die FCCC zielt darauf ab, die Emissionen von Treibhausgasen in die Atmosphäre auf dem Stand von 1990 zu stabilisieren, um einer weiteren Erderwärmung vorzubeugen. Insbesondere die Industrieländer wurden angehalten, die Emissionen in einem Ausmaß einzudämmen, damit sich Ökosysteme auf natürliche Weise anpassen können und die Erzeugung von Nahrungsmitteln nicht gefährdet wird. Diesbezüglich wurden aber keine rechtlich verbindlichen Maßnahmen beschlossen, sondern nur, dass über die im nationalen Rahmen getroffenen Maßnahmen regelmäßig zu berichten ist.

Die Konvention betreffend die **Artenvielfalt** (Convention on Biological Diversity) ist im Dezember 1993 in Kraft getreten. Auch dies ist eine Rahmenkonvention, die darauf abzielt, die Vielfalt der Arten auf der Welt zu erhalten. Die Vertragsparteien wurden angehalten, entsprechende Strategien auszuarbeiten und darüber regelmäßig zu berichten. Auch in diesem Zusammenhang ging es um Fragen der staatlichen Souveränität, wobei allerdings festgehalten wurde, dass die Ergebnisse wissenschaftlicher Forschungen möglichst breit gestreut werden.

Die Konvention gegen die **Wüstenbildung** (Convention to Combat Desertification – UNCCD) der UNO besteht seit 1996 und ist ein völkerrechtlich verbindliches Regelwerk, das die internationale Zusammenarbeit zur Bekämpfung der Desertifikation verbessern soll. Zusammen mit der Klimakonvention und dem Abkommen zur Artenvielfalt ist sie eine der drei großen Konventionen des Rio-Prozesses. Sie hat zum Ziel, förderliche politische Rahmenbedingungen für nachhaltige und wirksame Aktivitäten zur Überwindung der Desertifikation zu schaffen.

Kernstück für die Umsetzung der Konvention sind nationale Aktionsprogramme, in denen jedes Land seinen Weg zur Bekämpfung der Desertifikation festlegt. Eine besondere Anforderung an die Qualität der nationalen Aktionsprogramme ist, dass sie die vordringlichen Probleme der am schwersten betroffenen

Bevölkerung aufgreifen und diese bei der Programmerstellung und bei der Umsetzung einbinden sollen. Das Konzept einer Beteiligung der Bevölkerung– und damit einer Willensbildung von unten – „bottom-up approach"- wird mit der UNCCD zum ersten Mal in einem internationalen Vertragswerk der Vereinten Nationen festgeschrieben. Es stellt für viele Länder eine völlig neue Herausforderung im Rahmen der Entwicklungszusammenarbeit dar, nämlich politische Weichenstellungen für dezentrale Entwicklungsanstrengungen unter maßgeblicher Mitwirkung der Bürger vorzunehmen.

Zur Umsetzung der Beschlüsse von Rio wurden, wie dargelegt, eigene Institutionen gegründet, so die Commission on Sustainable Development (CSD) und die Global Environmental Facility (GEF).

CSD besteht aus Vertretern von 53 Staaten, die, nach geographischen Gesichtspunkten, für drei Jahre gewählt werden. Ihre Aufgabe besteht darin zu gewährleisten, dass die „Agenda 21" umgesetzt wird. Die GEF wiederum wurde errichtet, um die finanziellen Kosten, die bei der Umsetzung der Beschlüsse von Rio anfallen, abzudecken, was bisher aber nur in einem bescheidenen Ausmaß gelungen ist.

2.5.2 Kyoto als Ideologie – am Beispiel Kanada

Wie sehr die Herausforderungen von Kyoto in einzelnen Ländern politisch, ja ideologisch umstritten waren, soll am Beispiel Kanadas dargestellt werden. Während der letzten Monate des Jahres 2002 gab es in Kanada eine heftige innenpolitische Diskussion darüber, ob Ottawa das Kyoto-Protokoll ratifizieren soll oder nicht. Kanada war 1997 in Kyoto dabei, als bei der dritten Vertragsparteien-Konvention der Klimakonvention beschlossen wurde, dass 39 Industrieländer vom Jahr 2008 bis 2013 die Emissionen von Treibhausgasen um 5,2 Prozent unter das Niveau von 1990 reduzieren sollten.

Die einzelnen Länder gingen unterschiedliche Verpflichtungen ein. Für Kanada wurde dieser Prozentsatz mit sechs Prozent festgelegt. Das Ziel sollte sein, die

Konzentration von Treibhausgasen in der Atmosphäre auf einem Niveau so zu stabilisieren, dass eine Störung des Klimas in Zukunft verhindert würde.

Unter Berufung auf maßgebliche Wissenschaftler, des „Intergovernmental Panel on Climate Change" wurde die herrschende Meinung gebildet, verschiedene Treibhausgase – CO_2, Methan, Distickstoffmonoxid, teilhalogenierte Fluorkohlenwasserstoffe, perfluorierte Kohlenwasserstoffe und Schwefelhexafluorid – würden sich in der Atmosphäre so konzentrieren, dass dadurch die Ausstrahlung von Wärme verhindert wird. Durch den so erzeugten Treibhauseffekt würde eine vom Menschen herbeigeführte Klimaveränderung bewirkt.

Das Protokoll wurde am 12. Dezember 1997 von 159 Staaten angenommen, aber von viel weniger Staaten ratifiziert. Um in Kraft treten zu können, muss das Protokoll aber von 55 Staaten, die zusammen für 55 Prozent aller CO_2-Emissionen des Jahres 1990 verantwortlich waren, ratifiziert werden. Nachdem die USA, denen 36,1 Prozent dieser Emissionen angerechnet werden, erklärt hatten, nicht zu ratifizieren, lag die Hauptlast bei der Europäischen Union mit 24,2 Prozent, den Ländern Mitteleuropas (7,4 Prozent), Japan (8,5 Prozent) und Russland (17,4 Prozent).

Die große Herausforderung von Kyoto liegt letztlich darin, dass die gesamte Wirtschaft, die weitgehend auf Öl, Gas und Kohle als Energieträger aufbaut, auf neue Energiequellen umsteigen müsste, nämlich auf Wind-, Sonnen- und Wasserenergie.

Für Kanada erweist sich diese Herausforderung als besonders groß, weil sich hier vor allem in der Provinz Alberta und vor der Atlantikküste riesige Erdöl- und Erdgaslager befinden. Außerdem geht Kanada mit seiner Energie ziemlich großzügig um. Eine Verwirklichung des Kyoto-Protokolls würde daher für Kanada bedeuten, den jährlichen Ausstoß von Treibhausgasen von derzeit 760 Millionen Tonnen auf 560 Millionen Tonnen, also um ein Viertel, zu reduzieren.

Da die Erreichung dieses Zieles von Anfang an schwierig war, verlangte Kanada vom „Kyoto-Mechanismus" Gebrauch machen zu können, der den Handel mit

Emissionen vorsieht. Konkret wollte Kanada Gutschriften dafür, dass seine Wälder als „carbon sinks" einen großen Beitrag zur Reinhaltung der Luft leisten. In ähnlicher Weise wollte man auch Guthaben für den Export sauberer Energie in die USA. Würden nämlich die USA – so die Argumentation – nicht die saubere kanadische Elektrizität beziehungsweise das saubere Erdgas benutzen, wäre die Luftverschmutzung in Amerika wesentlich größer. Während die EU bei den „carbon sinks" einwilligte, blieb die zweite Forderung erfolglos.

Die besondere Situation Kanadas ist in drei Faktoren begründet: Mit Energie wurde bisher sehr großzügig umgegangen; durch das Ausscheren der Vereinigten Staaten vom Kyoto-Prozess befürchteten viele einen Wettbewerbsnachteil für die eigene Wirtschaft und schließlich gab es auch eine sehr unterschiedliche Haltung der einzelnen Provinzen, weil die Energievorräte innerhalb des Landes sehr ungleich verteilt sind.

Verführt durch die Größe des Landes und die billigen Energiepreise verbrennt Kanada täglich 1,8 Millionen Tonnen Fass Öl und 192 Millionen Kubikmeter Erdgas, mehr als ganz Afrika insgesamt. Umgelegt auf die Bevölkerungszahl bedeutet dies, dass jeder Kanadier täglich 24 Tonnen Treibhausgase in die Luft pulvert. Mit 0,5 Prozent der Weltbevölkerung produziert Kanada immerhin zwei Prozent aller Treibhausgase und ist damit der neuntgrößte Luftverschmutzer von allen Ländern.

Gegner von Kyoto argumentierten daher, dass kein anderes G7-Land durch das Kyoto-Protokoll so betroffen wäre wie Kanada. Außerdem würden 70 Prozent der Energie des Landes aus CO_2-armen Quellen erzeugt, etwa durch Atomenergie oder Wasserkraftwerke.

Die Erklärung der Vereinigten Staaten, Kyoto nicht zu ratifizieren, hat Kanada zweifellos schwer getroffen. Immerhin machen die kanadischen Exporte 37 Prozent des gesamten BIP aus, und was noch wesentlicher ist, 87 Prozent dieser Exporte gehen in die USA. Viele Befürchtungen gingen daher dahin, dass Kanada bei einer Übernahme der aus Kyoto entstehenden Verpflichtungen schwere Wettbewerbsnachteile erleiden könnte. Die dann in Kanada höheren

Energiepreise würden kanadische Betriebe gegenüber den amerikanischen benachteiligen.

Polarisiert wurde die Kyoto-Diskussion in Kanada auch dadurch, dass die Energievorkommen und der Energieverbrauch in den zehn Provinzen und drei Territorien äußerst unterschiedlich sind. So war die Westprovinz Alberta im Jahre 1998 für 200 Millionen Tonnen an Treibhausgas-Emissionen verantwortlich, die kleine Ostprovinz Prince Edward Island jedoch nur für zwei Millionen Tonnen. Ebenfalls sehr unterschiedlich sind die Emissionen pro Kopf der Bevölkerung: Diese beliefen sich 1998 in Alberta auf 69 Tonnen, in Québec jedoch nur auf 12 Tonnen.

Ganz entscheidend für die kanadische Diskussion war, dass die reichste Provinz des Landes, Alberta, ihren Wohlstand auf riesigen Öl- und Erdgasvorkommen aufbaut. Die politische Spitze der Provinz befürchtete nun, dass eine Ratifizierung von Kyoto zu einer Änderung im Energieverbrauch und damit zu einer Unterminierung der eigenen Wirtschaft führen könnte. Der Regierungschef der Provinz führte daher einen Kreuzzug gegen Kyoto, der mit dem verglichen werden kann, den die Steirer seinerzeit gegen die Draken-Abfangjäger initiierten. Dass dabei die Ablehnung einer bestimmten Politik gleichzeitig das Auflehnen gegen die Bundeshauptstadt bedeutete, ist wohl auch kein Zufall. Dabei hörte man auch, es gäbe selbst in Alberta Kyoto-Anhänger, nur „finding them is like finding al Quaeda cells".

Sosehr ein weltweiter Konsens jener Umweltschützer gegeben erscheint, die die Erderwärmung und damit den Klimawandel auf menschliches Fehlverhalten zurückführen, es gibt auch Kyoto Gegner, die sich immer wieder artikulieren. Die kanadischen Kyoto-Gegner etwa brachten vor allem drei Argumente vor: Zunächst, dass die Theorie, wonach die Klimaerwärmung durch menschliches Handeln verursacht wird, bei weitem nicht erwiesen ist. Dann, in sehr massiver Weise, die aus Kyoto resultierenden großen Verluste für die Wirtschaft und bei den Arbeitsplätzen. Und schließlich wurde argumentiert, auch die Europäer würden bei weitem nicht das halten, was sie vorgeben.

Das Buch „The Skeptical Environmentalist" des Dänen Bjorn Lomborg wurde die Bibel der Kyoto-Gegner. Zusammen mit anderen Publikationen wie „Taken by Storm: The Troubled Science, Policy and Politics of Global Warming" wurden diese Arbeiten dahingehend zitiert, dass man heute noch gar nicht weiß, wie das Klima wirklich entsteht.

Die Emissionen von Treibhausgasen sind, so diese Argumentation, vielleicht gar nicht der wirkliche Grund für die Erderwärmung. Das Intergovernmental Panel on Climate Change (IPCC) der Vereinten Nationen wäre demnach ein Gremium von Umwelt-Fundamentalisten, die nur politische Aussagen machen. „Kyoto is based on a lie", so diese Schlussfolgerung all dieser Argumente, also „alles Schwindel".

Diese Argumente waren Wasser auf die Mühlen all derer, die bei einer Verwirklichung der Kyoto-Kriterien den Ruin der kanadischen Wirtschaft vorhersagten. Sehr stark kam die „Canadian Manufactures and Exporters Association (CME)" mit der Warnung durch, Kyoto würde allein in der verarbeitenden Industrie bis 2010 den Verlust von 450.000 Jobs in dieser Branche bedeuten, also ein Fünftel aller Arbeitsplätze kosten. Die Preise für Elektrizität würden sich verdoppeln, jene für Erdgas um 60 Prozent steigen und der Benzinpreis um 80 Prozent.

Diese Mehrkosten würden die kanadische Industrie gegenüber der Konkurrenz aus den USA hoffnungslos ins Hintertreffen bringen. Außerdem würden die Kanadier gezwungen sein, weniger Auto zu fahren, kleinere Autos zu kaufen und die Isolierung der Häuser besser zu gestalten. Die Klimaanlagen könnten nicht mehr wie bisher benützt werden, was wiederum die Lebensqualität beeinträchtigen würde.

Insbesondere die Ölindustrie in Alberta fürchtete das Schlimmste. In dieser Provinz gibt es nämlich die größten Ölsand-Vorkommen der Welt. Allerdings, so hat der National Energy Board festgestellt, werden bei der Produktion von nur einem Fass Rohöl aus Ölsand Emissionen im Ausmaß von 125 Kilogramm CO_2 freigesetzt. Die Aufregung der politischen Elite von Alberta ist also verständlich.

Massiv unterstützt wurden diese Argumente der Öl-Branche von der Autoindustrie. Diese warnte davor, dass viele Betriebe in die USA abwandern könnten, wo es die Kyoto-Reglementierung nicht gibt.

Insgesamt würde Kyoto, so eines der Hauptargumente, die kanadische Wirtschaft 25 Milliarden Euro im Jahr kosten, was einer mittleren Rezession gleich käme und, so ein weiteres Argument, trotz all dieser Belastungen wäre der Effekt von Kyoto äußerst gering: Selbst bei Einhaltung aller Kriterien, was ohnehin zweifelhaft erschiene, würde durch Kyoto die Klimaerwärmung in 100 Jahren nur um 0,1 Grad Celsius vermindert.

Gleichzeitig wurde den Europäern Heuchelei vorgeworfen. Die 15 EU-Länder hätten zwar ihre Treibhaus-Emissionen bis 1998 gegenüber von 1990 um 2,5 Prozent reduziert, das wäre aber mehr ein Zufall gewesen. Denn praktisch haben nur drei Länder den Ausstoß von Treibhausgasen wirklich gedrosselt: Deutschland, Großbritannien und Luxemburg. Deutschland deshalb, weil die alten Fabriken im Osten geschlossen wurden, die große Umweltverschmutzer waren. In England hat man wegen des Nordsee-Öls die Kohle aufgegeben. Und Luxemburg kann sich wegen der großen Finanzeinnahmen eine geänderte Energiepolitik leisten. Insbesondere war es eine massive Kampagne, die die Kyoto-Gegner in Kanada, unterstützt von großen Medien, gegen die Ratifizierung des Protokolls führten. Der Streit glich einer ideologischen Auseinandersetzung, bei der die Gegner unerbittlich selbst die Existenzberechtigung der anderen Seite in Frage stellten.

Den Kyoto-Befürwortern blies eindeutig der Wind ins Gesicht. Jedenfalls sind die Befürworter nicht mit jener kompakten Geschlossenheit aufgetreten, die die Gegner ausgezeichnet hat.

Da gab es Exponenten, die zugaben, dass Kyoto nicht besonders wirkungsvoll ist. Der Grund dafür wäre aber, dass man jährlich 29 Milliarden Tonnen an Treibhausgasen einsparen müsste, um das Klima zu stabilisieren. Tatsächlich werden aber bei der Einhaltung aller Kyoto-Kriterien in fünf Jahren nur 2,9 Milliarden Tonnen eingespart. Kanada sollte dennoch das Protokoll ratifizieren, um das, was geschieht, mitbestimmen zu können.

Der Umweltminister wiederum hob hervor, dass die Kosten von Kyoto mit 6,5 Milliarden Euro wesentlich geringer wären, als von den Gegnern angegeben und dass auch die Investitionen in die neuen Energieträger Wind, Sonne und Wasser ein Geschäft sein könnten.

Schließlich gab es auch Argumente, die schlicht und einfach feststellten, dass die Umwelt durch fossile Brennstoffe eben stark verschmutzt wird und dass es nicht schaden kann, mit Energie sparsamer umzugehen. Außerdem würden energiesparende Maßnahmen auch den Unternehmen helfen, Kosten zu sparen. Als Beispiele wurden einige Konzerne wie British Petrol und Du Pont angeführt, denen dies schon gelungen ist. Dass es auch Wissenschaftler gab, die jenen Forschern Recht gaben, wonach die Klimaerwärmung weitgehend durch menschliches Verhalten ausgelöst wird, liegt auf der Hand. Einige Analysen wiederum gingen dahin, dass Kanada sein Bruttonationalprodukt in den nächsten 30 Jahren durchaus um 50 Prozent steigern und gleichzeitig die Treibhaus-Emissionen halbieren könnte.

Unerwartete Hilfe erhielten die Kyoto-Befürworter auch aus der Geschäftswelt. So erklärte der frühere Generaldirektor des staatlichen Ölkonzerns Petro Canada, Kyoto beruhe auf einer besseren wissenschaftlichen Grundlage als die meisten Entscheidungen, die von den Ölkonzernen getroffen werden. In Kanada werde einfach zuviel Energie verschwendet und selbst in den USA gäbe es Bundesstaaten, die von sich aus die Kyoto-Standards anstreben.

Auch andere Unternehmer erhoben ihre Stimme in diese Richtung. Der Chef von Husky Injection Molding Systems Ltd. hat sich schon sehr früh auf die Konstruktion von umweltfreundlichen Großmaschinen zur Herstellung von Kunststoff-Containern und Kunststoffteilen spezialisiert. Sein Argument war, dass sich seine Maschinen deshalb am Markt durchgesetzt hätten, weil der Konsument Umweltfreundlichkeit schätzt. Aber dennoch, die Befürworter waren weniger lautstark als die Gegner.

Angesicht dieser heftigen politischen Auseinandersetzungen war es jedenfalls eine beachtliche politische Leistung des kanadischen Ministerpräsidenten Jean Chrétien, dass Kanada das Kyoto-Protokoll ratifizierte. Es war dies eine Entscheidung, die wohl auch deshalb getroffen wurde, weil die „schweigende Mehrheit", vielleicht trotz der heftigen Debatte, nicht all zu viel über den Inhalt von Kyoto erfuhr, aber die Gefahr spürte, die Kanada drohen könnte. Vom arktischen Eis im Norden bis zu den Ölfeldern in Alberta, von den urbanen Zentren bis zu den riesigen Wäldern und Seen des Landes muss Kanada einen Schatz pflegen, den das Land hat, seine Natur.

2.5.3 Johannesburg – wofür?

Johannesburg zeichnete sich durch eine starke Teilnahme auch der Wirtschaft aus. Zehn Jahre nach Rio, vom 26. August bis 4. September 2002, fand in Johannesburg, Südafrika, der Weltgipfel über nachhaltige Entwicklung statt. Es war dies die größte Konferenz, die von den Vereinten Nationen je organisiert worden war. Insgesamt kamen 40.000 Teilnehmer, manche sprachen sogar von 60.000. Mehr als 100 Staatschefs begaben sich nach Johannesburg, Tausende Beamte kamen als Delegierte ihrer Regierungen. Die NGOs schickten 15.000 Vertreter, und 20.000 Journalisten berichteten in ihren Medien darüber.

Zeit und Ort der Konferenz waren nicht zufällig gewählt. Zehn Jahre nach Rio sollte eine Bilanz darüber gezogen werden, welche Resultate der damalige Erdgipfel tatsächlich gebracht hat. Insbesondere die damals initiierten Konventionen – über die Klimaveränderung, die Bio-Vielfalt und die Wüstenbildung – sollten einer genauen Prüfung unterzogen werden.

Von der Euphorie von Rio war man weit entfernt. Dazu fiel die Bilanz darüber, was bei der Entwicklung der Dritten Welt und beim Umweltschutz tatsächlich erreicht wurde, zu mager aus. Allein die Herausforderungen, denen sich die Delegierten in Johannesburg gegenüber sahen, zeigten, wie viel im Bereich der „nachhaltigen Entwicklung" noch zu tun war: Mehr als eine Milliarde Menschen hatten immer noch keinen Zugang zu gesundem Trinkwasser; 1,6 Milliarden keine Elektrizität und 2,8 Milliarden mussten mit weniger als zwei Dollar am Tag auskommen.

Neu in Johannesburg war, dass Vertreter der Wirtschaft, entsandt von großen internationalen Konzernen, stark in Erscheinung traten. Das Konzept einer Partnerschaft zwischen Regierungen, Unternehmen und Vertretern der Zivilgesellschaft sollte in die Tat umgesetzt werden. Schon vor der Konferenz wurden 220 Partnerschaften unter der Schirmherrschaft der UNO gebildet, die immerhin 235 Millionen Dollar involvierten; während des Gipfels wurde die Gründung von 60 weiteren bekanntgegeben. Ziel dieser Partnerschaften war die gemeinsame Verwirklichung von Projekten, die der „dauerhaften Entwicklung" dienten.

So hat Shell angekündigt, die Suche nach Naturgas auf den Philippinen in Angriff zu nehmen. Der Medienkonzern Springer gab bekannt, Programme in in die Wege zu leiten, um die Luftverschmutzung beim Druck von Zeitungen zu verringern. „E7", ein Verband großer Elektrizitätskonzerne, will in indonesischen Dörfern ein Programm zur Erzeugung erneuerbarer Energien durchführen und Groplife International – ein Agrarkonzern – ein Programm zum richtigen Gebrauch von Kunstdünger erstellen.

Die französische Tageszeitung „Le Monde" hat sogar davon gesprochen, die großen Konzerne hätten den Gipfel von Johannesburg „gekapert". Immerhin ist jedenfalls eines gelungen: Große Unternehmen konnten sich so präsentieren, dass auch sie wesentlich zur „dauerhaften Entwicklung" beitragen, und nicht nur die NGOs, von denen sie bisher vielfach bekämpft wurden. Jedenfalls haben nicht nur Hunderte von Spitzenvertretern großer Konzerne am Gipfel das Wort ergriffen, sie haben auch dargestellt, wie Wirtschaft und Umwelt in der Praxis in Einklang gebracht werden können.

Einige Unternehmen haben sich auch sehr lange und gut auf die Teilnahme in Johannesburg vorbereitet. So hat etwa der französische Versorgungskonzern SUEZ schon ein Jahr vor Beginn der Konferenz ein strategisches Vorbereitungskomitee eingesetzt. Ein Sprecher von BASD (Business Action for Sustainable Development) hat verkündet, dass die „nachhaltige Entwicklung" in der Praxis vor allem von den Betrieben umgesetzt werden muss.

Diese Meinung wurde von denen nicht geteilt, die der privaten Wirtschaft vorwerfen, für sie stünde der Profit und nicht der Umweltschutz im Vordergrund. Aber immerhin: Es kam in wesentlichen Bereichen zu einem Dialog, und noch etwas zeigte sich: Der Gegensatz „Nord-Süd" wurde da und dort aufgeweicht. Zwar bestanden alte Fronten weiter, wenn etwa der Präsident von Südafrika oder der Sprecher der „Gruppe der 77" alle Schuld für die bestehenden Probleme den Industrieländern zuschob. Aber gleichzeitig zeigten sich auch Auffassungsunterschiede innerhalb des „Südens" und des „Nordens".

So wollten die Europäer konkrete Zielsetzungen und zeitliche Begrenzungen für die Durchführung bestimmter Programme, etwa was den Zugang zum sauberen Trinkwasser oder die Umstellung der Energieträger auf erneuerbare Energien betrifft (Europäischer Vorschlag 2010). Andererseits hat sich die Weltbank auf die Seite des „Südens" geschlagen, wenn sie einen erleichterten Zugang der Entwicklungsländer für deren landwirtschaftliche Produkte verlangte. Ein Abbau der Agrar-Einfuhrzölle seitens der Industrieländer könnte, so die Weltbank, den Ländern des Südens jährlich neun Milliarden Dollar an Einnahmen bringen.

Ein Aktionsplan – mit den Schwerpunkten Wasser und Energie wurde erstellt: Als Arbeitsergebnis des Gipfels wurde ein Aktionsplan vorgelegt, der 153 Paragraphen und 615 Artikel umfasst und alle Bereiche betrifft: Armut, Konsumverhalten, Umgang mit Bodenschätzen, Auswirkungen der Globalisierung, etc. Während der Vorbereitungsarbeiten konnte lediglich über ein Viertel der Themen Übereinstimmung erreicht werden, über 89 Prozent der Paragraphen betreffend die Finanzierung und 85 Prozent der Artikel betreffend den Handel konnte keine Übereinstimmung erzielt werden.

Insgesamt versuchte der Gipfel, sich auf fünf Schwerpunkte zu konzentrieren: Trinkwasser für arme Länder; verstärkter Zugang zu „dauerhafter Energie"; Verbesserung der Gesundheitsvorsorge; Verbesserung der Bewirtschaftungsmethoden in der Landwirtschaft und Schutz der Artenvielfalt.

Darüber hinaus ging es um weitere Themen: Es wurde immer wieder auf das Protokoll von Kyoto betreffend den Klimawandel verwiesen und darauf, dass dieses Protokoll von möglichst vielen Staaten ratifiziert werden soll. Tatsächlich hat dann der kanadische Ministerpräsident Jean Chrétien seinen Aufenthalt in Johannesburg zum Anlass genommen, um die Ratifizierung seines Landes zu verkünden.

Hinsichtlich der Artenvielfalt wurde in Erinnerung gerufen, dass ab 2010 eine „Trendwende" eintreten soll, ohne dass aber konkrete Maßnahmen festgelegt worden wären. Hinsichtlich der Fischerei erklärte man, das Ziel sei, bis 2015 nicht mehr zu fischen, als es die Regeneration der Fischbestände erlaubt. Allerdings fügte man hinzu, „nur dort, wo dies möglich ist". Damit wurde die Bedeutung dieses ganzen Textes wesentlich vermindert. Die Agrarsubventionen in den Industrieländern sollten jedenfalls vermindert werden. Bei dieser Forderung übernahm man den Text, der bei der Tagung der Welt-Handelsorganisation (WTO) in Doha festgelegt wurde. Hinsichtlich der Globalisierung wurden Vor- und Nachteile aufgezeigt. Es wurde darauf hingewiesen, dass eine Umweltpolitik mit den Grundsätzen der WTO in Einklang stehen soll, der Vorschlag einer Unterordnung der Umweltverträge unter die WTO wurde aber nicht angenommen.

Im Aktionsplan wurde das „Prinzip der gemeinsamen, aber unterschiedlichen Verantwortung" festgehalten. Demnach haben die „reichen Länder" eine größere Verantwortung hinsichtlich der Beeinträchtigung der Umwelt, da ihre Industrialisierung schon früher begonnen hat. Die Mittel gegen die Wüstenbildung sollten auch aus dem Welt-Entwicklungsfonds genommen werden können, was insbesondere Afrika zu Gute käme. Außerdem sollten diese Mittel auf drei Milliarden Dollar aufgestockt werden.

Verschiede Aktionsprogramme wurden mit dem Ziel erstellt, die Verhaltensweisen hinsichtlich Gütererzeugung und Güterkonsum so zu verändern, dass mehr Wirtschaftswachstum gleichzeitig auch einen besseren Schutz der Umwelt bedeutet. Die Menschenrechte wurden auch im Kapitel „Gesundheit" erwähnt, so wie im Zusammenhang mit den Rechten der Frauen auf Familienplanung und im

Kampf gegen sexuelle Gewalt. Was die „sozialen Rechte" betrifft, so scheinen sie nur am Rande auf, wie etwa die „Verantwortung der Betriebe" während die Richtlinien der WTO im Vordergrund stehen.

Einen wesentlichen Platz in Johannesburg nahmen jedenfalls die Initiativen betreffend Wasser und Energie ein. Nach den derzeitigen Schätzungen kann ein sicherer Zugang zu sauberem Trinkwasser in Asien erst bis zum Jahre 2025, in Lateinamerika bis 2040 und in Afrika bis 2050 erreicht werden. Die Verwirklichung des Millenniumszieles von 2015 würde bedeuten, dass die Ausgaben für den Ausbau der Wasser-Infrastruktur von derzeit 60 Milliarden Dollar im Jahr um 23 Milliarden erhöht werden müssten, was sehr unwahrscheinlich ist.

Dabei sind, so die Organisation Water Aid, die Investitionen gar nicht das Hauptproblem. Dieses bestünde vielmehr in der Erhaltung der gebauten Anlagen. Diese Frage hängt letztlich auch damit zusammen, ob Wasser als irgendein Rohstoff angesehen wird, den man, so wie andere Rohstoffe, kauft, oder als ein Gut besonderer Art, das allen zur Verfügung stehen muss und über das die öffentliche Hand wachen soll.

Was den anderen Schwerpunkt, die Energieversorgung, betrifft, so stellte die International Energy Agency (IEA) fest, dass 1,6 Milliarden Menschen keinen Zugang zu modernen Energiequellen, wie etwa Elektrizität, haben. Dafür sammeln diese Menschen äußerst ungesunde Brennmaterialien, wie etwa Kuhmist oder Holz, die dann in Häusern mit einer schlechten Ventilation verbrannt werden, was zu einer Gefährdung der Gesundheit und zu einer neuerlichen Verschmutzung der Umwelt führt. Dabei gibt es kaum Chancen, selbst durch sehr viele Investitionen diese Situation in den nächsten Jahrzehnten zu ändern.

Eine Abhilfe könnte durch den Bau von Kleinkraftwerken geschaffen werden, die sich auf Wind- und Sonnenenergie stützen.

In der Zukunft wird der „Weltgipfel über die nachhaltige Entwicklung" jedenfalls auch daran gemessen werden, wie weit es gelingt, Millionen von Dörfern in der Dritten Welt mit Wasser und Energie zu versorgen.

Was wurde erreicht? Das Problem vieler Großkonferenzen, so auch das von Johannesburg, war, dass die Realität nicht mit der Rhetorik, die Erwartungshaltung nicht mit der Bereitschaft übereinstimmte, eventuell die nötigen Opfer zu bringen, um die proklamierten Ziele zu erreichen. Dass im Bereich des Umweltschutzes eine internationale Zusammenarbeit notwendig ist, um die richtigen Ergebnisse zu erzielen, wissen heute alle. Aber die Meinungen darüber, welcher Weg konkret eingeschlagen werden soll, gehen auseinander.

Die USA etwa, die in Johannesburg nicht durch ihren Präsidenten Bush vertreten waren, und die Kyoto nicht ratifizierten, haben andere Prioritäten als der südafrikanische Thabo Mbeki, der ein Ende der „weltweiten Apartheid" gefordert hat.

Tatsächlich bestehen bald zwei Jahrzehnte nach Rio immer noch die großen Auffassungsunterschiede darüber, was „dauerhafte Entwicklung" in der Praxis bedeuten soll. Die Industriestaaten des Nordens verstehen darunter insbesondere Anstrengungen für die Verbesserung der Umwelt: Wie soll unsere Natur geschützt werden, um langfristig Wohlstand zu erreichen? Für die ärmeren Länder des Südens hingegen steht die wirtschaftliche Entwicklung im Vordergrund: Wie können jene Strukturen und Institutionen geschaffen werden, die ihnen, wie vorher schon „dem Norden", den wirtschaftlichen Erfolg gewährleisten?

Die einen wollen möglichst viel Umverteilung öffentlicher Gelder verbunden mit einem Nachlass ihrer Schulden, die anderen setzen auf „good governance" und private Initiative. Die einen verlangen soziale Rechte, darunter den kostenlosen Zugang zu Nahrung und Wasser, garantiert durch internationale Organisationen; die anderen setzen auf Freihandel im Sinne von „trade is aid". Für die einen ist die Globalisierung ein Grundübel und trägt weiter zur Verarmung der Dritten Welt bei, die anderen sehen darin eine Chance, die Teilung der Welt zu überwinden.

Sicherlich wurde in Johannesburg aufgezeigt, dass ein Zusammenhang zwischen Entwicklung und Umwelt besteht: Die Herausführung aus der Armut hängt zusammen mit der Verlangsamung der Bevölkerungsexplosion. Mehr Erziehung

241

hilft, die Ergebnisse in der Landwirtschaft zu verbessern; das wiederum trägt dazu bei, dass die Energie- und Wasserversorgung modernisiert werden können. Eine Konzentration auf die bedeutende Frage des Zugangs zu sauberem Trinkwasser und zu erneuerbarer Energie könnte zweifellos zu einer Bewusstseinsbildung in diesen Bereichen beitragen. Entscheidend dabei ist natürlich, wie weit es gelingt, konkrete Aktionen über die Konferenzrhetorik hinaus zu verwirklichen.

In Einzelfragen kann Johannesburg auf Erfolge verweisen: Die USA engagierten sich, bis 2005 zum Schutz der tropischen Wälder im Kongo-Becken 53 Millionen Dollar zur Verfügung zu stellen. Die Erzeugung und Verwendung giftiger Chemikalien, die für Gesundheit und Umwelt schädlich sind, sollen bis zum Jahr 2020 verboten werden.

Aber die entscheidende Frage wird wohl die sein, wie weit die Proklamationen von Johannesburg nicht nur ein zunehmendes Problembewusstsein schaffen, sondern auch dazu beitragen können, dass Problemlösungen angestrebt werden, auch wenn dies, wie etwa im Energiebereich, mit einer Änderung unseres Verhaltens verbunden sein muss.

2.6   Kinder – Frauen – Menschenrechte: die Herausforderungen

2.6.1   Kinder als Opfer und Täter

Dass ein Handlungsbedarf der Internationalen Gemeinschaft zum Schutz der Kinder besteht, weiß ein jeder, der das internationale Geschehen beobachtet. So gab es schon im April 2001 in der „New York Times" einen Bericht zum Thema „What it Takes to Stop Slavery". Als Sklave wurde dabei jemand bezeichnet, „Who is forced to work under physical or mental threat, and where the owner or employer controls the person completely – where a person is bought or sold".

Als kennzeichnend für die Sklaverei wurde weiter eine starke Beeinträchtigung der Bewegungsfreiheit genannt, kein oder nur ein äußerst geringes Gehalt sowie das Faktum, dass man dem Arbeitgeber hinsichtlich Arbeit und Arbeitszeit voll ausgeliefert ist.

Nach diesem Bericht der „New York Times" wurden weltweit 27 Millionen Menschen als Sklaven gehalten, darunter viele Kinder. Allein in Westafrika wurden Zehntausende Kinder als billige Arbeitskräfte von einem Land ins andere gebracht. Ein Wesenszug der modernen Sklaverei ist demnach auch, dass man sich dafür nicht die Starken aussucht, sondern die Schwachen: Eben Frauen und Kinder; über sie kann man leichter verfügen.

Nun darf man die Welt nicht nur mit westlichen Augen sehen, wo die Arbeitsbedingungen, selbst für Kinder, vor nur wenigen Generationen auch noch ganz anders waren. Die Lebensumstände in den Entwicklungsländern entsprechen oft jenen in Europa vor einigen Generationen. So berichtet Peter Dalglish, Begründer der Hilfsorganisation „Street Kids International", dass die Arbeit für Flüchtlingskinder in Pakistan eine Möglichkeit ist zu überleben und selbst ein Handwerk zu erlernen. Das Schulsystem in diesen Ländern ist katastrophal, die Kinder werden oft geschlagen, während sie andererseits auch eine Arbeit finden können, die ihnen gefällt. So haben bei einer von „Save the Children Sweden" in Afghanistan durchgeführten Umfrage 61 Prozent der Kinder erklärt, dass sie ihre Arbeit gerne tun und 45 Prozent der Eltern beurteilten die Arbeit ihrer Kinder positiv.

Die Argumentation von Peter Dalgish zielt nun nicht darauf ab, die Kinderarbeit zu befürworten, er tritt vielmehr für eine realistische Sicht der Dinge ein. Da man die wirtschaftlichen und sozialen Verhältnisse, und damit die Kinderarbeit, so seine Argumentation, in absehbarer Zeit nicht total verändern kann, sollte man eher versuchen, sie zu verbessern. In diesem Sinne sollten für die Kinder, die arbeiten, eine entsprechende Gesundheitsfürsorge eingerichtet und die Sicherheit am Arbeitsplatz verbessert werden.

Dass die ganze Situation nicht so einfach ist, zeigt ein Vorfall, der sich 1995 in Pakistan ereignete: Iqbal Massik kam bei einem Autounfall ums Leben. Er war ein führender Vertreter der „Befreiungsfront gegen die Kinderarbeit". Sehr bald wurde die Vermutung geäußert, er wäre von der Teppich-Mafia umgebracht worden. Tatsächlich trat Iqbal für einen Boykott gegen den Kauf pakistanischer Teppiche mit dem Aufruf „Kauft nicht das Blut der Kinder" ein. Allerdings fand man auch heraus, dass er dafür von einer amerikanischen Stiftung eine erhebliche Summe an Dollar erhalten hatte.

Zweifellos ist es begrüßenswert, dass die Internationale Arbeitsorganisation (I-LO) der Kinderarbeit den Kampf angesagt hat. Laut einer ILO-Statistik müssen allein in den Entwicklungsländern 250 Millionen Kinder zwischen fünf und 15 Jahren arbeiten, die Hälfte davon in gefährlichen oder unwürdigen Bereichen. Die ILO bemühte sich daher zunächst um eine umgehende Ausmerzung der unerträglichsten Formen der Kinderarbeit beziehungsweise um deren schrittweise Abschaffung.

Ein ganz besonderes Problem stellen Kinder als Opfer und Täter im Krieg dar. Nach Schätzungen des Kinderhilfswerk UNICEF sind allein im Jahrzehnt zwischen Mitte der 80er und Mitte der 90er Jahre zwei Millionen Kinder Opfer von Kriegen geworden. Wie vielfältig die Einbindung von Kindern in kriegerische Auseinandersetzungen war und ist, kann man den Schlagzeilen der Tagespresse entnehmen. Da war die Rede von Hunderttausenden von Jugendlichen, die in Afghanistan für den „Heiligen Krieg" erzogen wurden. In Tschetschenien hat die Regierung Jugendliche in Gewahrsam genommen, damit sie sich nicht den Rebellen anschließen konnten. In Liberia wiederum kämpften 6.000 Kinder auf den verschiedenen Seiten im Bürgerkrieg. Eine Kalaschnikow in der Hand gab ihnen die Möglichkeit, wenn notwendig durch Plünderung zu überleben.

Im Bürgerkrieg von Sierra Leone kämpften 5.000 Kinder entweder für die Regierung oder für die Aufständischen. In Mosambik hat der Bürgerkrieg für 10.000 Kinder ein bleibendes Trauma hinterlassen und in Uganda wurden Kinder von Aufständischen gekidnappt; Burschen wurden zur Armee eingezogen, Mädchen unter den Soldaten verteilt.

Die Zahl der in Kriegen getöteten Kinder bleibt erdrückend hoch. Laut UNICEF wurden zwischen 1990 und 2001 6 Millionen Kinder in Kriegen verwundet und

22 Millionen vertrieben. UNICEF schätzt, dass es derzeit etwa 300.000 Kindersoldaten gibt. Dem Jahresbericht von „Terre des hommes" über Kindersoldaten setzten zwischen 2004 und 2007 auch neun Regierungen Kinder in ihrer regulären Armee ein. Manche Armeen verwenden Kinder als Schutzschilder, und Großbritannien schickte Unter-18-Jährige in den Irak.

UNICEF hat jedenfalls eine „Agenda gegen den Krieg" ausgearbeitet. Darin werden Maßnahmen zur Vorbeugung, ein besonderer Schutz für Mädchen und Frauen, die Erhöhung des Rekrutierungsalters von 15 auf 18 Jahre im Völkerrecht sowie ein Verbot der Landminen gefordert. Außerdem soll es Friedenszonen und Feuerpausen zur Versorgung der Zivilbevölkerung geben, eine Rücksichtnahme auf Kinder bei Wirtschaftssanktionen sowie eine Betreuung der Opfer und eine Wiedereingliederung der Täter nach Einstellung der Kampfhandlungen.

Als Folge von Kriegen und aus anderen Gründen sind Kinder oft unterernährt. Diesbezüglich konnte ein gewisser Fortschritt erzielt werden: Waren 1990 177 Millionen Kinder unter fünf Jahren unterernährt, so waren es im Jahre 2000 noch 149 Millionen. Dabei ist die Gesamtsituation sehr unterschiedlich: Während in Südamerika wirkliche Verbesserungen erzielt werden konnten, hat sich die Lage im südlichen Afrika sogar verschlechtert. 2006 galten neun Prozent aller Kinder als schwer unterernährt.

Im Zusammenhang mit der Unterernährung steht die Kindersterblichkeit. Weltweit sind ein Drittel aller Sterbefälle Kinder unter fünf Jahre, in Nordeuropa und in den USA aber nur zwei bis drei Prozent. Die Gesamtzahl dieser Fälle konnte von 19 Millionen im Jahre 1960 auf 11 Millionen 40 Jahre später reduziert werden. Unterernährte Kinder werden aber immer noch Opfer von Krankheiten, denen gesunde widerstehen könnten.

Wie vielfältig die Herausforderungen sind, die überwunden werden müssen, um die Lage der Kinder in der Welt zu verbessern, kann man täglich erfahren: In der „International Herald Tribune" konnte man im November 2002 einen Artikel unter der Überschrift „Mexican Children Riot Over Detention Conditions" lesen und „The Economist" veröffentliche einen Bericht aus „The State of the World's

Children 2003". Daraus ging hervor, dass 80 Millionen Kinder im Volksschulalter keine Schule besuchen, darunter 50 Millionen Mädchen im südlichen Afrika und Südasien. Während in Malaysia und China über 90 Prozent der Kinder eine Schule besuchen, sind es im Tschad gerade 40 Prozent, in Äthiopien 30 Prozent und in Somalia nur 12 Prozent.

2.6.2 Frauen – der lange Weg zur Gleichberechtigung

Wie immer die Gesellschaft in der Urzeit organisiert war – manche glauben, damals hätten die Frauen dominiert – während der letzten Jahrtausende hat sich in fast allen Gesellschaften das Patriarchat durchgesetzt. Dies führte zu einer Benachteiligung der Frauen in vielen Lebensbereichen, die noch heute sichtbar ist. Vor einem Jahrzehnt waren 830 Millionen Frauen berufstätig und stellten damit ein Drittel aller Beschäftigten (in den Industrieländern waren es 41 Prozent). Aber ihr Gehalt lag 20 bis 40 Prozent unter dem der Männer. 2007 waren laut ILO 1,2 Milliarden Frauen (18,4% mehr als 1997) beschäftigt und stellten somit 40% aller Beschäftigten. Dabei liegt die Arbeitslast häufig bei den Frauen, insbesondere in den Entwicklungsländern, wo sie oft für den Lebensunterhalt der ganzen Familie aufkommen müssen.

Im Bereich der Erziehung wurden weltweit Fortschritte gemacht: Auf 100 Burschen in einer Volksschule kommen jetzt 94 Mädchen, vor 50 Jahren waren es nur 65 Mädchen. Aber unter jenen, die nicht lesen und schreiben können, machen die Frauen immer noch 65 Prozent aus. Dabei ist Erziehung für die Entwicklung unerlässlich: In Ghana glaubt die Hälfte der Frauen ohne Schulausbildung, die Krankheiten würden durch Geister verursacht. Unter den Absolventen einer Grundschule sind es nur 31 Prozent. In Brasilien haben die Mütter ohne jegliche Schulausbildung im Durchschnitt 6,5 Kinder, bei den Absolventinnen einer Mittelschule sind es 2,5 Kinder. Bis 1994 wurden 634 Nobelpreise vergeben, davon nur 28 an Frauen, wobei 12 von ihnen diesen wieder mit einem Mann teilen mussten. Vierzehn Jahre später bot sich ein ähnliches Bild: bis dahin wurden 797 Nobelpreise vergeben, davon 34 an Frauen, wobei allerdings 13 mit einem Mann geteilt werden mussten.

Was die politische Vertretung betrifft, so waren um die Jahrhundertwende weltweit nur sechs Prozent der Regierungsmitglieder Frauen. In den Parlamenten waren die Frauen in Lateinamerika mit zehn Prozent vertreten; in den arabischen Ländern mit vier Prozent; in Asien mit 18 Prozent; in den skandinavischen Ländern mit 40 Prozent. Zehn Jahre später ist diese Situation nur leicht verändert: die Frauen sind nunmehr in den Parlamenten Lateinamerikas mit 18,2% vertreten; in den arabischen Ländern mit 9,1%; in Asien mit 18,2%; und in den nordischen Staaten mit 41,4%.

Ein Drittel der Haushalte in der Welt werden von Frauen geführt. Jährlich sterben immer noch eine halbe Million Frauen im Zusammenhang mit Schwangerschaft oder Geburt, davon sind ein Drittel Jugendliche. 300 Millionen Frauen haben keinerlei Möglichkeit einer Familienplanung und man nimmt an, dass jährlich immer noch 100.000 Frauen bei einer unerlaubten Abtreibung sterben. Laut Human Rights Watch gibt es jährlich immer noch zwischen 68000 und 78000 Todesfälle durch unerlaubte Abtreibungen.

Genauso groß ist die Zahl jener Frauen, die einer Beschneidung oder einer rituellen Verstümmelung unterzogen wurden. In Indien schlagen drei Viertel der Männer der niedrigen Kasten ihre Frauen, aber auch in den Industrieländern ist Gewalt gegen Frauen ein Thema: In den Vereinigten Staaten wird alle acht Sekunden eine Frau misshandelt und alle sechs Minuten eine vergewaltigt.

Es ist also noch ein weiter Weg bis zur Gleichberechtigung. Dabei stellt sich immer wieder heraus, dass eine große Hürde darin liegt, dass internationale Vereinbarungen beziehungsweise nationale Gesetze allein wenig bewirken. Es geht um die Veränderung von Verhaltensweisen und diese kann man nur schwer durch Verordnungen erzwingen.

2.6.3 Drei Generationen von Menschenrechten

Die erste Generation von Menschenrechten betrifft jene bürgerlichen und politischen Rechte, wie sie in England sowie in der Französischen und Amerikanischen Revolution entwickelt wurden. Es geht hier um das Recht auf Leben, um die Freiheit von staatlichen Eingriffen, um die Sicherheit der eigenen Person. Das Recht auf Eigentum, die Bewegungsfreiheit und das Recht auf politische Betätigung gehören genauso zu dieser Gruppe von Menschenrechten wie die Gewissens- und die Religionsfreiheit.

Diese Rechte wurden in der „Allgemeinen Erklärung der Menschenrechte" (AEMR) 1948 festgeschrieben und 1966 durch den „International Covenant on Civil and Political Rights" ergänzt. Es sind dies durchaus Rechte, die eingeklagt und durch Entscheide erzwungen werden können.

Bei der zweiten Generation von Menschenrechten handelte es sich um wirtschaftliche und soziale Rechte. Auch sie haben ihren Ursprung im westlichen Denken und sollen zum Teil auch ein Gegengewicht gegen einen übertriebenen Individualismus bilden, der, etwa im wirtschaftlichen Bereich, keine Rücksicht auf den anderen nimmt.

Entsprechend den sozialen und wirtschaftlichen Rechten hat ein jeder ein Recht auf soziale Sicherheit, jeder hat ein Recht auf Arbeit und das Recht, sich diese frei auszusuchen. Das Recht auf Gleichbehandlung am Arbeitsplatz gehört hier genauso dazu wie das Recht auf Freizeit und auf einen entsprechenden Lebensstandard. Mütter und Kinder haben demnach den Anspruch auf eine entsprechende Pflege, so wie jeder ein Recht auf Erziehung hat, die von den Eltern frei gewählt werden kann.

Diese Rechte sollten also nicht mehr den Schutz vor Eingriffen durch die Regierung gewährleisten, sie sollten vielmehr die staatlichen Organe verpflichten, tätig zu werden, um einem jeden Bürger einen entsprechenden Lebensstandard zu sichern.

Dass diese Rechte in vielen Fällen am Rechtsweg kaum erzwungen werden können, liegt auf der Hand.

Das Recht auf Solidarität ist der Kern der dritten Generation von Menschenrechten. Dieses Recht setzt die Zusammenarbeit zwischen Staaten voraus, da es darum geht, dass jedermann berechtigt ist, „innerhalb einer sozial gerechten internationalen Ordnung zu leben" (Artikel 28 AEMR). Konkret geht es dabei um das Recht auf politische, wirtschaftliche, soziale und kulturelle Selbstbestimmung; um das Recht auf eine wirtschaftlich abgesicherte Entwicklung sowie darum, an der „common heritage of mankind" teilnehmen zu können.

Im Sinne der Verwirklichung dieser Rechte hat die Generalversammlung der Vereinten Nationen im Dezember 1986 die Deklaration „On the Right to Development" beschlossen. Der von UNDP jährlich veröffentlichte „Human Development Report" zielt darauf ab, anzuzeigen, wie weit die einzelnen Länder den darin vorgegebenen Richtlinien gerecht werden.

Obwohl gerade im Bereich der Menschenrechte während der letzten zwei Generationen nicht unwesentliche Fortschritte erzielt wurden, ist das damit verbundene Spannungsfeld nach wie vor sehr groß. Hier sollen nur drei Beispiele aufgezeigt werden: Wie gelingt es, die Kluft zwischen Anspruch und Wirklichkeit zu überwinden? Ist es in vielen Ländern immer noch schwierig, die politischen Rechte zu verwirklichen, so sind die sozialen und wirtschaftlichen Ansprüche selbst in entwickelten Ländern nur schwer umzusetzen.

Ein zweiter Problembereich betrifft die Frage, warum gegen einzelne Menschenrechtsverletzungen vorgegangen wird, gegen andere hingegen nicht. So wurde Saddam Hussein wegen der Aggression gegen Kuwait in die Schranken gewiesen, Jugoslawien wegen der Übergriffe im Kosovo bombardiert, und in Somalia der Versuch unternommen, ein Gemetzel unter der eigenen Bevölkerung durch eine internationale Aktion zu beenden.

Hingegen wurde der Völkermord in Ruanda von der internationalen Gemeinschaft hingenommen. Gegen einige Diktatoren wird der Versuch unternommen, sie wegen Menschenrechtsverletzungen zu verfolgen, während andere weiter mit allen Ehren eines Staatsoberhauptes gewürdigt werden.

Schließlich steht auch immer wieder der Vorwurf im Raum, die Menschenrechte wären so sehr Ausdruck eines westlichen Denkens, dass ihre Umsetzung als „Kultur-Imperialismus" betrachtet werden kann. Ostasiatische Länder verweisen dabei auch auf die negativen Auswirkungen, die eine Betonung der individuellen Freiheit im Westen mit sich brachte: Drogen, hohe Kriminalität, Auflösung der Familien, Rassismus und Entfremdung. Vor allem, so eine weitere Argumentation, dürfe man nicht nur die „erste Generation" der Menschenrechte betonen, die anderen hingegen vergessen.

All diese Fragen werden die Diskussion über die Menschenrechte wohl auch während der nächsten Jahrzehnte beleben.

2.6.4 Die Konferenzen

2.6.4.1 Weltgipfel zum Wohl der Kinder (New York 1990)

Schon 1989 hat die Generalversammlung der Vereinten Nationen eine Konvention betreffend die Rechte der Kinder einstimmig verabschiedet. Darin wurden einige Grundrechte formuliert, die den Kindern zustehen: Das Recht auf Überleben; auf volle Entwicklung; das Recht auf Schutz vor Ausbeutung und Misshandlung. Außerdem wurden bestimmte Standards betreffend Gesundheit, Erziehung und soziale Verhältnisse festgelegt.

Am 29. und 30. September 1990 fand dann in New York der Weltgipfel zum Wohle der Kinder statt. 159 Länder, darunter 71 Staats- und Regierungschefs sowie 45 NGOs nahmen daran teil. Der Gipfel ging auf die Initiative von 6 Ländern zurück, die, zusammen mit UNICEF die Veranstaltung vorbereiteten.

Eine Welt-Deklaration und ein Aktionsplan betreffend das Überleben, den Schutz und die Entwicklung der Kinder wurden verabschiedet.

In der Deklaration wurden zunächst die großen Herausforderungen, nämlich Armut und Unterernährung, aber auch die Möglichkeiten aufgezeigt, die sich durch eine neue Form der internationalen Zusammenarbeit – es war gerade das

Ende des Kalten Krieges – ergeben könnten. Darüber hinaus wurden die künftigen Aufgaben aufgezeigt, die im Gesundheits- und Erziehungsbereich bestanden. Gleichzeitig wurde die feierliche Erklärung abgegeben, dass man alles zum Wohl der Mütter und Kinder tun werde.

Im Aktionsplan wurde festgehalten, innerhalb welchen Zeitraums die großen Ziele erreicht werden sollten: Reduzierung der Kindersterblichkeit, allgemeiner Zugang zu einer Grundschule, Beseitigung der Unterernährung und Ausrottung der schwersten Kinderkrankheiten sowie der allgemeine Zugang zu sauberem Trinkwasser.

Insgesamt wurde der Kindergipfel als durchaus positiv bewertet. Bei einer, Mitte der 1990er Jahre, durchgeführten Bestandaufnahme darüber, wie weit die festgelegten Ziele erreicht wurden, kam man zu folgendem Ergebnis: Die Kindersterblichkeit ist kontinuierlich zurückgegangen; die Zahl der Volksschüler ist gestiegen; die Ernährungssituation und der Zugang zu sauberem Trinkwasser konnten verbessert werden.

Die Konferenz zum Wohle der Kinder war die erste große UNO-Konferenz der 1990er Jahre. Sie hatte damit eine gewisse Vorbildfunktion, insbesondere für den Weltgipfel von Rio, der zwei Jahre später stattfand. Wie immer die Ergebnisse der Konferenz später einmal beurteilt werden, das Wohl der Kinder wurde ein nicht unwesentliches Thema der internationalen Politik.

2.6.4.2   Die vierte Welt-Frauenkonferenz (Beijing 1995)

Vom 4. bis 16. September 1995 fand in Beijing die vierte Welt-Frauenkonferenz statt, an der 50.000 Delegierte teilnahmen. Das waren weit mehr als bei den vorangegangenen Konferenzen in Mexiko (1975), in Kopenhagen (1980) und in Nairobi (1985). Die Konferenz sollte den Höhepunkt eines von den Vereinten Nationen eingeleiteten Prozesses darstellen, der 1975 mit dem „Jahr der Frau" begann und von 1976 bis 1985 mit der „UN-Frauendekade" fortgesetzt wurde.

Auch in Beijing wurden eine Deklaration und ein Aktionsplan verabschiedet. Wie bei den vergangenen Treffen waren die Grundthemen der Konferenz Gleichberechtigung, Entwicklung und Friede. Allerdings wurden in Beijing auch wesentliche Themen zum ersten Mal im Rahmen einer internationalen Konferenz behandelt. Die Frage der sexuellen Selbstbestimmung der Frau etwa wurde nie zuvor so klar definiert und festgeschrieben. Ebenfalls niemals zuvor wurde Gewalt gegen Frauen in einem internationalen Dokument so umfassend und konkret erörtert und verurteilt. Gleichzeitig wurde versucht, Maßnahmen zur Verbesserung der Situation aufzuzeigen.

Ebenfalls zum ersten Mal wurde ein gleiches Erbrecht für Burschen und Mädchen in einem internationalen Dokument gefordert. Das Aktionsprogramm wurde so formuliert, dass sich Frauen darauf berufen können, um einen verbesserten Zugang zu Entscheidungspositionen in Politik, Wirtschaft und Gesellschaft zu erreichen. Damit wollte man dem Ziel, die Gleichberechtigung mit den Männern zu erreichen, näher kommen.

Insgesamt zielte der Aktionsplan darauf ab, die Position der Frauen in der Gesellschaft zu stärken. Außerdem wurden Maßnahmen aufgezeigt, um die Gesundheitssituation, den Bildungsstand und die persönlichen Rechte der Frauen, innerhalb und außerhalb der Ehe, zu stärken. Für die einzelnen Staaten wurde jeweils ein konkreter Zeitrahmen festgelegt, der für die Umsetzung der notwendigen rechtlichen Reformen eingeräumt wurde. Letztlich wird der Erfolg der Konferenz von Beijing in einem ganz entscheidenden Ausmaß davon abhängen, welche Anstrengungen die einzelnen Nationalstaaten tatsächlich unternehmen, um die Beschlüsse und die Ideen der Konferenz in ihrem Bereich umzusetzen.

Was wurde in Beijing tatsächlich erreicht? Sicherlich ist man, in den einzelnen Regionen der Welt in unterschiedlicher Weise, noch sehr weit von der Verwirklichung der 38 Grundsätze der Deklaration und der 46 Artikel des Aktionsprogramms entfernt. Um eine Verbesserung der Situation der Frauen in der Welt zu erreichen, müssen nämlich Verhaltensweisen verändert werden, die sich oft über Generationen entwickelt haben.

Immerhin wurden einige Grundsätze wie „Frauenrechte sind Menschenrechte" oder das Selbstbestimmungsrecht der Frauen als unumstößlich anerkannt. Auch andere Themen, wie Frauen als Opfer von Armut und Gewalt, stoßen heute auf ein viel größeres Verständnis als noch vor einer Generation. In vielen Ländern wurden auch entsprechende Gesetze verabschiedet, doch kann es bis zu deren Verwirklichung in der Praxis noch ein langer Weg sein.

2.6.4.3 Die Welt-Menschenrechtskonferenz (Wien 1993)

Die Vereinten Nationen veranstalteten vom 15. bis zum 25. Juni 1993 in Wien eine Welt-Menschenrechtskonferenz (World Conference on Human Rights – WCHR). Es war dies die erste Menschenrechtskonferenz, die die Vereinten Nationen nach einem Zeitraum von 25 Jahren durchführten. Erklärtes Ziel war es, nach Beendigung des Kalten Krieges der Idee der Menschenrechte einen neuen Auftrieb zu geben. Es sollte eine Bestandsaufnahme darüber durchgeführt werden, welchen Fortschritt die Menschenrechte bereits gemacht hatten und welche Schwierigkeiten es noch zu überwinden galt.

Außerdem sollte die Wechselwirkung zwischen Menschenrechten einerseits sowie Entwicklung und Demokratie andererseits stärker hervorgehoben werden. Eine weitere Aufgabe der Konferenz bestand darin, die besonderen Herausforderungen darzustellen, die sich bei der Verwirklichung der Menschenrechte für benachteiligte Gruppen ergaben. Schließlich sollte die internationale Zusammenarbeit in diesem Bereich, insbesondere auch innerhalb des UN-Systems, einen neuen Ansporn erhalten.

Das grundlegende Dokument, das von der Konferenz verabschiedet wurde, war die „Wiener Deklaration", verbunden mit einem Aktionsprogramm (VDPA). Dabei konnte in folgenden Fragen ein Konsens erzielt werden: Menschenrechte sind universell, unteilbar und müssen in ihrer Gesamtheit umgesetzt werden. Insbesondere sind die Rechte der Frauen und der Mädchen ein integraler Bestandteil der Menschenrechte. Der Verwirklichung der Menschenrechte müsse innerhalb der Vereinten Nationen Vorrang eingeräumt werden, da sonst auch die anderen Ziele der Weltorganisation nicht erreicht werden könnten.

Im Kapitel „Gleichheit, Würde, Toleranz" werden dem Rassismus, der Fremdenfeindlichkeit und der Intoleranz der Kampf angesagt. Die Rechte der nationalen, religiösen und sprachlichen Minderheiten wurden unterstrichen und die Rechte der Kinder hervorgehoben. Die Folter wurde verurteilt und der Notwendigkeit der Menschenrechts-Erziehung wurde ein besonderer Stellenwert eingeräumt.

Die VDPA ist nicht auf allgemeine Begeisterung gestoßen. Einigen NGOs war der Kompromiss, auf dem sie beruhte, zu dürftig. Der Generalsekretär von Amnesty International kritisierte, dass, unter Rücksichtnahme auf eine nationale Regierung, der Dalai Lama bei der Konferenz nicht auftreten konnte. Der Exekutiv-Direktor der Human Rights Watch wiederum stellte kritisch fest, er wäre froh, dass eine UNO-Menschenrechtskonferenz nur alle 25 Jahre stattfindet.

Tatsächlich wurden einige Forderungen von NGOs in der VDPA nicht berücksichtigt: So etwa das Recht auf Selbstbestimmung der eingeborenen Bevölkerung; die Abschaffung des Vetorechts im Sicherheitsrat; besondere Rechte zum Schutz von Minderheiten; besondere Rechte für AIDS-Kranke beziehungsweise für sexuelle Alternativgruppen; eine Kürzung der Militärausgaben sowie eine Rechenschaftspflicht von multinationalen Unternehmen.

Die Wiener Konferenz hat jedenfalls gezeigt, dass es im Bereich der Menschenrechte noch die größten Meinungsunterschiede gibt. Andererseits konnten manche Initiativen, wie etwa jene betreffend die Errichtung eines Internationalen Strafgerichtshofs, in den folgenden Jahren umgesetzt werden. Entscheidend wird wohl sein, wie weit die Menschenrechtsdiskussion in Zukunft über den Kreis von Experten und Fachgremien hinaus und in den politischen Alltag hinein getragen wird.

3. Die neuen Player in den internationalen Beziehungen

Im letzten Jahrzehnt des letzten Jahrhunderts hat sich die Welt gewaltig verändert: Die Sowjetunion und Jugoslawien sind auseinandergefallen, Deutschland wurde wieder vereinigt. Sprach man noch in den 80er Jahren von einer auf der

Grundlage einer sozialistischen Planung aufgebauten "Neuen Wirtschaftsordnung", so haben sich tatsächlich Liberalismus und Freihandel durchgesetzt. Selbst das kommunistische China wurde kapitalistisch. Neue Kommunikations-Technologien wurden eine wesentliche Grundlage der in den verschiedenen Bereichen stattfindenden Globalisierung und Menschenrechte, Umweltschutz, Frauenemanzipation und Kampf gegen Kinderarbeit erhielten eine weltweite Resonanz.

Diese Veränderungen im internationalen Bereich haben in einem ganz entscheidenden Ausmaß auch deshalb stattgefunden, weil neben den bisherigen Akteuren, den Nationalstaaten, neue Player aufgetreten sind. Diesen gelang es, ein neues politisches Denken zu mobilisieren und so umzusetzen, dass die bestehenden Strukturen dem neuen Druck nicht standhalten konnten.

Von diesen neuen Playern sollen hier die Non-Governmental Organisations (NGOs), die Medien und die multinationalen Konzerne näher betrachtet werden.

3.1 Non-Governmental Organisations (NGOs)

3.1.1 Die internationale „Civil Society"

1767 schrieb Adam Ferguson, Professor für Moralphilosophie an der Universität Edinburgh, sein "Essay on the History of Civil Society", wobei ihn die unmittelbaren Geschehnisse in seiner Heimat dazu veranlassten: 1746 war Schottland in der Schlacht von Culloden endgültig von England unterworfen worden. Dies, verbunden mit der einsetzenden Industrialisierung, führte einerseits zu einer Verstärkung der neuen staatlichen Macht, andererseits zu einer Auflösung der bis dahin bestehenden lokalen Strukturen.

Die materiellen Lebensbedingungen wurden zwar verbessert, der Zusammenhalt in der Gesellschaft und der Sinn für die Gemeinschaft gingen aber verloren. Einerseits garantierte ein starker Zentralstaat die persönliche Freiheit, andererseits beeinträchtigte zu viel Staat die persönliche Initiative. Diese Kluft, so Adam Ferguson, müsse durch eine starke „Civil Society" überbrückt werden.

Die „Civil Society" baut demnach auf dem freiwilligen Engagement von Bürgern außerhalb und unabhängig von staatlichen Behörden auf. Außerdem sollte dieses Engagement in den lokalen Strukturen begründet und nicht gewinnorientiert sein.

Schon im 19. Jahrhundert sind auch im internationalen Bereich Vereinigungen entstanden, die sich zum Ziel setzten, besondere Interessen unabhängig vom Staat zu verfolgen: So etwa 1846 die "World's Evangelical Alliance". Die Internationale Handelskammer, der Internationale Gewerkschaftsbund und andere internationale Berufsorganisationen wurden mit dem Ziel gegründet, bestimmte Interessen nicht nur unabhängig von der Regierung, sondern, wenn notwendig, auch gegen diese zu vertreten.

Wie das Rote Kreuz aus der Schlacht von Solferino (1859) hervorgegangen ist, so führte das Elend der beiden Weltkriege zur Gründung einer großen Zahl von regierungsunabhängigen, eben Non-Governmental Organisationen. Immer wieder war das Bestreben, Kriegsleid zu lindern, der Ursprung für besondere Initiative: Auch die „Ärzte ohne Grenzen" wurden von Bernard Kouchner aufgrund der Erfahrungen ins Leben gerufen, die er 1971 im Biafra-Krieg machte.

Schon 1970 wurde die Zahl der internationalen NGOs mit 2.296 angegeben, wobei diese die unterschiedlichsten Bereiche umfassten: Religiöse Gruppen genauso wie politische Vereinigungen, Interessensvertretungen ebenso wie Akademien, Sport- oder Kulturverbände.

In den letzten Jahrzehnten ist die Zahl der NGOs ins fast Unermessliche gestiegen. Von der UNO wurde bereits in den 1990er Jahren die Zahl von 29.000 internationalen NGOs genannt, jene der nationalen ist um ein Vielfaches größer. Hatten 1948 nur 41 NGOs offiziellen Beraterstatus beim Wirtschafts- und Sozialrat der Vereinten Nationen, so waren es 40 Jahre später schon über 1.000. Alleine die Zahl der NGOs in Frankreich stieg vom Jahre 2000 bis 2006 um 50% auf 40.800. Diese beschäftigten vollberuflich 40.500 Menschen und verfügten über ein Budget von 2,6 Milliarden Euro.

Es sind wohl mehrere Gründe, die in den letzten Jahren zu einem fast explosionsartigen Anwachsen der NGOs geführt haben: Beeinflusst von der Studentenbewegung des Jahres 1968 hat das Bewusstsein zugenommen, die Welt nicht mehr einfach so hinzunehmen, wie sie war. Umweltschützer, Verteidiger der Menschenrechte und andere Bürgerbewegungen vertraten – auch im internationalen Einklang – die Meinung, zuständige staatliche Stellen würden bestimmten Problemen nicht genügend Aufmerksamkeit schenken. Auch wenn die "Geschichte des Ungehorsams" in der westlichen Zivilisation eine lange Tradition hat, vom Naturrecht, der Anti-Sklavenbewegung in den USA bis hin zu Mahatma Gandhi und Martin Luther King, die Protest- und Aktionsgruppen von Greenpeace bis Amnesty International demonstrierten neue Möglichkeiten des zivilen Ungehorsams. Damit fanden sie auch, vor allem bei der jungen Generation, erheblichen Anklang.

Dazu kam, dass die internationale Staatengemeinschaft auf manche der neuen Herausforderungen einfach nicht entsprechend vorbereitet war. Lange Zeit konzentrierte sich die Diplomatie auf die Bereiche Krieg und Frieden. Nach den Erfahrungen der Weltwirtschaftskrise in den 1930er Jahren kam es zu einer verstärkten internationalen Zusammenarbeit im Bereich der Wirtschafts- und Währungspolitik. Es bedurfte dann der Initiative unabhängiger Gruppen, die um 1970 darauf hinwiesen, dass verschiedene Entwicklungen zu einer Zerstörung der Umwelt führten und dass die Gleichsetzung von Wachstum und Wohlstand nicht linear fortgesetzt werden konnte.

Auch andere Entwicklungen trugen zur wachsenden Bedeutung der NGOs bei: Die in einzelnen Industriestaaten durchgeführte Privatisierung staatlicher Aufgaben führte dazu, dass manche Aufgaben, etwa im Bereich der Entwicklungshilfe, verstärkt an NGOs übertragen wurden. Andere, wie etwa der World Jewish Congress, haben an Selbstbewusstsein gewonnen und sich auch international stärker in Szene gesetzt.

Jedenfalls gibt es heute eine Unzahl von NGOs, die oft eine sehr medienwirksame Art gefunden haben, sich in Szene zu setzen, indem man versucht, ein bestimmtes Image zu projizieren: Klein gegen Groß, Mensch gegen Saurier, reines

Leben gegen industrielle Zerstörung. Vor dem Bayer-Werk in Leverkusen seilen sich Öko-Kämpfer mit Spruchbändern von der Rhein-Brücke ab; Greenpeace kämpft nicht nur gegen die Versenkung der Ölplattform "Brent Spar" in der Nordsee durch den Öl-Multi Shell, sondern macht daraus ein Symbol des Widerstandes. Um auf die Gefahren des Atomkraftwerkes Bohunice hinzuweisen, wird ein Memorial aus 5.000 Kreuzen aufgestellt. Aktivisten besteigen den Schornstein eines Kraftwerks, das noch Braunkohle verheizte; die einen ketteten sich an Eisenbahnschienen fest, andere unternahmen einen spektakulären Ballonflug: Wichtig ist immer, dass die Inszenierung stimmt und die bestellten TV-Kameras an Ort und Stelle sind.

Für die jüngste Entwicklung der internationalen Beziehungen ist jedenfalls wesentlich, dass NGOs oft jenen Raum ausfüllen, der zwischen Bürger und Regierung besteht, dass sie eben eine neue internationale „Civil Society" darstellen. Durch oft spektakuläre Aktionen haben NGOs nicht nur wesentlich zur Bewusstseinsbildung in den verschiedensten Bereichen beigetragen, sie sind auch ein Faktor der internationalen Willensbildung geworden. In den Bereichen Menschenrechte, Umwelt und Entwicklungshilfe spielen NGOs heute eine Rolle, die jene vieler Nationalstaaten übersteigt.

3.1.2 Engagement in vielen Bereichen

So unterschiedlich Größe und Erscheinungsformen der NGOs sind, so vielfältig ist auch ihr Engagement. Während die rechtlichen Strukturen, das Budget oder die Funktionsweise der traditionellen Gestalter der internationalen Beziehungen in unzähligen Publikationen dargestellt wurden, sind die Funktionsweise beziehungsweise die innere Struktur vieler NGOs relativ wenig bekannt. Hier soll daher versucht werden, die Grundzüge einiger NGOs darzulegen.

Amnesty International (AI) hat in über 150 Ländern mehr als 2,2 Millionen Mitglieder, allein in Kanada 67.000. AI verfügt weltweit über 450 hauptberufliche Angestellte, allein in den USA über 110. Das Budget betrug bereits 1996 30 Millionen Euro und stieg bis 2007 auf 125 Millionen Euro.

Die Organisation, die 1977 den Friedensnobelpreis erhielt, kümmert sich nicht nur um einzelne Fälle von Menschenrechtsverletzungen, man ist auch aktiv um die Freilassung politischer Gefangener bemüht beziehungsweise um ein faires Gerichtsverfahren. Generell setzt sich AI für die Abschaffung der Todesstrafe und der Folter und gegen die Gewalt an Frauen ein. In entsprechenden Aktionen wird versucht, Regierungen zu motivieren oder das Augenmerk der Öffentlichkeit auf einzelne Fälle von Menschenrechtsverletzungen zu richten.

Begonnen hat alles, als Peter Berenson, ein damals 40-jähriger Jurist, 1961 davon las, dass zwei portugiesische Studenten eingesperrt wurden, weil sie ihre Regierung kritisierten. Berenson überlegte sich, was man für die Freilassung der verhafteten Studenten tun könnte und kam zum Schluss, die portugiesische Regierung müsse mit Protestbriefen bombardiert werden. Eine konzentrierte mediale Berichterstattung sollte diese Aktion unterstützen.

Große Aktionen folgten: Bereits 1968 wurde Griechenland auf Druck von AI gezwungen, den Europarat zu verlassen, nachdem Obristen die demokratische Regierung gestürzt hatten. Allein von 1970 bis 1977 adoptierte AI 15.000 politische Gefangene und erreichte die Freilassung der Hälfte von ihnen. Weit über das Engagement in Einzelfällen hinaus hat AI wesentlich dazu beigetragen, dass die Menschenrechte international ein ständig präsentes Thema wurden, dass international die rechtlichen Grundlagen und Institutionen zum Schutz der Menschenrechte ausgebaut, ja dass ein Recht auf Intervention zum Schutz der Menschenrechte in die „inneren Angelegenheiten" eines Staates weitgehend akzeptiert wurde.

Eine weitere bedeutende Menschenrechtsorganisation, Human Rights Watch, wurde 1978 als Helsinki Watch gegründet, um die Einhaltung der Menschenrechte im damals kommunistischen Osteuropa zu überwachen. Sein Gründer war Robert Bernstein, der sich zunächst als Aktivist und Vorsitzender der „Association of American Publishers" für Rede- und Meinungsfreiheit ausländischer Autoren eingesetzt hatte.

Sah Human Rights Watch (HRW) seine Aufgabe zunächst darin, Menschenrechtsverletzungen aufzuzeigen, um so „das Gewissen der Welt" zu mobilisieren, so verlangte man später die Schaffung effizienter internationaler Institutionen gegen Völkermord und Verbrechen gegen die Menschlichkeit.

Der wichtigste Sponsor der Organisation war seit 1978 die Ford Foundation, die 1995 nach einem internen Streit ein Management-Institut beauftragte, die Effizienz der Strukturen der HRW zu durchleuchten. Als Ergebnis kam es zu einer neuen „public identity", zu einer klaren Aufgabenteilung im Inneren und zu einer Konzentration der Tätigkeiten nach außen. War das Betätigungsfeld der HRW zunächst die USA und die amerikanische Presse, so kam es später zu einer stärkeren Internationalisierung der Tätigkeit.

Die Information der Öffentlichkeit über Menschenrechtsverletzungen blieb weiter ein Schwerpunkt der Organisation: Allein zwischen 1986 und 1995 wurden 556 Berichte und Bücher veröffentlicht, die zusammen 30.433 Seiten umfassten.

Auch die Gründung der Médecins sans frontières (MSF), der Ärzte ohne Grenzen, geht auf ein persönliches Erlebnis zurück. Als Bernard Kouchner 1968 als Rotkreuz-Arzt nach Biafra ging, musste er schriftlich bestätigen, über seinen Einsatz größte Diskretion zu wahren. Zurück in Paris stellte er fest, dass das Schweigen über das, was er gesehen hatte, unerträglich sei. Er entschloss sich zum Gegenteil. Kouchner wollte die Öffentlichkeit über die Schrecken und das Leid der Bevölkerung informieren, vor allem mit dem Ziel, mehr Freiwillige für weitere Einsätze zu gewinnen.

So wurde 1971 MSF gegründet, eine „rasche Eingreiftruppe", die sich zum Ziele setzte, allen Opfern von Naturkatastrophen, Krisen oder Kriegen ohne Unterschied auf Rasse, Politik oder Religion rasch ärztliche Hilfe zu leisten.

Als MSF 1999 den Friedensnobelpreis erhielt, umfasste die Organisation 18 unabhängige Sektionen in verschiedenen Ländern. Von fünf Staaten aus, nämlich von Frankreich, Belgien, Spanien, den Niederlanden und der Schweiz wurden 1998 Einsätze in 80 Ländern organisiert. Daran haben 2.000 Freiwillige teilgenommen, ein Drittel davon Ärzte. Das ärztliche Hilfspersonal umfasste ebenfalls 33 Prozent, 25 Prozent waren in der Logistik, und 9 Prozent in der Verwaltung tätig. Bereits unter Rony Brauman, der 1982 Präsident wurde, wurde MSF zur größten privaten medizinischen Organisation der Welt.

Eine Million Menschen haben in den 1990er Jahren wenigstens einmal für MSF gespendet, wobei sich die durchschnittliche Spende auf 55 Euro belief. MSF-International stand 1998 ein Budget von 300 Millionen Euro zur Verfügung. Allein das Budget der französischen Sektion belief sich damals auf 67 Millionen Euro, zehn Jahre später betrug alleine dieses Budget 166 Millionen Euro.. Davon kamen 77 Prozent aus privaten Quellen, der Rest von Institutionen, vor allem von der EU. Was 1998 die Ausgaben der französischen Sektion betraf, so wurde die Hälfte für Operationen im Ausland ausgegeben, drei Prozent für solche in Frankreich selbst. Der Rest ging hauptsächlich für Beratungen, Forschung, die Unterstützung anderer Einsätze sowie für die Information der Öffentlichkeit auf. 2006 erreichte das Budget von MSF weltweit immerhin 260 Milliarden Euro.

Zu den international mächtigsten NGOs gehört wohl Greenpeace. Bereits im Jahre 1990 erreichte Greenpeace weltweit ein jährliches Spendenaufkommen von 141 Millionen Dollar, 35 Millionen Dollar davon kamen aus Deutschland. Dieser Betrag konnte bis 1994 auf 45 Millionen Dollar gesteigert werden. 2006 betrug das Gesamtbudget 263 Millionen Dollar.

Vom Nettoeinkommen von 101 Mill. Dollar im Jahre 1998 gingen, nach Angaben der Organisation, 38 Prozent in verschiedene Kampagnen, acht Prozent wurden für „Medien und Kommunikation" aufgewendet, je neun Prozent für Marine-Operationen und „Action Support" sowie für „Public Information and Outreach" Relativ hoch ist das nicht-operative Budget: 21 Prozent werden für „Fundraising" ausgegeben, 15 Prozent für die eigene Verwaltung. Wenn man die Ausgaben für den Budgetbereich „Kampagnen" aufschlüsselt, so fallen 18 Prozent auf das Kapitel „Ozeane", 12 Prozent auf „Wald", acht Prozent auf den Bereich „Genmanipulation", 20 Prozent auf „Toxics", 25 Prozent auf „Klima" und 17 Prozent auf den Nuklearbereich und die Abrüstung.

2,4 Millionen „supporter" haben 1998 weltweit zum Budget von Greenpeace beigetragen, zehn Jahre später waren es 2,8 Millionen. Die Organisation unterhält in den verschiedensten Ländern Büros, von Argentinien über Nordamerika und Europa bis Neuseeland und Papua-Neuguinea.

Zu seinen Erfolgen zählt Greenpeace, dass die Amerikaner die Atomtests auf der Amchitka Insel, Alaska, und die Franzosen jene im Südpazifik aufgaben; dass vom eigenen Schiff, dem Rainbow Warrior, aus, festgestellt werden konnte, wie radioaktive Abfälle ins Meer versenkt wurden; oder dass die Jagd auf Wale ausgesetzt werden musste. Die Antarktis wurde ein „Weltpark", willkürliche Fischereipraktiken mussten geändert werden. Chemiekonzerne wurden unter Druck gesetzt, die Produktion von Fluor-Chlor-Kohlenwasserstoffen einzustellen, wobei selbst die Unterstützung der Weltbank für Alternativprodukte erreicht werden konnte. Auf die Initiative von Greenpeace wurden ozonfreundliche Produkte eingeführt, gefährdete Arten geschützt, der Kahlschlag von Wäldern und der Anbau von genmanipulierten Produkten eingestellt.

So wie Greenpeace gibt es gerade im Umweltbereich zahlreiche andere NGOs, deren Ziel es ist, die „nachhaltige Entwicklung" zu gewährleisten. So unterhält etwa „Earth Action" Kontakte zu 2.500 Partnerorganisationen in der ganzen Welt. Auch dabei ist das Ziel, durch den Ausbau einer weltweiten Zivilgesellschaft einen entsprechenden Druck auf politische Entscheidungsträger auszuüben.

Der Umweltbereich ist jedenfalls ein gutes Beispiel dafür, wie eine weltweite Herausforderung dazu geführt hat, dass sich in den verschiedensten Ländern Menschen zusammengeschlossen haben, um gegen eine wachsende Gefahr aufzutreten.

Neben dem Eintreten für die Menschenrechte und dem Umweltschutz sind NGOs besonders stark in der gesamten Entwicklungszusammenarbeit vertreten. Es sind immer wieder NGOs, die nicht nur die Konzepte für die Entwicklungspolitik ausarbeiten, sondern die auch die praktische Arbeit durchführen. Ohne die zahlreichen Entwicklungshilfeorganisationen würde wohl die gesamte Arbeit in diesem Bereich zusammenbrechen. Allein im relativ kleinen Land Nepal sind an die 200 NGOs registriert, die wiederum mit tausenden Vereinigungen des Landes bei der Durchführung der verschiedensten Projekte zusammenarbeiten. In manchen Ländern, wo etwa Einsätze besonders gefährlich sind, wie in Somalia, haben Regierungen die gesamte Entwicklungsarbeit NGOs übertragen. So erfolgt die Verteilung der vom World Food Programme der UNO zur Verfügung gestellten Nahrungsmittel durch NGOs. Allein von 1990 bis 1994 stieg der Anteil jener EU-Hilfsgelder, die über NGOs vergeben wurden, von 47 Prozent auf 67 Prozent. Gemäß dem Komitee für Entwicklungshilfe der OECD wurden 2005 immerhin 70 Milliarden Euro an Entwicklungsgeldern durch NGOs verteilt, wobei sich ihre Eigenmittel auf 10 Milliarden Euro beliefen. Dabei ist die Einbindung von NGOs in die Verteilung öffentlicher Entwicklungsgelder sehr unterschiedlich: in den Niederlanden werden 20%, in Deutschland 10%, in Großbritannien 5%, in Frankreich aber nur 1% dieser Mittel über NGOs verteilt. Dies sind nur einige Beispiele, die zeigen, wie wichtig die Rolle der NGOs geworden ist, aber auch, wie beträchtlich die Mittel sind, über die sie verfügen. So ist es nicht überraschend, dass Experten heute Berechnungen aufstellen, wonach über NGOs mehr Geld verteilt wird als über die Weltbank.

Dies führt allerdings auch dazu, dass manche, um etwa Entwicklungshilfe-Gelder zu bekommen, eben eine NGO gründen. Andererseits können öffentliche Dotationen sehr wohl zu einer Abhängigkeit von Regierungsstellen führen, vor allem dort, wo man auf deren Gelder angewiesen ist: Ein Viertel des Gesamtbudgets von OXFAM, das sich 1998 immerhin auf 162 Millionen Dollar belief, wurde von der englischen Regierung und von der EU zur Verfügung gestellt. Zehn Jahre später beliefen sich die Ausgaben dieser Organisation auf 638 Millionen Dollar. 1998 erhielt „World Vision USA", nach eigenen Angaben die größte private christliche Hilfs- und Entwicklungsorganisation der Welt, Güter im Wert von 55 Millionen Dollar von der US-Regierung. Von den 120 NGOs, die Mitte der 90er Jahre in Kenia tätig waren, haben bis auf neun alle ihr gesamtes Budget von Regierungen beziehungsweise Internationalen Organisationen erhalten.

Diese Unterstützung durch öffentliche Gelder zeigt auch, wie sehr NGOs ein Partner von Regierungen und ein Player im internationalen Geschehen geworden sind. Eine Entwicklung wird dabei sehr deutlich: Es ist eine neue „Civil Society" entstanden, die ein Recht auf Mitsprache, ja auf Einmischung erhalten hat. Dies kommt immer wieder besonders bei Großkonferenzen zum Tragen.

Sehr deutlich wurde dies, als sich Ende 1999 zahlreiche NGOs gegen die Welthandelsorganisation (WTO), die in Seattle ihre Ministerkonferenz abhalten wollte, mobilisierten. 1.200 NGOs mit 2.500 Delegierten aus 87 Ländern traten als „Antiliberale Internationale" gegen die weitere Ausdehnung des Freihandels, gegen Kinderarbeit in der Dritten Welt und gegen die weltweite Umweltverschmutzung auf. Diese NGOs brachten die Konferenz zum Scheitern.

Fast zum selben Zeitpunkt trafen sich in Tampere, Finnland, ebenfalls 1.500 Vertreter von NGOs aus den EU-Ländern, die unter dem Motto „Citizens' Agenda 2000" die verschiedensten Fragen aus dem Arbeitsbereich der EU diskutierten. Die Entwicklungspolitik wurde dabei genauso behandelt wie die EU-Erweiterung, die Umwelt- oder Sozialpolitik. Schon einige Jahre vorher, beim großen Umweltgipfel in Rio, hatten die NGOs eine tragende Rolle gespielt und sich auch immer wieder, wie etwa im Kampf gegen die Anti-Personenminen, durchgesetzt.

Wenn Menschenrechte, Entwicklungspolitik und Umweltschutz zu den „klassischen Gebieten" zählen, auf denen NGOs tätig sind, dann gibt es zahlreiche andere Bereiche, wo sich die neuen Player durchgesetzt haben. Als Beispiel könnte etwa der World Jewish Congress genannt werden, der während der letzten Jahre sehr erfolgreich agiert hat. Aber auch internationale Gewerkschaftsverbände oder internationale Handelskammern schöpfen ihre Stärke daraus, dass sie nationale und internationale Aktionsfelder miteinander verbinden können.

3.1.3 Das Olympische Komitee als internationaler Player

Theoretiker des Völkerrechts gehen immer noch davon aus, dass nur Staaten und deren Vertreter bestimmende Kräfte des internationalen Geschehens sind. Dabei ist aber gerade das IOC ein Beispiel dafür, wie viel Nicht-Regierungs-Organisationen (NGOs) heute bewirken können. Es ist wohl nicht übertrieben zu sagen, dass das IOC sogar mächtiger ist und mehr beeinflussen kann als viele Staaten: das IOC verleiht Ansehen, Macht, und kann sogar die wirtschaftliche Entwicklung eines Landes beeinflussen. Die Zuteilung der Olympischen Spiele für 2012 an London, anstatt an Paris, wurde von französischen Medien nicht nur als Sieg für die britische Hauptstadt und Ministerpräsident Tony Blair gedeutet, sondern auch als Niederlage für ganz Frankreich.

Die Tatsache, dass Beijing die Olympischen Spiele 2008 ausrichten kann, war wohl die endgültige Konsekration Chinas in die Staatengemeinschaft, mehr als seine Aufnahme in die Welthandelsorganisation (WTO). Und während der ganzen Zeit des Kalten Krieges waren die Olympischen Spiele ohnehin weit mehr als sportliche Auseinandersetzungen: Sie sollten als Legitimation dafür dienen, dass das jeweilige System "besser" war, entsprechend stark wurde der Sport in der Sowjetunion und in der DDR gefördert. Tatsächlich ist es auch Japan gelungen, mit seinen Spielen 1964 in Tokio, sich neu der Welt zu präsentieren und für Korea bedeutete die Olympiade 1988 in Seoul endgültig seine politische Öffnung gegenüber der Welt.

Auch wenn immer wieder gesagt wird, Sport solle nichts mit Politik zu tun haben, so geht die Bedeutung des Sports vielfach weit über die Tagespolitik hinaus. Sportliche Erfolge, gerade im Rahmen der Olympischen Spiele, verleihen einem Land Legitimität: So konnte sich Finnland, noch vor seiner Unabhängigkeit 1917 bei den Olympischen Spielen 1912 der Welt präsentieren. Der Finne Paavo Nurmi wurde nicht nur ein Laufidol, durch seine Erfolge wurde Finnland in der internationalen Gemeinschaft als Sportnation verankert. Auch für den Insel-Staat Jamaika geht die Bedeutung des Sports weit über die bei nationalen und internationalen Wettbewerben erzielten Leistungen hinaus. Der Sport wurde ein Teil des Nationalgefühls der Jamaikaner. Dies wiederum deshalb, weil auch Jamaika größte sportliche Erfolge schon vor seiner Unabhängigkeit erzielen konnte. Es waren dann diese Erfolge, mit denen die Welt Jamaika identifizierte. Von besonderer Bedeutung waren dabei die Olympischen Spiele von 1952 in Helsinki. Damals gewann das Team aus Jamaika die 4x400 Meter-Staffel, stellte einen neuen olympischen Rekord auf, und besiegte, 10 Jahre vor seiner Unabhängigkeit, die USA.

Die Bedeutung dieser Ereignisse für ein Land, für seine Psyche und für sein Selbstbewusstsein, aber auch für seine Stellung in der Welt kann nicht hoch genug eingeschätzt werden. Kanada wiederum war bestrebt, durch den Einsatz seiner aus der Karibik eingewanderten Athleten seine Multikulturalität zu präsentieren. Auch in Österreich haben ein Toni Sailer und ein Franz Klammer wesentlich zur Stärkung des Nationalbewusstseins beigetragen: Viele Menschen wissen noch ganz genau, wie und bei welchen Olympischen Spielen sie die Zehntel-Sekunden für ihre Erfolge gewonnen haben. Man ist stolz auf die Olympischen Erfolge seiner Landsleute.

Mit dem Fernsehen wurden die Olympischen Spiele ein Großereignis, das wesentliche Charakteristika unserer Zeit widerspiegelt: die Teilnahme aller Länder verkörpert die Globalisierung, gleichzeitig können sich Nationalstolz und Nationalbewusstsein entfalten. Die Spiele sind Ausdruck des Friedens, gleichzeitig bieten sie den Rahmen für Wettbewerb und Kampf und die mit den Olympischen Spielen verbundenen Ausgaben stehen auch für den wirtschaftlichen Aufschwung einer Stadt oder eines Landes: immerhin hat Athen für seine Spiele 2004 bereits ein Budget von 9 Milliarden Euro aufgetrieben, Beijing will für seine Spiele 2008 bereits 20 Milliarden Euro ausgeben und in London sollen es gar 43 Milliarden Euro werden, womit aber auch die Sanierung der Infrastruktur des Großraums sichergestellt werden könnte.

Waren die internationalen Beziehungen in der Vergangenheit ausschließlich von Machtpolitik geprägt und die Stellung eines Landes davon abhängig, ob es machtpolitisch eine Rolle spielte, so geht es heute, unabhängig von der Stärke eines Staates, um das Ansehen, das man in der Staatengemeinschaft genießt. Und dieses Ansehen können die Olympischen Spiele vermitteln.

Jahrelang war Leo Wallner Präsident des Olympischen Komitees Österreichs, und vertritt unser Land auch im Internationalen Olympischen Komitee (IOC). Er hat Österreich stets mit Würde und Effizienz vertreten. Seine Leistungen in diesem Bereich sollen auch insofern einmal hervorgehoben werden, als das IOC, weit über eine private Sportorganisation hinaus, ein wesentlicher Player in den internationalen Beziehungen geworden ist.

3.1.4 NGOs – Nicht frei von Kritik

So sehr das Engagement der NGOs im Rahmen einer neuen „Civil Society" und die Erfolge, die dabei erzielt werden, immer wieder hervorgehoben werden – die Verleihung des Friedensnobelpreises an verschiedene NGOs ist dafür nur ein Ausdruck – so müssen sich die „selbsternannten Missionare" auch immer wieder Kritik gefallen lassen. Erschien 1995 noch ein „Spiegel-Spezial" unter dem Titel „Politik von unten: Greenpeace, Amnesty & Co – Die Macht der Mutigen", so stellte der „Economist" im Februar 2000 „The Sins of the Secular Missionaries" in den Mittelpunkt der Abhandlung über die NGOs.

Kritisiert werden vor allem die mangelnde Legitimation derer, die als selbsternannte Sprecher der Bürger auftreten, die oft übertriebene Selbstdarstellung, die undurchsichtigen Finanzen und die Tatsache, dass auch „idealistisch" agierende NGOs sehr oft von handfesten Interessen gesteuert werden. Vor allem stellt sich auch die grundsätzliche Frage, warum sich hauptberufliche Lobbyisten mehr als „Zivilgesellschaft" präsentieren können als Fabrikarbeiter, Angestellte, Beamte oder Unternehmer beziehungsweise deren politische Vertreter.

Wenn Organisationen zwar populäre Forderungen aufstellen, aber niemandem verantwortlich sind, dann erhebt sich die Frage nach der Legitimität mancher Aktionen. Oft ist es schon sehr schwierig, den Entscheidungsprozess innerhalb einer regionalen Non-Governmental Organisation nachzuvollziehen, weil die verantwortlichen Organe vielfach anonym sind. Dies wird noch schwieriger, wenn sich die Mitgliedschaft über mehrere Länder, ja Kontinente erstreckt. Es kann dann kaum festgestellt werden, wer und wo die wirklichen Entscheidungsträger tatsächlich sind. Diese Frage der Legitimität stellt sich natürlich vor allem dort, wo NGOs Entscheidungen kritisieren oder in Frage stellen, die von demokratisch gewählten, rechtsstaatlichen Organen getroffen werden.

Mangelnde Transparenz trifft vielfach auch auf die Finanzgebarung zu. So entwickelte sich manche NGO zu einer „Big Business-Corporation", die über Millionen verfügt und nicht unerhebliche Mittel allein für den „Konferenztourismus" ausgeben kann. Gleichzeitig will man am idealistischen und karitativen Charakter festhalten, auch wenn der „Kreuzzug der Helfer" schon längst zu einem handfesten Konflikt um Fördermillionen geworden ist.

Damit im Zusammenhang stehen auch jene übertriebenen beziehungsweise falschen Meldungen, wie etwa jene von Greenpeace über die Ölplattform „Brent Spar", wo man die ganze Welt mit der Meldung in Atem gehalten hat, 5.500 Tonnen Ölreste sollten im Meer versenkt werden. Dass es tatsächlich 100 Tonnen waren, hat sich erst viel später herausgestellt. Aber Meldungen und Bilder sind eben für die Verbreitung der Botschaft alles, und dramatische Szenen können per Satellit in die ganze Welt gesendet werden.

Wie immer man aber die Tätigkeit der NGOs und der nunmehr entstandenen „International Civil Society" sieht, sie sind ein neuer Player und ein fester Bestandteil in der Entwicklung der internationalen Beziehungen geworden. Wenn im Mittelpunkt dieser Beziehungen in Zukunft nicht mehr die Förderung der Macht der Staaten, sondern die der Wohlfahrt der Bürger steht, dann haben alle jene ein Recht auf Mitsprache und Einmischung, die dafür eintreten.

Mit dem gleichzeitig wachsenden Einfluss der Medien auf das internationale Geschehen und mit der neuen Rolle der internationalen Konzerne sind „neue Spieler" auf die internationale Bühne getreten, mit denen die traditionellen Akteure, nämlich die nationalen Regierungen, auf jeden Fall rechnen müssen.

3.2 Die Medien

3.2.1 Die CNN-Welt

3.2.1.1 Die „Weltmeinung"

Die öffentliche Meinung hat während der letzten Jahrzehnte, auch bei der Gestaltung der internationalen Beziehungen, entscheidend an Bedeutung gewonnen: Schon die amerikanischen Präsidenten Truman und Kennedy konnten ihre Popularität durch das Engagement in Korea beziehungsweise während der Kuba-Raketen-Krise dramatisch steigern, Richard Nixon hoffte, einen ähnlichen Effekt mit einem Gipfeltreffen mit Sowjetführern als Zeichen der Entspannung zu erreichen. In Österreich ging Julius Raab nach dem Abschluss des Staatsvertrages als „Freiheitskanzler" in die Geschichte ein, und in Deutschland konnte Willy Brandt seine Popularität auch auf den Abschluss der Ostverträge aufbauen.

Es war aber CNN vorbehalten, „to push the boundaries of world news". Durch die Errichtung eines „Cable News Networks", das die ganze Welt umspannte, konnten Menschen plötzlich in „212 countries and territories", also praktisch überall, gleichzeitig miterleben, wie die Berliner Mauer fiel, wie Bagdad bombardiert wurde oder wie der Putsch in Moskau scheiterte.

Schon in den 1990er Jahren konnte die „CNN Newsgroup" mit sechs Kabel- und Satellitennetworks weltweit von 800 Millionen Menschen empfangen werden, allein in den USA von 77 Millionen Haushalten – und das 24 Stunden am Tag. Zehn Jahre später erreichte CNN weltweit 1,5 Milliarden Menschen und alleine in den USA 93 Millionen Haushalte.

CNN berichtet nicht nur über Ereignisse, ein Ereignis ist vielmehr erst ein solches, wenn CNN darüber berichtet. Die Übertragung von der Unterdrückung der Studentenunruhen am „Platz des himmlischen Friedens" in Peking hat erst der Weltöffentlichkeit den repressiven Charakter des Regimes gezeigt. Während des Golfkrieges erreichte CNN überhaupt offiziösen Charakter, wenn Präsident Bush feststellte, er würde über das Kampfgeschehen mehr von CNN als über die

CIA erfahren. Sowohl von amerikanischer Seite als auch von Saddam Hussein wurde damals versucht, CNN dazu zu benützen, die internationale öffentliche Meinung im eigenen Sinne zu beeinflussen. Als dann Larry King noch dazu überging, Meinungen aus aller Welt zu den aktuellen Ereignissen diskutieren zu lassen, wurde zum ersten Mal ein Forum geschaffen, in dem internationale Ereignisse weltweit und „live" besprochen werden konnten.

Natürlich gibt es auch eine Reihe von anderen internationalen Nachrichtenagenturen und unzählige Korrespondenten. Allein Associated Press (AP) unterhielt 2008 weltweit 243 Büros mit 4.100 Mitarbeitern in 97 Ländern. 8.500 Zeitungen, Radio- und Fernsehstationen werden von AP weltweit versorgt, dazu kommen noch 1.550 Zeitungen und 6.000 Radio- und TV-Stationen in den USA.

Aber es ist CNN, das, wie keine andere Institution, drei Entwicklungen der internationalen Berichterstattung in dramatischer Weise symbolisiert: Es ist CNN, das immer wieder demonstriert, wie das internationale Geschehen stets weniger von einzelnen Nationalstaaten kontrolliert wird. Zweitens: Fernsehauftritte verschaffen Legitimität. Haben Regierungschefs oder Ministerpräsidenten früher geplante Maßnahmen zunächst vor den nationalen Parlamenten verkündet oder auch versucht, über die Volksvertretungen eine Zustimmung zu ihren Entscheidungen zu erhalten, so wartet heute alles auf Pressekonferenzen, um über die Aufnahme von Bombardierungen, die Verhängung von Sanktionen oder den Beginn von Friedensgesprächen informiert zu werden. Drittens: Was nicht am Fernsehschirm von CNN ist, gibt es im internationalen Geschehen nicht. So beklagte Nelson Mandela bei einem Auftritt vor dem Sicherheitsrat der Vereinten Nationen vergeblich, dass ein Bürgerkrieg in Burundi mit 200.000 Toten von der Weltöffentlichkeit unbemerkt geblieben war, genauso, wie ein Krieg im Kongo, der ebenfalls tausende Opfer forderte. Aber diese Ereignisse hat eben CNN nicht entsprechend „gecovered".

3.2.1.2 Distanz spielt keine Rolle mehr

Während der letzten Generation haben im Informationsbereich eine technische und eine politische Revolution stattgefunden, die dazu geführt haben, dass es beim Austausch von Nachrichten weltweit praktisch keine Grenzen mehr gibt.

Von 1970 bis 1997 ist die Zahl der Radioapparate weltweit von 906 Millionen auf 2,4 Milliarden gestiegen, jene der Fernsehgeräte von 299 Millionen auf 1,4 Milliarden. Damit hatten vier von zehn Erdenbürgern ein Radio und 2,4 von zehn einen Fernseher. Satelliten und Kabel ermöglichten, dass plötzlich Dutzende von Programmen empfangen werden konnten. Dazu kommen Mobiltelefon, E-Mail und Internet mit einer ganz neuen Kommunikation rund um die Welt. Nur zwei Beispiele: Laut In-Stat steigt die Zahl der Haushalte mit einem digitalen Fernsehanschluss von 15 Millionen im Jahr 2001 auf 55 Millionen im Jahre 2009; verwendeten 1995 15 Millionen Menschen ein Handy, so waren es 2005 schon 1,15 Milliarden.

Nicht nur politische Ereignisse, Kriege, Gipfeltreffen und Konferenzen konnten nunmehr von einer weltweiten Zuschauerschar verfolgt werden, Olympische Spiele, Weltmeisterschaften oder Märchenhochzeiten erreichten Einschaltziffern, die in die Milliarden gingen.

Internationale Politik, ja Geschichte, wurde damit primär vom Fernsehen gemacht und über andere Medien kommentiert beziehungsweise verbreitet. Damit entstanden, über alle Grenzen hinweg, ganz neue, oft grenzüberschreitende Allianzen: Bei Menschenrechtsverletzungen in Mexiko gibt es Demonstrationen in Paris; Ereignisse am Balkan führen zu Kundgebungen in Amerika und ein Gerichtsverfahren in der Türkei bringt Leute in Skandinavien auf die Straße. Die geographische, räumliche Zusammengehörigkeit wird, zumindest teilweise, durch das Gefühl einer ideellen Zusammengehörigkeit ersetzt. Bis zu einem gewissen Grade hat es derartige Bindungen schon immer gegeben. Durch die neuen Medien haben sich aber qualitativ ganz neue Möglichkeiten ergeben.

3.2.1.3 Nachrichten als Ware und Unterhaltung

Mit der Privatisierung und der Möglichkeit der Gründung privater Rundfunk-
und Fernsehanstalten ist der Wettbewerb in den Medien weltweit härter geworden. Gleichzeitig findet, wie bei anderen multinationalen Konzernen, auch bei
den neuen Mediengiganten ein Verdrängungswettbewerb statt. Im Herbst 1999
kam es zur Fusion von Viacom und CBS, einer der drei großen Fernsehnetze der
USA, womit ein neuer, 77 Milliarden Euro Media-Gigant entstand. Die Produktion und die Verteilung von Programmen wurden damit in einer Hand konzentriert. Kenner der Szene sprechen davon, dass es weltweit bald nur mehr fünf bis
zehn Medien-Konzerne geben wird, die die wichtigsten Zeitungen, Zeitschriften,
Rundfunk- und Fernsehanstalten beziehungsweise die Filmproduktion kontrollieren werden.

Damit kommt es zu einem härteren Kampf um den Werbemarkt und somit auch
um die „News". Nachrichten werden somit eine Ware. Der Wert dieser Ware
richtet sich nicht mehr so sehr nach dem Informationswert, sondern nach dem
Marktwert. Die im Zusammenhang mit dem Tod von Diana angeklagten Papa-
razzi rechtfertigten sich damit, dass von den großen Medienhäusern für manche
Bilder Millionenbeträge bezahlt würden. Und im Zusammenhang mit dem Konflikt am Balkan schrieb „Die Zeit" schon im September 1994 unter dem Titel
„Der Krieg der Kriegsreporter": „Der Balkankonflikt kennt viele Wahrheiten,
ihnen nachzugehen ist ein schwieriges Geschäft. Nicht alle westlichen Medien
machen sich diese Mühe, manche berichten nach dem Motto: „Zum Teufel mit
den Fakten, wenn nur das Feindbild stimmt." Konkret wird dann ausgeführt, wie
sich mehrere Journalisten gegenseitig Inkompetenz, Einäugigkeit, ja Auftragsar-
beit vorwerfen. Darstellungen von serbischen Gräueltaten wären, so der Bericht
der „Zeit", oft maßlos übertrieben, verzerrt und einseitig ausgewählt gewesen,
um Regierungen zum Eingreifen zu bewegen.

Damit zeigt sich die ganze Problematik, die dann gegeben ist, wenn einige auf
Unterhaltung und Gewinn ausgerichtete Berichte als Grundlage von außenpolitischen Entscheidungen dienen sollen. Im Fernsehzeitalter besteht schon das
grundsätzliche Problem, dass Telegenität beziehungsweise die telegene Darstel-

lung einer Politik wichtiger sind als politische Leistung, oder die oft langwierige Ausarbeitung einer politischen Strategie. Der bestehende Trend wird sich wohl kaum umkehren lassen, man soll sich aber doch zumindest der Tatsache bewusst sein, dass auch außenpolitische Nachrichten primär gesendet werden, um Hörer und Seher zu unterhalten beziehungsweise um neue Marktanteile zu gewinnen.

3.2.2 Die ambivalente Macht der Bilder

Ohne die Bilder, die von den Gewalttaten am Balkan nach dem Zerfall Jugoslawiens gezeigt wurden, wäre die Geschichte dieser Region wohl anders verlaufen. Nur: So sehr ein Bild, das ein Zeugnis von ethnischen Säuberungen abgibt, zum Einschreiten aufruft, so sehr veranlasst ein anderes Bild, das die Gefahren des Krieges aufzeigt, alles zu tun, um nicht das Leben der eigenen Kinder als Soldaten im Kriegsgebiet zu gefährden.

3.2.2.1 Bilder, die betroffen machen

Es sind zunächst die Bilder von Gräueltaten, die betroffen machen und die danach rufen, weiteren Aggressionen, Massakern oder Plünderungen Einhalt zu gebieten. So beklagte sich William Pfaff im März 1993 in der „Herald Tribune" darüber, dass trotz der himmelschreienden Bilder, die über die serbische Aggression vermittelt wurden, der Westen tatenlos zuschaute. Unter der Überschrift „The Threat Begins when Aggression is Tolerated" führte er aus: „The new world order has arrived. It is well and truly new, consecrating invasion, aggression and ethnic purge as acceptable international contact". Man könne nicht, so lautete die Kritik des Autors an der damals vereinbarten Vance-Owen Regelung für Jugoslawien, der öffentlichen Meinung im Westen und der Aggression der Serben gleichzeitig gerecht werden. „Le Monde" beklagte, dass es die zögernde Haltung des Westens wäre, die es den Serben erlaubt hätte, bosnische Enklaven wie Srebrenica oder Gorazde im Handstreich zu nehmen und dass, obwohl die Bilder vom Leiden der Bosnier für sich sprächen, die Internationale Gemeinschaft einfach zu untätig geblieben wäre.

Und im Juli 1995 schrieb die „Neue Zürcher Zeitung" von einer „westlichen Selbstaufgabe in Bosnien" und führte dazu aus: „das denkwürdige Schauspiel der Londoner Bosnien-Konferenz und das Feilschen über eine angeblich bereits vereinbarte Politik bei der NATO in Brüssel sind Zeichen politischen Zerfalls. Schwache Regierungen, die ihre Differenzen nicht in höherem Interesse beilegen können und in erster Linie an ihren kurzfristigen Erfolg denken, richten sich auf Wählerumfragen aus und betreiben Public Relations, um unvereinbare Ziele unter einen Hut zu bringen: Von einer entscheidenden militärischen Intervention ist keine Rede, doch glaubt man sich zu etwas Säbelrasseln verpflichtet." Der Autor des Artikels erwartete sich offensichtlich, dass angesichts der Greuelbilder, die über das Geschehen in Bosnien verbreitet wurden, der Westen Aktivität zeigen und militärisch einschreiten würde.

Ähnlich kritisch stellte die „Herald Tribune" angesichts von Massenmorden in Ruanda fest: „We can smell death through our television screens" und beklagte, dass, trotz der „horrible pictures", der Westen untätig blieb. Immerhin waren es dennoch CNN-Übertragungen, die dann dazu führten, dass mit der Operation „Support Hope" Nahrungsmittelstellen in Ruanda eröffnet wurden. Es waren auch Fernsehbilder von den verfolgten Kurden im Irak, die zur Hilfsaktion „Provide Comfort" geführt haben, die Bilder von der Hungerkatastrophe in Somalia, die zur Landung amerikanischer Truppen in Mogadischu führten und die Bilder vom Massaker am Markt von Sarajewo, die eine Intensivierung des westlichen Einsatzes in Bosnien bewirkten. Vor diesem Massaker hatten sich – laut Meinungsumfragen – 65 Prozent der Amerikaner dahingehend geäußert, dass ihr Land in Bosnien-Herzegowina nicht intervenieren sollte. Nach den Bildern vom Massaker waren 60 Prozent dafür.

Es waren Bilder, die Europa aufgerüttelt haben. Damit wurde das lange Zögern des Westens überwunden, die weitere Entwicklung im Kosovo nahm einen anderen Verlauf. Die telegene Manifestation des Leidens und die, damit meist verbundene, eindeutige Schuldzuweisung an die Serben, führte auch dazu, dass der Westen einen „Glaubwürdigkeitsverlust auf Raten" („Neue Zürcher Zeitung") auf Dauer nicht hinnehmen konnte. NATO-Bombardements folgten. „Ce crime au coeur de l'Europe", wie „Le Monde" die von Slobodan Milošević organisierten Deportationen nannte, dürfe nicht einfach hingenommen werden.

Somit kann man eines feststellen: Zahlreiche, während der letzten Jahre durchgeführte Aktionen, Operationen und Interventionen – in Bosnien-Herzegowina, im Kosovo, im Irak, beim Flüchtlingsdrama in Haiti, in Somalia und in Zentralafrika – können mit der darüber erfolgten TV-Berichterstattung direkt in Zusammenhang gebracht werden, ja wären ohne diese vielleicht gar nicht erfolgt.

3.2.2.2 Der andere CNN-Effekt

So sehr es also Übertragungen und Bilder vom Leid der Menschen sind, die betroffen machen und danach rufen, dass etwas dagegen unternommen wird, so gibt es auch einen anderen „CNN-Effekt": Es sind Bilder, die Angst einjagen, vor allem die Angst, dass die eigenen Kinder, die als Soldaten in ein Kriegsgebiet geschickt werden, Schaden erleiden könnten. Wie könnte auch ein Krieg, der direkt in die Wohnzimmer der Eltern von Soldaten übertragen wird, anders ablaufen als so, dass der Schutz des Lebens der eigenen Kinder den absolut höchsten Wert darstellt.

Mit dieser Haltung ganz im Einklang liegt die vom amerikanischen General Curtis Le May entwickelte Strategie, wonach es die Einsätze der Luftwaffe wären, die „air strikes" und Bombenteppiche, die einen Gegner am ehesten zum Einlenken zwingen würden. Die dann entwickelten Technologien, wonach von der Luft aus „chirurgisch genaue" Angriffe möglich wären, haben diese Haltung noch verstärkt.

Somit kann man Folgendes feststellen: So sehr es „images that cry out for action" waren, die immer wieder dazu geführt haben, dass die Internationale Gemeinschaft in Krisen- und Kriegsgebieten eingeschritten ist, so waren es auch Bilder, die genau die Öffentlichkeit dieser Internationalen Gemeinschaft eingeschüchtert und dazu geführt haben, dass man zögerte, die eigenen Soldaten in diese Krisengebiete zu bringen. So haben auch die Bombardierung einer amerikanischen Kaserne in Beirut und die Bilder von amerikanischen Soldaten, die im

Oktober 1993 beim Einsatz in Somalia ums Leben kamen, sehr rasch dazu geführt, dass die „boys" bald wieder nach Hause gebracht wurden.

Ein Bild spricht tatsächlich tausend Worte. Das gilt für einen Einsatz dann, wenn es darum geht Not zu lindern; aber auch für eine abwartende Haltung dort, wo das eigene Leben gefährdet ist. Meinungsumfragen sprechen hier eine deutliche Sprache: Im Dezember 1992, als es darum ging, Somalia humanitäre Hilfe zu gewähren, befürworteten 66 Prozent der Amerikaner den dafür vorgesehenen Einsatz der „marines". Als dann im Sommer 1993 im Fernsehen tote amerikanische Soldaten gezeigt wurden, erachteten 57 Prozent der US-Amerikaner den Rückzug aus Somalia für notwendig.

Ähnlich war das Verhalten, als es um die Entsendung amerikanischer Truppen nach Haiti ging: 69 Prozent sprachen sich dafür aus, wenn es galt, die illegale Einwanderung zu stoppen. Aber derselbe Prozentsatz war gegen eine Truppenentsendung, wenn das Leben der eigenen Soldaten gefährdet würde, um die Demokratie in Haiti wiederherzustellen. Mit anderen Worten: Die amerikanische Öffentlichkeit verhält sich wohl so, wie jede im Westen, die den Einsatz der eigenen Kinder als Soldaten am Fernsehschirm verfolgen kann: man ist für „friedenserhaltende Maßnahmen" und für eine Politik zum Schutz der Menschenrechte, solange das Leben der eigenen Soldaten sicher ist.

So sehr es also die – meist im Fernsehen gezeigten – Bilder sind, die nach Abhilfe und danach schreien, dass die Internationale Gemeinschaft einschreitet, so sind es auch Bilder, die davor zurückschrecken lassen, wenn es bei derartigen Einsätzen Tote geben könnte.

3.2.3 Ist Außenpolitik im Fernseh-Zeitalter noch möglich?

Sieht man also, wie öffentliche Meinung und Meinungsumfragen unterschiedlichen „Stimmungsbildern" unterworfen sind, stellt sich die Frage, ob heute eine vorausschauende Außenpolitik, die an den Interessen des eigenen Landes und an der langfristigen Wohlfahrt der Bürger ausgerichtet ist, überhaupt noch möglich ist.

Das Fernseh-Zeitalter verlangt, dass rasch und überall dort Aussagen gemacht und Stellungnahmen abgegeben werden, wo irgendwo in der Welt Krisen aufgezeigt werden. Entscheidungen müssen vor laufender Kamera – also sofort – und so getroffen werden, dass langfristige Folgen oder widersprüchliche Interessen erst gar nicht als solche in Betracht gezogen werden.

Die Folge ist, dass es bei einem solchen „Entscheidungsprozess" erst gar nicht um die Lösung von Problemen geht, sondern darum, dass irgendetwas möglichst Spektakuläres angekündigt oder in Aussicht gestellt wird. Wichtig ist, den Interviewpartner oder den Zuseher im Augenblick zufriedenzustellen. Etwa nach dem Motto: eine Krise ist ausgebrochen; aber: „no problem, we are going to take an action". Eine Regierung soll zur Vernunft gebracht werden? Auch dieses Problem kann man vor laufender Kamera sofort „lösen": Ein Krisenstab wird eingesetzt. Nötigenfalls können auch Wirtschaftssanktionen oder „air strikes" angekündigt oder angedroht werden.

Wichtig ist, dass der Fernsehzuseher für den Augenblick zufriedengestellt und der Eindruck erweckt wird, „es wird schon etwas unternommen". Diese „something will be done" -Entscheidungen haben zunächst den Vorteil, dass man den genauen Inhalt nicht festlegen muss. Damit können die einen in der Erwartung gelassen werden, es würde ihnen geholfen, die anderen in der Hoffnung, vorgesehene Maßnahmen würden schon nicht zu viele Opfer verlangen. Bis die gemachten Ankündigungen dann tatsächlich zum Tragen kommen, sind die ursprünglichen Intentionen meist vergessen oder es gibt ohnehin schon neue Akteure.

Dazu kommt noch eines: Man verlangt von der Internationalen Gemeinschaft überall und weltumspannend, also von Osttimor bis Ruanda, einzugreifen und jede Krise zu bewältigen. Bismarck konnte sich vor wichtigen Entscheidungen noch wochenlang auf sein Landgut zurückziehen und auf wesentliche Aufgaben konzentrieren. Es stieß auch nicht auf Kritik, wenn der Gründer des Deutschen Reiches feststellte, dass die Vorgänge auf dem Balkan „nicht die Knochen eines einzigen pommerschen Grenadiers wert wären". Und noch John F. Kennedy konnte sich ähnlich äußern, wenn er in seinem Präsidentschaftswahlkampf feststellte: „Quemoy and Matsu are not worth the bones of one single American soldier."

Das war vor einer Generation noch möglich. Im Fernseh-Zeitalter hingegen wird verlangt, dass überall eingeschritten wird, wo irgendein Reporterteam eine Krise ausfindig gemacht hat. So sehr die Globalisierung mit sich bringt, dass Probleme weltweit gesehen werden und – was durchaus positiv ist – die Internationale Gemeinschaft für Menschenrechtsverletzungen, Krisen und Bürgerkriege ein Gefühl der Verantwortung entwickelt, so muss auch die Frage nach Erfolgsaussicht und Zweckmäßigkeit eines Krisenmanagements überdacht werden können. Vor allem wäre zu erörtern, ob das „Subsidiaritätsprinzip" nicht als internationales Ordnungsprinzip stärker bedacht werden sollte.

Heute betreffen außenpolitische Entscheidungen nicht nur weltweite Implikationen, es muss über sie auch rasch, am besten vor laufender Kamera, entschieden werden. Beim Wiener Kongress nahm man sich noch ein Jahr Zeit, nach einer neuen Ordnung für Europa zu suchen. Der darauf aufbauende Friede hielt tatsächlich hundert Jahre. Auch beim Berliner Kongress war es noch möglich, unterschiedliche Interessen nach eingehenden Diskussionen aufeinander abzustimmen. Und selbst die Normalisierung der Beziehungen zwischen den USA und China unter Richard Nixon konnte noch in Stille vorbereitet werden.

Hingegen verlangt man heute Entscheidungen am besten unmittelbar auf die gerade gestellte Frage. Wichtig ist nicht so sehr, was bei diversen Treffen tatsächlich besprochen wird, sondern vielmehr, was nachher den Medien präsentiert wird. Ja manche internationale Veranstaltungen finden für eine Pressekonferenz oder überhaupt nur für einen Fototermin statt, nicht umgekehrt. Damit bewirkt das Fernsehzeitalter eine ganz neue, entscheidende Entwicklung: Es sind nunmehr die Medien, die die Politik machen, während sich viele Politiker darauf beschränken, diese bestenfalls zu kommentieren und zu interpretieren. Die Medien richten sich in ihrer Berichterstattung vielfach nach Wünschen und Ansichten der Zuhörer und Leser. Ganz in diesem Trend liegen auch internationale Großkonferenzen. Sie erwecken oft mehr den Anschein eines Medienspektakels als eines Gremiums, bei dem Weichen für die Zukunft gestellt werden. Bescheidenste Kompromisslösungen werden dann für das heimische Fernsehpublikum als großer Fortschritt und Erfolg hingestellt.

Das Fernseh-Zeitalter verlangt also von der Außenpolitik nicht mehr so sehr Verlässlichkeit, Berechenbarkeit und Abstimmung mit den Interessen des eigenen Landes, sondern Unmittelbarkeit, am besten verbunden mit einem spektakulären Effekt. Die Frage ist dann allerdings, wie in einer Zeit, in der schon wegen der Vielzahl der Player und der Unterschiedlichkeit der Interessen bereits auftretende anarchische Tendenzen verhindert werden können. Mit einer „internationalen Ordnung" sollen auch in Zukunft die Begriffe Friede und Stabilität in Einklang gebracht werden können. Dies verlangt aber mehr als Live-Übertragungen und Stellungnahmen, die lediglich auf den Augenblick ausgerichtet sind.

Viele „Akteure" der internationalen Beziehungen stellen sich auf diese neue Mediensituation dahingehend ein, dass sie nur mehr eine formale, aber keine inhaltliche Bilanz ihrer Tätigkeit ziehen. Konkret: stolz wird verkündet, dass man in wenigen Monaten mehrere zehntausend Kilometer geflogen ist; dass man an unzähligen Konferenzen teilgenommen und mit höchstrangigen Persönlichkeiten gesprochen hat. Worüber? Darüber wird genauso der Mantel des Schweigens gehüllt wie über die tatsächlichen Ergebnisse dieser Konferenzen. Es handelt sich eben vielfach um Scheinaktivitäten, wobei es genügt, dass der Schein irgendwie in den Medien seinen Niederschlag findet.

3.3. Multinationale Unternehmen als Faktor der internationalen Beziehungen

Auf die multinationalen Unternehmen als Gestalter der Weltwirtschaft wird im Kapitel „Der Weltmarkt als einigende Kraft" hingewiesen. Hier soll ihre Rolle als neue Player in den internationalen Beziehungen näher dargelegt werden.

3.3.1 Unternehmen mit globaler Dimension ...

3.3.1.1 Unternehmen bedeutender als Staaten

Vergleicht man die hundert größten Wirtschaftseinheiten der Welt miteinander, so findet man, dass sich darunter mehr Unternehmen als Staaten befinden, wobei sich 1998 folgendes Bild bot: Der Marktwert von Microsoft mit 407 Milliarden Dollar konnte mit jenen Staaten verglichen werden, deren Bruttoinlandsprodukt (BIP) in der Weltskala an neunter, zehnter und 11. Stelle lagen: mit Kanada (BIP 600 Milliarden Dollar), mit Spanien (BIP 550 Milliarden Dollar) und mit Russland (BIP 447 Milliarden Dollar).

Der Marktwert von General Electric (333 Milliarden Dollar), IBM (214 Milliarden Dollar), Exxon (194 Milliarden Dollar) und Coca Cola (170 Milliarden Dollar) konnte durchaus dem Volkseinkommen von Argentinien (344 Milliarden Dollar), Österreich (212 Milliarden Dollar), der Türkei (189 Milliarden Dollar) oder Dänemark gegenübergestellt werden. Während das BIP von Singapur (85,4 Milliarden Dollar) und der Marktwert des Telekommunikations-Konzerns Nokia (87 Milliarden Dollar), die in ihrer Gruppe jeweils an 38. Stelle lagen, noch die selbe Größenordnung aufwiesen, war der Marktwert der bei den Konzernen an 50. Stelle liegenden Lloyds TSB Gruppe mit 72 Milliarden Dollar wesentlich höher als des in der Staatenliste an 51. Stelle liegenden Ungarn mit einem BIP von 45,7 Milliarden Dollar.

Natürlich verändert sich der Marktwert von Unternehmen mit dem Börsenkurs. Künstlich hochgepuschte Aktienwerte können einen Konzern plötzlich als Riesen erscheinen lassen, der sich später wieder als Zwerg entpuppt. Das ändert aber nichts an der Tatsache, dass es heute und in der Zukunft Unternehmen gibt, die aufgrund ihrer Finanzkraft und ihres Einflusses mächtiger sind als zahlreiche Nationalstaaten. Die Player im Einzelnen ändern sich, das Grundmuster nicht.

2007 zeigte sich folgendes Bild: Der Marktwert von PetroChina betrug laut Forbes 2008 546 Milliarden Dollar. Zum Vergleich: Das Bruttoinlandsprodukt der Türkei (17. Rang) betrug im Jahr 2007 laut Weltbank 657 Milliarden Dollar, das

Belgiens (18. Rang) 449 Milliarden. Microsoft, dessen Marktwert 1998 noch mit dem BIP von Russland verglichen werden konnte, hatte 2008 nur mehr einen Marktwert von 275,8 Milliarden Dollar, was Südafrikas BIP entspricht (277,5 Milliarden Dollar, 28. Rang).

Der Marktwert von ExxonMobil (410,6 Milliarden Dollar), General Electric (358,9 Milliarden Dollar), IBM (139,9 Milliarden Dollar) oder Coca Cola (108 Milliarden Dollar) kann durchaus mit dem Volkseinkommen von Schweden (421,3 Milliarden Dollar), Österreich (355 Milliarden Dollar), Chile (138,6 Milliarden Dollar) und Ungarn (116,3Milliarden Dollar) verglichen werden.
BNP Paribas, dessen Marktwert mit 97 Milliarden Dollar an 54.Stelle der weltgrößten Unternehmen liegt, kann mit dem BIP von Peru (96,2 Milliarden Dollar, 53. Rang) verglichen werden.

Auch wenn die Bruttoinlandsprodukte der reichsten Staaten der Welt den Marktwert der größten Unternehmen der Welt bei Weitem übersteigen, zeigt sich, dass das an 56. Stelle liegende Unternehmen Nokia (86,3 Milliarden Dollar Marktwert) das im Staatenranking an 65. Stelle liegende Kroatien (46,4 Milliarden Dollar BIP) klar überschreitet.

3.3.1.2   Internationalisierung der Produktion und der Finanzen

Mit den Unternehmenszusammenschlüssen ging eine starke Internationalisierung der Produktion und der Finanzen einher. Schon zu Beginn der 90er Jahre waren im Produktionsbereich in Kanada die Hälfte aller Unternehmen in ausländischem Besitz; in Frankreich 27 Prozent; in Deutschland 14 Prozent, in Großbritannien 25,5 Prozent und in Schweden 18 Prozent. Selbst in den USA gehörten schon 1991 15 Prozent aller Produktionsbetriebe Ausländern, wobei dieser Prozentsatz schon bis 1995 auf 20 Prozent stieg. Lediglich Japan konnte die Niederlassung ausländischer Industrien lange Zeit sehr stark eingrenzen.

Gemäß der in Oxford herausgegebenen „Globalization of World Politics" ist die Zahl der multinationalen Unternehmen von 1960 bis 1995 von 3.500 auf 40.000 gestiegen. Ausländische Direktinvestitionen stiegen in diesem Zeitraum von 66

Milliarden Dollar auf 2.600 Milliarden Dollar, während sie 1940 lediglich 14 Milliarden Dollar betrugen.

Um die Jahrtausendwende beliefen sich die Direktinvestitionen der USA in Europa auf 1.000 Milliarden Dollar, 4,5 Millionen Europäer arbeiteten in amerikanischen Betrieben. Die europäischen Direktinvestitionen in den USA entsprachen ungefähr demselben Wert. Was etwa General Motors betrifft, so produzierte dieser Konzern 40 Prozent seiner Autos außerhalb Amerikas und selbst Toyota stellte 20 Prozent seiner Produkte nicht in Japan her. Insgesamt stiegen die FDI allein 1999 um 25 Prozent und machten in diesem Jahr 827 Milliarden US Dollar aus.

Diese Entwicklung war wohl nur möglich, weil auch der Finanzbereich globalisiert wurde: 1973 errichteten 239 Banken das SWIFT (Standardized World Interbank and Financial Transactions)-System, das eine Grundlage für eine rasche Kommunikation zwischen den Banken bilden sollte. Bis 1989 hatte SWIFT 1.000 Mitglieder in 51 Staaten, 2008 bereits 8300 Mitglieder in 203 Ländern.

Ebenfalls in den 1970er Jahren liberalisierten viele Länder Portfolio-Investitionen. Ausländer erhielten das Recht, Sparguthaben anzulegen und bestehende rechtliche Beschränkungen für den Kauf und Handel von Aktien und Wertpapieren durch Ausländer wurden aufgehoben. Die Finanzmärkte wurden liberalisiert, wobei dem 1986 erfolgten „Big Bang" der Londoner City Signalcharakter zukommt. Seither sind der Devisen- und der Aktienhandel ein supranationales Geschäft geworden, das weltweit und rund um die Uhr getätigt wird, wobei Entfernungen keine Rolle mehr spielen.

Der Unterschied zwischen nationalen und internationalen Märkten ist hier wohl schon verloren gegangen. Insgesamt ist der tägliche Devisenhandel von 190 Milliarden Dollar im Jahre 1986 auf 1.300 Milliarden Dollar nur 11 Jahre später gestiegen, um im Jahre 2008 3.000 Milliarden Dollar täglich zu erreichen.

3.3.1.3 Neue Rekorde im Welthandel

Besonders im Welthandel tritt jene Entwicklung, die wir Globalisierung nennen besonders stark in Erscheinung. Betrugen die Durchschnittszölle in den 1930er Jahren noch über 40 Prozent, so sind sie bis Mitte der 1990er Jahre auf drei Prozent zurückgegangen. Die aus der Uruguay-Runde als Nachfolge-Organisation des GATT hervorgegangene WTO (World Trade Organisation) hat durch zwingende Unterwerfung unter ein schiedsgerichtliches Verfahren im Handelsbereich erstmals die Möglichkeit, eine internationale Wettbewerbswelt gegen protektionistische staatliche Eingriffe durchsetzen zu können und Retorsionen des verletzten Staates völkerrechtlich abzusegnen.

Bereits zwischen 1989 und 1997 ist der weltweite Handel jährlich um 5,3 Prozent gestiegen, wesentlich stärker als die jährliche Gesamtproduktion mit 1,4 Prozent. 1950 betrug der gesamte Welthandel 308 Milliarden Dollar und stieg bis 1968 auf über 1.000 Milliarden Dollar an, um bis zum Ende des Jahrhunderts 3.500 Milliarden Dollar zu erreichen.

Alleine die Exporte von Waren haben sich in den Jahren von 1960 bis 2002 verfünfzigfacht, nämlich von 130 Mrd. Dollar auf 6414 Mrd. Dollar. Auch die Exporte von Dienstleistungen sind in der Zeit von 1980 bis 2002 stark angestiegen, und zwar von 385 Mrd. Dollar auf 1610 Mrd. Dollar. Damit betrug das weltweite Handelsvolumen im Jahre 2002 mehr als 8000 Milliarden Dollar, bis 2006 waren es bereits 11780 Milliarden.

Dabei blieb der Anteil der Industriestaaten am Welthandel ziemlich stabil. Trotz einiger Schwankungen beim Anteil am Warenexport zwischen 62,6% im Jahre 1980 und 70,8% zehn Jahre später, lagen die Industrieländer 2002 bei 63,5%, während es 40 Jahre vorher 64,7% waren. Bei den Exporten von Dienstleistungen lag der Anteil der Industrieländer 2002 bei 73%; drei Jahre später bereits bei 79%.

Insgesamt kann man sagen, dass die Globalisierung in der Wirtschaft um die Jahrtausendwende voll zum Tragen kam, gemäß der Feststellung von Milton

Friedman, wonach es möglich wurde „to produce a product anywhere, using resources from anywhere, by a company located anywhere, to be sold anywhere".

Diese gesamte Entwicklung hat jedenfalls den Rahmen dafür gebildet, dass sich die großen Konzerne in einer neuen Dimension entfalten konnten, ja zu wesentlichen Playern in den internationalen Beziehungen wurden. Wenn die Globalisierung der Wirtschaft die Entfaltung der „Multis" ermöglichte, dann beruht dies auf einer Wechselwirkung: Auch die „Multis" haben wesentlich dazu beigetragen, dass die Grundlagen für die Liberalisierung geschaffen worden sind.

Im Folgenden soll darauf eingegangen werden, warum es zu dieser Entwicklung kam und welche neuen Möglichkeiten daraus für die großen Wirtschaftskonzerne entstanden sind.

3.3.2 ...und mit regionaler Ausstrahlung: Die Asamer Holding AG

Die Überwindung des Eisernen Vorhangs und der Übergang zur Marktwirtschaft in den früher kommunistischen Ländern war nicht nur ein wesentlicher Grund für die weltweite Globalisierung der Wirtschaft, auch im regionalen Bereich gelang es Unternehmen, neue Chancen zu nutzen und über die eigenen Landesgrenzen hinaus Märkte zu erobern. Das dies immer wieder mit großen Risiken verbunden war, liegt auf der Hand. Wie dass Beispiel der Asamer Holding AG zeigt, gelang es gerade österreichischen Unternehmen, in Mittel- und Osteuropa Niederlassungen zu gründen.

Die Asamer Holding AG ist ein österreichisches Familienunternehmen, spezialisiert auf Beton, Zement, Kies, Stein, Recycling, Tourismus und Immobilien. 2008 wird ein Umsatz von 650 Millionen Euro erwartet. Das oberösterreichische Familienunternehmen beschäftigt insgesamt rund 5.500 Mitarbeiter an 154 Standorten in 19 Ländern. Der Firmensitz befindet sich in Ohlsdorf bei Gmunden/Oberösterreich.

Die Asamer Holding AG kann auf eine langjährige und erfolgreiche Unternehmensgeschichte zurückblicken. Diese begann 1959 mit der Gründung eines

Transportunternehmens durch Hans Asamer und wird seit 1996 erfolgreich in zweiter Generation von Manfred, Kurt und Andreas Asamer fortgeführt. Ein starkes Wachstum, die Ausweitung der Geschäftsfelder sowie internationale Expansionen haben das Familienunternehmen aus Gmunden geprägt und tragen zur kontinuierlichen Weiterentwicklung bei. Die internationalen Aktivitäten im Bereich Stein, Kies und Beton sind in der Asamer Tochter ALAS International Baustoffproduktions AG gebündelt.

Beeindruckend ist die Expansion des Unternehmens, das seit Beginn der 1990er Jahre verstärkt Investitionen in Osteuropa getätigt hat. Zahlreiche Betriebe wurden in der Slowakei und der Tschechischen Republik erworben. In Folge expandierte die Asamer Holding AG nach Kroatien, Bosnien, Serbien, Bulgarien und Rumänien. Diese Länder gehören auch zukünftig zu den Zielmärkten, ebenso wie Ungarn. In allen diesen Ländern wird die Zusammenarbeit mit Partnern vor Ort vorangetrieben.

Neben den Kerngeschäftsfeldern Kies, Stein, Beton und Zement treibt die Asamer Holding AG auch die Geschäftsfelder Forschung und Entwicklung voran. Dabei sind vor allem Forschungsprojekte im Bereich der Entwicklung von Basaltfasern, Veredelungsprojekte betreffend Ceolit und Altreifen-Recycling zu nennen. Diese neuen Projekte sind alle im Naheverhältnis zu den Kerngeschäftsfeldern angeordnet.

Insgesamt sind Kommerzialrat Hans Asamer und Kommerzialrätin Heidi Asamer jedenfalls ein gutes Beispiel dafür, wie österreichischer Unternehmergeist dazu beigetragen hat, die Beziehungen in der gesamten Region, weit über den wirtschaftlichen Bereich hinaus, zu intensivieren.

3.3.3 Warum diese Zeitenwende?

Was sind nun die Gründe, die zu diesem spektakulären Anstieg des Welthandels geführt haben? Zunächst hat sich die Meinung durchgesetzt, dass ein verstärkter Handel eine Erhöhung des Lebensstandards ermöglicht. Entsprechend wurden weltweit die Zölle gesenkt. In der „Dillon-Runde" (1961-62) um durchschnittlich 7%; in der „Kennedy-Runde" (1964-67) um durchschnittlich 35%; in der „Tokyo-Runde" (1973-79) um durchschnittlich 34% und in der „Uruguay-Runde" um 40%. Betrugen die Einfuhrzölle der USA 1934 noch 60% und nach dem 2. Weltkrieg immerhin noch 25%, so liegen sie heute bei durchschnittlich 4%.

Der starke Anstieg des Lebensstandards in den Wohlfahrtsstaaten seit dem 2. Weltkrieg rechtfertigt offensichtlich die Philosophie des Freihandels.

Aber auch der technische Fortschritt hat ganz entscheidend zur Intensivierung des weltweiten Handels beigetragen. Moderne Technologien überwinden schnell Zeit und Raum, Geographie ist ein Faktor, aber kein Hindernis mehr. Weltweit wurden Finanz- und Handelstransaktionen wesentlich erleichtert. Durch den Einsatz von Containern wurden Transporte billiger und effizienter, vor allem durch die 28000 Hochseeschiffe, die heute die Weltmeere kreuzen und in der Lage sind, zu einem einzigen Zeitpunkt 733 Millionen   Tonnen Güter zu befördern.

3.3.3.1   Die globale Liberalisierung

Mit dem Niedergang des Kommunismus wurde es klar, dass Liberalismus und Marktwirtschaft, die Amerikaner würden sagen der Kapitalismus, der Verstaatlichung und der Planwirtschaft überlegen waren. Folglich wurden, es war die Ära von Margaret Thatcher und Ronald Reagan, die Weichen auf Privatisierung und Liberalisierung gestellt. Das Ende des Kalten Krieges erwies sich damit als echte „Zeitenwende". Wurde vorher, Generationen hindurch, vor allem in „Grenzen" und „Gegensätzen" gedacht und gehandelt, so wurde das neue Grundprinzip in den internationalen Beziehungen jenes der Offenheit. Die großen Konzerne passten sich dieser Entwicklung an: Wettbewerbs-, Kosten- und Rationalisierungsdruck, vielleicht auch der Ehrgeiz mancher Manager, führten zu Fusionen und letztlich zu einem globalen Strukturwandel ganzer Branchen.

Dabei waren wohl auch die neuen Entwicklungen in der Technik eine treibende Kraft. Computer und neue Informationstechnologien schufen eine weltweite

Vernetzung, wo Entfernungen keine Rolle mehr spielten und Wissen und Information weltweit unverzüglich ausgetauscht werden konnten.

Zwischen 1970 und 1997 gab es in zahlreichen Ländern eine Liberalisierungswelle: Die Zahl der Staaten, die Importkontrollen für Güter und Dienstleistungen in diesem Zeitraum beseitigten, stieg von 35 auf 137. Ein Vergleich zwischen Ost- und Westdeutschland, zwischen Nord- und Südkorea, dem kommunistischen China und Taiwan zeigte sehr deutlich, welches System den eigenen Bürgern einen besseren Lebensstandard ermöglichen konnte. Der Vergleich sprach eindeutig für Liberalisierung und Öffnung und gegen die Isolierung und die Planwirtschaft eines Landes.

Es zeigte sich, dass Liberalisierung und Privatisierung, auch wenn von konservativen Regierungen begonnen, von sozialdemokratischen fortgesetzt wurden. Länder, die private Unternehmen früher verstaatlicht hatten, unternahmen plötzlich alle Anstrengungen, um sie zu einer Rückkehr zu bewegen. Die Kupferminen in Sambia sind dafür nur ein Beispiel. Insgesamt kann man feststellen, dass sich „Rechts" und „Links" in der Globalisierung fanden: Hat sich die rechte Seite des politischen Spektrums vor allem für die weltweite Geltung des Marktes eingesetzt, so wurde von der linken Seite die Internationalisierung der Menschenrechte, des Umweltschutzes oder der Emanzipation der Frauen gefordert. So sehr diese Zuteilung schablonenhaft sein mag, so hat sicherlich zum Durchbruch der Globalisierung beigetragen, dass unterschiedliche politische Kräfte oft aus unterschiedlichen Motiven darin die mögliche Verwirklichung ihrer Ziele sahen.

Wohl nie zuvor in der Geschichte wurde von Staaten so viel zum Verkauf angeboten: Nicht nur die früheren kommunistischen Länder haben einen Wettlauf um ausländische Käufer und Investoren gestartet, auch westliche Regierungen boten alles an, was gut und teuer war: Banken, Eisenbahnen, Fluglinien, Stahlwerke, Post- und Telegraphengesellschaften, E-Werke, bis hin zu Hotels und Restaurants. Unternehmen, die bis dahin der Stolz einer Nation waren, als Flaggschiffe der nationalen Wirtschaft galten, wurden plötzlich von der ausländischen Konkurrenz, von „Multis" aufgekauft. Das galt für den US-Konzern Chrysler genauso wie für Mannesmann in Deutschland oder für die Steyr-Werke.

Hatten zunächst regionale Wirtschaftsgemeinschaften wie die EU oder die NAFTA (North American Free Trade Association) den grenzüberschreitenden Handel und das Entstehen größerer Unternehmungen mit sich gebracht, so hat die globale Liberalisierung eine weitere Integration beziehungsweise Internationalisierung bewirkt. Grenzen wurden zunehmend durchlässiger, ja hinfällig.

So sehr die Regierungen den Rahmen für diese Entwicklung geschaffen und die entsprechenden Beschlüsse getroffen haben, so ist dies oft unter dem Einfluss der multinationalen Konzerne geschehen. Wenn sich ein Unternehmen nur dann wirkungsvoll der Konkurrenz stellen kann, wenn die Bedingungen für eine internationale Expansion geschaffen werden, dann wird es so lange Druck auf die eigene Regierung oder auf internationale Organisationen ausüben, bis dies der Fall ist. Darüber hinaus haben auch ausländische Direktinvestitionen zu Unternehmensfusionen geführt.

Von 1991 bis 1995 haben mehr als 100 Entwicklungs- und Schwellenländer die Bestimmungen für ausländische Direktinvestitionen erleichtert. Allein im Jahre 1996 wurden 182 bilaterale Investitionsabkommen unterzeichnet, bis 1998 stieg deren Zahl auf insgesamt 1.513; zehn Jahre später waren es 2.573. Internationale Organisationen wie die OECD, EU, NAFTA oder APEC (Asia Pacific Economic Cooperation) sind alle für eine Liberalisierung gerade von FDI eingetreten. Allerdings wurden die Verhandlungen über ein „multilateral agreement on investment", das alle nationalen Kontrollen für FDI beseitigt hätte sollen, auf unbestimmte Zeiten vertagt.

3.3.3.2   Neue Unternehmensstrategien

Für die großen Unternehmen ergab sich mit der Globalisierung, mit dem globalen Markt, eine neue Wettbewerbssituation. Konnte man bei einer regionalen Konkurrenz zumindest theoretisch davon ausgehen, in neuen Regionen neue Märkte erschließen zu können, so zwang eine globale Konkurrenz zu neuen

Strategien: Erfolge konnten nicht mehr über neue Märkte, sondern mussten viel mehr über Kostensenkung und Rationalisierung erreicht werden. Deshalb wurde immer wieder versucht, durch den Ankauf eines oder durch das Zusammengehen mit einem bisherigen Konkurrenten eine weltweit führende Position zu erreichen. Teil dieser Strategie war und ist es auch, dass sich Konzerne auf einen Kernbereich, in dem sie weltweit Spitzenleistungen erbringen, konzentrieren und alle anderen Bereiche abstoßen.

So hat Nokia von ursprünglich 14 Branchen 13 abgestoßen, um sich ganz auf Mobiltelefone zu konzentrieren; Volvo hat sich nach dem Zusammengehen mit MAN auf die Herstellung von Lastkraftwagen verlegt und Böhler nach dem Zusammenschluss mit Uddeholm auf Schnellstahl, Werkzeugstahl und Sonderwerkstoffe konzentriert. Die Rationalisierung wurde auch notwendig, weil sich, wohl aufgrund der globalen Konkurrenz, die Erträge verminderten: So wurde 1930 im Luftverkehr für jede geflogene Meile ein Gewinn von 68 US-Cents erzielt, 1990 waren es jedoch nur mehr 11 US-Cents. Die Kosten eines Drei-Minuten-Telefongesprächs zwischen New York und Europa fielen stark und der Preis für ein „unit of computing power" fiel von 1960 bis 1990 gar um 99 Prozent.

Wenn also bei einem globalen Wettbewerb kein Raum mehr für einen neuen Markt gegeben ist, dann muss entweder versucht werden, den Konkurrenten, sei es durch Kauf oder sonst irgendwie, auszuschalten oder durch Preissenkungen beim Verkauf der Produkte eine Vorherrschaft am Markt zu erreichen. Beide Strategien führen zu immer größeren Unternehmenseinheiten.

3.3.3.3 Neue Technologien

Auf die „Erfindungen, die die Welt verändern" wurde bereits im Kapitel über die Konzerne als weltweite Akteure am Weltmarkt hingewiesen. Der Erfolg eines Konzerns, der weltweit tätig ist, hängt jedenfalls auch ganz entscheidend davon ab, wie weit es gelingt, neue Technologien einzusetzen beziehungsweise neue Produktions- und Distributionskapazitäten weltweit zu organisieren. Dabei spielen neben den Managementmethoden auch der Einsatz neuer Möglichkeiten der Kommunikation und des Transportes eine entscheidende Rolle. In all diesen Bereichen hat während der letzten Jahre eine Revolution stattgefunden.

Die Informationstechnologien haben eine weltweite Vernetzung geschaffen, die Menschen über alle Grenzen hinweg verbindet, gemeinsame Vorstellungen und Bedürfnisse erzeugt und den Abschluss von Millionengeschäften in Sekundenschnelle ermöglicht. Die auf Internet und Computern aufbauende Wirtschaft wurde ein Wesensmerkmal der Globalisierung.

Die weltweite Liberalisierung, verbunden mit jenen Revolutionen, die im Informations- und Transportbereich stattgefunden haben, haben den „Multis" alle Möglichkeiten gegeben, sich international zu entfalten und internationale Wettbewerbsvorteile auszunutzen. Da aber gerade in diesem System das Gesetz gilt, dass nur der Starke überlebt, so ist es eben zu jenen Unternehmens-Giganten gekommen, die als neue Player nicht nur in der internationalen Wirtschaft, sondern auch in der Politik und in der Kultur angesehen werden können.

3.3.4 Die neue Macht der „Multis"

3.3.4.1 Die politische Macht

Die multinationalen Konzerne sind also ein ganz entscheidender politischer Faktor geworden. Schon die Tatsache, dass viele von ihnen einen Umsatz haben, der das BIP der meisten Staaten erheblich übersteigt, zeigt dies sehr deutlich. Tatsächlich können „Multis" in vielen Fällen so agieren, dass sie der staatlichen Kontrolle entzogen sind. Die Staaten sind auf die „Multis" oft mehr angewiesen als umgekehrt.

Regierungen können versuchen, durch Subventionen multinationale Konzerne anzuziehen, entsprechende wirtschaftliche Rahmenbedingungen zu schaffen, eine weitere Beeinflussung unternehmenspolitischer Entscheidungen erweist sich jedoch meistens als äußerst schwierig. Sind die Rahmenbedingungen für eine liberale Wirtschaftspolitik gesetzt, so kann eine nationale Regierung weder das Zusammengehen von Unternehmen, den Kauf oder Verkauf von Betrieben, noch die Kündigung von Mitarbeitern verhindern.

Auch wenn manche etwa den „Ausverkauf Kanadas" bedauern, man konnte nicht verhindern, dass allein in der zweiten Hälfte der 1990er Jahre 3.000 kanadische Betriebe im Wert von insgesamt 142 Milliarden CDN Dollar an ausländische Konzerne verkauft wurden. Und als es um den Verkauf der österreichischen Handelskette Julius Meinl AG an die deutsche Rewe-Gruppe ging, kündigte der damalige österreichische Wirtschaftsminister zunächst „alle möglichen Schritte an, um das Vorhaben zu verhindern", musste sich aber dann mit einer Kontaktnahme mit dem für Wettbewerbsfragen zuständigen EU-Kommissar begnügen. Schon vorher war ein ähnlicher Widerstand bei der Verlagerung der Reifenproduktion von Semperit gescheitert. Die Schließung einer Fabrik von Renault in Belgien, wo immerhin 3.000 Menschen beschäftigt waren, stieß zwar auf heftigen Widerstand, konnte aber genauso wenig verhindert werden wie die Durchsetzung von Restrukturierungsplänen etwa bei Coca Cola oder Unilever, wo es ebenfalls um tausende Arbeitsplätze ging.

Tatsächlich stehen einem Konzern, der weltweit agiert, viele Möglichkeiten offen, um nationalstaatliche Maßnahmen, ja selbst um Märkte zu umgehen: Bei Transaktionen zwischen Zweigbetrieben in verschiedenen Ländern können Finanzkontrollen genauso umgangen werden wie Handelssanktionen oder Produktionskontrollen. Wie groß das innerhalb von internationalen Konzernen getätigte Handelsvolumen ist, kann man daraus ersehen, dass man annimmt, ein Drittel bis zur Hälfte des gesamten Welthandels fällt unter diese Kategorie. Allein durch die willkürliche Festsetzung von „Preisen" von Gütern, die innerhalb eines Unternehmens getauscht werden, kann das steuerpflichtige Aufkommen beeinflusst werden. Im Falle eines Wirtschaftsboykotts ist es zwar möglich, den direkten Handel mit einem anderen Land zu unterbinden, nicht aber den über Drittländer beziehungsweise über Zweigbetriebe von Konzernen in Drittländern.

Damit wurde eines klar: Ein Begriff wie „Nationalökonomie" wurde genauso hinfällig wie der der „Volkswirtschaft", weil einfach ein moderner Industriestaat keine eigene, unabhängige Wirtschaft mehr hat. Früher wesentliche Teile der nationalen Souveränität, wie die Kontrolle über Währung und Handel, wurden durch die den großen transnationalen Unternehmungen gegebenen Möglichkeiten wesentlich eingeschränkt. Verschiedene Währungskrisen haben immer wieder gezeigt, dass selbst Regierungen größerer Länder gegenüber internationalen Spekulationen und gegenüber Großbanken hilflos sind.

Ein „Multi" kann, wenn die Konzernführung etwa mit der Umwelt-, Steuer- oder Sozialpolitik beziehungsweise mit den Gewerkschaften eines Landes nicht einverstanden ist, in ein anderes Land ausweichen. Die nationalstaatliche Hoheit kann aber schon dadurch abgeschwächt werden, dass sich die Verwaltung eines Konzerns in einem, die Produktionsstätten hingegen in einem anderen Land befinden. So ist selbst die US-Regierung mit dem Vorhaben gescheitert, die westeuropäische Beteiligung der in Europa angesiedelten amerikanischen Betriebe am Bau einer Gas-Pipeline nach Russland zu verhindern, nachdem in Polen 1981 der Ausnahmezustand ausgerufen worden war.

3.3.4.2 Die wirtschaftliche Macht

Da viele „Multis" einem Verdrängungswettbewerb ausgesetzt sind, können sie sich nur behaupten, wenn sie sich weltweit mit ihren Produkten durchsetzen können. Dies ist einerseits der Grund für manche „Fusionen von Giganten", andererseits führt es dazu, dass es in einigen Branchen überhaupt nur mehr einige Player gibt.

In der Autoindustrie etwa konnte man zunächst schon in der Nachkriegszeit beobachten, wie sich die amerikanischen Konzerne Ford und General Motors weltweit, vor allem nach Europa, ausbreiteten. In den 70er Jahren haben sich dann die japanischen Marken gerade in Europa und Amerika etabliert.

Die Internationalisierung der Produktion – die Zulieferfirmen kommen meistens aus verschiedenen Ländern – und der Wegfall von Handelsschranken haben bald zu einem weltweiten Wettbewerb in der Autoindustrie geführt. Dies hat bewirkt, dass bei den führenden Autoherstellern 40 Prozent der Gesamtproduktion außerhalb des „eigenen" Landes abgesetzt werden, entweder durch Exporte oder durch die Produktion in Drittländern. Bestrebungen, Produktionskosten zu reduzieren, haben dazu beigetragen, dass der Produktionsprozess eines Fahrzeuges meistens auf mehrere Länder aufgeteilt ist. Beim „landing gear" von Böhler-Uddeholm etwa wird ein Teil in Österreich, der nächste in Korea und der letzte schließlich in Kanada erzeugt.

Insgesamt war zu Beginn des neuen Jahrtausends die Konzentration in der Autoindustrie schon derart stark, dass allein die fünf größten Hersteller – General Motors, Ford, Volkswagen, Toyota und Daimler-Chrysler – 51 Prozent der gesamten Weltproduktion herstellten. Unter den 60 größten Konzernen der Welt scheinen zehn Autohersteller auf. Außerdem machte die Automobilindustrie 2006 weltweit einen jährlichen Umsatz von 2.000 Milliarden Dollar. Dies entspricht dem BIP von Italien, das laut Weltbank mit einem BI von 2.100 Milliarden Dollar weltweit den 7. Rang einnimmt.

Die Elektroindustrie ist jener Bereich, bei dem zuallererst Teile der Produktion aus Kostengründen in Entwicklungsländer ausgelagert wurden. Weltweite Konkurrenz hat dazu geführt, dass etwa die Computer-Industrie sehr bald von einigen wenigen US-amerikanischen und japanischen Firmen beherrscht wurde. Hatten US-Konzerne zunächst noch in Europa investiert, so wurden arbeitsintensive Tätigkeiten schon ab den 60er Jahren nach Ostasien und Lateinamerika ausgelagert. Ab den 70er Jahren setzten sich japanische Erzeugnisse weltweit sehr stark durch, wobei es ihnen gelang, ganze Sektoren der Elektronik-Industrie zu beherrschen.

Gerade im Elektro- und Elektronik-Bereich sind gewaltige Beträge für Forschung und Entwicklung notwendig. Die Notwendigkeit eines weltweiten Verkaufsnetzes und die Unerlässlichkeit eines raschen Zuganges zum Weltmarkt haben dazu geführt, dass sich nur einige wenige Konzerne international durchsetzen konnten. Die Standardisierung der Produktion und die verbesserte Ausbildung in einigen Entwicklungsländern haben es auch mit sich gebracht, dass schon um die Jahrhundertwende mehr als die Hälfte der Fernsehgeräte in der Welt außerhalb der OECD erzeugt werden.

Unter den hundert größten Konzernen der Welt, gemessen am Umsatz, sind zwölf Hersteller elektronischer beziehungsweise elektrischer Geräte. Angeführt wird diese Gruppe von General Electric, Jahresumsatz 1998 100 Milliarden Dollar, gefolgt von Siemens, 66 Milliarden Dollar, Hitachi, 62 Milliarden Dollar, Matsushita Electric Industrial, 60 Milliarden Dollar, Sony, 53,1 Milliarden Dollar, Toshiba, 41,4 Milliarden Dollar und Royal Philips Electronics, 38,4 Milliarden Dollar. Insgesamt erzielten allein die 25 größten Konzerne dieser Branche 1998 einen Umsatz von 795 Milliarden Dollar. 2008 bot sich folgendes Bild: Unter den hundert größten Konzernen der Welt, gemessen am Marktwert, waren nunmehr zwölf Hersteller elektrischer beziehungsweise elektronischer Geräte. Angeführt wurde diese Gruppe von General Electric, Marktwert 331 Milliarden Dollar, gefolgt von Microsoft, 253 Milliarden Dollar, Procter&Gamble, 204 Milliarden Dollar, IBM, 158 Milliarden Dollar, und Nokia, 146 Milliarden Dollar.

Besonders in der Chemie- und in der pharmazeutischen Industrie hat ein weltweiter Konzentrationsprozess stattgefunden. Der gesamte Bereich ist in seinen wesentlichen Sparten – petrochemische Industrie, landwirtschaftliche und pharmazeutische Produkte – seit dem Zweiten Weltkrieg derart gewachsen, dass er heute zehn Prozent der gesamten Industrieproduktion ausmacht. Davon werden drei Viertel in den Industrieländern erzeugt und verkauft. Auch hier haben hohe Forschungsaufgaben und ein starker Rationalisierungsdruck dazu gezwungen, eine globale Strategie für Erzeugung und Verkauf zu entwickeln. Im pharmazeutischen Bereich gibt es die Besonderheit, dass es wegen der unterschiedlichen Gesundheitsdienste in einzelnen Ländern zu einer Aufteilung der Produktion innerhalb der Konzerne gekommen ist. Insgesamt aber ist mehr als die Hälfte der Pharma-Industrie in den fünf größten Industriestaaten der Welt sowie in der Schweiz konzentriert.

Die Fusionen in der Pharmaindustrie erreichen ständig neue Höchstwerte: Durch den Zusammenschluss von Glaxo Wellcome mit Smith Kline Beecham entstand Anfang des Jahres 2000 ein Konzern mit einem Umsatz von 25 Milliarden Dollar und einem Marktwert von 165 Milliarden Dollar. Die Produktpalette des neuen Unternehmens reicht von der Behandlung von Asthma und AIDS bis zu

Medikamenten gegen Depression und Diabetes. Der neue Konzern wird einen Anteil von 7.3 Prozent am Weltmarkt haben und damit dieselbe Größe erreichen, die der einer anderen Fusion von Pharma-Giganten, nämlich der zwischen Pfizer und Warner-Lambert, entspricht. 2008 war der größte Pharmakonzern Johnson&Johnson mit einem Marktwert von 176 Milliarden Dollar, gefolgt von Pfizer mit 152 Milliarden.

Auch in der Textil-, Bekleidungs- und Sportartikel-Industrie haben sich einige Firmen wie Nike (Jahresumsatz 1998 9,5 Milliarden Dollar), Reebok (3,2 Milliarden Dollar), Benetton oder Amer (mit Wilson Tennis-Schlägern und Atomic Skiern) weltweit durchgesetzt. Wegen der arbeitsintensiven Produktion haben diese Firmen vielfach auch in Entwicklungsländern sowie in Ostasien und China Produktionsstätten.

Was die Bekleidungsindustrie betrifft, so beschäftigten die 13 größten Konzerne 1998 246.000 Menschen, der Jahresumsatz belief sich auf 35,7 Milliarden Dollar. 2008 hatte Nike einen Marktwert von 30 und einen Umsatz von 17,3 Milliarden Dollar, gefolgt von Adidas mit 13 beziehungsweise 13,3 Milliarden Dollar.

3.3.4.3 „Multis" – ein bestimmender Faktor im täglichen Leben

Verfolgt man einen Arbeitstag in Wien, Helsinki, Ottawa, Tokio oder Strassburg, so kann man feststellen, dass der Mensch unserer Zeit ohne die Güter, die von den „Multis" zur Verfügung gestellt werden, nicht mehr leben könnte. Zumindest nicht auf dem heutigen Standard.

Der morgendlichen Rasur mit Gillette-Klingen folgt ein Frühstück mit Kaffee von Nestlé, Cornflakes von Kelloggs und Tropicana Orangensaft. Wie immer der Transport ins Büro erfolgt – mit Auto, Bahn oder Fahrrad – der Produzent ist ein „Multi". Im Büro findet man Computer, E-Mail und Internet, die genauso von transnationalen Unternehmen hergestellt werden wie Coca Cola oder der Big Mac, den man vielleicht tagsüber einmal verschlingt.

Multinationale Unternehmen sind damit nicht nur ein beeindruckender Wirtschaftsfaktor geworden, sondern insofern auch ein bedeutender politischer Player, als die Arbeitsbedingungen und das Konsumverhalten vieler Menschen auf der ganzen Welt einheitlich ausgerichtet werden. Menschen wissen heute nicht nur viel mehr übereinander, die Lebensbedingungen, vor allem der jungen Generation, wurden weltweit in einen Gleichklang gebracht wie noch nie zuvor in der Geschichte. Für ganze Teenager-Generationen gelten dieselben Symbole, man verehrt dieselben Idole. Oft sind es nicht mehr lokale Sportler oder Sänger, die man verehrt, an den Wänden hängen viel mehr Poster von Michael Jackson oder Michael Jordan, von Madonna oder Elton John.

Diese Internationalisierung einer ganzen Generation, die vor allem auch durch internationale Konzerne möglich wurde, ist wohl ein größerer Beitrag zum gegenseitigen Verständnis als manche Konferenz und könnte als Grundlage für künftiges Denken in den internationalen Beziehungen dienen. Es wurden die Bedingungen für ein Leben geschaffen, das Zusammenarbeit und die gemeinsame Verbesserung der Lebensbedingungen höher bewertet als Konfrontation. Ein Prozess, der nach dem Zweiten Weltkrieg in Westeuropa eingeleitet wurde, dass nämlich Kriege zwischen den Mitgliedern einer Wertegemeinschaft praktisch denkunmöglich wurden, könnte damit fortgesetzt werden.

IV. Teil: Tendenzen zum Weltstaat

1. Welcher Staat ist noch souverän – außer Amerika und Somalia?

Während der letzten Jahrzehnte wurde das klassische Konzept der Souveränität sowohl international als auch innerstaatlich stark ausgehöhlt: Für viele Staaten, vor allem in Europa, wurde es praktisch denkunmöglich, zur Durchsetzung der eigenen Interessen einfach einen Krieg zu erklären. Technische und wirtschaftliche Entwicklungen entfalteten sich weltweit ohne Rücksicht auf nationale Grenzen und gemeinsame Herausforderungen, ob Umweltverschmutzung oder Drogenhandel, beide verlangen nach gemeinsamen Aktionen.

Natürlich sind nicht alle Staaten von dieser Entwicklung in gleicher Weise betroffen: Unterschiedliche wirtschaftliche und militärische Verhältnisse spielen genauso eine Rolle wie die grundsätzlich politische Haltung dazu, wie die „neue Weltordnung" gestaltet werden soll: Die USA, als einzig verbleibende Supermacht, haben nicht nur militärisch ganz andere Möglichkeiten als irgendein anderer Staat, für sie bleibt der Einsatz militärischer Macht ein integraler Bestandteil ihrer Außenpolitik. Auch der chinesische Staatspräsident betont immer wieder das „Prinzip der gegenseitigen Achtung der Souveränität und der territorialen Integrität". Am anderen Ende des Spektrums kann Somalia es sich leisten, letztlich ohne Rücksicht auf die „internationale öffentliche Meinung" Kriege zu führen oder Abkommen, wie jenes über das Verbot von Kindersoldaten, nicht zu unterzeichnen. Zwischen diesen Extremen – Wahrung der Souveränität aufgrund der eigenen Stärke beziehungsweise Freiraum des Außenseiters – liegt jene Internationale Gemeinschaft formell souveräner Staaten, die, freiwillig oder gezwungen, einen Verlust sowohl der äußeren als auch der inneren Souveränität hingenommen haben. Dies soll im Folgenden kurz dargestellt werden.

1.1 Der Verlust der äußeren Souveränität

1.1.1 Das verlorene Machtmonopol

Allianzen und Allianzkriege waren durch Jahrhunderte das wichtigste Instrument der internationalen Politik, die darauf ausgerichtet war, staatliche Macht zu erhalten beziehungsweise auszuweiten. Die Staaten hatten die militärische Macht, Kriege zu führen, um Einfluss zu gewinnen oder um Konflikte zu lösen und waren gewillt, entsprechend zu handeln. Das Staatsinteresse, die Staatsräson, war oberste Maxime. Es galt, dem Staat jene Machtmittel zur Verfügung zu stellen und den Untertan dahingehend zu erziehen, dass diese Mittel entsprechend eingesetzt werden konnten. Die zahlreichen Kriege des 18., 19. und der ersten Hälfte des 20. Jahrhunderts, ob es nun um eine dynastische Vorherrschaft, um nationale beziehungsweise ideologische Auseinandersetzungen oder um die Aufrechterhaltung des internationalen Gleichgewichtes ging, sind dafür ein klares Zeugnis.

Diese Situation hat sich während der letzten Jahrzehnte dramatisch geändert, worauf auch im Kapitel über „Kann man Kriege noch gewinnen?" genauer eingegangen wird. Hier soll, im Zusammenhang mit der staatlichen Souveränität, lediglich darauf hingewiesen werden, dass die Möglichkeit, zur Erhaltung der eigenen Macht oder des eigenen Interesses Kriege zu führen, vielen Staaten ganz oder teilweise verloren gegangen ist. Einerseits konnten oder wollten viele Länder, angesichts der gigantischen Militärausgaben der Supermächte, mit dem Rüstungswettlauf nicht Schritt halten und verloren damit die Möglichkeit, zur Lösung von Konflikten militärische Macht einzusetzen, weil dies ohnehin aussichtslos gewesen wäre. Andererseits hat sich, angesichts der Schrecken der modernen Kriege, doch auch die Ansicht durchgesetzt, dass der Einsatz militärischer Macht nicht das geeignete Mittel zur Beilegung von zwischenstaatlichen Streitigkeiten ist. Diese Haltung wird, insbesondere in westlichen Wohlfahrtsstaaten, noch dadurch unterstützt, dass die persönliche Wohlfahrt und nicht die Macht des Staates das eigentliche Ziel auch der Außenpolitik geworden ist.

Internationale Gerichtshöfe und internationale Organisationen sind genauso eine Antwort auf diese Entwicklung wie es früher Militärallianzen waren. Das Konzept der Souveränität entstand eben, als es im 16. und 17. Jahrhundert galt, das Machtmonopol absolutistischer, zentralistischer Staaten zu legitimieren. Da sich die Rahmenbedingungen ganz entscheidend geändert haben, wird es wohl notwendig sein, auch das Konzept des Machtmonopols der souveränen Staaten zu überdenken.

1.1.2 Globalisierung und Weltwirtschaft

Einige Wesenszüge der wirtschaftlichen Globalisierung wurden bereits im Zusammenhang mit den multinationalen Konzernen als neue Player in den internationalen Beziehungen dargelegt. Hier soll aufgezeigt werden, wie sich die Internationalisierung der Wirtschaft, des Handels und der Finanzströme auf die Verteilung von Macht auf die Souveränität der Nationalstaaten ausgewirkt haben.

Die technische Revolution im Bereich der Information, die Ausweitung der multinationalen Konzerne und der Wegfall von Handelsbarrieren haben entscheidend dazu beigetragen, dass ein globaler Markt für den Austausch von Gütern und Kapital entstand. Und selbst am Arbeitsmarkt sind Migrationsströme, weit über traditionell gegebene Grenzen hinaus, entstanden.

Die Zahlen, die aufzeigen, um wie viel Prozent der Welthandel, um wie viele Milliarden die Auslandsinvestitionen in den letzten Jahren gestiegen sind, oder wie groß der Anteil der 200 größten Konzerne an der gesamten Weltproduktion geworden ist, sprechen eine Sprache für sich. Noch bedeutender sind aber die damit verbundenen qualitativen Veränderungen: Nicht mehr die verschiedenen nationalstaatlichen Entscheidungen dominieren die internationale Wirtschaft, es ist vielmehr der Weltmarkt, dem sich die einzelnen Länder anpassen müssen. So berechtigt jene Stellungnahmen sein mögen, die diese Entwicklung ablehnen oder mehr soziale Ausgewogenheit verlangen, ein Rezept dafür, wie die Produktion von Waren oder die internationalen Finanzströme gerechter aufgeteilt werden könnten, wurde bisher nicht gefunden.

Es sind also die internationalen Märkte und Finanzströme, die nationale Grenzen vielfach gesprengt haben. Auch wenn der Nationalstaat weiter ein wichtiger Akteur in den internationalen Beziehungen bleibt, auch wenn der innerstaatliche Entscheidungsprozess schon deshalb von Bedeutung bleibt, weil die verschiedenen politischen Gruppierungen daran teilnehmen, ein Nationalstaat ist in wesentlichen politischen Entscheidungen kaum mehr souverän.

Dabei gibt es starke Kräfte, die diese Entwicklung vorantreiben möchten: Beim geplatzten Gipfel der Welthandelsorganisation (WTO) in Seattle im Dezember 1999 war vorgesehen, die noch bestehenden nationalen Schranken auch im Bereich der Dienstleistungen abzubauen. Dies hätte bedeutet, dass in ganz wesentlichen Bereichen, wo bisher noch eine gewisse staatliche Einflussnahme gegeben war, diese weggefallen wäre, wie etwa bei Banken und Versicherungen, bei der Post, Telekommunikation und Information, ja selbst bei der Müllabfuhr und der Wasserversorgung. Obwohl „Seattle" scheiterte, kann damit gerechnet werden, dass die Bestrebungen weitergehen werden, letztlich alle wirtschaftlichen Aktivitäten, auch jene im Dienstleistungsbereich, einer internationalen Konkurrenz auszusetzen.

Wie weit bereits jetzt der staatliche Einfluss in wirtschaftspolitischen Fragen zurückgedrängt ist, kann man immer wieder erleben, wenn es etwa um die Erhaltung von Arbeitsplätzen geht: ein typisches Beispiel dafür war der seinerzeitige Beschluss von BMW, den früheren britischen Paradebetrieb Rover abzustoßen, was immerhin den Verlust von 8.500 Arbeitsplätzen bedeutete. In Berichten hieß es, Ministerpräsident Tony Blair war wegen dieser Entscheidung wütend, sein Industrieminister wurde ins Hauptquartier von BMW geschickt und die Gewerkschaften führten Protestdemonstrationen durch. Geholfen hat alles nichts. BMW verwies darauf, dass bei der gegebenen internationalen Konkurrenz der Verlust von täglich 3 Millionen Euro nicht länger verkraftet werden konnte.

Eine weitere qualitative Veränderung besteht wohl darin, dass in unzähligen Betrieben, und nicht nur in den großen Konzernen, Management, Arbeitnehmerschaft und Eigentumsstruktur längst international geworden sind. Österreichische Manager findet man auf der ganzen Welt, in der Autoindustrie genauso wie in der Hotellerie, im Bankenbereich oder in der Großchemie. So manches französische oder deutsche Auto müsste wohl, ginge es nach den Facharbeitern, die es herstellen, als algerisch oder türkisch bezeichnet werden. Und die österreichischen Paradeski Atomic werden schon längst im Rahmen des finnischen Konzerns Amer hergestellt.

Immer internationaler wird die Eigentümerstruktur der multinationalen Konzerne: Kaum hatten sich Daimler und Chrysler zu einem deutsch-amerikanischen Konzern zusammengeschlossen, hat dieser um 2,1 Milliarden Euro 34 Prozent der Anteile am japanischen Autohersteller Mitsubishi erworben und ist so dem Beispiel anderer großer Autoerzeuger gefolgt: Immerhin hält General Motors 20 Prozent des Kapitals der im Auto- und Flugzeugbau verankerten Fuji Heavy Industries, 49 Prozent bei Isuzu und zehn Prozent von Suzuki. Ford wiederum besitzt 33,4 Prozent von Mazda und Renault, 36,8 Prozent bei Nissan. Nachdem die Europäische Kommission den Zusammenschluss der schwedischen LKW-Erzeuger Volvo und Scania untersagt hat, ist VW um 1,6 Milliarden Euro bei Scania eingestiegen.

Diese Verflechtungen können sich immer wieder verschieben, doch diese Liste könnte beliebig fortgesetzt werden. Hier geht es lediglich darum zu hinterfragen welchen Aktionsrahmen eine nationale Regierung angesichts derartiger internationaler Verflechtungen noch hat und ob sie diesen überhaupt noch wahrnehmen kann. „Souverän" kann eine Regierung unter diesen Verhältnissen einem „Multi" vielleicht Begünstigungen verschiedener Art anbieten, eine Beeinflussung von Entscheidungen erscheint immer schwieriger.

Das Vertrauen darauf, dass ein Nationalstaat souverän und eigenständig seine Wirtschaftspolitik bestimmen könnte, wird auch dadurch erschüttert, dass offensichtlich selbst die großen makroökonomischen Weichen international gestellt werden. Wie wäre es sonst zu erklären, dass die selben OECD-Staaten, die in den 1960er und 1970er Jahren ziemlich geschlossen auf Keynes und Deficit-Spending setzten, später ebenso geschlossen, aufbauend auf dem Monetarismus, bemüht waren, Schulden und Defizite zu reduzieren, die Inflation niedrig zu halten, und öffentliche Ausgaben zu begrenzen. Dies kann vielleicht als Versuch der Nationalstaaten gewertet werden, sich der internationalen wirtschaftlichen Entwicklung anzupassen, nicht aber als Bestreben, diese im Bereich der nationalen Souveränität in den Griff zu bekommen.

1.1.3 Die internationale Entwicklung als bestimmende Kraft

Der Begriff der Souveränität, wie er in der Blütezeit der Fürstenherrschaft festgelegt wurde, umfasste nicht nur den politischen Grundsatz, „nach eigenem Ermessen frei handeln zu können und jeden anderen davon auszuschließen", es war auch möglich, in der realen Welt entsprechend zu handeln: Die Integrität eines Territoriums konnte wirkungsvoll verteidigt, der Gegner besiegt und die Untertanen konnten in Schach gehalten werden.

Durch die technische Revolution der letzten Jahrzehnte, durch Satelliten, Raketen und Informationstechnologien, durch neue Transportmöglichkeiten, durch neue Gefahren wie etwa im Umweltbereich, sind Gegebenheiten entstanden, die es fast allen Ländern unmöglich machen, sich von internationalen Entwicklungen abzukoppeln. Trotz größter Anstrengungen gelingt es nicht einmal den USA, sich von den internationalen Migrationsbewegungen abzuschirmen. Und im Kampf gegen die internationale Kriminalität, den Drogenhandel und die Geldwäsche werden zwar in einzelnen Ländern immer wieder Erfolge erzielt, es gibt aber keinen Staat, der davon nicht betroffen wäre.

Neben der politischen und der wirtschaftlichen Beeinträchtigung der nationalen Souveränität kann man daher heute auch feststellen, dass die internationale Entwicklung in den verschiedensten Bereichen – von der Technik über das menschliche Verhalten bis hin zur kulturellen Kreativität – eine Dimension erreicht hat, die das Geschehen in jedem modernen Industriestaat beeinflusst. Damit verbunden sind weitere, sehr wesentliche Beeinträchtigungen der nationalen Souveränität in all diesen Bereichen.

Auch wenn man versuchen sollte, das theoretische Gerüst der „nationalen Souveränität" aufrecht zu erhalten, man kommt nicht umhin festzustellen, dass die

Wirklichkeit längst nicht mehr der Theorie entspricht. Und je größer die Diskrepanz zwischen Theorie und Praxis wird, desto schwieriger wird es auch, die Souveränität als Legitimation für staatliches Handeln anzuführen.

Gerade im Umweltbereich sieht man die Notwendigkeit des gemeinsamen Handelns sehr deutlich: Globale Erwärmung, Zerstörung der Ozonschicht, Abholzung der Regenwälder, Erhaltung der gefährdeten Pflanzen und Lebewesen sowie die Reinhaltung der Ozeane sind alles Herausforderungen, denen man wirkungsvoll nur auf internationaler, auf supranationaler Ebene begegnen kann.

Damit im Zusammenhang ergeben sich zumindest drei rechtspolitische Fragen: Wenn die Legitimität eines Staates und seines politischen Systems darin begründet ist, dass die Lebensqualität der Bürger gefördert wird, dann ist diese Legitimität echt in Frage gestellt, wenn Probleme nicht mehr auf nationaler, sondern nur mehr auf internationaler Ebene gelöst werden können. Der eigene Staat, die eigene Regierung werden dann daran gemessen, was sie in den internationalen Entscheidungsprozess einbringen. Damit im Zusammenhang steht ein anderes Problem: Muss nicht überall dort die Demokratie auf der Strecke bleiben, wo staatliche Organe internationale Entscheidungen akzeptieren müssen, ohne dass diese durch den innerstaatlichen Entscheidungsprozess demokratisch legitimiert worden wären? Konkret: Wenn internationale Gremien Grenzwerte für die Luftverschmutzung, Prozentsätze für Defizite oder selbst Höchstwerte für Zölle festsetzen, welcher Spielraum bleibt dann noch den nationalen Parlamenten? Wenn auf internationaler Ebene Beschlüsse gefasst worden sind, die einfach übernommen werden müssen, wo bleibt da die innerstaatliche Demokratie? Problematisch ist sicherlich, dass Entscheidungen auf internationaler Ebene oft nur indirekt demokratisch legitimiert sind.

Aber auch auf umgekehrte Weise können Probleme entstehen: Verschiedene Umweltgipfel, wie etwa jene in Rio und Kyoto, haben gezeigt, dass zwar viele Beschlüsse gefasst, aber nur wenige eingehalten werden. Immer wieder kommt es vor, dass international eingegangene Verpflichtungen nicht erfüllt werden, wobei eine solche Haltung dann auf Kosten der Problemlösung geht.

Insgesamt kann man daher wohl sagen, dass sich dieser ganze Fragenkomplex von internationalen Herausforderungen, nationaler Souveränität und demokratischer Legitimation in einer Grauzone befindet, die nur langsam aufgehellt wird: Während Probleme oft sehr eindeutig internationaler Natur sind, basieren Lösungen noch allzu oft auf nationalen Entscheidungen. Während sich Entwicklungen längst über alle Grenzen hinwegsetzen, wird immer noch an der Theorie der nationalen Souveränität festgehalten. Während es internationale Organe sind, die Beschlüsse fassen, sind nationale oft nicht in der Lage oder willens, diese umzusetzen.

1.2 Der Verlust der inneren Souveränität

1.2.1 Kann man die Internetgeneration noch regieren?

Während der letzten Jahrzehnte wurde die nationale Souveränität nicht nur von außen her durch die „Zwänge der Modernität", durch Völkerrecht oder internationale Organisationen beeinträchtigt, sondern auch dadurch, dass die staatliche Macht auch von innen her immer stärker in Frage gestellt wird. Ist es nicht vielfach überhaupt so, dass die Souveränität den Träger gewechselt hat, eben von der Regierung tatsächlich auf das Volk, auf den Bürger übergegangen ist? Jedenfalls können in den modernen Demokratien die Regierungen ihre Macht nicht mehr so selbstverständlich ausüben, wie noch vor einer Generation oder gar früher. Der „selbständige Bürger" fühlt sich oft als neuer Souverän und ist seiner Regierung gegenüber, auch in Fragen der Außenpolitik, viel kritischer eingestellt als früher. Dies zeigen auch zahlreiche Umfragen.

Eine im „Economist" im Juli 1999 unter dem Titel „Desillusionen in führenden Ländern" veröffentlichte Umfrage ergibt folgendes Bild: In den 1950er und frühen 1960er Jahren antworteten noch 75 % der Amerikaner auf die Frage „Wie oft kann man der Regierung in Washington vertrauen, das Richtige zu tun?", mit „meistens" oder „fast immer". Bis 1998 ist dieser Prozentsatz auf unter 40 % gesunken. In den 1960er Jahren haben noch zwei Drittel der Amerikaner die Feststellung verworfen, die gewählten Volksvertreter kümmerten sich nicht um die einfachen Leute; 1998 waren zwei Drittel mit dieser Behauptung einverstanden. Zu diesem Zeitpunkt hatten nur mehr 12 % der Amerikaner „großes Vertrauen" in ihre Regierung. Seither ist das Vertrauen der Amerikaner in ihr politisches System weiter geschwunden. Generell gibt es in den „westlichen Demokratien" mehr Nichtwähler, was wiederum die Glaubwürdigkeit und Legitimität von Parlament und Regierung untergräbt.

Ähnliche Werte werden für Kanada und Japan angeführt. Auch für Westeuropa wird ein starker Vertrauensschwund in das ganze politische System festgestellt. Der Prozentsatz jener, die in den 1960er Jahren noch Vertrauen in ihr Parlament zeigten, hat sich seither halbiert und liegt nur mehr bei 20 % bis 25 %. In Italien vertraut überhaupt nur mehr eine verschwindende Minderheit dem politischen System.

Aber wie sollen ein Staat, eine Regierung nach außen souverän auftreten, wenn die Glaubwürdigkeit der Institutionen im Inneren so stark erschüttert ist? Wie kann eine Regierung nach außen notwendige Initiativen ergreifen, wenn der Rückhalt im eigenen Land nicht gegeben ist? Die Theorie der Souveränität ist immerhin davon ausgegangen, dass der „Prinz" über den Gesetzen steht. Wie lässt sich diese Theorie mit einer Situation in Einklang bringen, wo eine Regierung kurzfristig Erfolge braucht, und unterschiedlichen Interessensgruppen ständig Rechenschaft über das eigene Handeln geben muss?

Konnte früher ein Herrscher seine Politik ohne Rücksicht auf seine Untertanen gestalten, so sind heute die Regierungen bemüht, in unzähligen Meinungsumfragen zu erfahren, wie sie ihre Politik ausrichten sollen. Ist unter solchen Umständen eine berechenbare, im langfristigen Interesse eines ganzen Landes gelegene Außenpolitik überhaupt noch möglich?

Dazu kommt noch, dass die neue Technik neue und bessere Informationsmöglichkeiten schafft; Computer und Internet können auch als Instrument der direkten Demokratie eingesetzt werden. So ergibt sich die Möglichkeit, in den verschiedensten Fragen Koalitionen weit über alle Staatsgrenzen hinweg zu bilden. So wie in der Österreichisch-Ungarischen Monarchie die Nationalität, über territoriale Grenzen hinweg, ein Gefühl der Zusammengehörigkeit entwickelt hat, so kann sich die Internet-Generation in Umwelt-, Kultur- oder Sicherheitsfragen zu einer grenzüberschreitenden Kampfgemeinschaft zusammenschließen. Die Unzufriedenheit mit den bestehenden Institutionen, das neue Selbstbewusstsein vieler Bürger, verbunden mit der neuen Technik, eröffnen jedenfalls Möglichkeiten, die die Ausübung der „inneren Souveränität" zumindest schwieriger machen.

1.2.2 Immer wieder die Menschenrechte

War es ursprünglich ein wesentlicher Teil der Souveränität, dass der Herrscher auch über seine Untertanen frei verfügen konnte, so kann man die Geschichte der Menschenrechte als Geschichte der Beschränkung der staatlichen Souveränität sehen: Galt die Souveränität jahrhundertelang als absoluter Wert und waren Menschenrechte eine innerstaatliche Angelegenheit, so griff im März 1999 die NATO einen souveränen Staat an, um eine humanitäre Katastrophe zu verhindern. Im selben Jahr entschieden in London die Law-Lords, dass Ex-Staatschefs wie der frühere chilenische Präsident Augusto Pinochet keine hinreichende Immunität genießen, um sich Anklagen wegen Verbrechen gegen die Menschlichkeit im Ausland entziehen zu können. Wenn auch beide Entscheidungen einen sehr konkreten realpolitischen Hintergrund hatten und Pinochet letztlich wieder nach Chile fahren konnte, die Menschenrechte sind seit Ende des Kalten Krieges immer mehr ein Faktor der internationalen Politik geworden. Wie sonst wäre es möglich gewesen, dass man sich bei der Kosovo-Intervention „aus humanitären Gründen" sowohl über die staatliche Souveränität eines Landes als auch über die Autorität der UNO hinweggesetzt hat?

Auch nicht-westliche Staaten sind sich der Bedeutung der Menschenrechte in den internationalen Beziehungen immer mehr bewusst. So hat Algerien im März 2000 vier Menschenrechts-Organisationen, Amnesty International, Human Rights Watch, die Internationale Föderation für Menschenrechte und Reporter ohne Grenzen, eingeladen, um sich ein Bild von der Situation im Lande zu machen. Auch wenn sich der algerische Staatspräsident noch kurz vorher gegen eine Beeinträchtigung der nationalen Souveränität ausgesprochen hatte, so konnte die Einladung an die Menschenrechts-Organisationen doch als ein Anzeichen dafür gewertet werden, dass man die Zeichen der Zeit erkannt hatte. Und auch wenn Russland den Krieg gegen Tschetschenien immer wieder als Kampf gegen Terroristen rechtfertigte, so musste man doch dem Drängen verschiedener internationaler Organisationen, NGOs und Intellektueller nachgeben und den Besuch der UNO-Hochkommissarin für Menschenrechte zulassen.

Die alte Regel, wonach ein Staat, in Ausübung seiner souveränen Rechte, gegen eigene Bürger willkürlich verfahren konnte, erscheint heute gründlich durchbrochen. Auch die Behandlung der eigenen Staatsbürger wurde eine Angelegenheit von internationaler Relevanz. Eine besondere Rolle spielte dabei der Europarat, dessen Mitgliedsstaaten die Europäische Konvention für Menschenrechte unterzeichneten. Damit erhielten die Bürger aller Vertragsstaaten das Recht, in Form von „Individualbeschwerden", über den staatlichen Instanzenzug hinaus, ihre Rechte beim Europäischen Gerichtshof für Menschenrechte in Strassburg einzuklagen.

Dem kann man natürlich entgegenhalten, dass die zahlreichen internationalen Verträge, die zu diesem Thema seit dem Zweiten Weltkrieg unterzeichnet wurden, die „Allgemeine Erklärung der Menschenrechte" miteinbezogen, vielfach nicht angewandt wurden. Aber immerhin: Zum ersten Mal werden nicht nur Staaten, sondern auch Personen verantwortlich gemacht; Kriegsverbrechen, Völkermord und Verbrechen gegen die Menschlichkeit bekommen immer mehr den Charakter von Vergehen, die international geahndet werden können. Das „Jugoslawien-Tribunal" und das „Ruanda-Tribunal" sind dafür genauso ein Beispiel wie der Vertrag über die Errichtung eines Ständigen Internationalen Strafgerichtshofes. Wie lückenhaft all diese Initiativen auch noch sind, eines kann man wohl sagen: Die staatliche Souveränität ist kein absoluter Wert mehr.

1.2.3 Die Aufsplitterung von Staaten

In dem Ausmaß, in dem die staatliche Souveränität immer mehr zur Fassade wird, geschieht es auch, dass sich Nationalitäten aus einem Staatsverband loslösen und für selbständig erklären. Zu Beginn des 20. Jahrhunderts zählte Europa kaum 20 Staaten, heute sind es fast 50. Dabei hat der Zerfall der Sowjetunion eines gezeigt: Auch der stärkste Repressionsapparat ist nicht in der Lage, selbst einen mächtigen Staat zusammenzuhalten, wenn die innere Kohärenz fehlt und die zentrifugalen Kräfte entsprechend stark sind.

So paradox es erscheinen mag, die politischen und wirtschaftlichen Globalisierungstendenzen können eine derartige Entwicklung sogar noch fördern: Sicherheit und wirtschaftlichen Wohlstand erwartet man sich dann eben von überstaatlichen Verbänden, wie etwa der NATO oder der Europäischen Union; während der „Nationalstaat" dann die primäre Aufgabe der Erhaltung der sprachlichen und kulturellen Identität wahrnehmen soll.

Wenn am Balkan der gesamte Westen die größten finanziellen und militärischen Anstrengungen unternimmt, um in dieser Region möglichst allen Nationalitäten die Selbstbestimmung zu ermöglichen, warum sollten dann nicht Völkerschaften in anderen Teilen der Welt ihre Rechte entsprechend wahrnehmen wollen? Immerhin gibt es heute in der Welt 5.000 ethnische Gruppen, viele von ihnen zahlenmäßig wesentlich größer als jene, für deren Selbständigkeit am Balkan gekämpft wurde.

Je mehr die Internationalisierung beziehungsweise Regionalisierung voranschreitet, desto weniger können wesentliche Aufgaben der menschlichen Für- und Vorsorge ausschließlich im Rahmen der zurzeit gegebenen territorialen Gliederung wahrgenommen werden. Was liegt daher näher als eine neue Aufgabenteilung, die einerseits über den Staat hinaus geht, andererseits aber jene Regionen neu in den Vordergrund rücken lässt, die Menschen als Heimat empfinden.

1.3 Zwischen Souveränität und Interventionsrecht – eine Grauzone

Als Kofi Annan, damals Generalsekretär der Vereinten Nationen, im September 1999 ausführte, dass das ganze Konzept der nationalen Souveränität neu überdacht werden müsse, zeigte sich in den Reaktionen darauf, dass innerhalb der Staatenwelt dazu die unterschiedlichsten Auffassungen bestehen. Zwischen Anspruch und Wirklichkeit gibt es große Unterschiede, eine Grauzone, wo man je nach Anlass und Eigeninteresse die unterschiedlichsten Farbtöne auswählen kann.

Im Wesentlichen meinte Kofi Annan, für die Vereinten Nationen bestünde eine Interventionspflicht, wenn Menschenrechte in grober Weise verletzt werden. Damit wurde das von den Vereinten Nationen bisher voll respektierte Recht eines jeden Staates auf nationale Integrität und Souveränität offen in Frage gestellt. Die Kräfte der Globalisierung und der internationalen Zusammenarbeit würden, so Kofi Annan, dazu zwingen, die nationale Souveränität neu zu definieren, also einzuschränken. Andererseits müsse das Recht eines jeden Einzelnen, sein Leben selbst zu bestimmen, gestärkt werden.

Die Reaktionen auf die Ausführungen des UN-Generalsekretärs reichten von „zurückhaltender Beipflichtung" bis zur schroffen Ablehnung. Der amerikanische Präsident Bill Clinton etwa meinte, Verbrechen dürften nie mehr hingenommen werden, wies aber gleichzeitig auf die praktischen Schwierigkeiten hin, bei jeder humanitären Katastrophe zu intervenieren. Der Westen schloss sich dieser Meinung weitgehend an. So sehr die Ausführungen Kofi Annans als „couragiert und zukunftsweisend" bezeichnet wurden, tat man sie durchaus auch als „demagogisch" ab, wie „Le Monde" schrieb.

Ein klares „Nein" kam von China und Russland, aber auch von vielen Staaten Afrikas und Asiens, die zu bedenken gaben, dass die Grenzen, wo eine Intervention zu beginnen und wo zu enden habe, äußerst schwer zu ziehen sind. Eine Einmischung in die inneren Angelegenheiten, so etwa der algerische Staatspräsident, könne daher nur mit Zustimmung des jeweiligen Staates erfolgen.

Die politische Diskussion bleibt also offen und ungeklärt, obwohl es schon seit dem Irak-Krieg 1991 immer wieder dazu kam, dass die Internationale Gemeinschaft auch gegen den Willen eines betroffenen Staates intervenierte. Wie sollte es auch anders sein. In einer Zeit, in der viele Probleme nur mehr supranational gelöst werden können, die Legitimation, vor allem aber auch die Loyalität der Bürger, doch weitgehend bei den nationalen Instanzen liegt, kann es eine Kluft geben zwischen den gegebenen Problemen und der Bereitschaft zu handeln. Entsprechend unterschiedlich ist auch die Haltung der Internationalen Gemeinschaft. Gegen den Irak und gegen Serbien kam es zu massiven Interventionen, während in Ruanda ein Völkermord und in Sierra Leone, im Kongo, in Angola und im Sudan massive Menschenrechtsverletzungen hingenommen wurden. Wie weit der „trotzige Kampf gegen den Westen" („Neue Zürcher Zeitung" April 1999) dabei eine Rolle spielt oder ob es eher um machtpolitische Überlegungen ging, müsste näher untersucht werden. Zum UNO-Beschluss einer Intervention zur Wiederherstellung des Friedens in Osttimor kam es jedenfalls erst nach einer Zustimmung Indonesiens, wobei ein amerikanischer Sprecher die Zurückhaltung der USA damit erklärte, strategische US-Interessen wären nicht betroffen. Die Intervention in Haiti im Jahre 1994, wo es darum ging, den gewählten Präsidenten Jean-Bertrand Aristide einzusetzen, wurde mit dem „Recht der Bevölkerung auf Demokratie" gerechtfertigt. Aber kann dieses Prinzip in einer Welt durchgesetzt werden, in der zu viele Staaten keine demokratisch gewählten Regierungen haben? Und wie steht es um die Ergebnisse derartiger Interventionen, wenn die Internationale Gemeinschaft neuerlich intervenieren musste, um denselben Präsidenten Aristide nach Jahren der Korruption wieder zu entfernen.

So sehr man immer mehr davon spricht, dass Grenzen kein Schutz mehr für Diktatoren und Tyrannen sind, die politische Praxis macht immer noch große Unterschiede. Und so manches Schweizer Bankkonto wurde erst gesperrt, nachdem ein Diktator, der jahrzehntelang an der Regierung war, abdanken musste, und nicht während seiner Regierungszeit. So geschah es etwa beim philippinischen Diktator Ferdinand Marcos (1917-1989) oder bei Mobutu Sese Seko (1930-1997), der eine Generation lang den Kongo-Zaire ausgeplündert hatte. Richtig ist wohl, dass die Globalisierung und die Informationsrevolutionen zu einer anderen Sicht der Dinge, vielleicht sogar zu mehr gegenseitiger Verantwortung führen. So sprach der frühere estnische Staatschef Lennart Meri hinsichtlich des russischen Vorgehens in Tschetschenien von einer „inneren Angelegenheit Europas". Und als „man international der Meinung war", der slowakische Regierungschef Vladimir Meciar würde die Entwicklung der Demokratie in seinem Lande eher behindern als fördern, schrieb die „Neue Zürcher Zeitung" von der „Slowakei – ein Fall für Europa" (September 1998).

Diese neue Art, Staaten zu bevormunden beziehungsweise internationale Verantwortung zu demonstrieren, zeigte sich aber auch, als die Europäer am Balkan massiv am Wiederaufbau mitwirkten, wobei offensichtlich manche Region sogar zu einer Art Protektorat erklärt wurde oder wenn die Amerikaner den Kampf gegen den Drogenhandel in Kolumbien selber in die Hand nahmen. Das früher unantastbare Prinzip der staatlichen Souveränität ist jedenfalls bereits ausgehöhlt, und wird immer wieder durchbrochen, auch wenn das Verhältnis zwischen Souveränität und Interventionsrecht noch in Schwebe ist und es wohl noch längere Zeit bleiben wird.

2. Die Vermengung von Innen- und Außenpolitik

2.1 Nationale und internationale Probleme ergänzen sich

Gab es lange Zeit hindurch eine ziemlich klare Trennung zwischen Außen- und Innenpolitik, war die Außenpolitik weitgehend dem Staatschef als „Domaine réservé" vorbehalten, so kam es während der letzten Jahrzehnte immer stärker zu einer Vermengung von innen- und außenpolitischen Themen, Problemen und Lösungsmöglichkeiten. Die Trennung konnte so lange aufrecht erhalten werden, als sich die Außenpolitik auf die Sicherheit und die Stellung des Staates in der Internationalen Gemeinschaft konzentrierte, die Innenpolitik sich hingegen mit jenen innerstaatlichen Fragen beschäftigte, die den Bürger direkt betrafen.

Ab dem Zeitpunkt, wo die Außenpolitik begann, Fragen zu behandeln, die das Wohl der Bürger direkt betrafen, ist die vorher bestehende Trennungslinie mehr und mehr weggefallen: Gesundheit, Umweltschutz, Transport und Verkehr, wirtschaftliche Zusammenarbeit, Bildung und selbst die Sozialpolitik bekamen mehr und mehr eine internationale Komponente. Eine Lösung all dieser Probleme im ausschließlich nationalen Rahmen erwies sich in einer globalisierten Welt als immer schwieriger.

Wie eng diese Verflechtung heute ist, geht auch sehr deutlich aus einem Bericht des Generalsekretärs der Vereinten Nationen hervor, den dieser unter dem Titel „Wir, die Völker: Die Rolle der Vereinten Nationen im 21. Jahrhundert" der

Millenniumsversammlung der Vereinten Nationen im März 2000 vorlegte. Ausgehend von der Überlegung, dass sich die Welt seit Gründung der Vereinten Nationen von einer „inter-nationalen" zu einer globalen entwickelt hat, verlangte der Generalsekretär, „gemeinsam zu lernen, diese Globalisierung zu nützen". Gleichzeitig zeigte er eine Reihe von Problemen auf, wo eine Lösung nur zusammen mit den innerstaatlichen Organen gefunden werden kann: Die grenzüberschreitende Umweltverschmutzung und die Folgen der Industrialisierung auf den globalen Klimawandel müssen in diesem Sinne bewältigt werden. Auch gegen die internationale Kriminalität, die die neuesten Technologien nützt, um weltweit mit Drogen, Waffen, Edelmetallen oder sogar mit Menschen zu handeln, müsse man zusammenarbeiten.

Die Bekämpfung der Armut, die Gesundheit, die Bildung, die Eindämmung der Bevölkerungsexplosion, die Emanzipation der Frauen und die Schaffung von Arbeitsplätzen nannte der UNO-Generalsekretär ebenfalls als Themen, die sowohl eine innerstaatliche als auch eine internationale Dimension haben. Insgesamt sind dies vor allem Problemkreise, die zunächst in den Aufgabenbereich nationaler Regierungen fallen. Dabei ist eine Problemlösung ohne internationale Zusammenarbeit kaum mehr möglich. AIDS hat sich von Zentralafrika aus in die ganze Welt ausgebreitet, und die Bevölkerungsexplosion führt zu den transkontinentalen Migrationsströmen.

Auch wenn auf internationaler Ebene manchmal immer noch mehr Absichtserklärungen als Problemlösungen angeboten werden, so ist es wichtig, dass die Notwendigkeit der Zusammenhänge erkannt wurde und die durch die Zusammenarbeit gebotenen Chancen genützt werden.

2.2 Der Wahlkreis bestimmt die Außenpolitik

Wenn nun einerseits internationale Themen auch innenpolitisch relevant geworden sind, und sich andererseits die Außenpolitik dem Votum der Wähler stellen muss, was ist dann natürlicher, als dass sich zuständige Politiker auch bei außenpolitischen Entscheidungen nach der Meinung ihrer Wähler richten? Vielfach werden auch außenpolitische Fragen bewusst in die innenpolitische Diskussion gebracht, wenn man sich dadurch zusätzliche Wählerstimmen erhofft.

So haben schon die seinerzeitigen Abrüstungsverhandlungen im amerikanischen Kongress immer wieder eine Rolle gespielt, nicht zuletzt deshalb, weil sie eine „weichere" oder „härtere" Haltung im Kalten Krieg widergespiegelt haben. Die Gewährung der Meistbegünstigungsklausel an China ist ebenfalls immer wieder Gegenstand innenpolitischer Diskussionen in den USA, so wie es während der letzten Jahre keinen Wahlkampf gab, bei dem nicht der Irak eine wesentliche Rolle gespielt hätte.

Ohne Meinungsumfragen wird im Weißen Haus, wie Dick Morris in seinem Buch „Behind the Oval Office" schildert, auch keine außenpolitische Entscheidung getroffen. Die amerikanische Intervention auf dem Balkan, oder das NATO-Bombardement im Kosovo erfolgten jedenfalls erst, als man sich ziemlich sicher war, die Mehrheit der Amerikaner würde die Aktion für gut und richtig halten. Bodentruppen wurden von vornherein ausgeschlossen, der Krieg durfte nicht zu lange und der Kompromiss mit Präsident Slobodan Milošević nicht zu weich sein, um die Wahlchancen nicht zu beeinträchtigen.

Dabei kann die öffentliche Meinung großen Schwankungen unterworfen sein. Als 2003 der irakische Diktator Saddam Hussein nach einem raschen Vormarsch der amerikanischen Truppen gestürzt wurde, jubelte die große Mehrheit der Amerikaner ihren Präsidenten George W. Bush zu. Als dann die erhofften Erfolge – Akzeptanz von Demokratie und Marktwirtschaft – ausblieben und das Chaos immer sichtbarer wurde, kehrte sich die öffentliche Meinung sehr rasch ins Gegenteil um.

Diese enge Verknüpfung von Außen- und Innenpolitik hat jedenfalls dazu geführt, dass außenpolitische Entscheidungen oft primär nicht mehr danach gefällt werden, was langfristig für das eigene Land und die Internationale Gemeinschaft am besten ist; man richtet sich vielmehr danach, was kurzfristig Wählerstimmen bringt. Als Präsidentschaftskandidat George W. Bush gefragt wurde, wie er zu einer Kosovo-Intervention stehe, antwortete er kurzerhand: „Für mich ist die entscheidende Frage, ob es für Amerika gut ist." Nun spricht für diese Antwort einmal, dass sie ehrlich ist, und dass dabei immerhin die Interessen eines ganzen Landes, noch dazu einer Supermacht, ins Kalkül gezogen werden. Was geschieht aber, wenn jede außenpolitische Entscheidung ausschließlich danach getroffen wird, was der Gemeinde eines Politikers, seinem Bezirk oder seiner Provinz gerade nützt?

Diese Verknüpfung von Innen- und Außenpolitik ist ein internationaler Trend, der so lange anhalten wird, als mit Stellungnahmen zu außenpolitischen Themen im eigenen Wahlkreis Stimmen gewonnen werden können. Dies gilt gerade für jene Bereiche, wo die Grenzen zwischen nationaler Souveränität und Supranationalität eher fließend sind, wie in weiten Bereichen der EU. Wenn in Brüssel alle möglichen Entscheidungen getroffen werden, die das Leben der EU-Bürger direkt berühren, dann ist es nur natürlich, dass diese Bürger beziehungsweise deren Vertreter eine Mitsprache haben wollen. Dies umso mehr, als Entscheidungsprozesse innerhalb der EU oft eher undurchsichtig erscheinen.

Dabei ist es interessant zu sehen, dass es in den einzelnen EU-Ländern unterschiedliche Themen sind, an denen man aus nationalen Überlegungen festhalten will: So waren die Briten bisher nicht bereit, von ihrer nationalen Währung, dem Pfund, abzurücken oder der EU-Kommission Entscheidungsbefugnisse in Steuerfragen einzuräumen. Nordische Länder wiederum halten an ihrem Alkohol-Monopol fest, und in Österreich haben die Fragen der Neutralität und der Atomenergie einen besonders hohen innenpolitischen Stellenwert.

So sehr nun die Einbindung der Außenpolitik in einen demokratischen Entscheidungsprozess demokratiepolitisch zu begrüßen ist, so muss man doch wissen, dass längerfristige Aspekte oder größere internationale Zusammenhänge wegen kurzfristiger innenpolitischer Überlegungen nicht aus den Augen verloren werden dürfen. Jedenfalls kann man eines feststellen: Die Behandlung außenpolitischer Themen in den Wahlkreisen der verschiedensten Länder gibt Diskussionen eine internationale Dimension, die auch verbindend wirken kann.

2.3 Volksabstimmungen

Eine besonders intensive Form der Verbindung von Innen- und Außenpolitik kann eine Volksabstimmung darstellen. So beschlossen Österreich, Finnland und Schweden nach einer Volksabstimmung, der EU beizutreten. Die Schweizer lehnten in einer Abstimmung den Beitritt zum Europäischen Wirtschaftsraum ab, die Franzosen sprachen sich nur mit einer ganz knappen Mehrheit für den Maastricht-Vertrag aus und lehnten die EU-Verfassung ab. Die Dänen waren in einer Volksabstimmung gegen den Maastricht-Vertrag. Die Australier haben sich in einer Volksabstimmung gegen die Abschaffung der Monarchie ausgesprochen und 2008 blockierten die Iren mit ihrem „Nein" zum Lissabon-Vertrag den in der EU vorgesehen Prozess der strukturellen Umgestaltung. Offensichtlich wollen immer weniger Bürger, dass die Einigung Europas „oben", also in den Spitzengremien beschlossen wird und „unten" einfach nachvollzogen werden muss.

In Westeuropa gibt es nur drei Länder, die in ihrer Verfassung kein Referendum vorsehen. In der Schweiz hat es immer wieder Volksabstimmungen auch zu außenpolitischen Themen, etwa über den UNO-Beitritt gegeben, und in Frankreich hat Charles de Gaulle über Volksabstimmungen die Legitimität der V. Republik entscheidend gestärkt und die Unabhängigkeit Algeriens beschlossen.

Eine Volksabstimmung zu einem außenpolitischen Thema ermöglicht nicht nur eine umfassende Behandlung außenpolitischer Aspekte, es wird dabei auch ein Bezug zu allen möglichen innenpolitischen Fragen hergestellt. So wurde im Zusammenhang mit den Volksabstimmungen über die EU-Beitritte in den einzelnen Ländern alles behandelt, was innen- oder außenpolitisch relevant war, von Steuerfragen bis zur Sozialpolitik, von den Umweltnormen über den Zweitwohnsitz bis hin zur Landwirtschaft.

Diese umfassenden Diskussionen haben zweifellos einmal den Vorteil, dass sich der Wähler über politische Entscheidungen, die einen substantiellen Wandel mit sich bringen könnten, eingehend informieren kann. Darüber hinaus ermöglicht eine Volksabstimmung nicht nur die formelle Legitimation einer neuen Politik, durch einen Volksentscheid kommt es auch zu einer inhaltlichen Legitimation eines bestimmten politischen Weges: Nur wenn der Wähler davon überzeugt ist, dass ein bestimmtes Projekt oder eine neue Politik seine Lebensqualität erhöht, wird er sich dafür aussprechen. Damit wurde in der Innen- und Außenpolitik ein Gleichklang erreicht: Legitimiert wird eine politische Vorgangsweise nur dann, wenn sie dem persönlichen Wohle des Bürgers dient.

Sicherlich werden so auch mögliche Gefahren sichtbar. Auf kurze Sicht gegebene Vorteile können ausschlaggebend sein zu Lasten von längerfristigen Perspektiven, die für ein Land letztlich vielleicht vorteilhafter wären. Pressure-Groups und Partikular-Interessen können die Oberhand jenen gegenüber behalten, die das Gemeinwohl im Auge haben. So sehr also eine Volksabstimmung auch der Außenpolitik eine Legitimation auf breiterer Basis ermöglicht, eine bessere Vorhersehbarkeit und Berechenbarkeit außenpolitischer Entscheidungen muss damit nicht einhergehen. Aber auch in diesem Zusammenhang kann man Folgendes feststellen: Volksabstimmungen zu internationalen Themen erwecken internationale Aufmerksamkeit und führen zu ganz unterschiedlichen Koalitionen. Auch wenn die getroffenen Entscheidungen zunächst nur einen Staat betreffen, grenzüberschreitende Aktionsgruppen können letztlich zu international abgestimmten Entscheidungen führen, also ein Tor in Richtung „Weltstaat" öffnen.

3. Werte und Ideen, die verbinden

Analysiert man jene Faktoren, die sich während der letzten Jahre weltweit als einigende Kraft erwiesen haben, so kommt den Menschenrechten, dem Gedanken der Demokratie, der Marktwirtschaft und dem Umweltbewusstsein ein sehr hoher Stellenwert zu. Es waren also vor allem Werte und Ideen, die sich als einigende Kraft erwiesen haben, was im Folgenden näher dargestellt werden soll.

3.1 Ein Zeitalter der Menschenrechte

Wie schon verschiedentlich aufgezeigt, haben die Menschenrechte in den internationalen Beziehungen und in der internationalen Diskussion einen Stellenwert erhalten, der vielleicht schon mit Glaubensfragen früherer Epochen vergleichbar ist. Betrachtet man jene Themen, die etwa zur Jahreswende 2005/06 die internationale Diskussion bestimmten, dann gehörten dazu in einem ganz entscheidenden Ausmaß die Menschenrechte, ihre Einhaltung, ihre Verletzung, ihr Stellenwert in einzelnen Ländern.

Da ging es einmal darum, dass die Amerikaner so genannte „Renditions" durchführten, also mutmaßliche Terroristen von einem Staat in einen anderen überstellten, allerdings außerhalb des regulären strafrechtlichen Auslieferungsverfahrens. Dabei wurde kritisiert, dass durch die Umstände der Ergreifung, durch den Transport oder durch die Behandlung der Personen im Empfangsstaat die Menschenrechte verletzt würden. Einige europäische Länder wurden beschuldigt, sie hätten dem amerikanischen Geheimdienst CIA Überflugsrechte eingeräumt, um verdächtige islamische Terroristen in Gefängnisse außerhalb der USA zu bringen, wo sie gefoltert wurden. Insbesondere Polen und Rumänien wurden verdächtigt, auf ihren Territorien wären solche Gefängnisse errichtet worden.

Diese Diskussion wurde so intensiv geführt, dass der Europarat eine Untersuchung darüber in Angriff nahm, welche Methoden im Kampf gegen den Terrorismus tatsächlich angewendet werden und ob diese den europäischen Menschenrechts- Standards entsprechen. Westeuropäische Länder haben Untersuchungen eingeleitet, um festzustellen, ob die CIA auf ihrem Territorium Verdächtige kidnappte. Und der Menschenrechts-Kommissar des Europarates, Alvaro Gil Robles, stellte fest, dass schon seit einiger Zeit Al-Qaida-Kämpfer auf dem amerikanischen Militärstützpunkt Camp Bondsteel im Kosovo festgehalten wurden.

Dem nicht genug, wurde der amerikanische Präsident George W. Bush angegriffen, weil er, ohne vorherige richterliche Genehmigung, das Abhören von Telefongesprächen auch innerhalb der Vereinigten Staaten erlaubte. Auch diese „vorbeugenden Maßnahmen", so wurde vielfach kritisiert, beeinträchtigten die Grundrechte der Bürger. Außerdem gab es Meldungen, der amerikanische Präsident wollte im April 2004 das Hauptquartier des arabischen Fernseh-Senders Al-Jazeera in Doha bombardieren, weil dessen Berichterstattung zu Amerikakritisch war. Trotz verschiedener amerikanischer Versuche, etwa durch Besuche der amerikanischen Außenministerin Condoleezza Rice, das Image der USA in Europa zu verbessern, kam es zu einer intensiven transatlantischen Debatte. Dabei ging es um Folter und den Einsatz der Mittel im Kampf gegen den Terrorismus, wobei bereits bestehende Meinungsunterschiede noch größer wurden.

Aber nicht nur Amerika wurde wegen Verletzung der Menschenrechte angegriffen: China wurde kritisiert, weil im südchinesischen Fischerdorf Dongzhou ein Protest von Dorfbewohnern, die sich gegen die Enteignung von Land zum Zwecke des Baues eines E-Werkes zur Wehr setzten, brutal niedergeschlagen wurde. Außerdem kritisierten die Vereinten Nationen, dass in chinesischen Gefängnissen gefoltert wurde, wobei immerhin anerkannt wurde, dass zum ersten Mal eine internationale Inspektion erlaubt war. Russland wiederum kam unter Kritik, als die Große Kammer des Parlaments in Moskau ein Gesetz über Nicht-Regierungs-Organisationen (NGOs) annahm, das eine Handhabe zur verstärkten staatlichen Kontrolle dieses wichtigen Pfeilers der Bürgergesellschaft bot. Der russischen Bürokratie würden durch dieses Gesetz zahlreiche Möglichkeiten gegeben, die Arbeit der NGOs zu regulieren, zu behindern, zu schikanieren oder überhaupt zu verhindern. Außerdem wurde berichtet, dass ein wichtiger Berater von Präsident Putin sein Amt niederlegte, weil die politische Freiheit im Amt immer mehr eingeengt wurde.

Syrien wiederum wurde beschuldigt, an der Ermordung des früheren libanesischen Ministerpräsidenten Rafik Hariri beteiligt gewesen zu sein und in Aserbaidschan verlangte die Opposition die Neuaustragung der Präsidentschaftswahlen, da die Auszählung der Stimmen irregulär ablief. Usbekistan wurde von der EU ein Wirtschaftsboykott angedroht, weil sich die Regierung weigerte, die Niederschlagung eines Aufstandes untersuchen zu lassen. Aus Guatemala wurde berichtet, dass zehn Jahre nach dem Bürgerkrieg, der 200.000 Tote und Vermisste forderte, Tausende von Polizeiakten, die zur Zeit des Bürgerkrieges angelegt worden waren, nunmehr gefunden wurden. Davon erwartete man sich Aufschluss über die seinerzeitigen Menschenrechtsverletzungen. Gleichzeitig hört man aber aus diesem Land, dass Gangs und Todeskommandos neuerlich zahlreiche Opfer forderten.

Die Türkei kam ins Kreuzfeuer der Kritik, als der Bestsellerautor und Literaturnobelpreisträger Orhan Pamuk „wegen Beleidigung der türkischen Identität" angeklagt wurde, weil er darüber sprach, wie tausende Kurden und die Armenier von Türken umgebracht wurden. Selbst in Australien gab es einen Wirbel um Menschenrechtsverletzungen, als publik wurde, dass sich mögliche Kriegsverbrecher als Asylwerber im Lande aufhielten. Die Asylansuchen wurden zwar abgewiesen, aber es gab trotz Verdachtsmomenten auf schwerwiegende Kriegsverbrechen oder Verbrechen gegen die Menschlichkeit wie Mord, Folter oder Vergewaltigung keine gerichtlichen Untersuchungen.

Auch Menschenrechtsverletzungen aus vergangenen Jahren wurden um die Jahreswende 2005/06 neuerlich aufgegriffen: die französische Armee wurde wegen ihres Verhaltens während des Völkermordes von 1994 in Ruanda kritisiert, der chilenische Ex-Diktator Pinochet wurde wegen seinerzeitiger Menschenrechtsverletzungen und wegen geheimer Bankkonten im Ausland unter Hausarrest gestellt und mit der Verurteilung von 14 Serben, die sich im Jahre 1991 an den Massakern von Vukovar beteiligt hatten, sollte die kroatisch-serbische Vergangenheitsbewältigung in Angriff genommen werden. Belgien seinerseits verlangte die Auslieferung des früheren Präsidenten des Tschads, Hissen Habre, wegen „Verbrechen gegen die Menschheit". Der Industrielle Frans van Anraat stand in Den Haag wegen Mitwirkung am Völkermord und Kriegsverbrechen vor Gericht, weil er Saddam Hussein 800 Tonnen chemische Substanzen geliefert hatte.

Dass die Menschenwürde heute, im Vergleich zu früheren Epochen, neu gesehen wird, zeigen auch andere Entwicklungen: so wurde in Frankreich die Rehabilitierung von Soldaten betrieben, die 1915 wegen „Feigheit vor dem Feind" erschossen wurden. Außerdem stand Ende 2005 in Paris ein hochrangiger französischer General vor Gericht, weil ihm die Verantwortung dafür angelastet wurde, dass unter seinem Kommando beim Einsatz französischer Truppen in der Elfenbeinküste ein verwundeter Afrikaner ums Leben kam. Und wenn sich der französische Ölkonzern TotalFinaElf bereit erklärte, wegen seiner Praktiken in Burma an acht „Zwangsarbeiter" je 10.000 Euro Entschädigung zu bezahlen, so war dies ein weiterer Schritt dahin, dass sich „Multis" schon aus Image-Gründen einem Verhaltens-Kodex unterwerfen. Dass eine neue Zeit angebrochen war, wollen auch jene wissen, die in islamischen Ländern ein Ende der „honour killings" fordern, wonach Frauen zur Rettung der „Familienehre" die längste Zeit ungestraft getötet werden konnten.

Eine umfangreiche Diskussion gab es zum Jahreswechsel 2005/06 auch darüber, wie die Menschenrechtskommission der Vereinten Nationen durch ein wirkungsvolleres Instrument ersetzt werden könnte. Dies deshalb, weil in dieser Kommission bis dahin auch Diktaturen wie Kuba, der Sudan und Zimbabwe Sitz und Stimme hatten und Lybien 2003 sogar den Vorsitz führte. Ein neuer „Menschenrechtsrat" sollte diese Mängel beseitigen.

Wie kam es, dass dem Thema „Menschenrechte" in den wenigen Wochen um die Jahreswende 2005/06 ein so breiter Raum in der internationalen Diskussion eingeräumt wurde. Immerhin sind es erst wenige Jahre, seit selbst die Schweiz erklärt hatte, Menschenrechte seien ausschließlich die innere Angelegenheit eines jeden Staates und erlaubten keine Einmischung der internationalen Staatengemeinschaft. Auch wenn manche Staaten heute noch diese Auffassung vertreten, dann stehen sie nicht nur in Widerspruch zu zahlreichen internationalen Abkommen, sondern auch zu einer faktischen Entwicklung, die sehr stark von der Zivilgesellschaft getragen wird.

Es waren sowohl die internationalen Organisationen sowie die Vereinten Nationen und der Europarat, die zahlreiche Abkommen zum Schutz der Menschenrechte verabschiedeten sowie viele NGOs, denen es gelang, ein neues Wertebewusstsein zu schaffen. Insgesamt kann man wohl sagen, dass sich während der letzten Jahrzehnte kaum eine andere Idee so sehr ins öffentliche Bewusstsein rückte wie jene der Menschenrechte.

3.2 Demokratie – einc Idee setzt sich durch

Zu den Ideen, die schon im ausgehenden 20. Jahrhundert eine immer stärkere weltweite Resonanz fanden, gehört zweifellos auch jene der Demokratie. Nicht, dass plötzlich alle Staaten der Welt „lupenreine Demokraten" geworden wären. Aber mit dem Zusammenbruch der Sowjetunion war das Scheitern einer totalitären Ideologie verbunden. Der eindeutige Sieg der liberalen Demokratien des Westens im Kalten Krieg war für viele ein Beweis der Überlegenheit dieses Systems. Dazu kam, dass mit der Bildungs- und Informationsrevolution die Menschen auf der ganzen Welt mündiger wurden und mehr Mitsprache verlangten. Außerdem wurden immer mehr Staaten Mitglieder von internationalen Organisationen, in deren Statut die Demokratie als Grundwert verankert war.

Der Gedanke, dass das Volk eines Landes das Recht hat, in Freiheit zu leben, auf Grund einer Verfassung seine eigenen Vertreter zu wählen und nach den Grundsätzen der Rechtsstaatlichkeit regiert zu werden, hat praktisch überall in der Welt Anhänger gefunden.

In diesem Sinne konnte ein 2005 veröffentlichter Bericht von „Freedom House" feststellen, dass in den vergangenen 30 Jahren die politische Freiheit weltweit an Boden gewonnen hat: Konnten 1975 lediglich 25% der Staaten in der Welt als „frei" bezeichnet werden, so waren es 2005 immerhin 46%. Im selben Zeitraum ist die Zahl der Länder, die als „unfrei" eingestuft wurden, auf 45 gefallen, auf den niedrigsten Stand seit Ende des Kalten Krieges. Gleichzeitig ist die Zahl der Länder, in denen die Regierungen gewählt wurden, auf 122 gestiegen, was bei einer Staatengemeinschaft von 193 immerhin 64% ausmachte. Zweifellos wird auch diese Entwicklung Schwankungen unterworfen sein. So betrachtete „Freedom House" 2008 nur noch 44% der Staaten als „frei" und prognostizierte eine Verschlechterung der Situation in 24 Staaten. Dennoch kann die Aussage gewagt werden, dass insbesondere die Bildungs- und Informationsrevolution dazu beitragen werden, dass der Ruf nach mehr Demokratie nicht verstummen wird.

Die große Demokratisierungswelle in Europa kam nach dem Fall der Berliner Mauer. In Mittel- und Ost-Europa wurden demokratische Regierungen gewählt und Russland trat 1996 dem Europarat bei. Dies bedeutete ein Bekenntnis zu den Grundwerten der Demokratie, der Menschenrechte und der Rechtsstaatlichkeit. Schon vorher war der größte Teil der Diktatoren in Lateinamerika von demokratischen Regierungen abgelöst worden und auch in Ländern mit moslemischen Mehrheiten wie Indonesien, Türkei, Mali, Senegal und Afghanistan verzeichnete „Freedom House" Fortschritte bei der Einhaltung der Grundrechte.

Gleichzeitig musste man feststellen, dass 2006 immer noch 2,3 Milliarden Menschen unter Regimen lebten, die ihren Untertanen systematisch Grund- und Freiheitsrechte verwehrten. So reibungslos der Übergang zur Demokratie in Mittel- und Ost-Europa weitgehend erfolgte, so schwierig ist die Situation in Ländern wie China, im Nahen Osten und in Zentralasien. Außerdem geben verschiedene Ereignisse in Russland immer wieder Anlass zu kritischen Diskussionen.

In Europa haben sich 47 Länder zu einer zwischenstaatlichen Organisation, dem Europarat, zusammengeschlossen, um gemeinsame Menschenrechte, die Grundsätze der parlamentarischen Demokratie und die Rechtsstaatlichkeit zu verteidigen. Außerdem geht es den Mitgliedern des Europarates darum, die kulturelle Identität und die Vielfalt des Kontinents zu wahren; die Toleranz zu fördern; Minderheiten zu schützen und Reformen zur Stabilisierung demokratischer Strukturen voranzutreiben.

Dem Europarat gehören alle Länder des Kontinents, mit Ausnahme von Weißrussland, sowie die drei transkaukasischen Staaten, Georgien, Armenien und Aserbaidschan an. Somit ist das demokratische Bewusstsein in Europa soweit entwickelt, dass die Unterdrückung einer parlamentarischen Opposition, wo immer dies versucht würde, als untragbar empfunden wird. Ein Land wie Weißrussland, in dem Demokraten wegen „Störung der öffentlichen Ordnung" eingesperrt und Wahlresultate offensichtlich gefälscht werden, gilt heute in Europa als Anachronismus, selbst wenn sein Machthaber Aljaksandr Lukaschenko darauf hinweisen kann, dass bei ihm Ordnung herrscht und Wirtschaft und Handel funktionieren. Auch wenn Russland immer wieder bemüht ist, eine öffentliche Verurteilung des Regimes von Lukaschenko zu verhindern, man kann wohl damit rechnen, dass ein christliches Land mit zehn Millionen Einwohnern an der Ost-Grenze der EU in absehbarer Zeit jener Wertegemeinschaft angehören wird, die Europa auszeichnet.

Jedenfalls kann man feststellen, dass sich zu Beginn des 21. Jahrhunderts, ausgehend von den anglo-sächsischen Ländern und Westeuropa, das Recht der Bürger, über ihr politisches System zu entscheiden, genauso als Legitimation für eine Regierung durchgesetzt hat, wie ihre Aufgabe, das Wohl der Bürger zu fördern. Und vor allem eines: wurden die Behandlung der eigenen Bürger und ihre Rechte die längste Zeit als ein Bereich betrachtet, der ausschließlich als eine innere Angelegenheit eines jeden souveränen Staates angesehen wurde, so hat sich dies grundlegend geändert, ja fast ins Gegenteil verkehrt. Internationale Organisationen und zwischenstaatliche Abkommen zielen heute darauf ab, demokratische Rechte der Bürger zu schützen, wo immer sie bedroht sind. Dass innerstaatliche Entscheidungen demokratisch getroffen werden müssen, hat sich in der Internationalen Gemeinschaft soweit durchgesetzt, dass Rechtsstaatlichkeit und Demokratie als internationale Grundrechte gelten, die ein zivilisierter Staat respektieren muss. Voll anerkannt haben dieses Prinzip die Mitglieder des Europarates, die ihren Bürgern das Recht einräumen, bei Verletzung der demokratischen Grundrechte über die innerstaatliche Gerichtsbarkeit hinaus, den Europäischen Gerichtshof für Menschenrechte in Strassburg anzurufen.

Zweifellos muss man eines feststellen: wesentliche Aspekte eines demokratischen Verhaltens, wie die Notwendigkeit, Macht zu teilen, Minderheitenrechte anzuerkennen oder die für einen Machtwechsel festgelegten Regeln einzuhalten, werden in den einzelnen Weltgegenden unterschiedlich beachtet. Dennoch gibt es wohl kaum noch ein Land, in dem nicht zumindest einzelne Gruppen danach streben, was wir Demokratie und Freiheit nennen.

Im Folgenden soll dargestellt werden, unter welchen Bedingungen sich demokratische Verhältnisse in Russland, China und im Nahen Osten durchsetzen konnten beziehungsweise eventuell durchsetzen könnten.

3.2.1   Kann sich die Demokratie in Russland festigen?

Russland wurde im Februar 1996 Mitglied des Europarates und ratifizierte zwei Jahre später die Europäische Konvention für Menschenrechte. Damit wurde jedem russischen Staatsbürger das Recht eingeräumt, bei Rechtsstreitigkeiten nach Ausschöpfung des innerstaatlichen Instanzenzuges den Europäischen Gerichtshof für Menschenrechte in Strassburg anzurufen.

Dies stellte wohl den Kern einer Revolution dar, die das Land auf die Grundlage der Demokratie, der Rechtsstaatlichkeit und der Menschenrechte stellen sollte. Und vor allem eines: Dienten „Recht" und „Gesetz" in der Zeit des totalitären Kommunismus dazu, die Macht der Eliten zu stärken und zu erhalten, so verfolgen die russischen Regierungen seit dem 1996 erfolgtem Beitritt zum Europarat offiziell das Ziel, Demokratie und Rechte für ihre Bürger auszubauen.

Tatsächlich konnten die Menschen in Russland nunmehr, im Gegensatz zur Sowjet-Ära, frei entscheiden, wie sie leben und arbeiten wollten; sie konnten ins Ausland reisen und Ausländer treffen; die Ausübung der Religion wurde nicht nur erlaubt, sondern vielfach auch gefördert; politische Parteien wurden gegründet und konnten an Wahlen teilnehmen.

Doch so sehr die Entwicklung der Demokratie in den 1990er Jahren in Russland Freiheiten ermöglichte, die in der Sowjetzeit undenkbar waren, so entstand doch schon bald eine Kritik an den neuen Zuständen: missliebige Zeitungen würden bedroht und TV-Stationen vom Staat kontrolliert; Wahlen würden gefälscht; der Sicherheitsapparat wäre zu groß; die politische Opposition würde eingeschüchtert und Fremdenhass und Rassismus wären im Vormarsch. Auch der Krieg in Tschetschenien trug zu dieser Kritik bei: während die zuständigen staatlichen Stellen von einer legitimen Selbstverteidigung gegen den internationalen islamischen Terrorismus sprachen, sprach „Human Rights Watch" von Folterungen, von der schlechten Behandlung der Gefangenen und der Flüchtlinge, sowie von Entführungen, die durchgeführt wurden, um Geld zu erpressen.

Im Frühjahr 2005 legte der damalige Menschenrechtskommissar des Europarates, Alvaro Gil-Robles, einen Bericht über den Stand der Demokratie in Russland vor. Danach war die Entwicklung der Demokratie in Russland noch im Frühstadium, als das Land dem Europarat beitrat. Seit damals wäre die russische Regierung eine Reihe von Verpflichtungen eingegangen und machte auch große Schritte vorwärts, um die Gesetzgebung zu verbessern. Tatsächlich war es gelungen, die aus der Sowjet-Zeit stammenden Gesetze, die auf der Basis eines totalitären kommunistischen Staates verabschiedet wurden, durch eine liberale demokratische Gesetzgebung zu ersetzen.

Insgesamt hielt der Menschenrechtskommissar fest, dass viele weitere Reformen notwendig wären: die Praxis von Justiz und Polizei müsse mit den beschlossenen Reformen einhergehen und die finanziellen Mittel der Gerichte sollten erhöht werden. Die Unabhängigkeit der Gerichte müsse durch eine klare Gewaltenteilung gestärkt und außerdem sollten die Haftbedingungen von Strafgefangenen verbessert werden.

Hinsichtlich des Schutzes von nationalen Minderheiten sollten die Anstrengungen zum Schutz der Minderheitenrechte aufrechterhalten und die Strafen gegen die verschiedenen Formen des Rassismus verstärkt werden.

Was die Menschenrechtssituation in Tschetschenien betraf, so müsse Russland mehr tun, um die Kriminalität, insbesondere die Entführung von Menschen, zu bekämpfen. Vor allem müsste den nächtlichen Einbrüchen, die ein Klima der Unsicherheit schafften, ein Ende gesetzt werden. Außerdem könnte nur ein erfolgreicher wirtschaftlicher Wiederaufbau die Voraussetzungen für eine friedliche Entwicklung schaffen. Auch die Situation in den russischen Streitkräften bezeichnete Gil-Robles als besorgniserregend. Die Lebensbedingungen der Offiziere und der Soldaten sollten verbessert werden und der Misshandlung der Rekruten müsse ein Ende gesetzt werden.

Manche dieser Kritikpunkte wurden später noch verstärkt. Als sich im Juli 2006 die Staats- und Regierungschefs der G8-Länder in St. Petersburg trafen, wurde dieser Anlass von verschiedenen Seiten zu einer kritischen Bestandsaufnahme der Entwicklung in Russland benützt: demnach wäre der Ausbau der Demokratie hinter der Erhöhung der Einkommen zurückgeblieben. Während der hohe Ölpreis die Wirtschaft stimulierte, wurde die Regierung autoritärer. Jeder, der den Machthabern gefährlich wurde – so die Kritik – müsse damit rechnen, ein Gerichtsverfahren, eine Steuerinspektion oder Beeinträchtigungen seines täglichen Lebens hinzunehmen.

Einige Maßnahmen, die Präsident Vladimir Putin, beziehungsweise seine Partei in der DUMA setzten, wurden besonders kritisiert: Sein Beschluss, dass bis dahin gewählte Gouverneure der Provinzen ab 2004 von ihm ernannt wurden oder ein Gesetz, das die NGOs unter eine stärkere Kontrolle stellte. Während Putin bei einer im Juli 2006 in Moskau durchgeführten Konferenz von „Nicht-Regierungs-Organisationen" Mängel am NGO- Gesetz einräumte, muss die Beschneidung der Macht der Provinz-Gouverneure wohl komplexer gesehen werden.

Das NGO-Gesetz war von der Befürchtung getragen, dass ausländische Regierungen über NGOs politischen Einfluss in Russland ausüben könnten. Tatsächlich wurden die Machtwechsel in der Ukraine und in Georgien hauptsächlich mit Hilfe der vom Ausland finanzierten NGOs, sowie mit der ausländischen Unterstützung der heimischen Protestbewegung erreicht. Nunmehr wurde das russische NGO-Gesetz von vielen Betroffenen als Versuch des Kremls gesehen, die „zivile Bürgergesellschaft" unter staatliche Kontrolle zu stellen.

Was die Entmachtung der Provinz-Gouverneure betrifft, so handelt es sich bei diesen um Potentaten, die zwar gewählt wurden, die aber ihre Macht ziemlich rücksichtslos ausübten. Die meisten von ihnen waren vorher kommunistische Parteisekretäre in ihrer Provinz. Diese benützten nach dem Zusammenbruch der Sowjetunion den ihnen zur Verfügung stehenden Apparat, um sich wählen zu lassen und um dann in der Provinz eine ziemlich unbeschränkte Herrschaft auszuüben, die sehr wenig mit Demokratie zu tun hatte. Da diese Provinz-Potentaten auch starke Unabhängigkeitstendenzen entwickelten, stellte sich für den Kreml die Frage, wieweit unter diesen Umständen die Einheit des Landes gewährleistet werden kann.

Tatsächlich ist die Festigung der Demokratie in Russland von zwei entscheidenden Fragen abhängig: einmal geht es darum, ob die Lasten der Vergangenheit, die Auswirkungen der Jahrhunderte langen autoritären beziehungsweise totalitären Herrschaft in Russland überwunden werden können; andererseits wird entscheidend sein, ob die Probleme der Zukunft, die Gewährleistung eines akzeptablen Lebensstandards für breite Kreise der Bevölkerung, sowie die Erhaltung der Einheit des Landes unter gleichzeitiger Entwicklung der Demokratie möglich sind.

Der amerikanische Journalist Hendrick Smith schreibt in seinem, lange Zeit als Klassiker angesehenen, Buch „The Russians", dass den Russen jegliche rechtsstaatliche Tradition fehlt und sie deshalb blind Macht und Stärke anerkennen, auch wenn die Machthaber gegen Recht und Menschlichkeit verstoßen. Die lange Zeit der autoritären und später totalitären Herrschaft, von Ivan dem Großen und Ivan dem Schrecklichen bis Lenin und Stalin, haben weder die Entwicklung eines Rechtsstaates noch einer politischen Diskussion erlaubt. Selbst ein Herrscher wie Peter der Große, der seine Armee nach westlichem Vorbild modernisierte, hat gleichzeitig die polizeistaatlichen Methoden verschärft. Wenn Montesquieu schrieb, dass der Absolutismus in einem Land notwendig ist, das so riesig und rückständig ist wie Russland, dann fügte Hendrick Smith hinzu: „Der Russe gehorcht der Macht, nicht dem Gesetz." und er zitiert Lev Kopelev mit dem Satz: „Die Russen brauchen eine Ideologie und ihre Einheit muss von oben verordnet werden; sonst fällt das Land auseinander".

Richtig ist zweifellos, dass die russische Geschichte die politische Kultur des Landes geprägt hat und man demokratisches Verhalten nicht von einem Tag auf den anderen verordnen kann. Nachteilig war zweifellos auch, dass sich in den 1990er Jahren, als sich demokratische Ansätze entwickelten, in Politik und Wirtschaft gleichzeitig anarchische Tendenzen breitmachten. Dadurch wurden in vielen Bevölkerungskreisen, vor allem bei den älteren Menschen, alte Vorurteile gegen eine demokratische Entwicklung bestätigt.

Die Jugend Russlands sieht die Welt und damit auch die Zukunft des eigenen Landes wohl anders. Der Kommunismus der alten Sowjetunion wurde für viele durch einen russischen Nationalismus ersetzt, man will das Land der Modernität öffnen. In manchem wird selbst die USA als Vorbild gesehen, wobei man der vergangenen Größe der Sowjetunion nachtrauert und Russland als „internationalen Player" sehen will. Modernität bedeutet Kommunikation und Information. Und diese stehen den jungen Russen durchaus offen, bis hin zu den Provinzbuchhandlungen, in denen das von Präsident George W. Bush hochgepriesene Buch von Natan Sharansky „The Case for Democracy: The Power of Freedom to Overcome Tyranny and Terror" in der russischen Übersetzung aufliegt.

Die Herausforderung ist groß, die Situation sicherlich nicht einfach. Könnte man zunächst glauben, eine starke Hand wäre notwendig, um ein Land mit 200 verschiedenen Nationalitäten zusammenzuhalten, so hat die Entwicklung am Balkan gezeigt, dass im 21. Jahrhundert die Uhren anders gehen: ein Staatsverband kann nur dort seine Einheit bewahren, wo seine Bürger gewillt sind, diese zu erhalten. In diesem Sinne könnte ein demokratisches System, in dem das Recht auf Selbstbestimmung frei ausgeübt wird, eher zum Garant der Einheit Russlands werden, als eine autoritäre Macht, die ihre Legitimität verloren hat. Ist Russland somit zur Demokratie verurteilt?

3.2.2   China – Demokratie durch gesellschaftlichen Wandel?

China hat eine Jahrtausende währende Tradition einer autoritären Herrschaft. Rom wurde 753 vor Christus gegründet. Aus dieser Zeit datieren auch die Anfänge des chinesischen Reiches. Während aber Rom nach tausend Jahren unterging und sein Imperium in eine Unzahl von Reichen, Staaten und Völkern aufgeteilt wurde, konnte China bis zum heutigen Tag seine Kontinuität wahren. Und diese Kontinuität war auch gekennzeichnet von Gehorsam und Pflichterfüllung der Untertanen gegenüber der Obrigkeit, der Kinder gegenüber den Eltern.

1949 errichtete Mao Tse-tung nach einem blutigen Bürgerkrieg die Diktatur der kommunistischen Partei (KPC) mit dem „ständigen Ausschuss des Politbüros der KPC als oberste Führung und den Generalsekretär der Partei an der Spitze". Kann in einem solchen Land je ein demokratisches System entstehen?

Vergleicht man die Situation in China mit der Entwicklung in Westeuropa, so kann man feststellen, dass auch hier Jahrhunderte des Feudalismus zunächst vom Absolutismus abgelöst wurden. Es waren dann englische und französische Denker der Aufklärung, die die geistigen Grundlagen jenes Systems entwickelten, das wir heute Demokratie nennen. Darüber hinaus waren es die gesellschaftlichen Umwälzungen des Industrie-Zeitalters, die zur Entstehung jenes Bürgertums führten, das als Vorkämpfer für demokratische Rechte auftrat. Auch wenn die Französische Revolution und jene des Jahres 1848 zunächst scheiterten, sie trugen wesentlich dazu bei, dass Verfassungen verabschiedet, sowie Grund- und Freiheitsrechte verankert wurden.

Wo steht China, verglichen zu diesem Prozess, heute? Seit Deng Xiaoping 1980 erklärte, „Reichtum ist nicht ehrenrührig", haben gewaltige wirtschaftliche, technische und soziale Veränderungen stattgefunden. Ein kapitalistisches Wirtschaftssystem hat es vielen Chinesen ermöglicht, reich zu werden; Millionen junger Chinesen wurden geschult, um die moderne Technik im Dienste der wirtschaftlichen Entwicklung umzusetzen und, was in diesem Zusammenhang besonders wichtig ist: ein neuer Mittelstand ist entstanden. Dieser Gegensatz, dass im Bereich der Wirtschaft der freie Markt herrscht, während in der Politik die absolute Macht der KPC aufrecht erhalten werden soll, wird noch durch weitere Gegensätze ergänzt: dem zwischen den prosperierenden Städten und den armen ländlichen Provinzen, sowie der Diskrepanz zwischen den neuen Dollar-Millionären und der armen Unterschicht.

Die chinesische Führung hat schon mehrere Male versucht, den geänderten gesellschaftlichen Bedingungen durch eine Änderung der Verfassung gerecht zu werden. So wurde 2004 die „Theorie der drei Repräsentationen" in die Verfassung aufgenommen: damit weitete die KPC ihren Repräsentationsanspruch im Sinne einer Volkspartei aus; außerdem sollte der Staat die Menschenrechte respektieren und schützen; und schließlich sollte „rechtmäßig erworbenes Privateigentum nicht verletzt werden".

2005 wurde dann unter dem Titel „Aufbau der politischen Demokratie in China" ein Weißbuch zur politischen Verfassung des Landes vorgelegt. So sehr darin einerseits das Recht der Menschen angesprochen wurde, ihre sozialen, wirtschaftlichen und kulturellen Anliegen selbst in die Hand zu nehmen, und auch festgehalten wurde, „das Konzept der Demokratie und des Rechtsbewusstseins der gesamten chinesischen Gesellschaft bedürfen der weiteren Stärkung", so hält man doch an der „Volksdemokratie und der Führung der KPC" fest. So wie im Sowjet-System sollte die Demokratie in China offiziell durch die „demokratische Diktatur des Volkes", sowie durch den „demokratischen Zentralismus" gewährleistet werden.

Die chinesische Führung ist offensichtlich gewillt, an der Quadratur des Kreises festzuhalten; man will wirtschaftliche Freiheit mit einem System der politischen Unfreiheit in Einklang bringen. Die Frage ist, wie weit dies in einer Zeit des raschen Wandels, der auch zur Entstehung einer breiten Mittelschicht geführt hat, möglich ist. Erinnert das chinesische Experiment nicht an den Versuch eines Michail Gorbatschow, durch „Perestroika" und „Glasnost" dem erstarrten kommunistischen System der Sowjetunion neues Leben einzuhauchen. Hier sollen drei wesentliche Faktoren dieses gesellschaftlichen Wandels – Erziehung und Bildung, Technik und Information sowie der neue Mittelstand – im Hinblick auf die Frage analysiert werden, wie weit diese gesellschaftlichen Veränderungen Demokratie bewirken können.

a) Erziehung und Bildung

Eine wesentliche Komponente des gesellschaftlichen Wandels in China stellt wohl die wachsende Bedeutung des Bildungssektors dar. Während der letzten Jahrzehnte ist die Zahl der Schüler und Studenten sprunghaft gestiegen. So hatte das Land 2005 1,7 Millionen junge Ingenieure, verglichen mit 700.000 in den Vereinigten Staaten. Während am Land der durchschnittliche Schulbesuch 7 Jahre dauert, sind es in den Städten 10 Jahre; und die Zahl der Hochschulabsolventen ist von 1990 bis 2003 von 614.000 auf 1,877.000 gestiegen.

So ist wohl die Frage berechtigt, wie weit man in einem Land, das eine Elite ausbildet, die China im 21. Jahrhundert zu einer technologischen Supermacht machen könnte, die Meinungsfreiheit auch dieser Eliten einschränken kann. Wenn jährlich 20% mehr für Forschung und Entwicklung ausgegeben werden, so entspricht dies jenem Glauben an Bildung und Forschung, den schon Konfuzius im 5. Jahrhundert vor Christus lehrte, wenn er sagte: „Zu lernen und das Erlernte immer wieder zu üben – erfreut das nicht?" und mit der Aktualisierung der Lehren des alten Philosophen, dessen wichtigstes Gebot „Lernen und Lerndisziplin" heißt, trägt diese Grundeinstellung wesentlich zur Gestaltung der gesellschaftlichen Entwicklung bei.

Die Frage ist nun, wie lange sich jene, die mit größter Intensität nach Wissen und Erkenntnis forschen, das Macht- und Meinungsmonopol der KPC gefallen lassen. Dies insbesondere auch deshalb, weil in chinesischen Buchhandlungen das Angebot, auch an ausländischen Büchern, durchaus vielfältig ist, wobei Computer-Handbücher und Automobilzeitschriften eine Hauptattraktion darstellen. Bei der Vielzahl von Auslandskontakten, die daraus und aus der technischen Entwicklung entstehen, liegt es auf der Hand, dass auch die in den westlichen Demokratien vorhandene Systemkritik vermittelt werden kann.

Wie lange lassen sich gebildete Menschen Zensur, Willkür im Rechtssystem, andere Übergriffe der Staatsmacht oder soziale Ungerechtigkeiten gefallen, ohne dagegen aufzubegehren? In einem Land, in dem die Möglichkeit, Informationen zu erlangen, enorm gestiegen ist, wird es für den Staats- und den Parteiapparat immer schwieriger, alle gesellschaftlichen Bereiche einer rigiden Kontrolle zu unterwerfen.

Dazu kommt noch eines: die Entwicklung der Wirtschaft hängt mit dem Schutz des privaten Eigentums zusammen. Dieser Schutz ist aber nur dann gewährleistet, wenn im Rahmen eines Rechtsstaates eine elementare Rechtssicherheit gegeben ist. Der Rechtsschutz in einem Bereich kann wohl auf Dauer nicht isoliert bestehen. Es lässt sich dann wohl nicht verhindern, dass andere Gebiete wie Umweltschutz, Konsumentenschutz oder der Kampf gegen die Korruption in den Rechtsschutz eingebunden werden.

Dabei kommt der Regierung in Beijing die chinesische, vielleicht asiatische Mentalität zu Hilfe, wonach Menschen in ihrer Haltung gegenüber der Obrigkeit sehr stark von Pflichtbewusstsein und Gehorsam geprägt sind. Die chinesische Gesellschaft hat traditionell der Familie, dem Alter und den Vorfahren eine Stellung eingeräumt, wonach diesen Institutionen Achtung und Wertschätzung gebührt. Während im Westen das Denken der Menschen im wesentlichen dadurch geprägt ist, welche Rechte sie gegenüber Staat und Gesellschaft einfordern können, ist in der chinesischen Tradition auch das Pflichtbewusstsein sehr ausgeprägt. Die Frage ist wohl, wie weit ein nunmehr auch vom Westen geprägtes Bildungs- und Informationssystem diese Grundhaltung beeinflussen wird.

b) Technik und Information

Gewaltig ist das Ausmaß, in dem China von der Technik- und Informationsrevolution erfasst wurde: 2006 gab es bereits 420,8 Millionen Mobiltelefone, womit die Telefondichte jener von Österreich im Jahre 1990 entsprach. Dazu kamen noch 110 Millionen Chinesen, die regelmäßig das Internet benutzten. Beeindruckend erscheint auch die Geschwindigkeit, mit der sich die Informationstechnik ausbreitet: 2003 hatten 60 Mal mehr Menschen ein Telefon (Festnetzanschluss oder Handy) als nur zwölf Jahre vorher, wobei man davon ausgeht, dass sich der „Informationspark" alle drei Jahre verdoppelt. Dies ist wohl ein deutlicher Ausdruck dafür, wie sehr man nach Öffnung, nach Modernisierung strebt, eben danach, dass man in zehn Jahren die größte Informationsmacht der Welt sein will.

Entscheidend dabei ist, dass diese Technologierevolution nicht nur die großen Metropolen des Ostens erfasst, sondern auch das Hinterland. Fast jeder Bezirk hat einen Internetanschluss und sogar in entlegenen Gegenden gibt es Internet-Cafés, die leicht zugänglich sind. In vielen Gegenden ist es möglich, im Internet zu surfen, auch wenn sich dies Bauern kaum leisten können. Die Telekom-Infrastruktur erreichte nicht zuletzt deshalb westlichen Standard, weil zahlreiche verstaatlichte Betriebe deren Ausbau mitfinanziert haben.

Es gibt auch schon zahlreiche Berichte darüber, wie die Benützung des Internets das öffentliche Verhalten beeinflusst. Als ein junger Mann, der eingesperrt wurde, weil er nicht den richtigen Ausweis mit sich trug, im Gefängnis umkam, führte dies zu einem „Aufschrei im Internet". Ein Jahrzehnte altes Gesetz, das der Polizei eine Vollmacht der Ausweiskontrolle einräumte, wurde geändert. Andererseits wurde die Umwandlung der Todesstrafe für einen Gangster-Boss in lebenslange Haft, nach einem ähnlichen öffentlichen Aufschrei, wieder rückgängig gemacht. Berühmt wurden auch die ersten Emails, die 2003 über den Ausbruch von SARS verschickt wurden. Damals war die Regierung zunächst bemüht, die Seuche geheim zu halten, was unmöglich wurde, als sich die Nachricht von der neuen Krankheit über Internet und Mobiltelefon millionenfach verbreitete.

Die Bedeutung des Internet wird auch durch die zahlreichen „Blogger" verstärkt, deren Zahl bereits 2006 auf zehn bis dreißig Millionen geschätzt wurde. Zahlreiche Themen, vom Umweltschutz und den Spitalskosten, bis zur „moralischen Krise" der Jugend des Landes, werden dabei behandelt. Auch wenn einige Tabus noch nicht angeschnitten werden können – wie die Ereignisse am Tiananmen-Platz; eine Kritik an der Armee oder an der Partei – die moderne Technik hat zu einer Informations-Revolution in China geführt. Dass der Medienzar Rupert Murdoch Anteile an einer TV-Gesellschaft in China verkauft hat, um seine Nachrichten verstärkt über Mobiltelefon und das Internet zu verbreiten und dass es junge Leute gibt, die wöchentlich 40 amerikanische Fernseh-Shows spontan übersetzen, bestätigen diese Entwicklung.

c) Eine neue Mittelschicht

Nach einer von der Chinesischen Akademie für Sozialwissenschaften im Jahre 2005 durchgeführten Studie gehörten damals etwa 12% der Bevölkerung beziehungsweise 156 Millionen Menschen dem Mittelstand an. Dabei wurde zum Mittelstand jene Gruppe von Bürgern gezählt, die monatlich etwa 5000 Yuan (etwa 500 Euro) oder mehr verdiente. Nach derselben Studie sollte der Mittelstand bis 2010 auf 25% oder 325 Millionen Menschen ansteigen und bis 2020 auf 40% beziehungsweise 520 Millionen.

Es sind dies Menschen, die in der öffentlichen Verwaltung beziehungsweise in der privaten oder verstaatlichten Wirtschaft, in Handel und Gewerbe, bei Banken oder Versicherungen in verantwortlicher Stelle als Manager, Sachbearbeiter oder Techniker arbeiten. Man kann wohl davon ausgehen, dass jemand, der im beruflichen Bereich Verantwortung trägt, selbständig handelt und eigene Entscheidungen trifft, im gesellschaftlichen und gesellschaftspolitischen Bereich nicht auf Dauer unreflektiert Entscheidungen von oben akzeptiert. So bald eine Volkswirtschaft ein Stadium erreicht hat, das für die Vielzahl der zu treffenden Entscheidungen einen „mündigen Bürger" voraussetzt, wird es schwer sein, denselben Bürger im politischen Bereich unmündig zu halten.

1991 zählte China lediglich 107.000 private Betriebe (mit mehr als acht Beschäftigten), die insgesamt 1,8 Millionen Menschen beschäftigten. Alleine in den zehn darauf folgenden Jahren stieg die Zahl der in der Privatindustrie Beschäftigten auf 24 Millionen Menschen, wobei weitere 30 Millionen kleinere Geschäfte betrieben. Laut dem chinesischen Handelsministerium gab es 2006 4,3 Millionen kleine und mittlere Unternehmen in China, die 38 Millionen Menschen beschäftigten.

Es war daher nur folgerichtig, dass sich die KPC neuen Berufsgruppen öffnete. Wenn die 35 Millionen Mitglieder der kommunistischen Einheitspartei die längste Zeit nur die Aufgabe hatten, im Sinne des „demokratischen Zentralismus" die an der Spitze gefassten Beschlüsse und die vorgegebene Parteipropaganda von oben nach unten weiterzugeben, so zeigte der Zusammenbruch der Sowjetunion, dass ein moderner Industriestaat auch eine effiziente Entscheidungsbildung im politischen Bereich braucht. Dabei geht es einmal darum, ob die Personalauswahl nach Kriterien erfolgt, die Menschen an die Spitze bringt, die eben ein modernes System managen können, und dann auch darum, ob der einzelne Bürger im Rahmen dieses Systems die Möglichkeit hat, Entscheidungen zu beeinflussen oder Frustrationen abzubauen.

In China wurde seit den 1980er Jahren die Möglichkeit geschaffen, wonach Ortschaften am Land ihre Ortsvorsteher in geheimer Wahl ohne Einfluss der Partei wählen können. Damit sollten Personen in die lokalen Spitzenpositionen vorrücken, die in der Lage sind, Probleme auch tatsächlich zu lösen. Wenn nun Wettbewerb im ländlichen Bereich notwendig ist, um eine bessere personelle Auslese zu erreichen, dann gilt dies wohl auch für den urbanen Bereich.

Gebildete Chinesen des Mittelstandes haben nunmehr wesentlich mehr Möglichkeiten als früher, ihre eigene Karriere zu planen oder selbst ins Ausland zu gehen, ohne dass die Partei sich einmischen würde. Gleichzeitig hat die rasante wirtschaftliche Entwicklung zu Ungleichheiten und Spannungen geführt, die ein „mündiger Bürger" nicht so ohne weiteres hinnimmt. Will man verhindern, dass es zu einem plötzlichen Ausbruch des dabei aufgestauten Unmutes kommt, müsste die KPC selbst daran interessiert sein, auch kritische Diskussionen in geordneten Bahnen zuzulassen.

Grundsätzlich kann man wohl sagen, dass die wirtschaftliche Modernisierung eines Landes einen Rechtsstaat verlangt, der die Sicherung des Eigentums genauso gewährleistet wie den Schutz erworbener Rechte. Die soziale Modernisierung wiederum, verbunden mit der Schaffung eines breiten Mittelstandes, muss auf Bürgern aufbauen, die nicht mehr fraglos jede politische Entscheidung akzeptieren. Die entscheidende Frage wird nun sein, ob und wie lange sich der neue chinesische Mittelstand damit begnügt, die Legitimation der eigenen Regierung ausschließlich in wachsendem Wohlstand zu begründen oder ob er auch verlangt, dass dies durch einen demokratischen Entscheidungsprozess erfolgt.

3.2.3   Kann der Nahe Osten demokratisch werden?

Die amerikanische Regierung unter Präsident George W. Bush hat die Verbreitung der Demokratie auf ihre außenpolitischen Fahnen geschrieben. Es ist dies an sich nichts Neues, sind doch schon die Amerikaner unter Präsident Woodrow Wilson offiziell deshalb in den Ersten Weltkrieg eingetreten, „um die Demokratie in der Welt zu retten". Immer wieder haben „realistische" und „idealistische" Phasen in der amerikanischen Außenpolitik einander abgelöst.

Neu ist jedoch, dass Präsident Bush nicht nur den Grundsatz proklamiert hat, Staaten müssten demokratisch werden, „weil Demokratien keine Kriege gegeneinander führen", sondern weil er auch daran gegangen ist, diesen Grundsatz mit Waffengewalt durchzusetzen. Nach der Überlegung, Demokratie bedeute Frieden, wurde das Konzept des „Größeren Nahen Ostens" proklamiert, wonach die amerikanische Außenpolitik zur Erreichung des Friedens in dieser Region in Zukunft auf demokratisch gewählte Regierungen setzten wollte, und nicht wie bisher, auf die Unterstützung autoritärer Herrscher. Auch der 2003 erfolgte amerikanische Einmarsch im Irak wurde unter anderem damit gerechtfertigt, die Demokratie in diesem Land einführen zu wollen. Führende Vertreter der Regierung Bush gingen sogar soweit festzustellen, die Iraker würden die Einführung

der Demokratie begeistert begrüßen und der demokratische Irak würde sein neues Regierungssystem in die ganze Region ausstrahlen.

Es kam ganz anders. Im Irak, in Ägypten, in den von Israel besetzten Gebieten
und im Libanon wurden, manchmal unter nicht leichten Umständen, Wahlen
durchgeführt, doch von mehr Frieden und Stabilität in der Region kann keine
Rede sein, im Gegenteil. Im Irak haben die ersten freien Wahlen dazu beigetragen, das Land weiter in verfeindete Gruppen aufzusplittern; In Ägypten wurden
durch die Parlamentswahlen die radikalen Moslem-Brüder gestärkt; In den besetzten Gebieten kam die Hamas an die Regierung und im Libanon wurde die
Hisbollah-Bewegung ins Parlament und in die Regierung gewählt. Dabei werden
die beiden letzten Organisationen von der westlichen Staatenwelt als terroris-
tisch angesehen.

Was ist schief gelaufen? Es ist offensichtlich kurzsichtig, Demokratie mit der
Abhaltung von Wahlen gleichzusetzen. Diese müssten am Ende, und nicht schon
am Beginn eines demokratischen Prozesses stehen. Denn Demokratie bedeutet
nicht nur die Durchführung von Abstimmungen, sondern setzt auch eine Reihe
von menschlichen Verhaltensweisen voraus: Toleranz, Kompromissbereitschaft,
die Anerkennung von Minderheiten, Menschenrechten und Bürgerrechten sowie
die Bereitschaft, erlangte Macht auch wieder abgeben zu wollen. Die gesamte
politische Entwicklung, die in Westeuropa und Nordamerika durch Aufklärung,
die Französische Revolution, sowie durch die Trennung von Kirche und Staat
geprägt ist und Generationen gedauert hat, formte jenes politische System, das
wir Demokratie nennen.

Die Frage ist dabei, wieweit es möglich ist, in Ländern mit einer ganz anderen
politischen Kultur und in Staaten, in denen die Religion, etwa der Islam, weite
Teile des öffentlichen Lebens prägten, Demokratie einzuführen. Selbst in manchen katholischen Ländern wollte man die Ergebnisse der Französischen Revolution lange Zeit nicht akzeptieren, obwohl die Bibel sehr klar zwischen dem,
„was des Kaisers" und dem „was Gottes ist", unterscheidet. Wie sollen sich
Menschen- und Bürgerrechte, kurzum ein demokratisches Bewusstsein, in einem
Gesellschaftssystem durchsetzen, in dem die Religion die oberste Legitimität

auch in weltlichen Fragen beansprucht. Dazu kommen oft noch wirtschaftliche und soziale Verhältnisse sowie eine demographische Entwicklung, die zu einer starken Radikalisierung der politischen Landschaft führen. Unter solchen Umständen bedeuten Wahlen nicht mehr Demokratie, sondern oft das Gegenteil.

Was tun? Schwierigkeiten können nicht dazu führen, dass man davon abgeht, demokratische Entwicklungen international zu fördern. Sehr wohl kann man aber sagen, dass Wahlen alleine keine Demokratie bewirken. Wenn es im Umweltbereich den Begriff der „nachhaltigen Entwicklung" gibt, dann sollte man in der Politik darauf abzielen, eine „nachhaltige Demokratie" zu schaffen; Also ein System, das nicht nur auf freien Wahlen, sondern auf demokratischen Werten und auf einem demokratischen Bewusstsein aufbaut.

In diesem Sinne hat die Europäische Union bereits 1995 das Projekt einer „Euro-Mediterranen Partnerschaft", den so genannten „Barcelona-Prozess" begonnen. Durch ein umfassendes Netzwerk von politischen, wirtschaftlichen und sozialen Beziehungen wollen die Mitglieder der EU beitragen, in den Staaten Nordafrikas und des Nahen Ostens auf den verschiedensten Ebenen die Entwicklung demokratischer Strukturen zu fördern. Dieser Prozess ist mühsam, hat bisher nicht das gewünschte Ergebnis gebracht, hat aber andererseits auch nicht zu chaotischen Verhältnissen geführt, wie wir sie nunmehr im Irak sehen. Die Errichtung demokratischer Verhältnisse in einem Land ist offensichtlich ein mühsamer, langsamer Prozess, der nicht von oben dekretiert werden kann. Dies gilt für den Nahen Osten genauso, wie es in der Vergangenheit für die Entwicklung der westlichen Demokratien gegolten hat. Es bleibt abzuwarten, ob die regionale Integration, wie sie mit der Mittelmeerunion im Sommer 2008 aus der Taufe gehoben wurde, mittel- oder langfristig bessere Ergebnisse bringen wird als der „Barcelona-Prozess" und die Zivilgesellschaft der Mittelmeer-Anrainerstaaten stärker einbinden wird.

3.3 Der Weltmarkt als einigende Kraft – Das weltweite Streben nach Wohlstand

Noch in der Zeit der Sowjetunion gab es auf Radio Moskau eine Sendung zum Thema „Was ist Kommunismus?" Vielleicht entgegen manchen Erwartungen erfuhr der ideologisch interessierte Hörer dabei nicht, wieweit die Lehren von Marx und Engels die sowjetische Regierung beeinflussten. Aufgezählt wurde vielmehr, wie viele Schulen, Krankenhäuser oder Wohnungen in Teilen der Sowjetunion gebaut wurden, oder wie viele Autos, TV-Geräte und Waschmaschinen Sowjetbürger kaufen konnten. Praktisch bedeutete dies, dass das planwirtschaftliche System der Sowjetunion mit der Marktwirtschaft des Westens in einem Wettbewerb lag. Dabei ging es darum, welches System mehr Wohlfahrt für die Bürger schaffen konnte. Die Förderung der Wohlfahrt der Bürger war somit eine wesentliche Legitimation der Politik, im Osten wie im Westen, geworden.

So sehr in der Zeit des Kommunismus verschiedene soziale Vorteile, die Bürger in sozialistischen Ländern genossen, in den Vordergrund gestellt wurden, nach dem Fall der Berliner Mauer am 9.11.1989 zeigte sich eindeutig, wie zurückgeblieben der Lebensstandard der meisten Menschen im Osten war und wie sehr diese bestrebt waren, zu jenem Wohlstand aufzuschließen, den die marktwirtschaftlich orientierte Industriegesellschaft des Westens einem breiten Mittelstand vermittelte.

So kam es, dass sich Russland nach dem Zusammenbruch der Sowjetunion dem Kapitalismus mit einer Vehemenz verschrieb, die den vorherigen Glauben an den Kommunismus übertraf. In China wurden nach der Kulturrevolution die ersten marktwirtschaftlichen Versuche unternommen und in den meisten anderen Gegenden der Welt entdeckten die Regierungen die Vorteile der Marktwirtschaft nicht nur für das eigene Land, sie wollten auch in das internationale System des Waren- und Finanzaustausches eingebunden werden. Der Weltmarkt wurde eine einigende Kraft.

Selbst in Vietnam etwa, am Schnittpunkt des Kalten Krieges gelegen, wo nationale und kommunistische Kräfte eine Generation lang in blutigsten Kriegen gegen die französische Kolonialmacht und gegen die USA involviert waren, haben sich unter der kommunistischen Regierung zu Mitte des ersten Jahrzehntes im neuen Jahrhundert die marktwirtschaftlichen Kräfte durchgesetzt. Ausländische Firmen wurden ins Land geholt, man war stolz auf ausländische Investitionen, selbst Luxusmarken und westliche Lebensgewohnheiten fassten Fuß.

Ein anderes Beispiel für Institutionen, die plötzlich den Markt entdeckten, sind die islamischen Banken. Diese mussten bei ihren Geschäften mit wohlhabenden moslemischen Investoren stets darauf achten, dass die „Schariah", das traditionelle islamische Gesetz, eingehalten wurde. Nunmehr ließen sie sich von der Consulting-Firma Mc Kinsey beraten, wie sie ihre Gewinne erhöhen könnten. Der islamische Staat Malaysia war nunmehr um ausländische Investoren genauso bemüht, wie die früheren kommunistischen Länder in Mittel- und Osteuropa oder Jamaika auf der anderen Seite des Globus.

Dass die Kräfte des Marktes in den einzelnen Ländern und weltweit so stark zum Tragen kamen, hing nicht nur mit der neuen Wirtschaftspolitik an vielen Orten zusammen, sondern auch mit Unternehmer-Persönlichkeiten, die gewillt und in der Lage waren, die neuen Möglichkeiten auszunützen. Die Geschichte der russischen „Oligarchen" belegt dies genauso wie jene Milliardäre, die im Forbes-Magazin neu in die Liste der Superreichen aufgenommen wurden.

Schließlich haben auch die westeuropäischen Sozialdemokraten in ihrer überwiegenden Mehrheit das marktwirtschaftliche System akzeptiert. Sie haben sich nicht nur mit dem Kapitalismus arrangiert; in Frankreich, wie auch in Großbritannien, Deutschland und Österreich wurde unter sozialdemokratischen Regierungen genauso privatisiert und dereguliert wie vorher unter den Konservativen.

Nach dieser Entwicklung ist es nicht überraschend, dass eine von der University of Maryland 2006 durchgeführte Umfrage folgendes Bild ergab: In den verschiedensten Teilen der Welt bejahte eine große Mehrheit die Frage, „Ob die freie Marktwirtschaft das beste Wirtschaftssystem ist". In Deutschland waren es

65%; in Großbritannien 66%; in den Vereinigten Staaten 71% und in China gar 74%. Nur in Frankreich sprach sich gerade ein Drittel, nämlich 36% für den freien Markt aus.

3.3.1 Wer leistet mehr?

Das weltweite Streben nach Wohlstand, nach Wirtschaftsmacht und Wirtschaftskraft wird noch dadurch verstärkt, dass in unzähligen Statistiken, Analysen und Kommentaren die wirtschaftlichen Leistungen der Nationen genauso miteinander verglichen werden wie die Konkurrenzfähigkeit der Unternehmen. Diese Vergleiche fördern die Transparenz, haben einen Einfluss auf Märkte und Preise, wobei einzelne Länder dadurch auch angespornt werden, gut abzuschneiden.

a) Die Wirtschaftskraft einzelner Nationen: Eine Statistik des Internationalen Währungsfonds zeigt Mitte 2006 folgendes Bild:

Land	Jährl. BIP in Milliarden $	BIP Wachstum (in %)	Inflation (in %)	Arbeitslose (in %)
Brasilien	792.68	3,5	4.6	10.4
Großbrit.	2,201.47	2.2	2.0	3.0
Kanada	1130.21	3.5	2.4	6.4
China	2,224.81	10.3	1.2	4.2
Euro Zone	9,926.62	1.9	2.4	8.0
Frankreich	2,105.86	1.5	1.7	9.3
Deutschland	2,797.34	1.4	1.9	11.0
Indien	775.41	9.3	5.3	7.3
Italien	1,766.16	1.5	2.2	7.7
Japan	4,571.30	3.1	0.4	4.1
Mexiko	768.44	5.5	3.2	3.3
Russland	766.18	7.9	9.8	7.5
Süd Korea	793.07	6.1	2.4	o.A.
USA	12,485.73	3.6	3.5	4.6

* International Herald Tribune, 14. Oktober 2006

Dabei sind die Zahlen betreffend das gesamte BIP beziehungsweise dessen Wachstum nicht nur im internationalen Vergleich interessante Indikatoren, auch die Regierungen berufen sich bei den diversen Wahlkämpfen darauf. Darüber hinaus spielt natürlich auch die gesellschaftspolitische Frage der Stabilität einzelner Länder eine Rolle, genauso wie die Währungsstabilität, die Einbindung eines Landes in den internationalen Handel, seine Rechtssicherheit oder die Qualität des Bankensystems.

Gemessen und verglichen wird alles: das Wachstum der Weltwirtschaft insgesamt, das 2006 ganze 4% betrug, aber auch die Stärke der einzelnen Regionen. So hielt der „Morgan Stanley Capital International-Index" Mitte 2006 fest, dass die Aktien in 25 Entwicklungsländern gerade um 1,1% auf den Wert von 672,6 Dollar stiegen, wobei die Entwicklung in Südkorea und Taiwan in diesen Index einbezogen war. Daneben gibt es einen „Russian Trading System Index" oder einen „ICBC-Index" in Kolumbien. Wenn die Börsenkurse von Südafrika, der Türkei, Finnland, Mexiko, Indonesien, Pakistan, Portugal, China, Österreich und Norwegen, die im März 2006 alle Gewinne verzeichneten, mit jenen von Marokko, der Ukraine, dem Libanon, Oman, Lettland, Abu Dhabi, Bahrain, Kuwait und Dubai verglichen werden, die zum selben Zeitpunkt Verluste aufwiesen, ist daraus ersichtlich, wie marktorientiert das internationale Denken geworden ist.

Die Möglichkeit, internationale Wirtschaftsentwicklungen miteinander zu vergleichen, fördert jedenfalls das grenzüberschreitende Denken und Handeln. Dies ergibt sich auch auf Grund der Möglichkeit, Preise miteinander zu vergleichen. Wenn man etwa weiß, dass im Juli 2006 ein Hektar Agrarland in England 2.500 Dollar kostete; im Nordosten der USA hingegen 2.400 Dollar; in Westeuropa nur 1.500 Dollar; und in Argentinien und Uruguay 500 Dollar, dann können Käufer ihre Investitionen danach ausrichten.

Das gilt auch für jemanden, der ein „Durchschnittshaus" kaufen wollte. Dieses kostete zum erwähnten Zeitpunkt in den Vereinigten Staaten 230.000 Dollar, in Kanada 176.00 Dollar; in Frankreich 195.00 Dollar; in Italien 193.000 Dollar; in Deutschland immerhin 299.000 Dollar und in Japan gar 358.000 Dollar.

b) Die Leistungskraft der Länder im internationalen Wettbewerb

So hat auch das „World Economic Forum" (WEF) die einzelnen Staaten nach ihrer Wettbewerbsfähigkeit gereiht. Nach der 2005 veröffentlichten Statistik belegten Finnland, Schweden und Dänemark zusammen mit den USA die Spitzenplätze, gefolgt von Taiwan und Singapur. Deutschland findet sich am 15. Platz, zusammen mit Österreich, Frankreich erst am 30. und China nimmt den 49. Rang ein. Die vom WEF berücksichtigten Indikatoren umfassen nicht nur makroökonomische Faktoren wie Wirtschaftswachstum, Arbeitslosigkeit, Defizite oder Inflation, sondern auch die rechtlichen und sozialen Rahmenbedingungen sowie die Entwicklung der Technologie und der Infrastruktur.

Zu den weltweiten Statistiken kommen unzählige Ländervergleiche. So hat „Der Spiegel" 2005 unter dem Titel „Duell der Giganten" einen Vergleich zwischen den Vereinigten Staaten und China angestellt. Demnach erreichen die USA 2004 bei einer Bevölkerung von 293 Millionen Menschen ein BIP von 11.734 Milliarden Dollar; hatten ein Wachstum von 4,2%; einen Rohstoffverbrauch von 28.714 Terawattstunden und ausländische Direktinvestitionen von 121 Milliarden Dollar; bei Militärausgaben von 453,6 Milliarden Dollar. China hatte demgegenüber bei einer Bevölkerung von 1.300 Millionen Menschen ein BIP von 1.662,00 Milliarden Dollar, ein Wachstum von 9,5%; einen Rohstoffverbrauch von 12.656 Terawattstunden; ausländische Direktinvestitionen von 62 Milliarden Dollar und Militärausgaben von 56 Milliarden Dollar.

Einen wesentlichen Punkt dieser Gegenüberstellung bildete die Handelsbilanz: während China in die USA Güter und Dienstleistungen im Wert von 196,7 Milliarden Dollar exportierte, betrugen die amerikanischen Exporte nach China lediglich 34,7 Milliarden Dollar. Kein Wunder, dass der Abbau von Arbeitsplätzen in den USA zwischen 1995 und 2005 mit der Konkurrenz aus China in Verbindung gebracht wurde: immerhin verlor die amerikanische Textil- und Bekleidungsbranche in diesem Zeitraum 56% der Arbeitsplätze; der Bereich Elektrotechnik 25%; der Sektor Papier- und Papierverarbeitung 22%; der Bereich Computer und Elektronik 19% und selbst der Maschinenbau 17%.

Was nützt es, wenn die USA protektionistische Maßnahmen in Aussicht stellen, über den zu hohen Wert der chinesischen Währung oder über die Serienproduktion gefälschter Marken klagen – China stützt durch die Anlage riesiger Devisenreserven die amerikanische Währung und hilft, die amerikanische Inflationsrate niedrig zu halten.

Auch über die Entwicklungen in China und Indien werden unzählige Vergleiche angestellt. So hat die UNO-Konferenz für Handel und Entwicklung (UNCTAD) die Frage behandelt, welche Auswirkungen der wirtschaftliche Aufstieg von China und Indien auf die immer stärker vernetzte Weltwirtschaft haben könnte. Immerhin wohnen in China und Indien zusammen zwei Fünftel der Weltbevölkerung, die, gemessen nach Kaufkraftparität, rund 1/5 des globalen Einkommens erzeugen. Interessant ist die Feststellung der UNCTAD-Experten, dass der wirtschaftliche Entwicklungsprozess in China anders verläuft, als in Indien. Zwischen 1979 und 2000 vervielfachte sich die Kaufkraft in China (zu Preisen von 1996) von 1023 Dollar auf 3747 Dollar pro Kopf, während sich in einer vergleichbaren Zeitspanne diejenige in Indien „lediglich" von 1159 Dollar auf 2479 Dollar verdoppelte. Zum Vergleich erreichten die entsprechenden Werte im Jahr 2000 in Südkorea 15.876 Dollar und in den Vereinigten Staaten 33.293 Dollar. Laut Weltbank betrug die Kaufkraft pro Kopf in China 2007 5.345 Dollar, in Indien 2.753 Dollar, in Südkorea 24.712, in den USA 45.790 Dollar, in Luxemburg gar 79.985 Dollar.

Während sich der wirtschaftliche Aufschwung Chinas hauptsächlich auf die industrielle Produktion abstützt, basiert der wirtschaftliche Fortschritt Indiens vor allem auf dem Dienstleistungssektor. Zwischen 1997 und 2000 beschleunigte sich in China der Zuwachs der industriellen Produktivität auf die extrem hohe Jahresrate von 14,7%, was vor allem auf den hohen Zufluss ausländischer Direktinvestitionen in die Industrie zurückzuführen ist. Demgegenüber nahm die Produktivität des chinesischen Dienstleistungssektors in diesem Zeitraum „nur" um jährlich 3,7% zu. Indien brachte es mit jährlich 5,6% beinahe auf den doppelten Wert. Das größere Gewicht der Dienstleistungen im wirtschaftlichen Aufholprozess Indiens brachte es mit sich, dass die Investitionsdynamik weit hinter denjenigen Chinas zurücklag.

Auch über zahllose andere Länder und Regionen gibt es vergleichende Studien. So etwa darüber, ob sich in Zukunft Bahrain oder Dubai als Finanzplatz am Persischen Golf durchsetzen wird. Dies auch unter der Perspektive, dass sechs Länder des Mittleren Ostens bis 2010, nach dem Vorbild des Euro, eine gemeinsame Währung schaffen wollen. Immerhin zählte Bahrain 2006 bereits 366 Finanzinstitutionen wie Banken und Versicherungen, die 25% seines BIP erwirtschafteten. Dennoch hat sich Dubai, das vor allem von seinen Petrodollars und von Geldern aus den USA profitiert, als ernster Konkurrent etabliert. Dabei wandte es Methoden an, die es vorher bereits beim Aufbau seiner Hafenanlagen und seiner Tourismus-Industrie einsetzte: großzügig, modern und auf den anglosächsischen Raum ausgerichtet.

Auch im Bereich der Auslands-Studenten hat sich ein Weltmarkt gebildet, der statistisch erfasst werden kann. So studierten 2006 über 130.000 junge Chinesen im Ausland, die Hälfte davon in den USA. China stellte damit das größte Kontingent, gefolgt von Südkorea und Indien. Gleichzeitig ist China bemüht, selbst Elite-Universitäten zu schaffen, um bis zum Jahr 2007 120.000 ausländische Studenten anzuziehen. Damit würde aber noch lange nicht das Niveau der USA erreicht, wo es im Studienjahr 2003/2004 immerhin 570.000 ausländische Studenten gab.

Wie die Globalisierung insgesamt, so nützt sie gerade auch im wirtschaftlichen Bereich den Starken, die sich gegen eine internationale Konkurrenz durchsetzen können, während Schwache befürchten müssen, unter die Räder zu kommen. Auch sind oft längerfristig zu erwartende Vorteile mit zunächst unmittelbar spürbaren Nachteilen verbunden. So ist es verständlich, dass immer wieder versucht wird, etwa aus „nationalem Interesse" durch politische Entscheidungen Kräfte des freien Marktes einzudämmen, wie dies im Kapitel über den weltweiten Wirtschafts-Protektionismus aufgezeigt wurde.

Tatsächlich ist die Politik angesichts der Dynamik der Weltmärkte in einer Zeit der Globalisierung in keiner leichten Lage. Einerseits versteht der Bürger kaum, dass ausschließlich Marktkräfte das Geschehen bestimmen und die Politik nur hinterherlaufen sollte, andererseits bleibt der, der diese Marktkräfte nicht akzeptiert, hoffnungslos zurück. Die Lösung liegt wohl darin, dass die Politik jene Rahmenbedingungen schafft, die einen erfolgreichen Wettbewerb ermöglichen und dass internationale Abkommen diesen Wettbewerb auf eine sozial gerechte und faire Basis stellen.

c) Weltweite Privatisierungen:

Privatisiert wurde seit dem Fall der Berliner Mauer überall, wo man bemüht war, die eigene Wirtschaft nach marktwirtschaftlichen Grundsätzen auszurichten, um mit der internationalen Konkurrenz mithalten zu können; von Estland bis Vietnam und von Polen bis Brasilien. Dies war oft mit erheblichen sozialen Opfern für breite Teile der Bevölkerung verbunden, vor allem für jene, die auf Einkommen der öffentlichen Hand angewiesen waren.

Ein besonderes Beispiel für die Steigerung der Effizienz durch die Einführung marktwirtschaftlicher Bedingungen beziehungsweise durch Privatisierung ist zweifellos China. Dort war noch bis in die 1980er Jahre die gesamte Wirtschaft verstaatlicht. Es war dann der private Sektor, der die Grundlage des chinesischen Wirtschaftswunders bildete und dafür verantwortlich war, dass das Wirtschaftswachstum 20 Jahre hindurch jährlich 9,5% erreichte. Dies stellte jedenfalls ein Bericht der OECD im Herbst 2005 fest. Zu diesem Zeitpunkt kam der private Sektor der Wirtschaft Chinas bereits für zwei Drittel des BIP und für drei Viertel aller Exporte auf. Zwischen 1998 und 2003 haben die privaten Betriebe des Landes das Produktionsvolumen um das fünffache gesteigert, während das der staatlichen Gesellschaften gerade um 70% stieg.

Nach dem Bericht der OECD ist die Produktivität im Privatsektor insgesamt zwei Mal so hoch wie in den Staatsbetrieben. Entsprechend gestiegen ist auch die Rentabilität der Privatbetriebe, die laut OECD bei einem jährlichen Wachstum von 15% lag, währen mehr als ein Drittel der Staatsbetriebe überhaupt unrentabel war.

Die Privatisierung hat in China Mitte der 1980er Jahre im Agrarbereich begonnen und wurde schrittweise auf den gesamten Wirtschaftsbereich ausgedehnt.

Die Preiskontrollen wurden abgebaut und Privatpersonen erhielten gewisse Rechte, um Eigentum an Gesellschaften zu erwerben. Vor allem aber wurden ausländische Investitionen erlaubt, die Zölle wurden gesenkt und das Staatsmonopol für den Außenhandel wurde abgeschafft. Der Beitritt zur WTO hat dann die Anpassung zahlreicher Bestimmungen an internationale Normen gebracht.

Einige Privatisierungen in China waren geradezu spektakulär. Der Börsengang der drittgrößten Bank des Landes etwa, der „China Construction Bank (CCB)" mit 310.000 Beschäftigten, 14.250 Filialen und Rücklagen von 512 Milliarden Dollar brachte bei einer Veräußerung von 12,5% des Grundkapitals 8 Milliarden Dollar. Alleine der Börsengang chinesischer Unternehmen aus dem Energie-, Banken-, Transport-, Mobiltelefon- und Stahlbereich, sowie von Autoherstellern brachte im ersten Halbjahr 2005 7,7 Milliarden Dollar. Es war jedenfalls diese Hinwendung zur Marktwirtschaft, die es China bereits 2004 ermöglichte, ein BIP in der Größenordnung von Frankreich, nämlich 1.685 Milliarden Euro zu erreichen.

Die Beispiele der Länder, in denen privatisiert wurde, könnten beliebig fortgesetzt werden. So hat die Türkei alleine im Jahre 2005 den Atatürk Flughafen von Istanbul um 2,4 Milliarden Euro an einen lokalen Baukonzern verkauft; der wichtigste Hafen des Landes, der von Mersin, wurde ebenso veräußert wie Brücken, Autobahnen oder Teile der nationalen Fluglinie, die Tabak-Produktion, E-Werke, sowie Teile der Schwerindustrie. Den größten Verkaufserlös brachte mit 5,3 Milliarden Euro der Erwerb von Türk-Telekom durch eine Saudiarabische Gruppe, die sich allerdings im Eigentum der libanesischen Familie Hariri befand.

Diese starke Privatisierungswelle ging einmal auf einen Ordnungsruf des IMF zurück, der verlangte, dass die Türkei die offenen Schulden bezahlte, andererseits auf die Tatsache, dass die türkische Wirtschaft eben ausländische Investoren anziehen wollte. Diese umfassende Privatisierung in der Türkei ist jedenfalls auch deshalb beachtlich, weil der Staat traditionell einen starken Einfluss auf die Wirtschaft ausübte und weil große Teile der Bürokratie, der Armee und der Gewerkschaften am staatlichen Einfluss festhalten wollten.

Dass Privatisierung mehr Effizienz und eine größere Ertragskraft bedeutet, aber gleichzeitig nicht mehr soziale Gerechtigkeit, geht aus einem im Juni 2006 von „Merrill Lynch" und „Cap Gemini" veröffentlichten „World Wealth Report" hervor. Demnach ist das Gesamtvermögen wohlhabender Anleger, also solcher mit einem Finanzvermögen von mindestens einer Million Dollar (exklusive selbstgenutzter Immobilien) im Jahre 2005 weltweit um 8,5% auf 33.300 Milliarden Dollar gestiegen. Das entspricht etwa dem jährlichen BIP der ganzen Welt. Bis zum Jahre 2010 rechnet der Bericht mit einer Zunahme des finanziellen Reichtums wohlhabender Anleger auf 44.600 Milliarden Dollar.

3.3.2 Die neuen Kapitalisten

a) China erobert den Weltmarkt

Schon wenige Jahre nach der Übernahme des marktwirtschaftlichen Systems gewann China einen kaum zu überschätzenden Einfluss auf die Weltwirtschaft. Nicht nur, dass die meisten Fernsehgeräte und T-Shirts aus China kamen, über seine Finanzpolitik und seine Exporte beeinflusste China auch die Inflationsrate, den Zinssatz, sowie Löhne und Gewinne in den Industrieländern, ja sogar den Ölpreis und den Realitätenmarkt. Wie gewaltig China in den internationalen Handel verflochten ist, kann man daran erkennen, dass seine Ein- und Ausfuhren von Gütern und Dienstleistungen 75% seines BIP ausmachen, während dieser Prozentsatz bei anderen Ländern wie Japan, Indien oder Brasilien zwischen 25% und 30% liegt. Alleine im Jahre 2005 exportierte China im Wert von 762 Milliarden Dollar, während die Importe 660 Milliarden Dollar betrugen. Der Handelsbilanz-Überschuss mit den USA betrug 116 Milliarden Dollar, während die japanische Wirtschaft dadurch gefördert wurde, dass China von dort um 16 Milliarden Dollar mehr kaufte als verkaufte. Laut IMF verzehnfachten sich die chinesischen Exporte zwischen 1990 und 2005. Heute ist China der drittgrößte Exporteur weltweit, noch vor Japan. Chinas Exporte betrugen 2007 1.200 Milliarden Dollar, seine Importe 900 Milliarden Dollar.

Die Einbindung Chinas in den Weltmarkt hat dem weltweiten Arbeitsmarkt Millionen neuer Arbeitskräfte gebracht und gleichzeitig riesige Kapitalmengen für

Investitionen gebunden. Dies kann wohl nur dazu führen, dass Löhne sinken, während die Kapitalerträge steigen. Die stärkste Auswirkung des gewaltigen Wirtschaftsaufschwungs Chinas bestand wohl darin, dass Güter, die das Land in Massen exportierte, billiger wurden, während solche, die von China gebraucht werden, teurer werden. Alleine im Jahre 2005 sind die Exporte von Hosen aus China um 712% gestiegen; von Pullovern um 656% und von T-Shirts um 387%, was zu einer Verbilligung dieser Produkte um bis zu 50% geführt hat.

Gleichzeitig ist der chinesische Bedarf an Öl und anderen Rohstoffen stark gestiegen. Schon 2003 verbrauchte China 7% der Welt-Erdölproduktion, 25% des Aluminiums; 27% der Stahlproduktion und 30% des gewonnen Roheisens; 31% der weltweit gewonnen Kohle und 40% des Zements. Am Weltmarkt bedeutete dies steigende Preise dieser Produkte. Laut der International Energy Agency der OCDE wird sich Chinas Energiebedarf von 1700 Millionen Toe (Tonnes of Oil Equivalent) 2005 auf 3800 Millionen Toe 2030 verdoppeln, der Ölimport wird sich vervierfachen.

Natürlich sind so gewaltige Veränderungen mit Friktionen, ja Konflikten verbunden. Deshalb die ständige Diskussion über amerikanische Maßnahmen gegen das Defizit in der Handelsbilanz oder die Drohung der EU mit neuen Kontingenten. Aber wenn man weiß, dass alleine im Jahre 2004 der amerikanische Verkaufsriese Wal-Mart chinesische Güter im Wert von 18 Milliarden Dollar kaufte, was dem amerikanischen Kunden die Möglichkeit gab, Elektrogeräte, Textilien, Schuhe und vieles andere günstiger zu kaufen, dann wissen wir, dass wir alle in einem Boot sitzen.

b) Russland – der Kapitalismus im wilden Osten

Der Kapitalismus kam nach Russland als Revolution: mit einer Ideologie, radikal und rücksichtslos. Einige amerikanische „Experten" waren überzeugt, dass nach der totalen Planwirtschaft des Kommunismus der schrankenlose Markt die einzige Alternative wäre. Entsprechend extrem waren dann auch die neuen Verhältnisse in Russland: unter dem Titel „Privatisierung" wurde Staatsvermögen verschleudert, mit Gewalt wurde um Besitzansprüche gekämpft und mancher

„Oligarch" setzte Umsatz mit Gewinn gleich, was dazu führte, dass in vielen Betrieben kaum investiert wurde.

Nachdem Russland eine Wirtschaftskrise durchmachte, die mit der großen Depression der 1930er Jahre verglichen werden kann, waren bis zum Jahr 2000 immerhin 75% der Wirtschaft privatisiert und die meisten Preise wurden am Markt gebildet. Und dies in einem Land, wo einige Jahre vorher noch jede privatwirtschaftliche Tätigkeit strafrechtlich verboten war. Dennoch war die Gesamtsituation nicht rosig: die Wirtschaft erholte sich nur schwer von der Währungskrise des Jahres 1998, das jährliche Wirtschaftswachstum erreichte gerade zwei Prozent und ein Drittel der Bevölkerung lebte unter der Armutsgrenze, was ein „Einkommen" von höchstens 30 Dollar im Monat bedeutete. Gleichzeitig gehörte nur einem Zehntel der Bevölkerung 50% des nationalen Reichtums.

Als Wladimir Putin im Jahr 2000 zum Präsidenten gewählt wurde, bekannte er sich zur Marktwirtschaft und versuchte gleichzeitig, einen allzu wilden Kapitalismus östlicher Prägung in die Schranken zu weisen. Marktwirtschaftliche Reformen wurden fortgesetzt, um möglichst rasch den Anschluss an den Westen zu finden. Ausländische Investoren wurden umworben.

Dann trat eine doppelte Entwicklung ein: der Einfluss des Staates auf die Wirtschaft wurde verstärkt, während gleichzeitig der steigende Erdölpreis Unmengen von Devisen ins Land brachte: wurden 2001 noch durchschnittlich 23 Dollar pro Fass Erdöl der Marke Ural bezahlt, so stieg der Preis bereits zu Jahresbeginn 2006 auf 60 Dollar, 2008 sogar auf 105 Dollar. Dies kam dem Lande, dessen Exporte zu 60% aus Öl und Ölprodukten bestehen, sehr zu Gute. Gleichzeitig stiegen die Preise von Metallen wie Eisen, Nickel, Aluminium oder Titanium, die weitere 20% der russischen Exporte ausmachen.

Die Verstärkung des staatlichen Einflusses wurde von russischer Seite einmal so begründet, dass viele private Unternehmen nur daran interessiert waren, sich selbst zu bereichern. Sie waren auch nicht Willens oder in der Lage, international aktive und wettbewerbsfähige Konzerne zu bilden. Russland sollte sich am Weltmarkt behaupten und bräuchte deshalb Großkonzerne von internationaler

Bedeutung. Der Staat müsse demnach nach asiatischem Vorbild praktische Schützenhilfe gewähren und finanzielle Aufbauhilfe leisten, um vor allem im Öl- und dem übrigen Rohstoffsektor sowie in den einst wichtigen Branchen der Rüstungs- und Maschinenindustrie „Globale Player" zu schaffen.

Wie weit man nun dieser Argumentation folgt oder nicht, es dürften auch jene Recht haben, die sagen, Russland habe keine Tradition der Machtteilung, weshalb sich die machtpolitische Entwicklung auf die Frage zuspitzte, ob der an der Spitze des politischen Systems stehende Staatspräsident oder die „Oligarchen" der Wirtschaft das Land regieren sollten. Mit dem Sturz von Michail Chodorkowski, der den Erdölkonzern Yukos aufgebaut hatte, wurde ganz offensichtlich eine Entscheidung zugunsten der Politik getroffen.

Der Kreml entschied sich also für den „Staatskapitalismus", nicht zuletzt, um über Großkonzerne im internationalen Geschäft mitmischen zu können. So wurde Gazprom zu einem Energiegiganten mit einem Marktwert von 240 Milliarden Dollar ausgebaut. Gazprom wurde damit der fünftgrößte Konzern der Welt, in der Größenordnung von Wal-Mart, Toyota oder Citigroup. Gazprom wurde unter Präsident Putin zum Modell des neuen russischen Kapitalismus. Dieser zeichnete sich dadurch aus, dass staatliche oder staatlich geführte Unternehmen ausländischen Investoren offen stehen, gleichzeitig aber eng mit der politischen Macht verbunden bleiben. Dass sich Gazprom im Medienbereich engagiert, andere Betriebe unterstützt, ja die Olympischen Winterspiele 2014 organisieren will, zeigt, dass versucht wird auch die gesellschaftspolitische Entwicklung auf den verschiedensten Gebieten zu beeinflussen.

Der Erfolg gibt Putin vielfach Recht. Während das russische BIP von 1991 bis 1998 einen Einbruch von 40% erlebte, gab es in den darauf folgenden acht Jahren bis 2006 ein Wirtschaftswachstum von 65%. Die Exporte von Metallen sind um 61% gestiegen, die von chemischen Produkten um 28% und Russland konnte Reserven in der Höhe von 180 Milliarden Dollar anhäufen. Auslandschulden wurden frühzeitig zurückgezahlt und 2005 waren die ausländischen Investitionen in Russland höher als Gelder, die aus dem Land flossen. Wie immer man letztlich diese Entwicklung beurteilt, die Kraft des Weltmarktes prägte auch die Entwicklung in Russland – allerdings im Stile der russischen Tradition.

c) Neues Wohlstandsdenken in Indien

Es gehört zur globalen Betrachtung der wirtschaftlichen Entwicklung in der Welt, dass gerade der Aufstieg der zwei bevölkerungsreichsten Staaten, China und Indien, miteinander verglichen wird. Dieser Vergleich ist schon deshalb interessant, weil das eine Land, nämlich Indien, sein politisches System auf Demokratie und Rechtstaatlichkeit aufbaut, während China an einer starken Autorität der Regierung als Grundlage eines starken Staates festhält.

Die Entwicklung Indiens während der letzten Jahre zeichnet sich durch zwei Phänomene aus: einerseits erreichte das Land durch die Eingliederung in den globalen Markt, durch eine rasche technische Entwicklung und durch die Auslagerung von technischen Diensten nach Indien ein beeindruckendes Wirtschaftswachstum; darüber hinaus ist gerade im städtischen Bereich ein neuer Mittelstand entstanden, der auch ein neues Wohlfahrtsdenken entwickelt hat. 2005 erreichten die ausländischen Direktinvestitionen 2,6 Milliarden Dollar, mit stark steigender Tendenz, die sich allerdings gegenüber den 60 Milliarden Dollar, die im selben Zeitraum in China investiert wurden, eher bescheiden ausmachen.

Ausländer erhielten das Recht, ihr Geld in Flughäfen und in den Bergbau zu investieren und können auch bei Verkaufsketten 51% erwerben. Die Deutsche Bank veröffentlichte eine Studie, wonach sich das indische BIP von 2002 bis 2020 verdreifachen wird. Das BIP pro Person würde demnach von 2300 Dollar pro Jahr auf fast 5000 Dollar steigen.
Gleichzeitig entwickelte sich ein neues Konsumverhalten, das auf die Verbesserung der persönlichen Wohlfahrt ausgerichtet ist. Dies hängt wohl damit zusammen, dass bei einem Bevölkerungswachstum von jährlich 2,1% der Anteil der Jugend immer größer wird. Im Jahre 2001 waren 45% der Bevölkerung von 1000 Millionen unter 20 Jahre alt, und 70% unter 35 Jahre. Jeder fünfte Mensch auf der Welt unter 20 Jahre lebt in Indien! Bis 2010 soll Indien einen Mittelstand

haben, der etwa 150 Millionen Menschen umfasst, mit einem jährlichen Haushaltseinkommen von 4.500 Dollar bis 22.675 Dollar.

Diese Entwicklung hängt auch mit einer Urbanisierung zusammen, mit entsprechenden Ausgaben für Unterhaltung beziehungsweise „living for today". Immerhin gibt es in Indien 35 Städte mit mehr als einer Million Einwohner, während es vor einem Jahrzehnt nur zwölf waren. An manchen Orten werden „Californian living" oder „Venetian Architecture" angeboten, wobei nicht nur der Wohnstil, sondern auch Schule, Einkaufszentren und Restaurants westlich ausgerichtet sind.

Wesentlich ist wohl auch, dass der wirtschaftliche Aufschwung und der gesellschaftliche Wandel in Indien mit einem massiven Ausbau des Schulsystems verbunden waren. In den 1960er Jahren errichtete Indien Elite-Institute in den Bereichen Technologie und Management nach dem Vorbild von Harvard und dem Massachusetts Institute of Technology. Diese Akademien wurden Symbole für die intellektuelle Brillanz des Landes. Insgesamt verlassen jährlich drei Millionen Absolventen die Universitäten, darunter 350.000 Ingenieure.

Da diese nur ein Viertel von dem verdienen, was ihre Kollegen in Kalifornien bekommen, wird der Anreiz, vor allem Arbeiten aus dem Informatik-Bereich nach Indien auszulagern, noch länger erhalten bleiben. Ebenfalls noch längere Zeit wird der interessierte Beobachter verfolgen können, welches Land die Chancen in einer globalisierten Welt besser wahrnimmt: das mit starker Hand regierte China, oder das demokratisch geprägte Indien.

3.3.3 Die weltweiten Akteure

Hier soll zunächst dargestellt werden, in welchem Ausmaß multinationale Konzerne als weltweite Akteure die Globalisierung der Wirtschaft gestalten, einen weltweiten Arbeitsmarkt bilden und Erfindungen vorantreiben, die die Welt verändern. In einem anderen Abschnitt wird aufgezeigt, wieweit die „Multis" ein neuer Faktor in den internationalen Beziehungen geworden sind.

a) Konzerne, die immer größer werden

Angesichts der Möglichkeiten, die der globale Markt bietet, sind viele Manager und Aktionäre bemüht, durch Größe die Schlagkraft ihres Unternehmens zu erhöhen. Einerseits sind die Kosten für Forschung und Entwicklung bei manchen Produkten derart extrem hoch, dass sie nur durch große Produktionszahlen hereingebracht werden können, andererseits hofft man, durch ein globales Verkaufsnetz größere Marktanteile zu gewinnen. So ist es zu erklären, dass die Firmenfusionen immer neue Höchstwerte erreichen.

Mitte 2006 setzte sich die Liste der größten Unternehmen der Welt nach „Bloomberg" wie folgt zusammen:

Unternehmen	Marktwert (Milliarden Dollar)	Umsatz (Milliarden Dollar)	Industrie Bereich
Exxon Mobil	372.9	328.2	Energie
General Electric	342.6	148.0	Industrie
Gazprom	248.6	33.9	Energie
Citigroup	239.9	120.3	Finanzen
Microsoft	237.7	39.8	Technologie
BP	232.9	246.5	Energie
Royal Dutch Shell	230.9	306.7	Energie
Bank of America	219.5	85.1	Finanzen
HSBS	201.7	89.4	Finanzen
Wal-Mart Stores	201.0	312.4	Konsum
PetroChina	191.3	67.4	Energie
Toyota Motor	188.9	185.8	Automobil
Procter & Gamble	185.1	56.7	Konsum
Johnson&Johnson	177.5	50.5	Medizin
Pfizer	172.0	51.3	Medizin

Diese Statistik könnte noch beliebig untergliedert werden. Alleine bis 2008 traten PetroChina (Oil & Gas Operations) mit einem Marktwert von 546 Milliarden

Dollar und China Mobile (Telecommunications) mit einem Marktwert von 308 Milliarden Dollar, sowie Petrobras-Petróleo Brasil (Marktwert 236 Milliarden Dollar) auf die Weltbühne.

Beeindruckend ist auch, wie viele Mitarbeiter etwa die größten Verkaufsketten beschäftigen: Wal Mart, mit Sitz in den USA 1.800.000; Carrefour (Frankreich) 410.000; Home Depot (USA) 345.000; gefolgt von Tesco (Großbritannien) 245.000; Metro (Deutschland) 247.000; Kroger (USA) 290.000; Ahold (Niederlande) 231.000; Costco Wholesale (USA) 65.000; Target (USA) 338.000; Sears (USA) 317.000.

Hingewiesen sei auch auf die starke Konzentration, die in einzelnen Branchen stattfindet, wo nur mehr wenige Konzerne den Großteil des Weltmarktes beherrschen: so sind es etwa bei der Verteilung von Unterhaltungsmusik lediglich vier Unternehmen – Sony PMG; Warner; EMI und Universal, die zusammen einen weltweiten Marktanteil von 72% haben. Im Stahlbereich erzeugt Mittal-Steel nach der Fusion mit Arcelor mehr als 10% der Weltproduktion; die zehn größten Stahlwerke kamen 2005 für 30% der Weltproduktion auf.

Der Wert der Fusionen durch Firmenübernahmen erreichte 2005 die gewaltige Summe von 2758 Milliarden Dollar, wobei fast alle Gegenden der Welt betroffen waren, allerdings mit einer sehr starken Konzentration auf Nordamerika, Europa und Ostasien. In Nordamerika erreichte der Wert der Übernahmen in den USA 1165 Milliarden Dollar und in Kanada 105 Milliarden Dollar. In Europa wurden die höchsten Werte in Großbritannien mit 305 Milliarden Dollar erreicht; gefolgt von Deutschland (101 Milliarden Dollar); Frankreich (109 Milliarden Dollar); Italien (97 Milliarden Dollar) und Spanien (96 Milliarden Dollar). Dieser Trend wurde im Jahre 2006 fortgesetzt, wobei alleine im ersten Halbjahr die Übernahmen die Rekordhöhe von 1800 Milliarden Dollar erreichten.

Wenn sich die einigende Kraft des Weltmarktes dadurch auszeichnet, dass alle großen Industrienationen das marktwirtschaftliche System übernommen haben, dann auch deshalb, weil Konzerne in den verschiedensten Branchen weltweite Akteure geworden sind. Dazu kommt noch, dass für viele Menschen die Welt ein einziger Arbeitsmarkt geworden ist und sie bereit sind, ihre Lebensbedingungen diesen Gegebenheiten anzupassen.

Globalisierung ist der Zug der Zeit. Volkswirtschaften und Finanzmärkte wachsen immer enger zusammen, der internationale Austausch von Gütern und Dienstleistungen erreicht jährlich neue Rekordwerte und die internationalen Konzerne, die diese Entwicklung tragen, haben früher fast unvorstellbare Dimensionen.

Dies vor allem deshalb, weil es laufend zu neuen Unternehmensfusionen kommt. Dabei werden nicht nur neue Größenordnungen erreicht, es kam auch zu qualitativen Veränderungen: Haben etwa US-Firmen in den 50er und 60er Jahren schon weltweit in der Öl- oder Autoindustrie investiert, so kam es in den letzten Jahrzehnten des 20. Jahrhunderts zu einer dramatischen geographischen Ausweitung von ausländischen Direktinvestitionen (FDI). Dies führte dazu, dass schon 1997 mehr als die Hälfte aller Exporte in der Welt von multinationalen Unternehmen getätigt wurden.

Der gesamte Wert der Unternehmenszusammenschlüsse hat sich von 1992 bis 1998 versechsfacht. Allein in diesem Jahr erreichten sie einen Gesamtwert von 2.000 Milliarden Euro. Zu den größeren Operationen bis dahin zählten im Finanzbereich die Zusammenführung von Citicorp und Travelers (81,9 Milliarden Dollar); Bank America mit Nations Bank (63 Milliarden Dollar); Mitsubishi Bank mit Bank of Tokyo (33,8 Milliarden Dollar) beziehungsweise Mitsui-Bank mit Taiyo Kobe Bank (23 Milliarden Dollar). Im Telekom-Bereich kam es schon bis 1998 zur Verschmelzung von SBC Communications mit Ameritech (60 Milliarden Dollar); von AT & T mit TCI (48 Milliarden Dollar) sowie von World-Com mit MCI (37 Milliarden Dollar).

Hervorgehoben werden können noch die Fusionen von Daimler-Benz mit Chrysler im Automobilbereich (35 Milliarden Dollar); jene der Pharmazie-Giganten Ciba Geigy mit Sandoz (30,1 Milliarden Dollar) sowie das Zusammengehen von KKR (Kohlberg Kravis Roberts) mit RJR Nabisco in der Nahrungsmittel-Industrie.

Die zehn größten Unternehmenszusammenführungen von 2000 bis 2006 hatten insgesamt einen Wert von etwa 755 Milliarden Dollar. Laut UNCTAD stieg die Zahl der Unternehmenszusammenschlüsse und -käufe (M&A) von 2005 bis 2006 signifikant um 23 Prozent. 2006 fanden weltweit 6.947 grenzüberschreitende „Mergers and Acquisitions" statt, deren Wert insgesamt 880 Milliarden Dollar betrug.

Um sich am Weltmarkt durchsetzen zu können, mussten die Konzerne trachten, der internationalen Konkurrenz gewachsen zu sein beziehungsweise bei einzelnen Kernprodukten überhaupt die Weltführung zu erhalten. Deshalb gingen die Fusionen auch weiter, vor allem in den Bereichen der Telekommunikation, in der Pharma- und Erdöl-Industrie: Vodafone übernahm Mannesmann (124 Milliarden Euro), MCI Worldcom den Konzern Sprint (111,5 Milliarden Euro); Pfizer schließlich Warner Lambert (78,2 Milliarden Euro) sowie Exxon den Konkurrenten Mobil (76,5 Milliarden Euro).

Auch regional kam es zu Fusionswellen, die regionale Branchenführer bei Banken und Versicherungen genauso wie in der Sportartikel- und Tabak-Industrie entstehen ließen. Diese Entwicklung war aber nicht nur Ausdruck bedeutender wirtschaftlicher Veränderungen, sie zeigt auch die neue Rollenteilung in der Politik auf: Viele dieser Entscheidungen wurden nämlich nicht mehr in politischen Gremien getroffen, es war ausschließlich der Markt, der hier zum Tragen kam. Damit setzten sich die Kräfte des Marktes immer wieder gegen jene in der Politik durch.

b) Ein weltweiter Arbeitsmarkt

Mit den weltweiten Konzernen ergibt sich ein weltweiter Arbeitsmarkt. Spitzenmanager werden international ausgesucht und die großen Unternehmen setzen ihre Mitarbeiter an den verschiedensten Orten der Welt ein. Die Wechsel zwischen den Unternehmen erhöhen die Mobilität weiter. Durch die starke Einbindung Asiens und Lateinamerikas in den Weltmarkt ergibt sich eine weitere Verlagerung von Fachkräften aus den Firmenzentralen zu den neuen Arbeitsstätten. Waren früher die Auslandsversetzungen bei vielen Betrieben eher die Ausnahme, so erfassen diese heute bei immer mehr Unternehmen einen immer größeren Teil der Beschäftigten.

Dabei hat ein nicht unbeträchtlicher Wandel stattgefunden: waren früher die „internationalen Manager" eine Elite-Truppe aus dem Mutterland, die sich weltweit die Spitzenposten aufteilte, so beschäftigen nunmehr multinationale Konzerne Bürger verschiedenster Nationalitäten, die dann auch die Spitzenpositionen in den unterschiedlichsten Teilen der Welt besetzen. Umgekehrt werden Menschen aus den verschiedensten Ländern in die Hauptquartiere der Firmen geschickt, um Unternehmenskultur und Unternehmensstrategie zu studieren. Chinesen und Inder, Brasilianer und Mexikaner, die an europäischen oder amerikanischen Universitäten absolvierten, werden eingeladen, in den Unternehmenszentralen Erfahrungen zu sammeln, die sie dann in ihren Heimatländern verwerten können. Die Zahl der internationalen Manager hängt dann natürlich davon ab, auf wie vielen Ebenen ein Konzern Leute mit internationaler Erfahrung einsetzen will.

Dass auch immer mehr Frauen zu den internationalen Managern gehören, ergibt sich aus der großen Zahl weiblicher Absolventinnen von Wirtschaftshochschulen. Nach einer bei großen Konzernen durchgeführten Umfrage ist der Anteil der Frauen unter den internationalen Führungskräften von 2000 bis 2005 von 8% auf 15% gestiegen.

c) Erfindungen, die die Welt verändern

Wenn es heute Weltmärkte und Weltmarktpreise, multinationale Konzerne und einen weltweiten Arbeitsmarkt gibt, dann nicht zuletzt deshalb, weil es Erfindungen gegeben hat, die die Welt verändert haben. Von den zahlreichen Erfindungen, technischen Erneuerungen und verbesserten Organisationsformen, die dazu beitrugen, dass immer größere Bereiche in einen weltweiten Markt einbezogen wurden, sollen hier nur zwei erwähnt werden: die Kreditkarte und der Container.

1949 eröffneten zwei New Yorker, Frank MacNamara und Ralph Schneider, einem kleinen Kreis enger Freunde die Möglichkeit, in ausgewählten Restaurants der Stadt auf Kredit Essen zu gehen – der Diners Club war geboren. Damit gab es die erste universale Kreditkartenorganisation der Welt. Seither hat die Kreditkarte eine lange und beeindruckende Entwicklung genommen.

Bis 2006 gab es bereits fünf international tätige Kreditkarten-Unternehmen, wobei mehr als 2 Milliarden Karten im Umlauf waren. Im Jahre 2003 wurden sie 57 Milliarden Mal eingesetzt, um ein Umsatzvolumen von 4750 Milliarden Dollar abzuwickeln. Die Vereinigten Staaten sind nicht nur das Mutterland der Kreditkarte, sie waren bis 1990 auch das Land, in dem mehr als die Hälfte aller Kreditkarten ausgegeben wurde. Seither gibt es jedoch schon mehr Kreditkarten im „Rest der Welt".

Nicht nur die Zahlungsmöglichkeiten mit Kreditkarten wurden stark ausgeweitet – von Restaurants bis zum Telefon und vom Einkauf bis zu den Automaten – auch regional hat eine derartige Ausdehnung stattgefunden, dass es kaum mehr ein Land der Welt gibt, in dem Kreditkarten nicht akzeptiert würden. Einige Jahre nach der Kreditkarte wurde, ebenfalls in den USA, der Container erfunden. Das war eine ganz entscheidende Erleichterung für den internationalen Handel. Die Vormachstellung der einzelnen Häfen im Seetransport ist heute daraus ersichtlich, wie viele Container in einem Hafen umgeschlagen werden. Als Erfinder des modernen Containers gilt der US-Amerikaner Malcom P. McLean. Um das zeitaufwändige Umladen in einem Hafen einzusparen, ging man zunächst daran, ganze Lastwagen auf Schiffe zu verladen; später nur die beladenen Anhänger und letztlich eben die „Behälter", der Container war geboren. Im April 1956 wurde ein umgebauter Tanker mit 58 Containern beladen und von Newark (New Jersey) nach Houston (Texas) geschickt. 2006 wurden 70% aller Frachten in Containern transportiert, alleine 356 Millionen mit Schiffen.

Der Container hat den Handel insofern revolutioniert, als es möglich wurde, in einem Schiff ungeheure Mengen zu verfrachten. So haben in manchen Schiffen 8750 Container Platz, was, aneinandergereiht, eine Länge von 50 km ergeben würde. Ganz entscheidend ist, dass mit dem Container die Transportkosten wesentlich gesenkt werden konnten. Wenn heute 100.000 Compact Discs oder 10.000 Paar Schuhe in einem Container von Ostasien nach Europa transportiert werden, dann betragen die Transportkosten nur 1% vom Endverbraucherpreis. So erklärt es sich, dass nunmehr 80% der weltweit gehandelten Güter in Containern transportiert werden. Gab es 1972 erst sechs Millionen Container, so ist diese Zahl bis 2006 auf 400 Millionen gestiegen. Dies wohl auch deshalb, weil durch den „Behälter" das Zusammenspiel zwischen Straße, Schiene und Meer wesentlich erleichtert wurde. Die einigende Kraft des Weltmarktes wurde durch Kreditkarten und Container jedenfalls gestärkt. Die Welt wurde kleiner.

3.3.4. Die einigende Kraft der internationalen Wirtschaftsorganisationen

So sehr es innerhalb der internationalen Organisationen, die in wirtschaftlichen Bereichen weltweit agieren, immer wieder zu Spannungen und Konflikten kommt, so haben sie dennoch eine starke bindende und verbindende Kraft. Dies einmal deshalb, weil eben ein großer Teil der Staaten in diesen Organisationen, in deren Diskussionen und Konferenzen, eingebunden ist, aber vor allem auch, weil jene Beschlüsse, die verbindlich sind, Normen setzten, die für alle gelten.

a) Die Welthandelsorganisation (WTO)

Die Welthandelsorganisation (WTO) mit ihren 149 Mitgliedstaaten ist bemüht, eine möglichst weitgehende Liberalisierung des Handels bei Industriegütern, Dienstleistungen und Agrarprodukten zu erreichen. Auch wenn dies immer wieder mit Schwierigkeiten verbunden ist. So haben sich die Verhandlungen bei der 2001 begonnenen „Doha Runde" als mühsamer erwiesen als ursprünglich angenommen: Ziel dieser Runde sollte es sein, die WTO-Bestimmungen bezüglich Anti-Dumping und unerlaubten Subventionen weiter zu verstärken, beziehungsweise die Anliegen der Entwicklungsländer vermehrt zu berücksichtigen.

Immerhin ist der Welthandel 2005 wieder um 6% gestiegen, wobei die Exporte von Gütern das erste Mal die 10.000 Milliarden Dollar-Grenze überschritten haben (mit 10.120 Milliarden Dollar). Dabei ergibt sich bei den zehn größten Export- beziehungsweise Importländern der Welt folgendes Bild: (Quelle, Wikipedia)

Exporte

In der Tabelle sind die größten Exporteure aufgeführt. (In Mio. $)

Rang	Land	1980	1990	2000	2003	2006
1.	Deutschland	192,860	421,100	551,818	748,320	1.112,000
2.	USA	225,566	393,592	781,125	723,805	1.038,300
3.	Japan	130,441	287,581	479,249	471,817	649,900
4.	VR China	18,099	62,091	249,203	437,899	968,900
5.	Frankreich	116,030	216,588	327,616	386,699	490,400
6.	Großbritannien	110,134	185,172	285,429	304,596	448,300
7.	Niederlande	73,960	131,775	233,133	294,051	462,400
8.	Italien	78,104	170,304	240,521	292,052	410,600
9.	Kanada	67,734	127,629	276,635	272,739	389,500
10.	Belgien	54,289	114,155	188,374	255,320	369,200
21.	Österreich	17,489	41,265	67,711	95,832	140,400

Importe

In der Tabelle sind die größten Importeure aufgeführt. (In Mio. $)

Rang	Land	1980	1990	2000	2003	2006
1.	USA	256,984	516,987	1.259,300	1.303,050	1.919,400
2.	Deutschland	188,002	355,686	497,204	601,691	908,600
3.	VR China	19,941	53,345	225,094	413,062	791,500
4.	Großbritannien	115,545	222,977	343,781	390,774	619,400
5.	Frankreich	134,866	234,436	338,944	390,528	534,900

6.	Japan	141,296	235,368	379,511	382,930	579,600
7.	Italien	100,741	181,968	238,760	290,811	437,400
8.	Niederlande	78,039	126,098	218,270	262,817	416,400
9.	Kanada	62,544	123,244	244,786	245,021	357,700
10.	Belgien	57,148	113,583	177,514	235,370	353,700
17.	Österreich	24,444	49,146	72,395	98,016	140,300

Wie sich der Beitritt zur WTO auf ein Land auswirkt, kann man sehr gut am Beispiel Chinas ersehen, das 2001 Mitglied wurde. Durch diese Mitgliedschaft wurden die Zölle drastisch gesenkt; der Verkauf im Einzelhandel wurde liberalisiert (bis hin zur Aufhebung der Beschränkung der Maximalgröße bei Supermärkten); die Einführung von Luxusgütern wurde erleichtert und Importquoten, etwa bei Autos, wurden aufgehoben. Die ausländische Konkurrenz erwartete sich auch eine Einhaltung der Bestimmungen hinsichtlich des Markenschutzes.

Den Chinesen wiederum kam die Aufhebung von Exportquoten, etwa bei Textilien, sehr zu gute. Was die Senkung der Zölle bei Einfuhren nach China betrifft, so waren diese beträchtlich: bei Autos fielen sie von vorher 80-100% auf 25%; bei Baumaterialien von 18,6% auf 10,9%; bei Glas von 24,5% auf 5%; bei chemischen Produkten von 11,8% auf 7,1% und bei Gebrauchtmaschinen von 35% auf 5-10%. Beträchtlich waren auch die Zollsenkungen bei alkoholischen Getränken von vorher 65% auf 10%, sowie bei kosmetischen Produkten von 30% auf 10%.

Insgesamt kann man also davon ausgehen, dass der Beitritt eines Landes zur WTO sehr stark dazu beiträgt, dass die Spielregeln des Weltmarktes ausgeweitet werden.

b) Weltbank und Währungsfonds

Auch die Weltbank ist darauf ausgerichtet, „eine einheitliche Welt" zu schaffen. Das Hauptziel dabei ist die Erreichung der „Milleniums-Entwicklungsziele", wonach die Armut in der Welt bis 2015 halbiert und eine „nachhaltige Entwicklung" sichergestellt werden sollen.

Im Einzelnen geht es um die Ausrottung der extremen Formen von Armut und Hunger; um die Gewährleistung einer elementaren Ausbildung für alle; um die Herstellung der Gleichheit zwischen den Geschlechtern; um die Verminderung der Kindersterblichkeit und die Verbesserung des Mutterschutzes; um den Kampf gegen Aids, Malaria und andere Krankheiten; um die Gewährleistung einer stabilen Umwelt, sowie um eine globale Partnerschaft im Dienste der Entwicklung. Um Entwicklungsländern und deren Bevölkerung zu helfen, diese Ziele zu erreichen, ist die Weltbank bestrebt, die Bedingungen für Investitionen, für die Schaffung von Arbeitsplätzen sowie für eine umweltfreundliche Entwicklung zu schaffen. Ziel ist die Erreichung eines Wirtschaftswachstums, das auch den ärmeren Teilen der Bevölkerung eine Teilnahme an der Entwicklung ermöglicht.

Die zwei wichtigsten Organisationen der Weltbank-Gruppe sind die Internationale Bank für Wiederaufbau und Entwicklung (IBRD) sowie die International Development Association (IDA). Die IBRD konzentriert ihre Aktivitäten auf die Schwellenländer sowie auf arme Länder, die kreditwürdig sind; während die Tätigkeiten der IDA auf die ärmsten Länder der Welt ausgerichtet sind. Niedrig verzinste Darlehen und Kredite sollen die Rahmenbedingungen für eine Verbesserung der Erziehung, des Gesundheitssystems, sowie der Infrastruktur schaffen.

Die Weltbank wird immer wieder mit dem Internationalen Währungsfonds (IMF) verwechselt, wobei die Aufgabenteilung tatsächlich nicht immer ganz klar ist. Grundsätzlich kann man wohl sagen, dass die Weltbank den Entwicklungsländern Unterstützung gewährt, während es das Ziel des IMF ist, das internationale Währungssystem zu stabilisieren, sowie Währungen und Wechselkurse zu überwachen.

Hier soll nur hervorgehoben werden, dass auch die vom IMF in den verschiedensten Ländern empfohlenen Maßnahmen darauf ausgerichtet sind, weltweit marktwirtschaftliche Bedingungen zu schaffen. Dass dabei immer wieder eine

Wirtschaftspolitik empfohlen wird, der die politischen Entscheidungsträger eines Landes letztlich nicht folgen können, beziehungsweise die zu Lasten der politischen Stabilität eines Landes gehen, ist oft kritisiert worden. Es ist wohl auch richtig, dass die vom IMF empfohlenen Maßnahmen einer Sparpolitik, oder hoher Zinssätze zur Vermeidung der Kapitalflucht sowie von Abwertungen zur Eindämmung der Importe oft zu einer starken Verminderung des Lebensstandards und zu Arbeitslosigkeit geführt haben, weil zu wenig auf die spezifischen Bedingungen eines Landes eingegangen wurde.

Aber wohl gerade deshalb kann man sagen, dass der IMF – vielleicht ohne Rücksicht auf Verluste – sehr stark zur Einbindung der einzelnen Länder in den Weltmarkt und in das Welt-Währungssystem beigetragen hat. Dazu haben auch die unzähligen Konsultationen einen Beitrag geleistet, die Regierungen und deren Vertreter mit dem IMF führen. Dabei geht es um Fragen des Wachstums, der Auslastung der Produktionsfaktoren, um Lohnerhöhungen, um die Ausgabenpolitik der öffentlichen Hand, um Budgetdefizite oder um die Liberalisierung des Kapitalverkehrs.

Schon die Tatsache, dass weltweit mit den zuständigen Fachleuten die gleichen Themen behandelt werden, schafft genauso eine gemeinsame Diskussionsbasis wie die Ziele, die in Richtung Inflationsbekämpfung und Wechselkurspflege mit den gleichen Mitteln erreicht werden sollen.

c) OECD – einheitliche Standards weltweit

Auch die OECD, die 1960 gegründete Organisation für Wirtschaftliche Zusammenarbeit und Entwicklung, hat sich zum Ziel gesetzt, über die ihr angehörenden Industrienationen hinaus weltweit einheitliche Standards zu schaffen. Diese umfassen eine optimale Entwicklung der Wirtschaft und der Beschäftigung mit dem Ziel, einen höheren Lebensstandard zu erreichen. Finanzielle Stabilität in den einzelnen Ländern und eine Ausweitung des Welthandels sollen zu einer gesunden Entwicklung der Weltwirtschaft führen.

Die OECD setzt auf eine Liberalisierung des internationalen Austausches von Waren und Dienstleistungen, auf strukturelle Reformen zur Steigerung der Produktivität, um die Chancen der Globalisierung nützen zu können. Würden diese von der OECD vorgegebenen Spielregeln befolgt, dann würde es, so eine Studie der OECD, durch die Globalisierung mehr Gewinner als Verlierer geben, sowohl bei den Industriestaaten als auch bei den Entwicklungsländern.

Weitere Schlussfolgerungen dieser Studie: viele der weltweit verbreiteten Ängste vor der Globalisierung seien unberechtigt, weshalb eine Öffnung der Märkte und eine Liberalisierung des internationalen Handels begrüßt und nicht bekämpft werden sollen. Die OECD spricht sich für die Notwendigkeit flexibler Arbeitsmärkte und gegen zu starke Regulierungen aus; für einen unbehinderten Marktzugang für Personen, Kapital und Firmen, wobei für jene, die am freien Markt nicht mithalten können, Auffangmaßnahmen und Umschulungshilfen geschaffen werden sollen. Insgesamt könnten somit nicht nur große Länder wie China, Indien und Brasilien, sondern auch kleinere Länder Nutznießer von Globalisierung und Handelsliberalisierung sein.

Einen starken Einfluss übt die OECD auch durch ihre Länderberichte aus, in denen Lob und Tadel ausgeteilt und aufgezeigt wird, wie nach Ansicht der Organisation eine wirtschaftliche Entwicklung zu verlaufen hätte. Die Produktivität und die Auswirkungen eines Finanzausgleiches werden in diesen Berichten genauso kritisch analysiert wie die makroökonomischen Verhaltensweisen oder die Notwendigkeit von Strukturreformen. Es wird gelobt und getadelt und die Lebensstandards der einzelnen Länder werden ebenso miteinander verglichen wie das Gesundheitswesen, die Sozialpolitik oder das allgemeine Unternehmensklima.

Grundsätzlich will die OECD Standards dahingehend setzen, dass die Globalisierung bewältigt werden kann. Man will diesbezüglich Regierungen beraten, um Restrukturierungen, eine Steuerpolitik oder eine Investitionspolitik nach den Vorstellungen der OECD zu erreichen. Kamen allerdings die Mitgliedsländer der OECD früher für 80% des globalen BIP auf, so sind es heute nur noch 60%

mit fallender Tendenz. Will die Organisation daher auch in der Zukunft globale Standards setzen, muss sie versuchen, neue Mitglieder zu gewinnen.

Insgesamt kann man jedenfalls feststellen, dass die Internationalisierung der Wirtschaft, gefördert durch globale Konzerne und internationale Organisationen, gewaltig voranschreitet. Wenn etwa im Geschäftsjahr 2005/06 erstmals mehr japanische Autos außerhalb Japans als in Japan selbst erzeugt wurden – 10,93 Millionen Einheiten gegenüber 10,89 Millionen Einheiten – dann zeigt dies einen Prozess der Internationalisierung auf, der das Konzept der „Nationalökonomie" hinter sich lässt. Dass bei dieser Entwicklung auch Gedanken hinsichtlich einer globalen Währung entstehen liegt auf der Hand. Dies insbesondere auch deshalb, weil die einigende Kraft des Weltmarktes über nationale Grenzen hinweg Tatsachen schafft, die letztlich stärker sind als die Interessen selbst einflussreicher Gruppen in den verschiedensten Nationalstaaten.

3.4   Ein weltweites Umweltbewusstsein

Zu jenen Themen, die ein weltweites Echo gefunden haben und finden, gehört zweifellos der Umweltschutz. Seit Alvin Töffler seinen „Zukunfts-Schock" veröffentlichte und der „Klub von Rom" 1972 mit einer Studie an die Öffentlichkeit trat, wonach die Naturschätze der Welt bald erschöpft sein könnten, entstand ein Bewusstsein dahingehend, dass unsere „Um-Welt" als Einheit gesehen werde müsse. Auch wenn nicht alle Experten mit den Aussagen des „Klub von Rom", die sich teilweise auch als falsch erwiesen, einverstanden waren, einige der aufgezeigten Angst-Szenarien hatten eine nachhaltige Wirkung.

Umweltschützer meldeten sich immer stärker mit dem Argument, dass wir unsere Lebensgewohnheiten ändern müssen, wenn wir überleben wollen und eine von den Vereinten Nationen in Stockholm einberufene Konferenz forderte in ihrer Schlusserklärung, dass Wissenschaft und Technik in den Dienst der Umwelt gestellt werden müssen. Das Umweltprogramm der Vereinten Nationen forderte dann 1975 eine „andere Entwicklung", bei der neben dem Wirtschaftswachstum auch auf die Ökologie Rücksicht genommen werden muss. 1980 hat eine von Willy Brandt geleitete Kommission auf die Notwendigkeit hingewiesen, Umweltfragen im globalen Zusammenhang zu sehen. Die Welt-Konferenz für Umwelt und Entwicklung – auch Brundtland-Kommission genannt – hat dann den Begriff der „nachhaltigen Entwicklung" eingeführt und als einen Prozess definiert, bei dem sich die Ausbeutung der Bodenschätze, die Investitionen sowie die technischen und institutionellen Veränderungen im Einklang mit den gegenwärtigen und künftigen Bedürfnissen der Menschheit befinden sollten.

Entsprechend dieser Bewusstseinsbildung übernahmen die EU, die OECD und die Weltbank in ihren verschiedenen Programmen Richtlinien, wonach die wirtschaftliche Entwicklung auf die Umwelt Rücksicht nehmen sollte und man auch versuchen müsste, das Bevölkerungswachstum zu bewältigen.

Dabei kristallisierten sich drei Bereiche heraus, auf die sich der Umweltschutz immer mehr konzentrierte: auf die Natur mit Themen wie Klimawandel, Erhaltung der Biodiversität; die Versorgung mit Trinkwasser und den Schutz des Regenwaldes. Einen zweiten Bereich stellten die Menschen und ihre Beziehung zur Umwelt dar: das Bevölkerungswachstum, die Gesundheit, die Millionen-Städte, die Ausweitung des städtischen Raumes, sowie Verkehrs- und Raumplanung. Ein dritter Bereich rückte die technische Entwicklung in den Vordergrund: Energiefragen, Abfallwirtschaft, Umweltverschmutzung und Genmanipulation. Bei all diesen Themen wurde auch immer wieder auf die globalen Gefahren hingewiesen, die entstehen können, wenn es nicht gelänge, entsprechende Lösungen zu finden.

All diese Überlegungen sind Gegenstand internationaler Verträge geworden, wie der Schutz der vom Aussterben bedrohten Arten; das Protokoll von Montreal über die Begrenzung schädlicher Substanzen, die die Ozonschicht gefährden; sowie die bei den einzelnen Umwelt-Gipfeln beschlossenen Konventionen. Zu diesen multilateralen Verträgen kamen eine Reihe bilateraler Abkommen, die den Umweltschutz in einzelnen Regionen, die Atmosphäre, die Antarktis, die Großen Seen, Naturdenkmäler, den Handel oder die Abfallwirtschaft betrafen.

Die mit diesen Abkommen verbundenen Programme zielen auch darauf ab, das menschliche Verhalten umweltgerecht auszurichten. So wird das Verantwor-

tungsbewusstsein der Länder, der Unternehmen oder einzelner Akteure angesprochen. Gleichzeitig wird damit die Aufforderung verbunden, bei der Lösung
der Probleme mitzuwirken. Dabei wird auch immer stärker auf die Notwendigkeit hingewiesen, der Entstehung von Umweltschäden vorzubeugen und deren
Verursacher zur Rechenschaft zu ziehen.

Die im Zusammenhang mit dem Thema „Umwelt" durchgeführten Konferenzen
werden im Kapitel über die neuen Mittel der modernen Außenpolitik behandelt.
Hier soll dargelegt werden, wieweit Umweltfragen zu einer globalen Bewusstseinsbildung beigetragen haben. Insbesondere soll auch umrissen werden, wie
weit Umweltthemen im globalen Kontext beziehungsweise in einzelnen Regionen der Welt diskutiert werden und dadurch ein globales Umweltbewusstsein
geschaffen wird. Jedenfalls hat der Umweltgedanke, bei allen Kontroversen, die
es hinsichtlich einzelner Fragen immer wieder gibt, entscheidend dazu beigetragen, auf eine weltweite Herausforderung eine globale Antwort zu suchen.

3.4.1   Klimaveränderung als Bewusstseinsbildung

Das Klima auf der Erde hat sich immer geändert. Nur einige Kilometer außerhalb der kanadischen Hauptstadt Ottawa ist in einem Park dargestellt, wie diese
Stelle in anderen Epochen der Erdgeschichte aussah: vor nur 15.000 Jahren, als
die globalen Temperaturen etwa 5°C niedriger lagen als heute, war dieser Teil
Kanadas von einer dicken Eisschicht bedeckt, wie siebentausend Jahre später
noch Finnland oder heute Grönland. Andererseits war es vor 50 Millionen Jahren in weiten Teilen Kanadas tropisch heiß, selbst in jenen, die heute am Eis-
meer liegen.

Worum geht es offensichtlich? Während es immer eine „natürliche Veränderung" des Klimas gab, hat sich die Temperatur unseres Planeten von 1860 bis
2000 um 0,8°C erhöht. Diese Erwärmung wird auf menschliche Aktivität, nämlich auf die Industrialisierung und den damit verbundenen CO_2-Ausstoß zurückgeführt. Gleichzeitig wird angeführt, dass die Erwärmung in diesem Jahrhundert, also bis 2100, um 1,4°C bis 5,8°C steigen könnte.

Eine derartige Erhöhung der Temperaturen könnte katastrophale Folgen haben: das arktische Eis würde schmelzen; der Wasserspiegel der Ozeane könnte um 25 cm bis zu einem Meter steigen, mit entsprechenden Folgen für jene Gebiete, die auf Meereshöhe gelegen sind; die Landwirtschaft wäre von diesem Klimawandel genauso betroffen wie die Gesundheit der Menschen und die Biodiversität. Der heiße Sommer 2003 wäre, so wurde argumentiert, genauso Vorbote dieses Klimawandels gewesen wie die von „El Nino" verursachten Überschwemmungen oder die 2005 in der Karibik, den USA und in Asien aufgetretenen Hurrikans.

Um der globalen Erwärmung Einhalt zu gebieten, wurde 1997 in Kyoto ein Protokoll verabschiedet, wonach die Treibhausemissionen zwischen 2008 und 2012 gegenüber dem Stand von 1990 um 5% reduziert werden sollten. Insgesamt sind die Emissionen der Industrieländer bis 2003 tatsächlich um 5,9% oder 1,08 Milliarden Tonnen CO_2-Äquivalent zurückgegangen. Doch diese Zahlen sind trügerisch. Sie beruhen darauf, dass in Russland, der Ukraine und Polen nach dem Zusammenbruch der Sowjetunion viele alte Industriekombinate geschlossen werden mussten. Bei den westlichen Ländern zeigte sich, dass nur Frankreich, Großbritannien, Irland und Schweden die Ziele für die Bemessungsgrundlage 2008-2012 erfüllt hätten, alle anderen lagen darüber: Kanada mit über 30%-Punkten; Spanien mit 26%-Punkten; die USA, die allerdings das Kyoto-Protokoll nicht unterzeichneten, mit 20%-Punkten.

Dabei steht eines fest: selbst wenn die Kyoto-Kriterien erfüllt würden, hätte dies nur einen minimalen Einfluss auf die weitere Erderwärmung, die dadurch nur um 0,06°C vermindert würde. Bleibt noch die Aussage des französischen Geophysikers und früheren Wissenschaftsministers Claude Allègre, dass ohnehin kein Zusammenhang zwischen dem aktuellen Klimawandel, der globalen Erderwärmung und menschlicher Einwirkung besteht. Aber da seine im Oktober 2006 getroffenen Feststellungen einen weltweiten Sturm der Entrüstung hervorgerufen haben, wird aufgezeigt, dass das Problembewusstsein eine globale Dimension angenommen hat.

3.4.2 Das Schmelzen des Polareises

Nach verschiedenen Berechnungen hat sich die Oberfläche des Packeises am
Nordpol während der letzten 30 Jahre um 10% verringert, seine Höhe sogar um
40%. Das bedeutet, dass die Hälfte des am Nordpol treibenden Eises bis zum
Ende des Jahrhunderts verschwunden sein könnte.

Darin kann man auch positive Aspekte erkennen: die seit den Zeiten der Entde-
ckungen praktisch unzugängliche Nord-West-Passage könnte für die Seefahrt
geöffnet werden; die im Norden des amerikanischen Kontinents und in Sibirien
lagernden Bodenschätze könnten leichter erschlossen werden, insbesondere die
Erdöl- und Erdgasvorkommen, die immerhin 40% der gesamten Weltreserven
darstellen. Andererseits könnten mit der Schmelze des Packeises auch sehr negative Auswirkungen verbunden sein, insbesondere was den Golfstrom betrifft.
Immerhin verdankt es Europa dem Golfstrom, dass dieser Kontinent bis weit
hinauf in den hohen Norden bewohnbar und kultivierbar ist, während der Norden Kanadas oder Sibirien für den Menschen wesentlich unzugänglicher sind.
Nun haben Forschungen ergeben, dass die Kraft des Golfstroms zwischen 1950
und 2000 bereits um 20% nachgelassen hat, was für Europa eine Periode der
Erkaltung bedeuten würde.

Umgekehrt könnte das Schmelzen des Packeises auch die Erwärmung beschleu-
nigen, weil die Reflexion der Sonnenstrahlen am Eis weniger stark ist als am
Land oder auf dem Wasser. Und auch wenn das Schmelzen des Packeises den
Wasserspiegel der Ozeane nicht anhebt, das Schmelzen des Grönlandeises könnte dieses bewirken, vor allem dann, wenn sich herausstellt, dass auch verschiedene Gebiete der Antarktis dahin schmelzen. Immerhin gab es auf der dem Südpol vorgelagerten Halbinsel alleine zwischen 1974 und 2000 eine Erwärmung
um 3°C und das Schmelzen dieser Halbinsel würde sich auf den Wasserspiegel
auswirken. Darüber hinaus hätte das Schmelzen des Packeises der Antarktis
auch Auswirkungen auf den Weiterbestand der „Krill-Krebse". Diese kleinen
Lebewesen wiederum, die unter dem Eis hausen und sich von Algen ernähren,
sind für den Fischbestand, für die Wale und für die Pinguine lebenswichtig.

Sowohl für den Nord- als auch für den Südpol gibt es zahlreiche internationale Übereinkommen, wissenschaftliche Institutionen und Organisationen befassen sich mit der Erforschung und Erhaltung der Umwelt in diesen Regionen. Somit ist auch hier ein internationales Netzwerk entstanden, das zum Ziel hat, unsere Welt in den sehr sensiblen Polarbereichen lebensfähig zu erhalten.

3.4.3 Das Trinkwasser – Ware oder Menschenrecht?

Die Internationale Gemeinschaft trifft sich immer wieder zu Großkonferenzen, um die Versorgung der Menschheit mit Trinkwasser zu analysieren und, wenn möglich, zu verbessern. Tatsächlich verfügten im Jahre 2006 1,1 Milliarden Menschen über keinen entsprechenden Zugang zu Trinkwasser und 2,4 Milliarden hatten keine sanitären Einrichtungen, die diesen Namen verdienen. Für das Jahr 2025, wenn die Erde 8 Milliarden Bewohner zählen wird, wird angenommen, dass mehr als 2 Milliarden Menschen in Ländern leben werden, die kaum oder überhaupt nicht in der Lage sein werden, das für die Industrialisierung, die Landwirtschaft und die Haushalte notwendige Wasser zur Verfügung zu stellen. Dabei sind Bevölkerungswachstum, Urbanisierung und Industrialisierung mit einem immer höheren Wasserverbrauch verbunden.

Im Jahre 2020 werden sich 27 der 33 Städte mit mehr als acht Millionen Einwohnern auf der südlichen Hemisphäre befinden, wobei alleine in diesen Metropolen der Wasserverbrauch um 40% steigen wird. Wie sich die wirtschaftliche Entwicklung auf den Wasserverbrauch auswirkt ist daraus ersichtlich, dass ein Europäer heute in dem Zeitraum 100-200 Liter Wasser verbraucht, in dem seine Großeltern mit 15-25 Liter auskamen, wobei ein Amerikaner im Durchschnitt doppelt soviel Wasser verbraucht wie der Europäer und die Australier noch einmal um die Hälfte darüber liegen.

Insgesamt scheint es auf der Erde genug Wasser zu geben, doch sind die Mengen sehr ungleich verteilt: während sich 60% der weltweiten Wasserreserven auf einige Länder konzentrieren, verfügt Asien, wo fast 60% der Menschen leben, nur über 30% der Wasserreserven. Die größten Probleme dabei gibt es in der Region, die sich von Tunesien über den Sudan bis Pakistan erstreckt.

Dabei geht es nicht nur um die Wassermenge, sondern auch um seine Qualität. Je mehr der Verbrauch steigt, desto wichtiger wird eine technisch abgesicherte Wiederverwertung. In den Entwicklungsländern werden immer noch 90% der Abwässer und 70% der Industrieabfälle ohne Aufbereitung in das bestehende Wassernetz geleitet. Deshalb sterben jährlich fünf Millionen Menschen an Krankheiten, die mit der schlechten Wasserversorgung zusammenhängen.

Da heute ein ganz erheblicher Teil des Wassers, manche sprechen von 45%, während des Gebrauchs oder im Zuge der Verteilung verloren geht, stellt sich die entscheidende Frage, wie die Nutzung effizienter gestaltet werden könnte. Die Weltbank hat berechnet, dass dafür während der nächsten 25 Jahre jährliche Investitionen in der Höhe von 180 Milliarden Dollar notwendig wären, also wesentlich mehr, als die 75 Millionen Dollar, die dafür heute jährlich ausgegeben werden.

Um die Effizienz zu erhöhen, wurde von den internationalen Finanzinstituten die Privatisierung der Versorgung forciert. Diesem Schritt traten jene entschieden entgegen, für die der Zugang zum Wasser ein fundamentales Menschenrecht darstellt, das von der öffentlichen Hand frei oder zum Selbstkostenpreis zur Verfügung gestellt werden muss. Aber selbst diese Kosten können sich viele nicht leisten. Die weltweite Herausforderung einer effizienten Versorgung und einer besseren Verteilung bleibt daher weiter bestehen. Dazu kommt noch eines: im Nahen Osten, also in einer Region, die immer wieder unter Wassermangel leidet, überqueren 90% der brauchbaren Wasserreserven internationale Grenzen. „Wasser-Kriege" könnten daher in Zukunft jene Bedeutung erlangen, die bisher dem „Kampf ums Erdöl" vorbehalten war. Die internationale Zusammenarbeit hat schon längst begonnen: bereits 1968 verlangte die Europäische Wasser-Charta eine ökologische Wasserbewirtschaftung, also einen sparsamen Umgang mit Wasser, eine systematische Bewertung seiner Qualität und eine internationale Garantie der Trinkwasserressourcen. 1978 wurde dafür ein eigenes UN-Sekretariat eingerichtet. Die Frage ist, wann diese internationalen Bemühungen die notwendigen Resultate erzielen werden.

3.4.4 Der Schutz der Weltmeere

Die Weltmeere bedecken 361 Millionen km², was etwa 4300 Mal der Fläche
Österreichs entspricht und 71% der Erdoberfläche ausmacht. Nun hat sich die
Ausbeutung der Meere während der letzten Generation stark gesteigert, sowohl
beim Fischfang als auch im industriellen Bereich, weshalb weltweite Regelungen notwendig geworden sind. Dies einmal deshalb, um Konflikte zu vermeiden, aber auch zum Schutz der Gewässer.

Aus den Meeren werden jährlich 110 Millionen Tonnen „Wassertiere" produziert, wobei 80% auf den Fischfang entfallen und 20% auf die Bewirtschaftung
im Meer. Das Problem dabei ist nun dieses: jahrhundertelang war der Fischfang
nicht sehr ergiebig. Dies änderte sich schlagartig, als ab 1900 die Fischer eine
neue Technik einsetzten und es auch gelang, die Konservierungsmethoden entscheidend zu verbessern. So belief sich der Fischfang 1950 auf 20 Millionen
Tonnen, erreichte aber 1970 bereits 70 Millionen Tonnen und hat sich seither
zwischen 80 Millionen und 90 Millionen Tonnen eingependelt. Zu diesem starken Anstieg hat auch beigetragen, dass die Verwertung der Fische, etwa zu
Fischmehl oder zu Öl, ebenfalls eine Industrie geworden ist.

Diese Entwicklung hat aber dazu geführt, dass Raubbau an den Fischbeständen
betrieben wurde und Krisen verschiedenster Art entstanden sind: Der Fischfang
im nord-östlichen Atlantik ist bereits in den 1960er Jahren zusammengebrochen;
der Fang der Sardellen vor Peru wenige Jahre später. Man hat „wirtschaftliche
Sonderzonen" eingeführt, in denen Anrainerstaaten exklusive Fangrechte eingeräumt, sowie Maßnahmen zur Bewirtschaftung getroffen wurden. Aber selbst
das ging nicht ohne Konflikte, wie der Kabeljau-Krieg von 1975 zwischen Island und Großbritannien zeigte. In Asien ist man verstärkt zur Bewirtschaftung
im Meer übergegangen, wobei China alleine für 70% der Gesamtproduktion
aufkommt. Will man den Fischkonsum am heutigen Stand halten – was zurzeit
12 Kilogramm jährlich pro Einwohner ausmacht – dann müsste im Jahr 2030 die
Bewirtschaftung im Meer 40 Millionen Tonnen erreichen.

Nach einer 2006 von der Welt-Ernährungsorganisation (FAO) herausgegebenen Statistik werden sieben der zehn am meisten gefischten Fischarten „voll oder zuviel gefangen". Dabei zeigt die Geografie der zehn größten Fischnationen, dass die Problematik tatsächlich weltweit ist. Es handelt sich nämlich um folgende Länder: China (16,6 Millionen Tonnen); Peru (8,8); USA (4,9); Indonesien (4,5); Japan (4,4); Chile (4,3); Indien (3,8); Russland (3,3); Thailand (2,9) und Norwegen (2,5);

Zusätzliche Umweltprobleme können durch die Gewinnung von Energie, Erdöl und Mineralien aus dem Meeresboden entstehen. Großes Aufsehen haben auch immer wieder Unfälle hervorgerufen, die durch die großen Öltanker verursacht wurden und dies, obwohl Verträge zum Schutz der internationalen Gewässer zu den ältesten Bereichen der internationalen Umweltpolitik gehören. Außerdem gibt es ein ganzes Netz von regionalen Aktionsplänen für viele Meeresgebiete, Abkommen über die Entsorgung von Schadstoffen (Öl, Chemikalien, Schiffsmüll) ins Meer oder Verträge über besonders gefährdete Binnenmeere wie die Nord- oder Ostsee.

Insgesamt kann man wohl eines feststellen: wenn es einen Bereich gibt, der eine globale Herausforderung darstellt, dann ist es der Schutz der Umwelt. Die Verschmutzung der Atmosphäre, die Zerstörung der Ozonschicht und der Treibhauseffekt verlangen genauso ein gemeinsames Vorgehen der „internationalen Gemeinschaft" wie die Erhaltung der Artenvielfalt, der Gewässerschutz oder der Schutz des Trinkwassers und der Regenwälder. Die Erosion des Bodens und die Desertifikation verlangen genauso ein gemeinsames Vorgehen wie der internationale Müllhandel.

Wenn darüber hinaus festgestellt wird, wie die OECD dies getan hat, dass der Preis der Modernisierung Chinas nicht die Zerstörung der Umwelt sein darf, wenn sich internationale Organisationen besorgt über die Zerstörung der Umwelt in Russland äußern oder wenn amerikanische Farmer fürchten, die furchtbare Trockenheit der 1930er Jahre könnte wiederkommen, dann runden all diese – scheinbar regionalen Probleme – das Bild einer globalen Herausforderung nur ab. Und globale Herausforderungen verlangen globale Antworten, wie sie letztlich von der Staatengemeinschaft nur gemeinsam gegeben werden können.

4. Welche Rolle spielt die Internationale Gemeinschaft?

Von der „Internationalen Gemeinschaft" ist ständig die Rede. Einmal wird beklagt, dass in einem Land die Menschenrechte verletzt werden und „die Welt schaut zu". Man verlangt, dass die Übeltäter von der „Internationalen Gemeinschaft" vor Gericht gestellt werden. Ein anderes Mal werden Stimmen laut, die die Internationale Gemeinschaft auffordern, Friedenstruppen in ein Bürgerkriegsgebiet zu schicken oder nach Beendigung von Streitigkeiten dafür zu sorgen, dass der Friede aufrechterhalten bleibt. Schließlich erachtet man es heute schon als selbstverständlich, dass bei Naturkatastrophen oder Menschenrechtsverletzungen, die es irgendwo in der Welt gibt, die internationale Solidarität zum Tragen kommt. Schließlich nehmen manchmal auch die Großmächte für sich in Anspruch, bei Gipfeltreffen „im Namen der Welt" zu sprechen, etwa wenn es um die Aufrechterhaltung der internationalen Ordnung geht.

Wer ist nun diese Internationale Gemeinschaft, in deren Namen die Welt gerettet oder zum allgemeinen Wohl in die inneren Angelegenheiten eines Staates eingegriffen werden soll? Was zeichnet die Staatengemeinschaft dahingehend aus, dass auf internationaler Ebene Initiativen möglich geworden sind, die früher an der nationalen Souveränität der einzelnen Länder gescheitert wären?

Einmal gibt es heute Standards, wie die Einhaltung der Menschenrechte, von denen man erwartet, dass sie von den Regierungen der einzelnen Länder respektiert werden. Wenn dies nicht der Fall ist, wenn Völkermord oder Verbrechen gegen die Menschlichkeit ganze Bevölkerungsgruppen bedrohen, dann nimmt die Internationale Gemeinschaft für sich in Anspruch, ja fühlt sich verpflichtet, zum Schutz der betroffenen Personen einzugreifen. Während früher Völkerrecht und internationale Beziehungen fast ausschließlich nur die Staaten betroffen haben, kann nunmehr auch der einzelne Bürger gegebenenfalls mit der Hilfe der „Internationalen Gemeinschaft" rechnen. Außerdem kann diese Internationale Gemeinschaft selbst dann Rechenschaft verlangen, wenn etwa verfolgte Minderheiten glaubhaft darlegen, ihre Rechte beziehungsweise Interessen würden vom eigenen Staatsverband nicht respektiert.

Eines ist klar: die wachsende Rolle der „Internationalen Gemeinschaft" hat zu einer Beeinträchtigung der nationalen Souveränität geführt, die in immer mehr Fällen internationale Standards anerkennen muss. Noch mehr: Aufgaben, die früher zu den ureigensten eines Staates gehörten, wie die Aufrechterhaltung von Sicherheit und Ordnung, der Schutz der Bürger oder die Gewährleistung eines sozialen Mindeststandards, können heute von der „Internationalen Gemeinschaft" übernommen oder eingefordert werden, wenn ein Land durch Bürgerkrieg, Gewaltherrschaft oder Anarchie nicht mehr in der Lage ist, sie zu erfüllen. Der erweiterte Aktionsbereich der „Internationalen Gemeinschaft" steht also in direktem Zusammenhang damit, dass manche Vorgehensweisen eines Staates, die früher in seinen souveränen Wirkungsbereich fielen, heute von „der Welt" wahrgenommen werden und Bürger auch entsprechende Ansprüche an die Staatengemeinschaft stellen.

Wer bildet nun diese Internationale Gemeinschaft, die ein wesentliches Gestaltungselement der neuen internationalen Ordnung ist? Dies hängt wohl davon ab, um welchen Aufgabenbereich es sich handelt. Während sich die USA etwa im Zentrum der internationalen Wertegemeinschaft sehen und Menschenrechtsverletzungen auf der ganzen Welt anprangern, waren sie selber nicht bereit, Mitglied des Internationalen Strafgerichtshof zu werden. Die Wahrnehmung der Aufgaben „der Welt" als Sicherheitsgemeinschaft, beziehungsweise die Teilnahme der Großmächte daran, hängt wohl davon ab, wieweit deren Interessen direkt betroffen sind, während verschiedene Gipfeltreffen überhaupt auf Großmachtinteressen ausgerichtet sind. Hier soll einmal aufgezeigt werden, welche Funktionen die Internationale Gemeinschaft unter verschiedenen Bedingungen wahrnehmen kann.

4.1 Die Welt als Wertegemeinschaft – die internationale Gerichtsbarkeit

Die „Welt als Wertegemeinschaft" kommt insbesondere dadurch zum Ausdruck, dass sich Staaten gefunden haben, die ihre Handlungsweise nach gemeinsamen Werten ausrichten, beziehungsweise Verfehlungen gemeinsam ahnden wollen. Als Ausdruck dieser Gemeinsamkeit ist eine Reihe von internationalen Gerichtshöfen entstanden.

Bereits 1899 und 1907 wurden auf Anregung des russischen Zaren, Nikolaus II. und auf Einladung der niederländischen Königin Wilhelmine Friedenskonferenzen nach Den Haag einberufen. Die Konferenzen sollten eine internationale Rechtsordnung und Normen für eine friedliche Lösung bei internationalen Streitfällen ausarbeiten. Diese Konferenzen konnten sich auf keine Abrüstungsschritte einigen und scheiterten bei der Einführung einer obligatorischen Schiedsgerichtsbarkeit.

Dennoch kam es zur Errichtung des „Ständigen Schiedsgerichtshofs" in Den Haag. In den beiden Konferenzen hatten die Teilnehmer ein umfassendes Programm zur Friedenssicherung entwickelt, sowie Verhaltensregeln für die Land- und Seestreitkräfte im Konfliktsfall. Dieser „Ständige Schiedsgerichtshof" wurde in Den Haag eingerichtet, um Entscheidungen von Streitigkeiten zwischen Völkerrechtssubjekten zu treffen und verfügte über ein internationales Büro in Den Haag.

Nach 1945 wurden die Menschenrechte ein wesentlicher Teil der internationalen Politik, ja ihre Durchsetzung wurde ein Spiegelbild der internationalen Ordnung. Nach den Gräueln der beiden Weltkriege sollte die internationale Zusammenarbeit nach jenen humanistischen Idealen gestaltet werden, wie sie in der Charta der Vereinten Nationen zum Ausdruck kamen. Die einige Jahre darauf erfolgte „Allgemeine Erklärung der Menschenrechte" verankerte die Menschenwürde als unveräußerliches Recht eines jeden Einzelnen, womit deren Schutz Aufgabe der gesamten Menschheit wurde. Auch wenn die Menschenrechte während des Kalten Krieges als ideologische Waffe eingesetzt wurden, mit dem Zusammenbruch des Kommunismus gewannen sie weltweit derart an Bedeutung, dass immer wieder dort eine starke Kritik entstand, wo die Internationale Gemeinschaft auf ihre Verletzung hinweisen konnte.

Entsprechend entwickelte sich die internationale Gerichtsbarkeit. Der „Internationale Gerichtshof" (IGH) der Vereinten Nationen wurde in der UN-Charta und im IGH-Statut noch als universelles völkerrechtliches Schiedsgericht konzipiert, vor das nur Staaten als Partei treten konnten. Die Rechtssprechungskompetenz des Gerichtes war nur dann gegeben, wenn alle Parteien diese auch anerkannten. Tatsächlich kam es dann bis 2003 nur zu 76 Urteilen beziehungsweise 24 Rechtsgutachten.

Im Gegensatz dazu ist der *Internationale Strafgerichtshof (IStGH)*, der 2002 seine Tätigkeit aufgenommen hat, auf die Verfolgung einzelner Straftaten ausgerichtet. Seine Gerichtsbarkeit umfasst Völkermord, Verbrechen gegen die Menschlichkeit, Kriegsverbrechen und das Verbrechen der Aggression, auch wenn dieser Tatbestand nicht klarer definiert wurde. Der IStGH wurde als eine unabhängige internationale Organisation mit Sitz in Den Haag eingerichtet, deren Beziehungen zu den Vereinten Nationen über ein Kooperationsabkommen geregelt werden. Allerdings: zur Rechenschaft gezogen kann ein Täter grundsätzlich nur dann werden, wenn er einem Staat angehört, der das Statut ratifiziert hat oder wenn die Verbrechen auf dem Territorium eines solchen Vertragsstaates begangen wurden. Auch wenn bei dem IStGH noch der Vorrang der nationalen Gerichtsbarkeit besteht, einzelne Täter können, unabhängig von ihrer offiziellen Stellung, strafrechtlich zur Verantwortung gezogen werden.

Der erste Angeklagte vor dem IStGH war im November 2006 Thomas Lubanga. Ihm wurde vorgeworfen, dass die von ihm in der Ostregion des Kongo angeführten Milizverbände Kinder als Soldaten missbrauchten. Viele von ihnen seien bei den Kämpfen, die insgesamt 60.000 Opfer forderten, umgekommen. 2003, am Höhepunkt der Kämpfe im Kongo, sollen nach Angabe der Anklage 30.000 Kinder, Buben und Mädchen, Teil der Milizverbände Lubangas gewesen sein. Sie wurden zu allen Tätigkeiten, bis hin zu Sklavendiensten, eingeteilt.

Das Verfahren vor dem IStGH ist eher kompliziert. In einem Vorverfahren, an dem auch die Verteidigung teilnimmt, muss zunächst festgestellt werden, ob ein Hauptverfahren stattfinden soll. Der Prozess gegen Thomas Lubanga war somit auch ein Test dafür, ob der IStGH innerhalb einer überschaubaren Zeitspanne und zu erträglichen Kosten Recht sprechen kann.

Immer mehr Vergehen wurden während der letzten Jahrzehnte durch internationale Verträge zu Delikten, die durch die Staatengemeinschaft geahndet werden können: Von der Konvention gegen den Menschenhandel (1949), über die Konvention gegen jede Form der rassischen Diskriminierung (1966), gegen den Drogenhandel (1988), gegen den Terrorismus (1977, 1988) oder gegen die Entführung von Flugzeugen. Unter Berufung auf die Bestimmungen gegen die Folter hat das britische Oberhaus selbst einem Antrag auf Auslieferung eines früheren Staatsoberhauptes, es handelte sich um General Augusto Pinochet, stattgegeben. Die Schaffung internationaler Strafgerichtshöfe war eine logische Folge dieser Entwicklung.

Während die Militärgerichtshöfe von Nürnberg und Tokio nach dem Zweiten Weltkrieg von den Siegermächten gegen Kriegsverbrecher der besiegten Länder geschaffen wurden, wurde der *„Internationale Strafgerichtshof für das ehemalige Jugoslawien" (ICTY)* mit Sitz in Den Haag noch während der kriegerischen Auseinandersetzungen im früheren Jugoslawien geschaffen. Wenn es schon nicht möglich war, einen Krieg zu verhindern, der vor den Toren der Europäischen Union stattfand und der die öffentliche Meinung schockierte, dann sollte zumindest den Verantwortlichen gezeigt werden, dass sie für ihre Handlungen zur Rechenschaft gezogen werden. In diesem Sinne ist der „ICTY" für die Verfolgung von schweren Verletzungen der Genfer Konvention, Verstöße gegen die Gesetze oder Gebräuche des Krieges, Völkermord beziehungsweise Verbrechen gegen die Menschlichkeit, zuständig.

Seit der Strafgerichtshof für das ehemalige Jugoslawien im Dezember 1994 seine Tätigkeit aufnahm, wurde sein Wirken unterschiedlich beurteilt. Immer wieder gab es Kritik dahingehen, dass die Arbeitsweise zu langsam, zu umständlich, ja, chaotisch wäre. Außerdem waren die hohen Kosten – immerhin 100 Millionen Dollar im Jahr – Gegenstand der Kritik. Dies vor allem auch deshalb, weil trotz dieser hohen Ausgaben nicht gewährleistet werden konnte, dass die Hauptverantwortlichen der Massaker tatsächlich vor Gericht gestellt wurden.

Immerhin wurden bis 2006 gegen 161 Verdächtige Anklageschriften veröffentlicht, 133 davon fanden sich, zwangsweise oder freiwillig, beim Tribunal ein, 22 Verfahren wurden eingestellt, einige Flüchtige konnten nicht ergriffen werden. Besonderes Interesse erregte der im Februar 2002 begonnene Prozess gegen Slobodan Miloŝević, den ehemaligen Präsidenten Serbiens beziehungsweise Jugoslawiens, der im März 2006 noch während des Prozesses in der Untersuchungs-Haft starb. Gerade das Verfahren gegen Miloŝević zeigte sehr deutlich die Möglichkeiten, aber auch die Problematik eines Sondergerichtshofes.

Noch stärkerer Kritik war vielfach der *„Internationale Strafgerichtshof für Ruanda" (ICTR)* ausgesetzt, der 1994, ebenfalls durch einen Beschluss des UNO-Sicherheitsrates, geschaffen wurde. Der ICTR sollte jene Personen verurteilen, die während des Bürgerkrieges in Ruanda, der immerhin zwischen 500.000 und eine Million Opfer forderte, für Völkermord, Verbrechen gegen die Menschlichkeit und andere Kriegsverbrechen verantwortlich waren. Der Sitz des Tribunals wurde in Aruscha, Tansania, festgelegt, wobei eine Atmosphäre der Einschüchterung und der Furcht den Schutz der Zeugen sowie eine ordnungsgemäße Durchführung der Verfahren sehr schwierig machten. Tatsächlich wurden bis Juli 2008 41 Fälle abgeschlossen, 43 waren zu diesem Zeitpunkt noch im Laufen.

Der *„Sondergerichtshof für Sierra Leone" (SCSL)* mit Sitz in Free Town wurde 2002 durch einen bilateralen Vertrag zwischen Sierra Leone und den Vereinten Nationen geschaffen und soll durch freiwillige Beiträge von UNO-Mitgliedern finanziert werden. Dieser Strafgerichtshof ist zuständig für die strafrechtliche Verfolgung von Verbrechen gegen die Menschlichkeit, schwere Verletzungen des humanitären Völkerrechts sowie für die Aburteilung vorsätzlicher Angriffe auf UNO-Soldaten und deren Einrichtungen. Der Strafvollzug erfolgt grundsätzlich in Sierra Leone, kann aber auch in einen anderen Staat verlegt werden, wie dies aus Sicherheitsgründen im Prozess gegen den früheren Kriegsherren Charles Taylor vereinbart wurde.

Gerade das Verfahren gegen diesen zeigt, wie schwerfällig die internationale Gerichtsbarkeit immer noch ist. Die Verhaftung von Charles Taylor war nur mit der Unterstützung Nigerias, wo er im Exil war, sowie Liberias möglich. Seine Überstellung nach Den Haag, wo der Prozess im Juni 2007 begonnen hat, war auch nicht einfach. Erst nachdem der amerikanische Kongress, der Sicherheitsrat der Vereinten Nationen und die Europäische Union entsprechende Resolutionen verabschiedet hatten, konnte sie durchgeführt werden. Die niederländischen Behörden wiederum stimmten der Durchführung des Prozesses auf ihrem Staatsgebiet erst zu, nachdem die englischen Behörden eingewilligt hatten, dass Charles Taylor seine Strafe in Großbritannien verbüßen könne.

Die Schaffung eines *internationalen Tribunals* zur Aburteilung der von den Roten Khmer in *Kambodscha* begangenen Verbrechen gestaltete sich ebenfalls sehr schwierig. Dies deshalb, weil Kambodscha selbst einen derartigen Prozess als unerlaubte Beeinträchtigung seiner Souveränität erachtete. Erst nach vierjährigen Verhandlungen erreichten die Vereinten Nationen schließlich 2003, dass im Rahmen des kambodschanischen Justizsystems zwei „Außerordentliche Kammern" errichtet wurden, in denen auch ausländische Richter vertreten waren. Entsprechend der bei der Schaffung dieses Tribunals gegebenen Schwierigkeiten gestaltete sich auch seine Arbeitsweise.

So sehr all diese Gerichtshöfe noch ihre Mängel haben, mit ihnen wurden entscheidende Schritte dahingehend gesetzt, dass international etablierte Normen zum Schutz der Zivilbevölkerung in Kriegen und Bürgerkriegen auch umgesetzt werden. Dort, wo sich Machthaber und ihre Erfüllungsgehilfen die längste Zeit hinter der Immunität und der staatlichen Souveränität verschanzen konnten, wurden neue Wege zum Schutz der Menschenrechte beschritten. Dies sollte für die Zukunft zumindest eine abschreckende Wirkung bei all jenen haben, die diese Menschenrechte bis dahin ungestraft verletzen konnten.

Dabei stehen noch einige ungelöste Fragen im Raum, was bei einer neuen Institution wie der internationalen Strafgerichtsbarkeit nicht überraschend ist. Einmal stellt sich die Frage, inwieweit Gerichtsverfahren tatsächlich der nationalen Versöhnung dienen, was immer wieder als Ziel der internationalen Rechtssprechung angesehen wird. Wenn während eines Verfahrens die Verbrechen vergangener Jahre wie ethnische Säuberungen, Völkermord, Folter oder Vergewaltigungen immer wieder aufgezeigt werden, kann dann selbst ein gerechtes Urteil einen Beitrag zur Versöhnung leisten oder werden langjährige Gegensätze prolongiert?

Ein anderes Problem ist die unterschiedliche Beurteilung von Verstößen, die bis zur Doppelbödigkeit reicht. Während der Internationale Strafgerichtshof theoretisch für die ganze Welt zuständig ist, werden praktisch nur Vergehen in einzelnen Regionen geahndet. Verbrechen etwa, die im Nahen Osten, im Krieg zwischen Israel und dem Libanon begangen wurden, kamen vor kein internationales Gericht. Dazu kommen noch Länder wie die USA, die dem „IStGH" gar nicht beigetreten sind. Schließlich stellt sich die Frage, was geschehen soll, wenn Rebellen, wie die der „Lord's Resistance Army" in Uganda, die furchtbare Gewalttaten begangen haben, die Waffen nur unter der Bedingung niederlegen wollen, dass sie nicht vor ein Internationales Gericht gestellt werden. Soll man sich dann für die Gerechtigkeit oder für den Frieden entscheiden?

So sehr diese Fragen wesentliche Probleme aufzeigen, so sieht man daraus auch, dass mit der internationalen Strafgerichtsbarkeit ein neuer Durchbruch erzielt wurde, der darauf ausgerichtet ist den Ordnungsgedanken, der bisher innerstaatlich galt, auf die internationale Ebene zu übertragen.

4.2 Die Welt als Sicherheitsgemeinschaft

So wie verschiedene Länder in der Welt die Verwirklichung gemeinsamer Werte zu einem wesentlichen Ziel ihrer Außenpolitik gemacht haben, so finden sich auch Staaten, die sich zusammenschließen, um gemeinsam Frieden und Sicherheit in jenen Teilen der Welt zu gewährleisten, wo diese gefährdet sind. So sehr eine weltweite Friedensordnung letztlich einen Weltstaat voraussetzen würde, so stellt auch diese Entwicklung, verglichen etwa zu jenen Standards, die vor dem Zweiten Weltkrieg galten, eine Revolution dar. Nicht nur, dass ein Staat nicht mehr, wie dies Jahrhunderte lang üblich war, seine Macht willkürlich gegen andere einsetzen kann, die Internationale Gemeinschaft schaltet sich auch immer wieder dort ein, wo die Zivilbevölkerung innerhalb eines Landes in Bürgerkriegen oder bürgerkriegsähnlichen Auseinandersetzungen zu Schaden kommt. So sehr auch diese Sicherheitsgemeinschaft dadurch geprägt ist, dass es nicht nur um die Verwirklichung von Werten geht, sondern auch die Interessen der beteiligten Länder eine Rolle spielen, so haben sich doch verschiedene Verhaltensweisen herausgebildet, die mehr und mehr als „internationaler Standard" angesehen werden können.

Um diese Standards zu gewährleisten, setzt die Internationale Gemeinschaft immer wieder Aktionen, die, auch wenn die Grenzen fließend sind, schematisch wie folgt eingeteilt werden können: Peace-Keeping; Peace-Making; Peace-Building beziehungsweise Nation-Building;

4.2.1 Peace-Keeping

Unter „Peace-Keeping" versteht man die Hilfe, die einem von einem Konflikt betroffenen Land gewährt wird, um jene Bedingungen zu schaffen, die einen dauernden Frieden ermöglichen. Der Waffenstillstand beziehungsweise Friedensprozess wird von Friedenstruppen überwacht, die auch überprüfen, wieweit die früheren Konfliktparteien die vereinbarten Abkommen umsetzen. Dabei kann die gewährte Hilfe verschiedene Formen annehmen, etwa die Durchführung vertrauensbildender Maßnahmen, die Unterstützung bei Wahlen, Hilfe beim Ausbau der Rechtsstaatlichkeit oder die Förderung der wirtschaftlichen und sozialen Entwicklung. Dementsprechend können die Friedenstruppen – die sehr oft von den Vereinten Nationen gestellt werden – neben den Soldaten auch Polizisten oder zivile Experten umfassen.

Die Charta der Vereinten Nationen ermächtigt den UNO-Sicherheitsrat, kollektive Maßnahmen zur Erhaltung von Frieden und Sicherheit zu ergreifen. Aus diesem Grund richtet sich die Internationale Gemeinschaft immer wieder an den Sicherheitsrat, wenn es darum geht „Peace-Keeping-Operationen" durchzuführen.

Durch das Ende des Kalten Krieges haben sich die Zahl und das Ausmaß der UNO-Einsätze dramatisch gesteigert. Waren es 1988 gerade fünf „Friedenserhaltende Operationen", bei denen 9.500 Personen eingesetzt waren, so stieg diese Zahl bis Mitte 2006 auf 18 Einsätze, bei denen 89.548 Männer und Frauen im Dienste des Friedens tätig waren. Davon waren im Nahen Osten 373 Personen eingesetzt (wobei der Beginn dieser Operation bereits im Jahre 1948 war); 110 Militär-Beobachter waren zwischen Indien und Pakistan im Einsatz (1949); 1.069 waren auf Zypern stationiert (1964); auf den Golan Höhen zwischen Israel und Syrien 1.173 (1974); an der israelisch-libanesischen Grenze 2.381 (1978) und in der von Marokko annektierten West-Sahara 458 (1991).

Nach Beendigung des Kalten Krieges wurden die „Peace-Keeping-Einsätze" der Vereinten Nationen auf folgende Gebiete ausgedehnt: 413 Beobachter wurden in der von Georgien abtrünnigen Provinz Abchasien stationiert (1993); Die UNO-Mission im Kosovo, die 1999 begann, umfasste Mitte 2006 noch 4.934 Personen; das UNO-Kontingent in der Demokratischen Republik Kongo 20.812 Mann (1999); die zwischen Äthiopien und Eritrea stationierten Einheiten 3.807 Mann (2000); der Einsatz in Liberia umfasste 17.406 Personen (2003); die Operation in der Elfenbeinküste 8.528 Soldaten (2004); der Einsatz auf Haiti 9.930 Personen (2004); die Truppen in Burundi 4.384 Mann (2004) und die Sudan-Mission 11.277 Personen (2005). Im Juni 2006 waren bei 22 Einsätzen 88.517 Personen beschäftigt.

Da sich die westlichen Länder immer mehr aus diesen UNO-Operationen zurückzogen, wurden im Jahr 2006 die „Peace-Keeping-Einsätze" vor allem mit Personen aus folgenden Ländern beschickt: Bangladesch (10.255); Pakistan (9.638); Jordanien (3.723); Nepal (3.498); Äthiopien (2.772); Ghana (2.584); Uruguay (2.567); Nigeria (2.456); sowie Südafrika (2.046).

Das Jahresbudget für diese Einsätze lag 2006 bei 5 Milliarden Dollar, was dem Gegenwert von 0,5% der jährlichen Militärausgaben der Welt beziehungsweise dem entsprach, was die Amerikaner in einem Monat 2006 für den Irak-Krieg ausgeben mussten. Die Anteile dieser Kosten unter den zehn größten Zahlern teilten sich wie folgt auf: USA 26%; Japan 19%; Deutschland 9%; Vereinigtes Königreich 7%; Frankreich 7%; Italien 5%; Kanada 3%; Spanien 3%; China 2%; sowie Niederlande 2%.

Wenn diese meist paramilitärischen Operationen der UNO durchwegs dort Erfolg hatten, wo es darum ging, mit Zustimmung der betroffenen Parteien nach Einstellung der Kampfhandlungen den Frieden in einer Konfliktzone mit Hilfe der „Blauhelme" aufrecht zu erhalten, so gab es auch einige tragische Fehlschläge: 1994 konnte der Völkermord in Ruanda nicht verhindert werden; 1995 forderte das Massaker in Sebrenica (Bosnien) tausende Opfer und Ost-Timor, Haiti und Liberia sind nach erfolgten UNO-Missionen wieder ins Chaos verfallen.

4.2.2 Peace-Making

Die „Peace-Making" Funktion der Vereinten Nationen kommt vor allem dort zum Tragen, wo es darum geht, friedliche Verhältnisse innerhalb eines Staates herzustellen. War es zunächst die Aufgabe der UNO, im Rahmen der internationalen Ordnung für die friedlichen Beziehungen zwischen den Staaten zu sorgen, so ging es zunehmend auch darum, *innerhalb* der Staaten jene Bedingungen *zu schaffen*, die eine friedliche Entwicklung ermöglichen. Dabei geht es etwa darum, Bürgerkriege zu beenden, die Menschenrechte zu schützen oder überhaupt den wirtschaftlichen oder sozialen Zusammenbruch eines Landes zu verhindern. So zeigte sich immer wieder, dass der Friede nur dort hergestellt werden kann, wo ein Mindeststandard in der Verwaltung beziehungsweise bei den politischen Strukturen geschaffen werden konnte. Dabei ist eine entscheidende neue Entwicklung eingetreten: Schutzfunktionen, die früher ausschließlich zu den Wesenselementen eines Staates zählten, wie die Gewährleistung eines sozialen Mindeststandards oder der Schutz von Minderheiten und deren kulturellem Erbe wurden im Rahmen von „Peace-Making Operationen" von der „Internationalen Gemeinschaft" übernommen.

Um den Aufbau friedensschaffender Strukturen geht es vor allem dort, wo im Land durch einen Bürgerkrieg oder durch den Zerfall eines Staates zerstört worden ist. Die Internationale Gemeinschaft, oft in der Form von UNO-Beauftragten, bietet ihre „Guten Dienste" an, um einen Waffenstillstand und anschließend eine ausgewogene Beteiligung der früher zerstrittenen Parteien an der politischen Macht zu erreichen.

Auf diese Weise gelang es in den 1990er Jahren, unmittelbar nach Beendigung des Kalten Krieges, eine Reihe von Bürgerkriegen zu beenden und Krisen zu lösen; so etwa in El Salvador, Guatemala, Namibia, Kambodscha, Mosambik, Tadschikistan, in Sierra Leone und Burundi. Auch in Afghanistan konnte zunächst, nachdem die sowjetischen Truppen zum Abzug gezwungen worden waren, ein Friede hergestellt werden und selbst im Sudan wurde der Jahrzehnte dauernde Konflikt zwischen dem Norden und dem Süden des Landes gelöst. Dass beide Länder nur wenige Jahre später neuerlich der Mittelpunkt schwerbewaffneter Auseinandersetzungen waren, zeigt, dass „Peace-Making" leider nicht immer zu einem dauernden Frieden führt.

Dabei stellte sich eines heraus: Die Hilfe von Großmächten, wie etwa der USA, ist bei „Peace-Making Maßnahmen" sehr wertvoll. Nachdem die UNO und auch die EU dem Gemetzel am Balkan jahrelang tatenlos zusahen, wurde der Krieg in Bosnien im November 1995 mit einem Abkommen beendet, das nicht in London, Paris oder Brüssel unterzeichnet wurde, sondern in der amerikanischen Provinzstadt Dayton, im Bundesstaat Ohio. Die Tatsache, dass die USA in den 1990er Jahren so viel für die Rüstung ausgaben wie der Rest der Welt zusammen, gab ihnen die Möglichkeit, sich auf den verschiedensten Kontinenten zu engagieren. So wurde auch die „Road Map" für den Friedensprozess im Nahen Osten auf Druck der Amerikaner festgelegt, auf deren Initiative es auch zu Gesprächen zwischen Pakistan und Indien, sowie zwischen Nord- und Südkorea kam. Andererseits wurden Katastrophen dort nicht verhindert, wo die Vereinigten Staaten kein vitales Interesse sahen einzugreifen, wie eben die längste Zeit am Balkan oder in Ruanda.

4.2.3 Peace-Building

Da ein Waffenstillstand noch lange nicht bedeutet, dass tatsächlich ein dauerhafter Friede hergestellt wird, hat sich die Internationale Gemeinschaft immer öfter entschlossen, in den von Kriegen und Bürgerkriegen zerstörten Ländern den sozialen und wirtschaftlichen Wiederaufbau in die Hand zu nehmen, also zum „Peace-Building". Dabei geht es einmal darum, die Grundlagen für jene politischen Strukturen zu schaffen, die den Rahmen für eine Sicherheit und Ordnung darstellen, in dem ein Wiederaufbau stattfinden kann. Vertrauensbildende Maßnahmen zwischen den Konfliktparteien sollen genauso zum Wiederaufbau und zu einer friedlichen Entwicklung beitragen wie die Hilfe, die bei der Errichtung der öffentlichen Verwaltung oder für die Wiederbelebung der Wirtschaft gewährt wird.

„Peace-Building" ist dabei vielfach erst dann möglich, nachdem durch einen militärischen Einsatz ein Bürgerkrieg beendet wurde beziehungsweise die Streitparteien in die Schranken gewiesen wurden. Dass dabei ein militärischer Einsatz zunächst Zerstörungen anrichten kann, macht die Aufgabe sicherlich nicht leichter. Auf Grund der praktischen Erfahrungen in den verschiedenen Krisengebieten hat sich jedenfalls die Überzeugung durchgesetzt, dass ein mit militärischen Mitteln erreichter Friede nur der Ausgangspunkt einer künftigen Entwicklung sein kann. Es muss daher darum gehen, Richter, Polizisten und Ingenieure auszubilden und einzusetzen, damit sich in einem rechtsstaatlichen Umfeld eine Zivilgesellschaft bilden kann. Wahlbeobachter sollen dann einen Beitrag dazu leisten, dass demokratische Strukturen weiter ausgebaut und gefestigt werden.

a) In *Bosnien* wurde durch das Dayton-Abkommen 1995 ein Krieg beendet, der 100.000 Menschenleben gefordert hat. Der Preis für den Waffenstillstand war eine faktische Teilung des Landes nach ethnischen Grenzen in eine serbische und eine bosnisch-kroatische Hälfte. Durch die geplante Aufbauarbeit sollten die wirtschaftliche und gesellschaftliche Entwicklung und letztlich die Bildung einer bosnisch-herzegowinischen Nation ermöglicht werden. Tatsächlich konnte die Internationale Gemeinschaft, also konkret die USA, die NATO und die EU, unter der Mitwirkung von Russland verhindern, dass das Land auseinander fiel.

Dabei hat sich der „Peace-Building-Prozess" als wesentlich schwieriger erwiesen als ursprünglich erhofft. Selbst zehn Jahre nach dem Dayton-Abkommen war immer noch eine starke Präsenz ausländischer Truppen erforderlich, die meistens aus den EU-Ländern kamen. Zwar wagten sich einige Flüchtlinge zurück, aber von einem einheitlichen Staat konnte noch lange nicht die Rede sein. Die tatsächliche Macht übte, gleichsam als Prokonsul, ein „Hoher Vertreter" der EU aus. Selbst dieser musste vielfach zusehen, wie sich die gewählten Vertreter der drei ethnischen Gruppen immer wieder blockierten.

Dabei flossen schon im Jahre 2002 3,5 Milliarden Euro internationale Hilfe ins ehemalige Jugoslawien, wovon 1,3 Milliarden Euro aus den Kassen der EU kamen. Bis 2006 stellte die EU weitere 4,6 Milliarden Euro zur Verfügung. Allerdings zeigte sich, dass man mit Wahlen und Verordnungen alleine kein Rechtsbewusstsein schaffen konnte. Eine anhaltend starke Kriminalität sowie die Abwanderung der Eliten stellten weitere erhebliche Hindernisse beim Wiederaufbau dar.

b) Auch im *Kosovo* intervenierte die Internationale Gemeinschaft militärisch zunächst so, dass durch NATO-Luftangriffe gegen Jugoslawien eine ethnische Säuberung der Albaner in der Region verhindert werden sollte. Da dieser Einsatz 1999 von den NATO-Ländern ohne Genehmigung der UNO, die nach geltendem Völkerrecht notwendig gewesen wäre, durchgeführt wurde, stellte sich die Frage, wie weit nunmehr das Gewaltverbot, die Souveränität der Staaten, das Prinzip der territorialen Integrität oder der Unverletzlichkeit der Grenzen dann nicht mehr gilt, wenn es um den Schutz der Menschenrechte geht.

Man kann nun argumentieren, der wirkliche Zweck des Rechtes ist Gerechtigkeit oder man kann sich auf ein „Recht der Nothilfe" berufen. Jedenfalls hat der Schutz der Menschenrechte bereits im ausgehenden 20. Jahrhundert einen besonderen Stellenwert erhalten, der die Internationale Gemeinschaft unter Handlungsbedarf setzen kann. Dass bei den dabei verfolgten Zielen auch realpolitische Interessen eine Rolle spielen, liegt in der Natur der Sache. Jedenfalls ist der Schutz der Menschenrechte über nationale Grenzen hinweg ein Teil der politischen Wirklichkeit geworden. Auch wenn diese Gegebenheiten noch weit von der Entwicklung zu einem „Weltstaat" entfernt sind, es gibt zweifellos Tendenzen, die die bisherige Konzeption der nationalen Souveränität einschränken. Der Schutz der Menschenrechte, wie er in der NATO-Intervention zum Schutz der Kosovo-Albaner zum Ausdruck kam, ist jedenfalls ein Indikator dieser Entwicklung.

Wie schwierig sich auch im Kosovo die Aufbauarbeiten gestalteten, zeigte sich, als bei der im Oktober 2004 im Kosovo durchgeführten Parlamentswahlen gerade 53% der Kosovo-Albaner und überhaupt weniger als 5% der noch in der Provinz verbliebenen Serben zu den Urnen gingen. Und dies, obwohl die Wahlen unter der Aufsicht von rund 20.000 Soldaten, die unter einem NATO-Kommando standen, 10.000 ausländischen und einheimischen Polizisten, sowie noch mehr Wahlbeobachtern durchgeführt wurden.

Obwohl die Internationale Gemeinschaft die Wahlen zu einem „historischem Ereignis des UNO-Protektorates" erklärte und eine hohe Teilnahme gefordert hatte, war die niedrige Wahlbeteiligung ein Ausdruck der herrschenden Ernüchterung: fünf Jahre nach dem Abzug der jugoslawischen Sicherheitskräfte fehlten im Kosovo immer noch sowohl wirtschaftliche als auch politische Perspektiven. Trotz dieser ernüchternden Situation haben der Chef der UNO-Verwaltung (UNMIK), die Leiter der lokalen OSZE-Vertretung, der Internationalen Polizei, sowie der NATO-Truppen in Priština, also die Vertreter der Internationalen Gemeinschaft die Wahlen als „einen erfolgreichen Test der politischen Reife" und als ein „positives Signal" bezeichnet.

Dabei wurde selbst durch die ruhigen Wahlen dem Heer der internationalen Sicherheitskräfte, den Experten und Beobachtern die Grenzen der „Peace Building"-Möglichkeiten im Kosovo aufgezeigt. Dies vor allem deshalb, weil die wesentlichsten Grundfragen ungelöst blieben, weil sich die Machtverhältnisse gegenüber früher umgedreht hatten. Jetzt wollten die Kosovo-Albaner, die nunmehr das Heft in der Hand hatten, keine Alternative zu einer baldigen und vollständigen Unabhängigkeit, während sich die Kosovo-Serben darüber einig waren, dass eine Aufgabe der Oberhoheit Belgrads über die Provinz mit allen Mitteln verhindert werden musste. Sie verwiesen auf die Bedeutung des Kosovo als die Wiege der serbischen Kultur, während die aus Albanern zusammengesetzte „Kosovo Liberation Armee" (KLA), die den Westen im Kampf gegen Slobodan Milošević unterstützte, die Früchte ihres Einsatzes ernten wollte.

Trotz einer Aufbauhilfe in der Höhe von mehreren Milliarden Dollar, der Mithilfe von hunderten von NGOs und all den Anstrengungen, eine Zivilgesellschaft aufzubauen, konnte die wirtschaftliche Stagnation nicht überwunden werden. Sieben Jahre nach den NATO-Bombardements waren immer noch 43.000 NATO-Soldaten im Einsatz, nunmehr, um eine ethnische Säuberung der Serben zu verhindern. Und die UNO, die OSZE und die EU waren weiter bemüht, das zu erreichen, was das Ziel der „Peace-Building"-Mission im Kosovo sein sollte: Friede, Sicherheit und Prosperität.

c) Auch in *Afghanistan* ging es nach den militärischen Erfolgen, die 2001 eher rasch gegen die Taliban erzielt wurden, darum, einen Rechtsstaat zu errichten, Schulen und Straßen zu bauen, kurzum darum, das tägliche Leben der Afghanen zu verbessern. Tatsächlich konnte bis 2006 unter dem Schutz der 31.000 ISAF (International Security Assistance Force)-Soldaten und unterstützt von 12.000 amerikanischen Militärs einiges erreicht werden: ein Präsident und ein Parlament wurden gewählt; 4,6 Millionen Flüchtlinge sind zurückgekehrt; die Zahl der Kinder, die Schulen besuchen, konnte von einer Million auf sechs Millionen erhöht werden (darunter ein Drittel Mädchen); alleine 2006 wurden tausend Schulen gebaut und eröffnet; die Zahl der Universitätsstudenten wurde verzehnfacht und die medizinische Versorgung konnte auf 80% der Bevölkerung ausgedehnt werden.

Gleichzeitig wurde aber kritisch festgestellt, dass der gewählte Präsident Hamid Karzai sein Amt nur etwas über die Hauptstadt Kabul hinaus ausüben konnte; dass sich die Korruption ausgebreitet hatte und dass nur wenige Afghanen den Eindruck hatten, ihre materielle und soziale Situation hätte sich verbessert.

Dabei könnte Afghanistan als Musterbeispiel dafür gelten, wie die Zusammenarbeit der „Internationalen Gemeinschaft" beim Wiederaufbau eines zerstörten Landes funktionieren kann: die ISAF-Truppen übernahmen den Kampf gegen die Taliban, um deren Rückkehr an die Macht beziehungsweise den Bau neuer Ausbildungslager für die Terroristen zu verhindern, während sich die EU, unterstützt von anderen Ländern, um den Aufbau der zivilen Institutionen bemühte. Dabei bildeten einige NATO-Länder wie Deutschland mit 2750 Mann, Großbritannien mit 5200, Frankreich mit 1000, Italien mit 1800, die Niederlande mit 2100 und die Kanadier ebenfalls mit 1800 Mann das Rückgrat des ISAF-Kontingents, zu dem insgesamt 37 Länder, von Australien bis Albanien und von Österreich bis Island Truppen stellten. Beim Wiederaufbau wurde auf die Zusammenarbeit mit der Bevölkerung Wert gelegt, die auch über Sinn und Zweck der Mission der „Internationalen Gemeinschaft" entsprechend informiert wurde. Neben dem militärischen Einsatz der ISAF und der Hilfe beim Wiederaufbau, wurde ein besonderes Augenmerk auch auf die Errichtung einer eigenen afghanischen Polizei gelegt, die neben der Ausbildung auch eine entsprechende Ausrüstung erhielt. Alleine Deutschland hat von 2002 bis 2006 90 Millionen Dollar ausgegeben, um 16.000 Polizisten auszubilden. Dazu kamen noch die 40.000 Polizisten, die von den USA um 862 Millionen Dollar ausgebildet wurden. Insgesamt sollten von Deutschland, den USA und Norwegen bis 2007 62.000 Polizisten ausgebildet werden.

Warum wurde dann, trotz dieses enormen Einsatzes der Internationalen Gemeinschaft, die noch dazu von 2000 NGOs unterstützt wurde, von vielen eine kritische Bilanz gezogen?

Zunächst konnte nicht verhindert werden, dass die Opium-Produktion, die 2006 wieder 6000 Tonnen beziehungsweise 90% der Weltproduktion erreichte, explodierte. Offensichtlich war die staatliche Verwaltung zu schwach oder zu korrupt, um dies zu verhindern. Jedenfalls stiegen die Drogeneinnahmen 2006 um 2,7 Milliarden Dollar und erreichten damit 52% des afghanischen BIP.

Dazu kamen die Bemühungen der Taliban, eine neue Generation von Koran-Schülern einzuschleusen. Deren Ziel war es, den Aufbau staatlicher Strukturen beziehungsweise die wirtschaftliche Entwicklung überhaupt zu verhindern. Immer mehr internationale Hilfsorganisationen verließen die von den Taliban beherrschten Regionen, wo die Unsicherheit immer größer wurde. Formell konnte der 2001 im Rahmen einer Konferenz in Bonn beschlossene Wiederaufbau-Plan eingehalten werden – da Wahlen stattfanden und auch ein Präsident installiert wurde – tatsächlich musste sich aber die „Internationale Schutztruppe" (IFAS), die die Reste der Taliban lediglich aufreiben sollte, zu einem NATO-Kampfverband formieren. Die zivile Entwicklung wurde wesentlich schwieriger, als ursprünglich angenommen: die Taliban sind wieder erstarkt, genauso wie einige örtliche Kriegsherren. Zwischen den einzelnen ethnischen Gruppen gibt es eine lange Geschichte bewaffneter Auseinandersetzungen und der verstärkte Mohnanbau und der Schmuggel konnten nicht verhindert werden. Wenn es darüber hinaus der Al-Kaida gelungen ist, verstärkt Selbstmord-Attentäter auszubilden, die bereit waren, ihr Leben im „Heiligen Krieg" einzusetzen, dann folgte diese Entwicklung einer Geisteshaltung, die der von der „Internationalen Gemeinschaft" vertretenen entgegengesetzt ist. Es ist wohl auch diese unterschiedliche Vorstellung von der Welt, die verhindert, dass die Internationale Gemeinschaft in nächster Zeit eine „Weltgemeinschaft" wird.

4.2.4   Ist Nation-Building von außen überhaupt möglich?

Warum ist der Wiederaufbau in Bosnien, im Kosovo oder in Afghanistan, trotz größter Anstrengungen der „Internationalen Gemeinschaft" so schwierig? Wohl insbesondere deshalb, weil der Aufbau einer Verwaltung oder der Ausbau der Infrastruktur dann nicht genügt, wenn der eigenen Bevölkerung ein Bewusstsein der Zusammengehörigkeit fehlt, das eine wesentliche Voraussetzung für die Entstehung eines staatlichen Gemeinwesens ist. „Nation-Building" muss daher nicht nur auf den Aufbau staatlicher Strukturen ausgerichtet sein, sondern insbesondere auch darauf, der Bevölkerung das Gefühl der Zusammengehörigkeit zu vermitteln. Da aber eine Nation, also eine Schicksalsgemeinschaft, erst über Generationen entsteht und nicht einfach von oben verordnet werden kann, genügt auch eine gute wirtschaftliche Entwicklung noch nicht, um aus verschiedenen, früher sogar verfeindeten Bevölkerungsgruppen, eine Einheit zu machen.

Jahrhunderte hindurch waren es die mächtigen Staaten, die gegeneinander Kriege führten und versuchten, die internationale Ordnung zu ihren Gunsten zu verändern. Diese Situation stellte sich um die letzte Jahrhundertwende ganz anders dar: in den 15 Jahren um das Jahr 2000 waren 80% der ärmsten Länder in bewaffnete Konflikte involviert. Die Weltbank stellte einen direkten Zusammenhang zwischen Armut, Abhängigkeit von Rohstoffen und Bürgerkriegen her. Der Krieg verminderte dann die Einkommen weiter, die Ausgaben für Waffenkäufe stiegen und das ausländische Kapital zog sich aus dem Krieg führenden Land zurück. Schließlich entstand dann in einigen Ländern eine Situation, die so katastrophal wurde, dass man von einem „failed state", einem „gescheiterten Staat", sprechen musste.

Dass die Terroristen vom 11. September 2001 in Afghanistan ausgebildet wurden, zeigt, wie gerade „ein gescheiterter Staat" eine Bedrohung für die Sicherheit anderer Länder darstellen kann. Landstriche, in denen die eigenen Behörden nicht mehr in der Lage oder nicht willens sind, Sicherheit und Ordnung aufrecht zu erhalten, können nur zu leicht eine Ausgangsbasis für terroristische Aktionen, für das organisierte Verbrechen oder für den Drogenhandel sein. Schon deshalb muss die Internationale Gemeinschaft im eigenen Interesse daran interessiert sein, geordnete Gemeinwesen dort aufzubauen, wo sie nicht bestehen, also erst durch „Nation-Building" geschaffen werden können.

Die Vereinten Nationen waren immer wieder damit beschäftigt, beim Aufbau staatlicher Strukturen Hilfe zu leisten, etwa zur Zeit der Entkolonialisierung. Mit der 1992 verabschiedeten „Agenda für den Frieden" wurde „Nation-Building" zu einem klaren Ziel erklärt. Noch im selben Jahr sollte das erste diesbezügliche Projekt in Kambodscha in Angriff genommen werden. Ganz offiziell war davon die Rede, den Staat neu aufzubauen und die in Schutt und Asche gelegene kambodschanische Gesellschaft neu entstehen zu lassen. Nicht unerhebliche Mittel wurden dafür eingesetzt: Die UNO schickte 22.000 Militärs und zivile Helfer ins Land. Die Operation, die lediglich 18 Monate dauerte, kostete immerhin 1,6 Milliarden Dollar.

Als Somalia Anfang der 1990er Jahre nach der Abdankung des bis dahin starken Mannes, Siad Barres, immer mehr zerfiel und Banden die Bevölkerung immer stärker terrorisierten, waren es die schockierenden Bilder, die über die internationalen Fernsehstationen übermittelt wurden, die einen so starken Druck in der

„öffentlichen Meinung" erzeugten, dass die USA im Rahmen einer „humanitären Aktion" im Dezember 1992 militärisch intervenierten. Als dann allerdings
im Oktober 1993 18 US-Ranger in einem Feuergefecht umkamen und die toten
Soldaten durch die Straßen von Mogadischu geschleift wurden, machte die „öffentliche Meinung" in den USA einen Schwenk und die Clinton-Regierung war
gezwungen, einen Zeitplan für den Rückzug der Truppen aus Somalia bekannt
zu geben.

Dabei war der amerikanische Einsatz in Somalia von den Vereinten Nationen
ausdrücklich mit dem Ziel genehmigt worden, sichere Rahmenbedingungen für
die humanitäre Hilfe zu schaffen. Eine im Dezember 1992 einstimmig verabschiedete Resolution des Sicherheitsrates nahm ausdrücklich auf Kapitel VII der
UN-Charta Bezug, wonach der Einsatz von Gewalt erlaubt wird. In Somalia gab
es auch keine Regierung mehr, die sich einer ausländischen Intervention widersetzen hätte können, da die staatlichen Strukturen zusammengebrochen waren.
Deshalb konnte diese Aktion auch das Prinzip der staatlichen Souveränität nicht
verletzen. Dennoch gelang es nicht, die eher bescheidenen Ziele der Intervention
zu erreichen, nämlich die Möglichkeit zu schaffen, Hilfslieferungen ins Land zu
bringen. Die Bevölkerung Somalias war, nach dem Abzug der Amerikaner, weiteren Jahren des Chaos ausgesetzt, von „Nation-Building" konnte keine Rede
mehr sein.

Auch die Bemühungen der „Internationalen Gemeinschaft", aus Haiti ein geordnetes Staatswesen zu machen, müssen als gescheitert betrachtet werden. Nach
dem Sturz des Diktators Jean-Claude „Baby Doc" Duvalier 1986 sollte eine Ü-
bergangsperiode zur Demokratie führen. Tatsächlich führte sie ins Chaos. 20
Jahre nach dem Sturz des Diktators lebten 80% der Bevölkerung immer noch in
größter Armut und mussten mit weniger als zwei Dollar am Tag auskommen.
Die Lebenserwartung betrug dann lediglich 53 Jahre und Haiti war, nach dem
südlichen Afrika, das von Aids am meisten betroffene Land. Nur 5% der Straßen
sind befahrbar und nur 10% der Bevölkerung sind an einem Elektrizitätsnetz
angeschlossen.

Dabei hat die Internationale Gemeinschaft alleine in den zehn Jahren nach 1994 immerhin 2,6 Milliarden Dollar für den Aufbau des Landes ausgegeben, die weitgehend versickert sind. Nachdem der korrupte Präsident Jean-Bertrand Aristide im Februar 2004 ins Exil geschickt worden war, wurde von befreundeten Geberländern wie den USA, der EU und Kanada sowie dem Internationalen Währungsfonds und der Weltbank ein „Rahmenabkommen zur weiteren Zusammenarbeit" abgeschlossen, womit weitere 1,1 Milliarden Dollar in Aussicht gestellt wurden. Davon wurden bis Oktober 2005 tatsächlich 780 Millionen Dollar zur Verfügung gestellt.

Gleichzeitig wurden unter der Ägide der Vereinten Nationen und unter brasilianischer Führung 9000 Blauhelme ins Land geschickt. Dennoch sind im Oktober 2004 neuerlich Unruhen ausgebrochen, die die Durchführung verschiedener Aufbauprojekte erschwerten beziehungsweise überhaupt verhinderten. Der im Februar 2006 gewählte Präsident René Préval hat sich dann zum Ziel gesetzt, funktionierende staatliche Strukturen aufzubauen: die Armut soll vermindert, die Landwirtschaft ausgebaut und die Landflucht eingedämmt werden. Dies wird eine wohl kaum lösbare Aufgabe sein, genauso wie die stärkere Bekämpfung von Kriminalität und Korruption. Denn leider zeigen die verschiedenen Beispiele, dass die Internationale Gemeinschaft dort machtlos ist, einen Staat beziehungsweise eine Nation aufzubauen, wo die eigene Bevölkerung nicht in der Lage ist, die Grundvoraussetzungen dafür zu schaffen.

V. Teil: Neue Wesenszüge in den Internationalen Beziehungen

1. Die demokratische Revolution in der Außenpolitik

Jahrhunderte hindurch war die Außenpolitik „Domaine réservé" des Staatsoberhauptes. Er bestimmte Ziele und Inhalte der „auswärtigen Angelegenheiten", ein kleiner Kreis von Experten konnte ihn dabei beratend unterstützen. Selbst lange nachdem durch die Französische Revolution die Grundlagen für die Gestaltung der innerstaatlichen Institutionen und des innerstaatlichen Entscheidungsprozesses nach demokratischen Prinzipien gelegt worden waren, wurden Parlament und Volk noch lange nicht im selben Ausmaß in den außenpolitischen Entscheidungsprozess eingebunden.

All dies änderte sich ganz wesentlich, als, weit über Sicherheitsfragen hinaus, andere Themen, vom Handel bis zu den Menschenrechten, in die internationale Diplomatie einbezogen wurden. Außerdem wurden durch die „Bildungsrevolution" aus Untertanen, die gewohnt waren jede außenpolitische Entscheidung hinzunehmen, kritische Bürger. Diese stellten dann sehr wohl die Frage, wie sich das internationale Geschehen auf ihr persönliches Schicksal auswirken könnte.

War Diplomatie die längste Zeit ein Bereich, der die Beziehungen zwischen souveränen Staaten festlegte und gestaltete, so wurde seit dem Zweiten Weltkrieg auch in der Außenpolitik der Bürger zunehmend der Souverän. Er wurde nicht nur Adressat der Außenpolitik seines Landes, sondern immer stärker auch ein kritischer Meinungsbildner. Entsprechend kam es auch zu einer generellen Neuorientierung der internationalen Beziehungen: waren diese seit den Anfängen der Staatenwelt auf die Macht und Größe des eigenen Landes ausgerichtet, so steht nunmehr das Wohl der Bürger im Mittelpunkt. Dass das „Bürgerservice" heute ein ganz wesentlicher Bereich in jedem Außenministerium ist, ist nur eine Komponente dieser Entwicklung. Viele andere Aktivitäten verfolgen dasselbe Ziel, von internationalen Abkommen über den Umweltschutz bis zur

Durchsetzung der Menschenrechte; von Visa-Vereinbarungen bis zu internationalen Handelsverträgen.

Die „Informationsrevolution" ergänzte die „Bildungsrevolution". Begriffe wie Volkssouveränität, Gleichheit, Toleranz, Grundrechte, Gewaltenteilung oder Öffentlichkeit wurden durch die weltweit stattgefundene Informationsrevolution nicht nur viel stärker vermittelt als früher, sie wurden vielfach auch zum Maßstab für die Bürgernähe einer Außenpolitik. Jedenfalls hat diese Informationsrevolution sehr dazu beigetragen, dass Außenpolitik nicht nur mit dem, sondern auch für das Volk gemacht werden muss, will eine Regierung wieder gewählt werden.

So wie der moderne Verfassungsstaat damit begann, dass Bürgerkriegsparteien, damals konfessionell ausgerichtet, entwaffnet wurden und das staatliche Gewaltmonopol sich durchsetzte, so hat auch die Demokratisierung der Außenpolitik dazu geführt, dass Kriege, wo immer sie in der Welt geführt werden, immer kritischer gesehen und damit teilweise sogar unmöglich wurden. Die Demokratisierung der Außenpolitik hat auch dazu geführt, dass sich eine internationale Gerichtsbarkeit entwickelte und dass Menschenrechte, zumindest im Prinzip, weltweit anerkannt wurden. Es entstanden internationale Organisationen und NGOs, die darauf ausgerichtet waren, das Wohl der Menschen zu fördern, manchmal auch gegen den Widerstand von Staaten.

1.1 Die Bildungsrevolution

Noch nie in der Geschichte der Menschheit wurde so vielen jungen Menschen der Zugang zu einer schulischen Bildung und Ausbildung eröffnet wie während der letzten beiden Generationen. Wo die Grundschul-Ausbildung schon vorher sichergestellt war, wie in Europa oder Nordamerika, erhöhte sich die Zahl der Mittelschüler und Universitätsstudenten dramatisch, auf den anderen Kontinenten wurde das System der Grundschule ausgebaut. Heute besuchen in Europa 95% der Grundschul-Absolventen eine weiterführende Schule, in Nord- und Süd-Amerika und selbst in Asien liegt diese Quote immerhin über 80%. Besuchten 1960 in den europäischen Industriestaaten nur 2,2% eines Jahrgangs eine

Hochschule oder Universität, so stieg dieser Anteil bis 2002 auf 59%; in Nord-Amerika im selben Zeitraum von 7,2% auf 55%. Weltweit stieg der Besuch Höherer Schulen von 28 Millionen Studenten Anfang der 1970-iger Jahre auf 69 Millionen im Jahr 1990 und soll bis 2025 bereits 150 Millionen erreichen.

Was hat all dies mit Außenpolitik zu tun? Sehr viel! Denn sehr vielen dieser jungen Menschen wird nicht nur Wissen, sondern auch kritisches Bewusstsein vermittelt. Und Entwicklungen und Ereignisse, die früher mehr oder weniger hingenommen wurden, werden nunmehr kritisch hinterfragt. Dies gilt nicht nur für die großen Ereignisse wie Kriege und Militäreinsätze, sondern betrifft auch Fragen des internationalen Umweltschutzes, der Entwicklungshilfe, der Sicherheit oder der Menschenrechte.

Seit der Aufklärung gehört es zu den europäischen Bildungsidealen, die Entwicklung der Welt zu erklären und Möglichkeiten einer rationalen Umgestaltung zu erörtern. Entsprechend haben sich die gesellschaftlichen, wirtschaftlichen und politischen Verhältnisse geändert, wobei zweifellos auch immer wieder eine weniger rationale Dimension eine Rolle spielte. Aber immerhin: die Lehre vom Naturrecht als einem dem positiven Recht vorgelagerten Grundwert wurde auch in der Außenpolitik immer bedeutender und damit verbunden der Stellenwert des Menschen, dem „unveräußerliche Rechte" zugeschrieben wurden. Wurde nun der Schutz dieser „natürlichen Rechte" der Bürger die längste Zeit als eine wesentliche Aufgabe des Staates angesehen, so wurde diese Aufgabe mit der Entwicklung der Internationalen Gemeinschaft zunehmend auf diese übertragen. Entsprechend entwickelte sich auch die kritische Erwartungshaltung vieler Bürger, die nunmehr, bewusst oder unbewusst, im Geiste der Aufklärung erzogen wurden.

Ohne hier auf die verschiedensten Auswirkungen der Bildungsrevolution weiter einzugehen, kann man jedenfalls feststellen, dass die verstärkte Bildung das Wissen um internationale Zusammenhänge wesentlich gesteigert hat; das Interesse, daran mitzuwirken, wurde wesentlich erhöht; und dazu kam noch, dass diese Entwicklung durch die Informationsrevolution massiv verstärkt wurde.

1.2 Informationsrevolution

Die Informationsrevolution der letzten Jahre bewirkte, dass die Menschen auf der ganzen Welt mit verfolgen können, was sich selbst in den entlegensten Winkeln der Erde tut. Dass dadurch viel eher ein Gefühl der Betroffenheit und manchmal auch einer Mitverantwortung entsteht, als in früheren Zeiten, liegt auf der Hand. Und dies hat revolutionäre Auswirkungen in den verschiedensten Bereichen: standen früher die offiziellen Beziehungen zwischen den Staaten mit entsprechenden Förmlichkeiten im Mittelpunkt des außenpolitischen Geschehens und auch der Berichterstattung darüber, so reichen die nunmehr vermittelten Informationen über die internationalen Vorgänge von den spezifischen Gegebenheiten in einem Land über das Schicksal der Menschen bis zu den Vergleichen ihres täglichen Lebens. War der Bürger früher weitgehend auf offizielle Darstellungen darüber angewiesen, wie die Kampfhandlungen in einem Krieg verliefen, so wird nunmehr über Fernsehen, Mobiltelefon und Internet übermittelt, was sich wirklich tut.

Mit welcher Geschwindigkeit sich die neuen Informationsträger ausbreiten, ist aus folgenden Zahlen ersichtlich: dauerte es bei dem 1876 erfundenen Telefon noch 35 Jahre, bis ein Viertel des amerikanischen Marktes damit ausgestattet war; waren es bei dem 1906 erfundenen Radio noch 22 Jahre; so dauerte es bei dem 20 Jahre später erfundenem Fernsehen noch 26 Jahre. Demgegenüber hatten die 1983 erfundenen Handys bereits 13 Jahre später ein Viertel des US-Marktes erobert; bei dem 1991 erfundenen Internet gelang dies überhaupt schon in sieben Jahren.

2006 benutzten in den Industriestaaten der OECD bereits 40% der Bevölkerung das Internet, in manchen Staaten wie Österreich, Deutschland oder den USA liegt der Prozentsatz sogar darüber. Selbst in China hatten 2006 schon an die 100 Millionen Menschen einen Internet-Anschluss. Zum selben Zeitpunkt gab es weltweit zwei Milliarden Benützer von Mobiltelefonen, darunter 342 Millionen in Europa und 421 Millionen in China, wo es nur vier Jahre vorher erst 171 Millionen waren. Alleine im ersten Quartal 2006 wurden weltweit 235 Milliarden SMS verschickt.

Wie wirkt sich nun die Informationsrevolution, mit dem Internet, den Mobiltelefonen und den weltweiten Fernsehanstalten, auf die Gestaltung der Außenpolitik eines Landes aus. Zunächst gibt es einmal wesentlich mehr Informationen über das internationale Geschehen, und das nicht nur für die Außenministerien und andere Experten, sondern für alle. Es gibt keine Informationsmonopole mehr. Botschaften, Nachrichtenstationen, NGOs und Interessengruppen, sie alle können Nachrichten sammeln, verwerten und weitergeben. Dass dabei die unterschiedlichsten Gesichtspunkte eine Rolle spielen, liegt auf der Hand. Was auf CNN als „Terror" dargestellt wird, ist auf Al Jazeera „Widerstand", genauso, wie aus „Aufruhr" am amerikanischen Sender „Kampf" am arabischen werden kann. Kleine sprachliche Veränderungen können größte Auswirkungen haben; etwa wenn statt eines „Krieges im Irak" von einem „gegen den Irak" gesprochen wird.

Insgesamt kann man wohl sagen, dass die Auswirkungen der Informationsrevolution im außenpolitischen Bereich nicht hoch genug eingeschätzt werden können: Menschen werden besser informiert, jede Entwicklung oder Krise kann plötzlich eine Schlagzeile in den Weltnachrichten werden, der kritische Bürger ist nunmehr in der Lage, sich sein eigenes Bild vom Geschehen in der Welt zu machen.

1.3   Die Welt wurde kritischer

Eine entscheidende Auswirkung der Informationsrevolution bestand darin, dass dadurch – verbunden mit der Bildungsrevolution – das kritische Potential innerhalb einer interessierten Öffentlichkeit wesentlich größer wurde. Der Einfluss der großen Medien-Konzerne wie BBC oder CNN wurde derart gestärkt, dass diese oft bestimmten, was „News" und damit internationales Geschehen ist. NGOs erhielten die Möglichkeit, ihre Anliegen und ihre Sicht der Dinge in einem vorher nicht gekannten Ausmaß zu verfolgen und darzustellen. Themen wie Menschenrechte, Umwelt, Frauenrechte oder das Verbot von Landminen hätten ohne die gewaltige mediale Unterstützung, die sie erfahren haben, nie in dem Ausmaß umgesetzt werden können, wie dies tatsächlich der Fall war. Insgesamt kann man wohl auch feststellen, dass viele Aktivisten mit massiver medialer Unterstützung ihre Kritik am internationalen Geschehen in einer Intensität und einer Weise darlegen konnten, wie dies vorher unvorstellbar war: die WTO musste im Dezember 1999, nicht zuletzt aufgrund der Bilder, die in der Öffentlichkeit gezeigt wurden, ihre Tagung in Seattle abbrechen und hat sich davon seither nicht wirklich erholt. Der IMF und die Weltbank kamen nicht umhin, auf die von der „Zivilgesellschaft" über die Medien vorgetragene Kritik, der sie immer wieder ausgesetzt waren, einzugehen und mussten jahrelang verfolgte Strategien ändern.

Ganze Bibliotheken wurden darüber geschrieben, wie sich die neuen Kommunikationstechnologien auf moderne Waffensysteme und auf die Art der Kriegsführung auswirken, von „chirurgisch" durchgeführten Raketenangriffen bis zur Fernsteuerung ganzer Armeen. Verschiedentlich hieß es, moderne Krieger brauchen Computer notwendiger als Gewehre.

Was aber viel weniger beachtet wurde, was aber auf den modernen Krieg mindestens so große Auswirkungen hat, ist die Informationsrevolution, die den Bürger trifft: operative militärische Vorgänge werden direkt in die Wohnzimmer übertragen; das oft furchtbare Schicksal einzelner gefallener oder verwundeter Soldaten wird weltweit ausgestrahlt; und die Zahl der Kriegstoten wird in Form eines täglichen „Bodycount" international verbreitet. Kann man unter solchen Bedingungen noch Kriege führen? Das ganze Wesen der Ausübung von Macht hat sich durch die Informationsrevolution jedenfalls grundlegend geändert.

Insgesamt können daher die Auswirkungen der Informationsrevolution auf die internationalen Beziehungen nicht hoch genug eingeschätzt werden: Konflikte in Gegenden, die bis dahin niemand kannte, von Darfur bis Chiapas rücken plötzlich in den Mittelpunkt des „Weltinteresses". Politische Bereiche, die bis dahin Angelegenheiten des außenpolitischen Establishments waren, von zwischenstaatlichen Verhandlungen bis zu Auftritten in internationalen Organisationen, werden nunmehr von Medien und NGOs kritisch überwacht. Und das außenpolitische Engagement, Ziele und Mittel der internationalen Beziehungen, von der Entwicklungshilfe bis zur Einigung Europas, sind nunmehr jener kritischen Diskussion ausgesetzt, die die längste Zeit der Innenpolitik vorbehalten war.

2. Die Welt zwischen Globalisierung und Regionalismus – welche Kräfte bestimmen die Weltwirtschaft?

Globalisierung ist in aller Munde. Tatsächlich ist die Welt seit dem Fall des „Eisernen Vorhangs" in vielen Bereichen zusammengerückt: die Handelsströme sind stark gestiegen; große internationale Konzerne investieren über alle nationalen Grenzen hinweg weltweit; Touristen reisen in die entferntesten Gebiete und die moderne Kommunikationstechnik informiert die Menschen darüber, was gerade irgendwo in der Welt geschieht.

Aber die Globalisierung ist nicht der einzige Trend, der das Weltgeschehen, gerade im wirtschaftlichen Bereich, bestimmt: auf allen Kontinenten, in Europa, in Nord- und Südamerika sowie in Südostasien, haben sich Wirtschaftsgemeinschaften beziehungsweise Freihandelszonen gebildet, die dazu führen, dass die regionale Integration an manchen Orten noch stärker ist als die globale. Dies kann sogar dazu führen, dass Länder, ja ganze Kontinente, auseinanderdriften, was etwa an den Beziehungen zwischen Kanada und Europa deutlich wird: So sehr sich Kanada und die EU bemühen, die Kooperation zu verstärken, die Geographie verdrängt zunehmend die im Laufe der Geschichte entstandenen Bande: War Kanada von seiner Entstehung her ein europäisches Land, mit europäischen politischen Institutionen, einer Einwanderung aus Europa und einer Verankerung im europäischen Sicherheitssystem im Rahmen der OSZE, so haben sich während der letzten Jahre die Gegebenheiten drastisch geändert: exportierte Kanada bis zum 2. Weltkrieg noch gleich viel in die USA und nach Großbritannien, so gehen heute 87% der Exporte zum südlichen Nachbar, aber nur mehr 1% nach England. Die Einwanderer kommen vor allem aus Asien und der Karibik, und die Europäer arbeiten am Aufbau ihres eigenen Sicherheitssystems. Dieselbe Tendenz gibt es auch zwischen Europa und den USA.

Hier sollen zunächst einige Wesenselemente der Globalisierung und der Regionalisierung aufgezeigt werden, um dann auf die Frage einzugehen, welche Möglichkeiten der zwischenregionalen Zusammenarbeit sich ergeben.

2.1 Erscheinungsformen der Globalisierung

Auf den stark gestiegenen Welthandel wurde schon im Kapitel über multinationale Unternehmen hingewiesen. Nunmehr soll dargelegt werden, wieweit auch ausländische Direktinvestitionen, technische Entwicklungen und der moderne Massentourismus die globale Entwicklung beeinflussen.

2.1.1 Ausländische Direktinvestitionen

Die ausländischen Direktinvestitionen (FDI) sind ein wesentlicher Indikator für die Globalisierung der Weltwirtschaft. Immerhin betrugen die FDI-Bestände 2003 schon 8245 Mrd. Dollar, 12mal mehr als 20 Jahre vorher. Nach dem Weltinvestitionsbericht der UNCTAD betrugen die Bestände ausländischer Direktinvestitionen (FDI) 2006 12,474 Billionen Dollar, was einem Viertel des weltweiten BIP (48,293 Milliarden Dollar) entspricht. Nach Regionen aufgegliedert entfielen 2003 ausländische Direktinvestitionen in der Höhe von 3335 Mrd. Dollar auf die EU; von 1554 Milliarden Dollar auf die USA; von 275 Milliarden Dollar auf Kanada; von 647 Mrd. Dollar auf Südamerika und auf die Karibik sowie von 501 Mrd. Dollar auf China und von 375 Mrd. auf Hong Kong; während auf Singapur 147 Mrd. Dollar entfielen.

Untersuchungen des UNCTAD-Sekretariats ergaben, dass der Dienstleistungsbereich weltweit zu Lasten des Industriesektors einen wachsenden Anteil der FDI für sich beansprucht. Diese Entwicklung ist darauf zurückzuführen, dass neben Handel, Verkehr und dem Finanzwesen zunehmend weitere Dienstleistungsbereiche wie Banken und Versicherungen grenzüberschreitende Strategien verfolgen. 2006 stieg die Zahl der bilateralen Investitionsabkommen um 73 auf 2573 Verträge und jene von Doppelbesteuerungsabkommen um 83 auf 2651 Vereinbarungen.

Eine wesentliche strukturelle Verschiebung gab es insofern, als in den frühen 1970er Jahren nur ein Viertel des weltweiten Bestandes an FDI auf den Dienstleistungsbereich entfiel, während es 2002 bereits 60% waren, und drei Jahre später 61%.

Was die jährlich getätigten ausländischen Direktinvestitionen betrifft, so beliefen sich diese 1970 auf lediglich 12,9 Mrd. Dollar, während sie im Jahre 2000 mit 1393 Mrd. Dollar einen Höhepunkt erreichten. Danach ging der weltweite Kapitalfluss 2002 auf 678 Mrd. Dollar und ein Jahr später auf 559 Mrd. Dollar zurück. Einer der Gründe für den Rückgang der FDI in den Mitgliedsländern der OECD war die schwache Konjunktur in vielen größeren Industrieländern, insbesondere in Europa. 2006 beliefen sich die getätigten FDI auf 1.200 Milliarden Dollar und näherte sich somit wieder dem Rekordhoch von knapp 1.400 Milliarden Dollar des Jahres 2000 an. 8 Milliarden dieser Direktinvestitionen kamen aus Entwicklungsländern; 103 Milliarden aus Süd-, Ost- und Südostasien; 13 Milliarden aus Westasien; 43 Milliarden aus Mittel- und Südamerika; 18,7 Milliarden aus Südosteuropa; und 1023 Milliarden aus den Industriestaaten (EU 572 Milliarden, 217 USA).

Nicht uninteressant ist, dass China im Jahr 2003 mit 53 Mrd. Dollar die USA mit 40 Mrd. Dollar als Land mit dem größten Zufluss an ausländischen Direktanlagen überholte. In verschiedenen Ländern gab es einen rückläufigen Trend an Zuflüssen. Besonders betroffen waren Großbritannien (2003: 14,6 Mrd. Dollar, 2002: 27,8 Mrd. Dollar), das immer mehr seine frühere Attraktivität verlor; Deutschland (2003: 12,9 Mrd. Dollar, 2002: 36 Mrd. Dollar), Kanada (2003: 6,6 Mrd. Dollar, 2002: 21 Mrd. Dollar) und Spanien (2003: 25,6 Mrd. Dollar, 2002: 35,9 Mrd. Dollar). Zu den Ausnahmen gehörte Frankreich, das wegen eines allgemein günstigen Übernahmeklimas und trotz der Versuche der Regierung, Übernahmen französischer Konzerne durch Ausländer zu bremsen, mit 47 Mrd. Dollar das Vorjahrsniveau (48,9 Mrd. Dollar) beinahe wieder erreichte. Zu den Ausnahmen gehörte auch die Schweiz, wo der Zufluss an Direktinvestitionen 2003 immerhin 12 Mrd. Dollar erreichte und sich damit gegenüber dem Vorjahr mehr als verdoppelte.

2006 verringerte sich zum ersten Mal seit sieben Jahren das Investitionsvolumen nach China und betrug somit 69 Milliarden Dollar. Dagegen stiegen die Direktinvestitionen in Taiwan gleich um 360 Prozent im Vergleich zum Vorjahr. Die Direktinvestitionen in den USA stiegen 2006 um 88 Prozent auf 266 Milliarden Dollar, die nach Kanada verdoppelten sich und betrugen – wie die FDIs in China

– 69 Milliarden Dollar. Der Zufluss an Direktinvestitionen nach Großbritannien verringerte sich hingegen um 28 Prozent (140 Milliarden Dollar), der nach Deutschland erfuhr eine Steigerung von 20 Prozent auf 43 Milliarden Dollar.

Die umfangreichsten Direktinvestitionen stammen aus den USA, von wo aus 2003 Auslandsinvestitionen in der Höhe von 173,8 Mrd. Dollar getätigt wurden. Die nächst wichtigsten Geberländer waren Frankreich mit 57,3 Mrd. Dollar und Großbritannien mit 55 Mrd. Dollar. Die OECD stellte markante Verschiebungen im Charakter der Kapitalflüsse fest: Während früher multinationale Konzerne in Entwicklungsländern vor allem deshalb investierten, um einen Zugang zu Rohstoffen oder niedrigeren Lohnkosten zu bekommen, sind sie nunmehr bestrebt, auf den Märkten der großen Entwicklungsländer mit eigenen Produktionsstätten vertreten zu sein. Dieser Trend ist vor allem in China, aber auch in Indien (4 Mrd. Dollar) festzustellen. Interessant ist, dass die FDI in Russland mit einem Zufluss von 1 Mrd. Dollar in Jahr 2003 weit unter jenen von Indien lagen. Dies änderte sich in den darauffolgenden Jahren: 2006 wurden 17 Milliarden Dollar nach Indien investiert (plus 153 Prozent im Vergleich zu 2005). Dennoch überholte Russland Indien mit einem Rekordzufluss von 29 Milliarden Dollar.

Insgesamt kann man wohl sagen, dass auch der starke Anstieg der FDI aufgrund der zunehmenden Öffnung der Märkte erfolgte, wobei der Zusammenhang mit dem Zusammenbruch des Sowjetsystems offenkundig ist. In protektionistischen Märkten waren Fremdinvestitionen nicht erwünscht und wurden sehr erschwert. Mit dem Zerfall der UdSSR brach nicht nur ein Staat, sondern eine Ideologie zusammen. Die Öffnung der Märkte galt damit als jenes Grundprinzip, das Wohlstand und Entwicklung ermöglichte.

2.1.2 Multinationale Konzerne

Die bedeutende Rolle der „Multis" in den internationalen Beziehungen wurde schon im Kapitel über die „multinationalen Unternehmen als neue Player" im internationalen Geschehen dargestellt. Tatsächlich haben die großen multinationalen Konzerne sehr stark zur Globalisierung der Weltwirtschaft beigetragen. Ein großer Teil des Welthandels wird innerhalb dieser Unternehmen getätigt. Es sind vor allem auch die „Multis", die in den verschiedensten Ländern investieren.

Es gibt heute zehntausende Unternehmen, die in mehr als einem Land tätig sind. Alleine die 500 größten Konzerne der Welt hatten im Jahr 2000 einen Umsatz von 9200 Mrd. $, was etwa einem Drittel des gesamten Welt-BIP entsprach. Schon die 50 größten Konzerne der Welt beschäftigen 9,5 Mio. Menschen, stellen einen Vermögenswert von 4.500 Mrd. $ dar (davon insgesamt 2.277 Mrd. $ jeweils im Ausland) und erreichen einen Umsatz von 3.168 Mrd. $.

Die meisten „Multis" haben ihren Sitz in den Vereinigten Staaten, in Europa oder in Japan, also in jenen Regionen wo auch die meisten ausländischen Direktinvestitionen getätigt werden. Von den weltweit 50 größten Konzernen sind 11 in den USA beheimatet, je 8 in Frankreich und Deutschland, 7 in Großbritannien und 4 in Japan. Jedenfalls können sich Marktwert und Macht vieler internationaler Konzerne mit mittleren Nationalstaaten messen. Und während die Nationalstaaten durch die Globalisierung an Handlungsspielraum eingebüßt haben, hat sich jener der internationalen Konzerne erhöht.

2.1.3   Die Technik als Motor der Globalisierung

Die moderne Kommunikations- und Informationstechnologie hat ganz wesentlich dazu beigetragen, dass die Menschen in den verschiedensten Teilen der Welt das Gefühl erhielten, einander näher gerückt zu sein. Das Mobiltelefon stellt Kontakte zwischen den Anden und den Alpen genauso her wie zwischen Peking und New York. Über das Internet sind Kontakte bis in die Antarktis möglich und „Google" eröffnet Informationsquellen in allen Bereichen.

Während sich in den Industriestaaten die Zahl der festen Telefonanschlüsse von 1995 bis 2001 kaum veränderte (von 55 auf 59   Anschlüsse pro 100 Einwohner), stieg in diesem Zeitraum die Zahl der Handys exponentiell. Gab es in den Industriestaaten 1995 nur 10 Mobiltelefone per 100 Einwohner, so waren es nur 6 Jahre später bereits 60. Nach fundierten Schätzungen benutzten 2007 weltweit bereits zwei Milliarden Menschen Mobiltelefone, wobei sich die Zahl der Kunden seit dem Jahr 2000 verdoppelt hat.

Diese starke Zunahme ist auch auf den Anstieg in den Entwicklungsländern zurückzuführen. Immerhin ist dort die Anzahl der Handys im erwähnten Zeitraum von 0,5 auf 8 per Einwohner gestiegen, was eine Versechzehnfachung bedeutet. Der Siegeszug des Mobiltelefons wurde vor allem von den bevölkerungsreichen Staaten in Asien getragen, von China und Indien. Dort gibt es auch den größten Zuwachs an Internet-Anschlüssen. Afrika hingegen bleibt weitgehend in beiden Bereichen vom globalen Trend ausgeschlossen. Weltweit gesehen nutzten 2002 bereits 10% der Menschen das Internet, wobei allerdings starke regionale Unterschiede bestanden; in den Industrieländern waren es 34%, in den Entwicklungsländern hingegen nur 5%.

Neueste Schätzungen zeigen, dass nunmehr bereits 800 Millionen Menschen das Internet nutzen, darunter 66% aller Nordamerikaner und 45% der EU-Bürger. In Afrika hingegen benutzen nur 1,5% der Menschen das Internet. Entsprechende Unterschiede gibt es auch im Bereich des „e-Commerce". In den Vereinigten Staaten betrugen die „B2B online Verkäufe" 2002 bereits 995 Mrd. $, während sie in der EU 200 Mrd. $ ausmachten, in Afrika allerdings nur ein halbe Mrd. US $.

Alles in allem kann man wohl sagen, dass der Einfluss der modernen Kommunikations-Technologie auf die internationalen Beziehungen nicht hoch genug eingeschätzt werden kann. Dies gilt für die wirtschaftlichen Beziehungen genauso wie für die politischen.

2.1.4   Die Bedeutung des Tourismus

In besonderer Weise erfahren viele Menschen als Touristen, wie eng die Welt zusammengerückt ist. So lange man noch mit der „Concorde" über den Atlantik fliegen konnte, war es möglich, in New York früher zu landen, als man nach Ortszeit in London abgeflogen war. Immerhin besuchten im Jahre 2002 über 77 Mio. ausländische Touristen Frankreich, 42 Mio. die USA, 36 Mio. China und immerhin 18,6 Mio. Österreich. Somit verzeichnen die attraktiven Urlaubsziele in den Industrieländern wie Frankreich, Spanien, USA, und Italien die meisten Ankünfte von ausländischen Urlaubern und auch die meisten Einnahmen durch den Tourismus. Bei den Pro-Kopf-Einnahmen lagen bereits die Entwicklungsländer voran. Dies wohl deshalb, weil Fernreisen meist mit einer längeren Aufenthaltsdauer verbunden sind.

Die Einnahmen aus dem Tourismus haben sich seit 1990 stark erhöht, wobei diese Entwicklung unterschiedlich ausfiel: während etwa die Einnahmen in Tunesien von 1990 bis 2001 lediglich von 950 Mio. $ auf 1,6 Mrd. $ anstiegen, haben sie sich im gleichen Zeitraum in China auf 17,7 Mrd. $ verachtfacht.
In diesem Zusammenhang kann wohl auch erwähnt werden, dass immer mehr Studenten im Ausland studieren. Dabei liegen Australien und die Schweiz mit 17% ausländischen Studenten an der Spitze, aber auch die österreichischen Universitäten weisen mit 14% einen sehr hohen Ausländeranteil auf. 30% aller Studenten, die im Ausland studieren, tun dies in den USA, obwohl dort der Ausländeranteil nur 4% ausmacht.

2.2 Der Regionalismus als gestaltende Kraft

So sehr die verschiedenen Trends zu einer Globalisierung der Weltwirtschaft geführt haben, regionale Zusammenschlüsse von Volkswirtschaften in den einzelnen Teilen der Welt haben vielfach eine noch größere Dynamik entwickelt. Dabei hat wohl die 1957 als „europäische Wirtschaftsgemeinschaft" gegründete Europäische Union insofern als Vorbild gewirkt, als es damit in Europa gelang, eine Zone des Friedens und der Prosperität zu schaffen.

Einige regionale Handelsorganisationen wurden eine bestimmende Kraft, so die 1967 geschaffene Association of Southeast Asian Nations (ASEAN), die 1992 gegründete NAFTA (North American Free Trade Agreement) oder der 1995 ins Leben gerufene MERCOSUR, der „Gemeinsame Markt des Südens". Manche Vereinigungen, wie das 1973 geschaffene CARICOM (Caribbean Community and Common Market) haben Schwierigkeiten, die gesetzten Ziele eines freien

Handels zu erreichen. Andere, wie die für 2005 geplante Free Trade Area of the Americas mussten schon vor ihrem Inkrafttreten größere Abstriche machen.

Die starke Kraft der regionalen Dynamik kann man am Anstieg beziehungsweise an der Höhe des Binnenhandels ersehen. So machte innerhalb der NAFTA der Binnenhandel 2002 bereits 56% der gesamten Exporte aus, während er 1980, also vor Gründung der Nordamerikanischen Freihandelszone nur 33,6% betrug. Im selben Zeitraum stieg der Binnenhandel innerhalb der Länder des MERCO-SUR von 11,6% auf 17,7% und innerhalb von ASEAN von 17,4% auf 22,8%. Der Binnenhandel innerhalb der EU hielt sich mit 61% während dieses Zeitraums auf einem ohnehin sehr hohen Niveau. 2006 betrug der Binnenhandel der NAFTA laut WTO 53,8 Prozent aller Exporte; bei ASEAN betrug der Binnenhandel 25,1 Prozent der Gesamtexporte, beim MERCOSUR 13,6 Prozent, eine Abnahme um 7,4 Prozent seit 2000.
Wie immer also in den einzelnen Regionen die wirtschaftliche Zusammenarbeit organisiert wurde – als Freihandelszone, als Zollunion, als Gemeinsamer Markt oder als Wirtschafts- und Währungsunion – es konnten Synergieeffekte erreicht werden, die oft stärker waren als globale Trends.

2.2.1 Die EU als Modell

Der nach dem 2. Weltkrieg in Europa begonnene Einigungsprozess kann insofern als Erfolg bezeichnet werden, als er als Modell für andere Regionen der Welt dient. Immerhin wurde in Europa eine Friedenszone dort geschaffen, wo jahrhundertelang Kriege geführt wurden. Der Lebensstandard konnte soweit angehoben werden, dass die Arbeiterschaft in Westeuropa während des Kalten Krieges nicht für den Kommunismus anfällig wurde. Alte Grenzkontrollen wurden beseitigt und eine gemeinsame Währung wurde eingeführt. Darüber hinaus wurde die Zusammenarbeit auf vielen Gebieten ausgebaut oder Agenden wurden überhaupt unter die Führung Brüssels gestellt: Gemeinsame Institutionen beeinflussen die verschiedensten Bereiche, von der Agrarpolitik bis zur „Gemeinsamen Außen- und Sicherheitspolitik", von der Wettbewerbspolitik bis hin zu Maßnahmen im sozialen Bereich.

Nach der Erweiterung 2007 umfasste die EU 27 Länder, in denen 491 Mio. Menschen wohnten. Das BIP der EU machte demnach etwa 14.000 Mrd. Dollar aus und ist damit 46x so groß wie das österreichische BIP. Wie stark der Gemeinsame Markt gerade auch die österreichische Wirtschaft prägt, ist daraus ersichtlich, dass 76,7% der österreichischen Einfuhren aus den anderen Mitgliedsländern der EU kommen und 72,5% der Ausfuhren dorthin gehen (2004). Es zeigt sich auch, dass innerhalb einer Region einer Volkswirtschaft eine besondere Bedeutung zukommen kann: So gingen 2004 die meisten deutschen Exporte nach Frankreich (10,6%) und Großbritannien (8,4%), während die deutschen Importe vor allem aus Frankreich (9,2%) und den Niederlanden (8,4%) kamen. Für Polen und die Tschechische Republik ist Deutschland der wichtigste Handelspartner, während Österreich bei den Einfuhren seiner Nachbarn Slowenien (15,7%), Ungarn (12,5%) und der Slowakei (12%) hohe Marktanteile erzielte.

2.2.2 NAFTA und die Dominanz der USA

1988 wurde zwischen den USA und Kanada ein Freihandelsabkommen mit dem Ziel unterzeichnet, die meisten Handelsschranken bis 1999 zu beseitigen. 4 Jahre später entstand daraus mit dem Beitritt Mexikos die NAFTA, die am 1. Jänner 1994 in Kraft trat. Damit umfasste die NAFTA einen Wirtschaftsraum, der im Jahre 2002 ein BIP von 11.100 Mrd. Dollar erwirtschaftete und für 20% der Welt-Güterexporte aufkam.

Bis 2003 wurden fast alle kanadischen und amerikanischen sowie 92% der mexikanischen Zölle beseitigt. Bis 2009 sollen alle Zölle abgeschafft sein. Darüber hinaus sollen bestehende Beschränkungen für ausländische Investitionen beziehungsweise Finanztransaktionen abgeschafft werden. Auch der Dienstleistungsbereich wurde liberalisiert, was insbesondere die Banken, die Versicherungen, die Telekommunikation, die Werbebranche und den Transportsektor betraf.

Bei der Diskussion vor der Gründung der NAFTA spielten nicht nur konkrete Fragen wie etwa die Auswirkung auf die Arbeitsplätze eine Rolle, es ging vielmehr auch darum, wie weit die USA ein solches Abkommen benützen könnten, um ihre wirtschaftliche und kulturelle Vorherrschaft weiter auszubauen. Sprachen die Kanadier von „sleeping with an elephant", so hieß es südlich des Rio Grande: „poor Mexico, so far from God, so close to the US.".

Eine 2001 durchgeführte Studie hat dann gezeigt, dass durch die NAFTA in Mexiko 1,2 Mio. Arbeitsplätze geschaffen wurden, während in den USA 766.000 und in Kanada 276.000 verloren gingen. Allerdings muss auch bedacht werden, dass im Jahrzehnt vor der Gründung de NAFTA die Arbeitslosenrate in den USA im Durchschnitt bei 6,8% lag, von 1994 bis 2002 hingegen bei durchschnittlich 4,9%. Im selben Zeitraum ging die Arbeitslosenrate in Kanada von 9,8% auf 8,4% zurück. Eine Erklärung für diese Entwicklung könnte sein, dass sich die Kanadier und Amerikaner durch die Einfuhr billiger Produkte aus Mexiko das Geld ersparten, das sie dann zur Stimulierung der eigenen Wirtschaft ausgeben konnten.

2.2.3   MERCOSUR – der gemeinsame Markt als Vision

Auch in Südamerika haben sich 4 Länder (Argentinien, Brasilien, Paraguay und Uruguay) mit dem Bestreben zusammengeschlossen, einen gemeinsamen Markt, den MERCOSUR (Mercado Común del Cono Sur) zu schaffen. Dieser umfasst fast 12 Mio. km², auf denen 213 Mio. Menschen leben, die 2004 ein BIP von 900 Mrd. Dollar erwirtschafteten. Gegründet wurde der MERCOSUR 1995 mit dem Vertrag von Asunción, wobei es primär um eine wirtschaftspolitische Zielsetzung ging: zunächst sollte eine Freihandelszone geschaffen werden. Gleichzeitig wurde auch die Vision eines gemeinsamen Marktes mit einer gemeinsamen Währung für die Zukunft entwickelt. Durch den MERCOSUR wurden auch die politischen Konsultationen zwischen den Mitgliedsländern verstärkt, ja auch das Modell einer politischen Integration wurde in den Raum gestellt.

Darüber hinaus gibt es auf dem amerikanischen Kontinent noch andere Bestrebungen, die auf einen weiteren wirtschaftlichen Zusammenschluss abzielen. So wollen die Staaten des CARICOM einen „Einheitlichen Markt" in der Karibik errichten und die Schaffung einer „Gesamtamerikanischen Freihandelszone" (FTAA) von Alaska bis zum Feuerland war bis 2005 vorgesehen, konnte aber bei weitem nicht realisiert werden. Tatsächlich konnte bei beiden Projekten die Wirklichkeit mit den Wunschvorstellungen nicht Schritt halten. Dennoch kann man feststellen: In den verschiedenen Regionen der Welt schließen sich Länder zusammen, um die wirtschaftlichen Kontakte auszubauen. Weit über die Symbolik hinaus, die auch damit verbunden ist, hat die innere Kooperation immer wieder dazu geführt, dass Grenzen nach außen dichter wurden.

2.2.4 ASEAN und die Bedeutung Chinas

In Südost-Asien wurde 1967 die ASEAN (Association of South-East Asian Nations) gegründet, die heute 10 Länder umfasst: Brunei, Indonesien, Malaysia, Philippinen, Singapur, Thailand, Vietnam (seit 1995), Laos und Myanmar (seit 1997) und Kambodscha (seit 1999). Ziele dieser Vereinigung sind in erster Linie die wirtschaftliche Zusammenarbeit und die Integration der Region. Darüber hinaus geht es aber auch um die Förderung von Frieden und Sicherheit. In den ASEAN-Ländern wohnen 532 Mio. Menschen, die 2002 gemeinsam ein BIP von 1117 Mrd. Dollar erwirtschafteten.

An weit reichenden Absichten, den Freihandel auszubauen, fehlt es in Südostasien nicht. So sollen Freihandelsabkommen mit Japan, Südkorea, Australien und Neuseeland ausgehandelt werden. Die Freihandelszone AFTA (ASEAN Free Trade Association) soll beschleunigt verwirklicht werden. Seit 1996 gibt es jährliche Treffen der Regierungschefs sowie Konferenzen der Fachminister. Die 6 ursprünglichen Mitglieder (ASEAN-6) haben die Zölle fast aller Produkte auf ein sehr niedriges Niveau zwischen 0% und 5% reduziert. Geplant sind erweiterte Freihandelszonen zwischen ASEAN und China (bis 2012); zwischen ASEAN und Japan (ebenfalls bis 2012); sowie zwischen ASEAN und Indien (bis 2011). Weiters wurde mit den USA über ein „Trade and Investment Framework Agreement" (TIFA) verhandelt.

Schließlich soll bis 2020 die „ASEAN –Wirtschaftsgemeinschaft" (AEC) geschaffen werden, mit der Verwirklichung des freien Waren-, Dienstleistungs-, Personen- und Investitionsverkehrs sowie des freien Kapitalflusses.

Tatsächlich kann man in der Region auf Beispiele verweisen, wie sehr durch die Marktwirtschaft und Freihandel die Entwicklung gefördert wurde: So wurde Südkorea, im Gegensatz zum Norden, durch konsequente Marktöffnung und Arbeitsdisziplin, eine der stärksten Volkswirtschaften der Welt. Ähnlich beeindruckend verlief auch der wirtschaftliche Aufstieg des ehemals armen Singapur, das selbst das an Bodenschätzen reiche Burma bei weitem überholte.

Einen besonders starken Einfluss auf die Entwicklung der Region übt China aus, dessen BIP von 1,2 Milliarden Euro im Jahre 2002 auf 2,1 Milliarden Euro nur fünf Jahre später stieg. So machte der Handel zwischen China und Indien 1994 lediglich 300 Mio. $ aus, 10 Jahre später belief er sich jedoch bereits auf 10 Mrd. $ und 2007 auf 38,7 Mrd. $. Das Handelsvolumen zwischen China und Vietnam stieg alleine zwischen 2000 und 2003 von 2,9 Mrd. $ auf 4,9 Mrd. $ und 2007 auf 10,4 Mrd. $. 2004 kamen bereits die meisten Einfuhren nach China aus der Region: 16,9 % aus Japan, 14,5% aus Taiwan und 11% aus Südkorea. Die Vereinigten Staaten mit 8,6% und Deutschland mit 5,6% folgten erst auf den nächsten Plätzen.

Die Grenzen für eine weitere Integration in Südost-Asien dürften zunächst bei den nicht-tarifären Hindernissen liegen. Es gibt auch immer wieder Erklärungen hinsichtlich einer stärkeren Zusammenarbeit der Währungsbehörden und der Finanzminister. Ein Modell dafür existiert allerdings noch nicht.

Insgesamt kann man also feststellen, dass, so sehr die Kräfte der Globalisierung weltweit einigend wirken, auch die regionalen wirtschaftlichen Zusammenschlüsse eine sehr starke Dynamik entwickelt haben. Das Ergebnis davon könnte eine Entwicklung sein, dass, trotz stark gestiegener internationaler Handelsströme und ausländischer Direktinvestitionen, Handelsblöcke entstehen, die sich gegenseitig konfrontieren, ja isolieren. Es wird daher darum gehen, wie weit es durch weltweite Handelsabkommen, etwa durch die Doha-Runde, gelingen wird, weltweit ausgleichend zu wirken.

Eine ganz entscheidende Frage wird auch sein, wieweit die regionalen Handelsblöcke einmal die Grundlage für jene politischen Machtzentren bilden könnten, die in einer multipolaren Welt in Zukunft das internationale Kräftespiel bestimmen werden. Nordamerika und die Europäische Union würden dann, in Verbindung mit Japan, einer ostasiatischen Gemeinschaft unter Führung Chinas entgegen treten, wobei Russland, seiner Tradition entsprechend, sowohl in Europa, als auch in Asien verankert wäre. Letztlich wird es darum gehen, ob diese Blöcke durch das Streben nach Macht entzweit oder durch verstärkten Handel geeint werden.

3. Was bedeutet Macht im 21. Jahrhundert – Die internationalen Beziehungen zwischen Macht und Ansehen eines Landes

Zu Beginn des Buches wurde dargestellt, welche Elemente das Wesen der Macht in den internationalen Beziehungen traditionell ausmachten. Nunmehr soll versucht werden zu analysieren, welche Faktoren in Zukunft dafür entscheidend sein werden, dass ein Land bei der Gestaltung der internationalen Beziehungen seinen Willen durchsetzen und entsprechend mitwirken kann.

Die USA geben jährlich über 500 Milliarden Dollar für ihr Militär aus. Ihr Verteidigungsbudget ist damit fast doppelt so hoch wie das aller übrigen Länder zusammengenommen.

Die Vereinigten Staaten werden damit zu Recht als einzige „Super-Power" unserer Zeit bezeichnet. Stellt man jedoch die Frage, was das dem Land beziehungsweise dem einzelnen Amerikaner gebracht hat, so kann man feststellen, dass das Ansehen des Landes gelitten hat, ja dass selbst die Durchsetzung der von der amerikanischen Regierung gesetzten militärischen und außenpolitischen Ziele trotz der Machtfülle nicht möglich war. Es soll daher im Folgenden aufgezeigt werden, wie sehr traditionelle Macht heute, wegen der geänderten Rahmenbedingungen, immer wieder scheitert beziehungsweise welche Kräfte das internationale Geschehen tatsächlich bestimmen. Die Macht eines Landes kann jedenfalls bei Weitem nicht mehr mit militärischer Stärke im hergebrachten Sinn gleichgesetzt werden. Hier hat ein starker Wandel von der Quantität zur Qualität stattgefunden, was dazu geführt hat, dass heute das Ansehen eines Landes eine besondere Rolle spielt. Denn: was nützt einem Lande die stärkste Armee der Welt, wenn es aufgrund des Verlustes an Ansehen seine Autorität verloren hat?

3.1 Wie weit sind die Mächtigen machtlos?

Jahrhunderte hindurch war die Außenpolitik der Staaten darauf ausgerichtet, den eigenen Machtbereich auszuweiten. Diplomaten und Soldaten gestalteten gemeinsam die Welt: auf Kriege folgten Friedenskonferenzen, die Großmächte lösten einander im Führungsanspruch ab.

So sehr diese auf Machtpolitik ausgerichtete Denk- und Handlungsweise auch heute noch in weiten Bereichen gültig ist, es gibt auch grundlegend neue Ziele wie den Schutz der Umwelt, die Gleichberechtigung der Frauen oder die Menschenrechte. Analog dazu haben die großen internationalen Konferenzen, von Rio bis Johannesburg, einen ganz anderen Charakter bekommen. Sie unterscheiden sich grundsätzlich von den diplomatischen Zusammenkünften, etwa den Friedenskonferenzen, vergangener Zeiten. Ging es früher darum, möglichst große machtpolitische Vorteile für das eigene Land zu erreichen, so geht es heute, etwa im Umweltbereich, um gemeinsame Lösungen, die allen nützen.

Viele Bemühungen gehen heute dahin, das Modell des Wohlfahrtsstaates, das nach dem Zweiten Weltkrieg in Westeuropa entwickelt wurde, auf die Staatengemeinschaft auszudehnen. Der Wohlfahrtsstaat hat eine internationale Dimension erhalten. Das heißt nicht, dass heute bereits überall die Möglichkeit bestünde, das westeuropäische Modell des Wohlfahrtsstaates zu verwirklichen. Vielfach kämpfen die Menschen in der Dritten Welt einfach um ihr Überleben. Aber: Die Förderung der persönlichen Wohlfahrt, von der Überlebenshilfe bis zur Verwirklichung der Menschenrechte, wurde eine wesentliche Legitimation auch des internationalen Handelns.

Macht hat nach der bekannten Definition von Max Weber jemand, der in der Lage ist, einem anderen seinen Willen aufzuzwingen. Nunmehr haben sich die internationalen Rahmenbedingungen, unter denen ein Staat einem anderen seinen Willen aufzwingen kann, während der letzten Jahre grundlegend geändert. Heute stellt sich nämlich die Frage, wieweit im Zeitalter der Demokratie, der Selbstbestimmung und des Internets anderen, selbst mit größter Waffengewalt, der eigene Wille aufgezwungen werden kann. Selbst die Eroberung eines Territoriums nach einer siegreichen Schlacht verliert nunmehr dann an Bedeutung, wenn es nicht gelingt, nachher den Frieden, also die Menschen des besiegten Landes, zu gewinnen.

So haben die USA die vor dem Einmarsch im Irak im März 2003 erklärten Kriegsziele bei weitem nicht erreicht: Die Massenvernichtungswaffen wurden nicht gefunden; es ist auch zweifelhaft, ob der Einmarsch in den Irak wirklich dem Kampf gegen den Terrorismus gedient hat. Alleine die Bilder von den gefolterten irakischen Gefangenen haben bei vielen zu einer Entfremdung gegenüber den USA geführt. Davon, dass der Irak in nächster Zeit in eine blühende Demokratie mit einer prosperierenden Marktwirtschaft verwandelt werden könnte, spricht ohnehin niemand mehr.

Auch die militärisch mächtige Sowjetunion hat in den 1980er Jahren in Afghanistan eine furchtbare Niederlage erlitten. Zwar waren dort 526 000 sowjetische Soldaten eingesetzt, die 20 Millionen Anti-Personen-Minen legten, was dazu führte, dass 1,5 Millionen Afghanen, also 10% der gesamten Bevölkerung des Landes, getötet wurden. Dennoch musste die Sowjet-Armee geschlagen abziehen. Auch die Verwüstung weiter Teile Afghanistans konnte die russische Niederlage nicht verhindern. Der Krieg kostete die Sowjetunion insgesamt 40.000 Tote und 20 Milliarden Dollar im Jahr. Viele Soldaten kamen drogensüchtig oder mit einem Trauma in die Heimat zurück.

Dabei hat sicherlich eine Rolle gespielt, dass die USA die afghanischen Freiheitskämpfer, darunter Osama bin Laden, zehn Jahre hindurch mit insgesamt 2,1 Milliarden Dollar unterstützt haben. Aber auch dieser „Sieg" der USA war kurzlebig. Viele der in Afghanistan ausgebildeten Mujahedin kehrten als islamische Extremisten in ihre Heimatländer zurück.

Solange also die Außenpolitik eines Landes darauf ausgerichtet war, die Macht des eigenen Landes zu vergrößern, und solange es relativ leicht war, nach einer gewonnenen Schlacht den Besiegten die Friedensbedingungen zu diktieren, gelang es auch leichter, mit traditioneller Macht außenpolitische Ziele zu erreichen. Heute hingegen, wo es auch zu den Zielen der Außenpolitik gehört, das Wohl der eigenen Bevölkerung zu fördern und wo selbst ein Sieger bemüht sein muss, die Besiegten für sich zu gewinnen, hat sich das Wesen der Macht grundsätzlich geändert.

Macht und Einfluss sind nicht mehr an die Größe eines Staates oder auch nur an die Zahl seiner Divisionen gebunden. War also Macht früher vor allem quantitativ definiert – durch ein starkes Militär, ein großes Territorium und eine große Bevölkerungszahl – so hat dieser Begriff heute zunehmend qualitative Aspekte bekommen: das Ansehen eines Landes spielt dabei genauso eine Rolle wie seine kulturelle Ausstrahlung oder der Lebensstandard seiner Bürger. Hat früher Macht die Legitimität eines Herrschers begründet, so ist es heute umgekehrt: nur jene Macht gilt als legitim, die vom Bürger in einem demokratischen Prozess legitimiert wurde. Alles andere wird als Machtmissbrauch verurteilt. Und diese freie Zustimmung finden Entscheidungen eben nur, wenn sie darauf ausgerichtet sind, die neuen Werte der Menschenrechts-, Informations- und Wohlfahrtsgesellschaft zu verwirklichen.

3.2 Die Macht der Mutigen

Analysiert man das internationale Geschehen der letzten Jahre, so kann man feststellen, dass die großen Veränderungen bei Weitem nicht immer durch jene herbeigeführt wurden, die über das größte Waffenpotenzial verfügten. Im Gegenteil, die Super-Macht Sowjetunion, die über Millionen von Soldaten, über 60.000 Panzer, Atom-Sprengköpfe und Langstreckenraketen verfügte, ist in sich zusammengebrochen. Hingegen hat das mutige Engagement einzelner zu grundlegenden Umwälzungen geführt. Schon während des Kalten Krieges zeigte sich in Europa, dass die Sowjetunion mit einzelnen der von ihr besetzten Länder, in denen es immer wieder zu Aufständen kam, größte Probleme hatte, während mit

Österreich, wo ab 1955 keine Sowjettruppen mehr stationiert waren, gute Beziehungen bestanden.

Gerade das zwanzigste Jahrhundert ist reich an Beispielen, die zeigen, dass das gewaltlose Eintreten gegen Unterdrückung erfolgreich war, während selbst Weltreiche und gewaltige Militärmächte einen totalen Zusammenbruch erlebten.

In diesem Sinne hat schon Mahatma Gandhi geschrieben: „Es würde in der Welt keine Diktaturen geben, wenn einige Millionen Menschen bereit wären, in ein und derselben Stunde dasselbe zu tun, nicht weil ein Diktator es befiehlt, sondern weil sie von demselben Ideal und Zielbewusstsein durchdrungen sind." Damit erkannte er, dass heute bei einem Machtkampf, der vor der Weltöffentlichkeit ausgetragen wird, andere Regeln gelten als früher. Wo immer die Unterdrückung von Schwächeren Teil eines Systems ist, muss der Unterdrücker damit rechnen, dass die „Weltmeinung" gegen ihn aufgebracht wird. Unterdrückung über ein bestimmtes Maß hinaus muss in einer Zeit, in der sehr viel von Menschenrechten gesprochen wird, auf Widerstand und Ablehnung stoßen. Dabei spielen zweifellos die Massenmedien eine große Rolle, auch wenn sie bei der Berichterstattung über gegebene Missstände eher willkürlich vorgehen. Letztlich ist es aber so, dass die Ausübung von Gewalt und die Unterdrückung von Schwächeren im Rahmen der internationalen Staatengemeinschaft nicht mehr so gehandhabt werden können wie in jenen Zeiten, in denen es die Begriffe „Demokratie" und „Menschenrechte" kaum gab und Übergriffe nicht im Fernsehen übertragen wurden.

Mahatma Gandhi, die Bürgerrechtsbewegung in den Vereinigten Staaten, die Gewerkschaftsbewegung Solidarnosc in Polen, Nelson Mandela und Aung San Suu Kyi in Myanmar sind Beispiel dafür, was gewaltloser Widerstand erreichen kann, ja wie ganze Systeme verändert werden können.

Den Indern etwa war es in der englischen Kolonialzeit verboten, an ihren eigenen Meeresstränden Salz zu verarbeiten. Sie mussten es hochversteuert einkaufen, den Gewinn kassierten die Kolonialherren. Gandhi klagte gegenüber dem britischen Vize-König diese und andere Ungerechtigkeiten an und beschloss, das

Salzgesetz zu brechen. Im März 1930 machte sich der 61-jährige Mahatma auf den Weg und erreichte in 24 Tagesmärschen einen Salzstrand. Tausende folgten ihm. Die Polizei war machtlos, als Gandhi ans Wasser ging und Salz nahm, das die Briten gelagert hatten. Seine Bewegung erhielt durch diesen mutigen Schritt jene Kraft, die letztlich Indien befreite.

Ein analoges Beispiel ist der Bus-Boykott durch die schwarze Bevölkerung in Montgomery im Jahre 1955. Damals hatte sich die 42-jährige schwarze Näherin Rosa Parks im US-Bundesstaat Alabama geweigert, ihren Sitzplatz im Bus einem weißen Fahrgast abzugeben. Der Fahrer rief die Polizei und sie wurde verhaftet. Unter dem Vorsitz von Martin Luther King wurde ein Bürgerausschuss gegründet, der sich Rosa Parks annahm. Als dann die Busunternehmer nicht einmal die Forderung annahmen, dass afroamerikanische Fahrgäste in jener Reihenfolge einsteigen und sitzen können, in der sie kommen, (wobei sich die Betroffenen ohnehin mit den hinteren Reihen begnügt hätten), kam es zum Boykott der Busse durch die schwarze Bevölkerung. Einige wurden wegen Nichteinhaltung der Rassentrennung verhaftet. Die Meldungen darüber gingen allerdings durch die ganze Welt, was den Verhafteten neue Sympathien einbrachte. Schließlich hob der oberste Gerichtshof die Entscheidung des Gerichts von Montgomery auf und Martin Luther King konnte, unter dem Schutz der Weltöffentlichkeit, seinen gewaltfreien Kampf fortsetzen.

Ein gutes Beispiel dafür, was eine gewaltfreie Bewegung erreichen kann, ist auch die Solidarnosc-Bewegung, die 1980 in Polen gegründet wurde. Als Anna Walentynowicz für die Gründung einer freien Gewerkschaft aktiv wurde, wurde sie im August 1980 von der Direktion der Danziger Werft gekündigt. Schon vier Jahre vorher ereilte Lech Walesa, wegen desselben Verhaltens, das gleiche Schicksal. Nunmehr wurde er der Wortführer einer Streik-Bewegung, die freie Gewerkschaften, das Streikrecht, Redefreiheit, sowie die Entlassung aller politischen Häftlinge verlangte. Gottesdienste in der Danziger Werft stärkten das Bündnis zwischen Volk und Kirche. Nach einer Woche streikten in Polen 500.000 Menschen. Tausende Rundfunk- und Fernsehgesellschaften übertrugen das Geschehen in die ganze Welt. Nach zwei Wochen Streik und zähen Verhandlungen kam es Ende August 1980 zu einer Einigung zwischen den Arbeitern und der polnischen Regierung. Damit hat jene Entwicklung begonnen, die letztlich entscheidend zum Zusammenbruch des gesamten „Ost-Blocks" geführt hat.

Eine Einzelkämpferin, die große internationale Anerkennung gefunden hat, ist auch Aung San Suu Kyi. Sie wurde 1988 die Vorkämpferin für die Wiederherstellung der Demokratie in Myanmar und erhielt 1991 den Friedensnobelpreis. Sie fand aber nicht nur die internationale Anerkennung, sondern auch Wertschätzung im eigenen Land und erreichte bei den Parlamentswahlen 1990 mit ihrer oppositionellen „National League for Democracy" 80% der Sitze. Allerdings konnte sie nie ins Parlament einziehen, da sie von der regierenden Junta unter Hausarrest gestellt wurde.

Aung San Suu Kyi erhielt nicht nur zahlreiche internationale Auszeichnungen, sie erreichte auch, dass die regierende Militär-Junta ihres Landes von den westlichen Demokratien zunehmend unter Druck gesetzt wurde. Wenn auch ihre Bewegungsfreiheit in Myanmar selbst immer noch eingeschränkt ist, so ist es bemerkenswert, welchen internationalen Druck die Friedensnobelpreisträgerin im Alleingang gegenüber einem militärischen Regime erzeugen konnte. Auch während der Konflikte in Burma 2008 wurde Aung San Suu Kyi immer wieder als moralische Autorität des Landes von internationalen Medien zitiert.

So kann man wohl sagen, dass sich die Bildungsexplosion in den einzelnen Ländern, der Glaube vieler Menschen an ihr Recht auf Mitsprache und Selbstbestimmung, die Entwicklungen im Bereich der Kommunikation und die Medien-Revolution auf die internationalen Beziehungen dahingehend ausgewirkt haben, dass „Macht" neu definiert werden muss. Der mündige Bürger ist nicht mehr bereit, Willkür einfach hinzunehmen, und die „Welt" hat die Möglichkeit, Machtausübung, die früher unter Ausschluss der Öffentlichkeit vollzogen wurde, kritisch zu verfolgen. Es ist daher heute nicht mehr möglich, dass selbst die mächtigsten Staaten und die mächtigsten Regierungen anderen Ländern und Menschen bedingungslos ihren Willen aufzwingen.

3.3 Auf das Ansehen kommt es an!

So sehr also die traditionellen Machtfaktoren in den internationalen Beziehungen an Bedeutung verlieren, so sehr gewinnen andere Kriterien an Gewicht. So bestimmen immer mehr die Lebensqualität eines Landes, sein internationales Engagement, ja selbst seine sportlichen Leistungen sein Ansehen und seinen Stellenwert in der Welt.

Finnland etwa hat nach einer schweren Wirtschaftskrise Anfang der 1990er Jahre nicht nur gezeigt, wie man schwierige Zeiten durch eigene Anstrengungen überwinden kann, sondern erreichte auch neues Ansehen in der Welt, weil es in vielen Bereichen – von der Forschung und Entwicklung über die Wettbewerbsfähigkeit, bis zur kulturellen Vielfalt – internationale Spitzenplätze erreichte.

Finnland liegt im „Human Development Index", der jährlich vom Entwicklungsprogramm der Vereinten Nationen herausgegeben wird, ganz an der Spitze. Dabei werden Faktoren wie Lebenserwartung, Pro-Kopf-Einkommen der Bevölkerung und Bildungsniveau gemessen. Gerade dieser Bereich brachte dem Land viel Wertschätzung. Als die „Pisa-Studie" dann dem finnischen Bildungssystem das allerbeste Zeugnis ausstellte, wurde dieses Prestige noch erhöht. Es gibt aber auch zahlreiche andere Analysen, die die Leistungen, die Finnland während der letzten Jahre erbracht hat, besonders hervorheben: nach einer Studie des „World Economic Forum" über die wettbewerbfähigsten Länder wurde Finnland ebenfalls an die Spitze gereiht, vor den USA und Schweden. Dieser 2004 veröffentlichte Index hängt wohl mit einem anderen Rekord zusammen, den das Land immer wieder hält: es hat die höchsten Ausgaben für Forschung und Entwicklung. Finnland hatte von 1994 bis 2003 mit 3,2% auch die höchste jährliche Wachstumsrate unter allen Industriestaaten, vor Großbritannien und Schweden, wobei auch dieser Spitzenwert wiederum mit anderen Faktoren zusammenhängt.

Finnland weist, nach einer von „Transparency International" herausgegebenen Übersicht weltweit die geringste Korruption auf und hat, pro 100.000 Einwohner, die geringste Anzahl von Strafgefangenen, nämlich 52 (verglichen zu 85 in

Österreich; 97 in Deutschland und 126 in Großbritannien). Als die finnische Band „Lordy" 2006 den Eurovisions-Kontest gewann, hat dies wohl zum Image der Effizienz und der Lebensqualität, das Finnland schon bisher hatte, auch Sympathie hinzugefügt. All diese Faktoren haben wohl dazu beigetragen, dass Finnland in der Welt heute Ansehen und Achtung genießt, dass seine Stimme gehört wird und seinem früheren Präsidenten Martti Ahtisari weltweit Vermittlungsaufgaben übertragen werden. Natürlich bewirkt dieses Ansehen nicht unmittelbar Macht im traditionellen Sinn. Aber es führt dazu, dass das Land geachtet ist, dass seine Stimme in internationalen Organisationen gehört wird und es das Vertrauen der Internationalen Gemeinschaft genießt.

Wie präsentieren sich, im Gegensatz dazu, die USA auf der internationalen Bühne? Nun könnte man sagen, die Aufgaben einer Supermacht und eines europäischen Landes wären im Rahmen der Internationalen Staatengemeinschaft so unterschiedlich, dass ein Vergleich kaum erlaubt ist. Andererseits kann man argumentieren, dass in einer Zeit, in der Demokratie und Marktwirtschaft eine weltweite Ausstrahlung erfahren, jenes Land, von dem diese Ideen weitgehend ausgehen, ein besonderes Ansehen genießen sollte.

Die Realität sieht allerdings anders aus: nach einer 2004 vom „German Marshall Fund" veröffentlichten Umfrage sind 76% der Bürger in zehn europäischen Staaten mit der amerikanischen Außenpolitik nicht einverstanden. Das waren 20 Prozent-Punkte mehr als nur zwei Jahre vorher. Nach einer im selben Jahr veröffentlichten Umfrage wurde den USA von einer Mehrheit der Bürger in den verschiedensten Ländern vorgeworfen, sie berücksichtigten in ihrer Außenpolitik lediglich die eigenen Interessen (84% in Frankreich; 79% in der Türkei; 73% in Russland und selbst 61% in Großbritannien). Sehr stark wurde auch der Krieg gegen den Irak kritisiert, der nicht dem Kampf gegen den Terror diente, sondern, wie man vielfach glaubte, den amerikanischen Ölinteressen. Dieser Ansicht waren 66% in Marokko; 65% in Deutschland; 61% in Frankreich und 48% in Russland. Schließlich antwortete auch stets eine Mehrheit auf die Frage, ob die amerikanische Führung hinsichtlich der Massenvernichtungswaffen, die als Begründung für den Einmarsch im Irak dienten, „nur schlecht beraten war oder gelogen hat", schlicht und einfach mit der Feststellung:"sie hat gelogen" (82% in Frank-

reich; 69% in Deutschland; ebenfalls 69% in Jordanien und 61% in Russland)
Besonders negativ auf das amerikanische Image wirkten sich jene Bilder aus, die
von amerikanischen Verhör-Methoden im Abou Ghraib Gefängnis veröffentlicht
wurden. Auch wenn die Verantwortlichen von amerikanischen Militärgerichten
verurteilt wurden, die USA setzten sich dem Vorwurf aus, sie benützten die
„Folter als Instrument der Außenpolitik zur Verbreitung der Demokratie".
(William Pfaff) Es kam zu weltweiten Protesten und für viele arabische Intellektuelle war es klar, dass die Amerikaner im Irak „Inhumanität" und „Willkür" verbreiteten.

All diese Vorwürfe fielen schon deshalb auf einen fruchtbaren Boden, weil die
Regierung von George W. Bush immer wieder eines demonstrierte: sie stellte
ihre Politik, offensichtlich im Sinne der „Interessen des eigenen Landes", über
das internationale Recht und die international anerkannten Normen: den Gefangenen in Guantanamo wurden nicht die von der Genfer Konvention für
Kriegsgefangene eingeräumten Rechte gewährt; manche Gefangene wurden zu
Verhören in Drittländer geflogen; Staaten, die den „Internationalen Strafgerichtshof" anerkannten, setzten sich sogar Sanktionen aus; Präsident Bush
brüskierte mit der Ablehnung von Kyoto viele Umweltschützer und die USA
traten zahlreichen, mit großer Mehrheit beschlossenen UNO-Konventionen
nicht bei und hoben sich damit von der internationalen Gemeinschaft ab.

Vom Standpunkt der traditionellen Macht- beziehungsweise Realpolitik müsste
diese Vorgangsweise der USA gar nicht negativ gesehen werden – wenn sie
erfolgreich wäre. Aber mit dem im Irak angerichteten Chaos, mit dem mangelnden Erfolg in Afghanistan und mit einem „Krieg gegen den Terror", der
immer wieder neue Terroristen hervorbringt, werden die Grenzen einer traditionellen, vielfach isolierten nationalen Machtpolitik sichtbar. Wenn eine Mili-
tärstrategie, in Verbindung mit der nationalen Außenpolitik, auf den „massiven
Einsatz von Gewalt setzt", wie dies bei der amerikanischen Irak-Offensive
„Shock and Awe" der Fall war, dann stößt diese Politik auf Ablehnung in einer
Zeit, in der ein Krieg für viele nicht mehr eine natürliche Fortsetzung der Politik darstellt; in der der Tod von Zivilisten in Kriegen nicht mehr toleriert wird

und in der die von einer Kampfhandlung übermittelten Bilder in die ganze Welt ausgestrahlt werden.

Somit wären in einer Zeit, in der auch Ansehen Macht vermittelt, auch Großmächte gut beraten, ihre Macht nicht ohne Rücksicht auf Verluste, den Verlust des Ansehens mit eingeschlossen, auszuüben.

4. Kann man Kriege noch gewinnen?

Angesichts der militärischen Siege, die auch während der letzten Jahre der Welt immer wieder verkündet wurden, scheint die Frage, ob man heute Kriege noch gewinnen kann, kaum gerechtfertigt. Zu präsent ist noch die Erklärung von Präsident George W. Bush auf dem Flugzeugträger USS Abraham Lincoln, als er unter dem Motto "Mission accomplished" den Sieg im Irak-Feldzug verkündete. Und nur eineinhalb Jahre vorher hatten die amerikanischen Streitkräfte die Taliban-Regierung in Afghanistan entscheidend geschlagen. Selbst Slobodan Milošević musste 1999 im Kosovo einlenken, nachdem sein Land einige Wochen lang Bombardements der Alliierten ausgesetzt war.

Aber gerade im Zusammenhang mit den drei genannten Konflikten kann man feststellen, dass die ursprünglich gesetzten Kriegsziele bei Weitem nicht erreicht wurden: Im Irak werden Jahre nach Beendigung der offiziellen Kampfhandlungen immer noch amerikanische Soldaten getötet, schwere Auseinandersetzungen zwischen den Irakern verunsichern das Land. In Afghanistan kontrolliert die von den Amerikanern eingesetzte Regierung gerade die Hauptstadt Kabul. In den Provinzen herrschen die Kriegsherren und der Drogenhandel blüht. Und auch im Kosovo konnte ein friedliches Zusammenleben zwischen Serben und Albanern nicht erreicht werden.

Diese Entwicklungen werfen die grundsätzliche Frage auf, welche Erfolgschancen Kriege im 21. Jahrhundert noch haben. Krieg führen heißt nämlich zunächst, töten und zerstören. So sehr die menschliche Psyche heute durch Filme, Fernsehen und Video zahlreichen Grausamkeiten ausgesetzt ist, eine Konfrontation mit der Realität schockt dennoch gerade den modernen Menschen. Damit gibt es eine sehr große Barriere für jeden, der Krieg führen will: die Wohlfahrtsgesellschaft ist entrüstet, wenn Leid zugefügt wird und nicht mehr gewohnt, Opfer zu bringen.

4.1 Das Wesen des Krieges

Tatsächlich konnten in der Vergangenheit ganze Epochen der Weltgeschichte durch Schlachten und Kriege entschieden und gestaltet werden: durch Kriege wurden Länder erobert und Reiche gegründet, von Alexander dem Großen bis zu Napoleon. Die Sieger dieser Schlachten gingen als bedeutende Gestalten in die Weltgeschichte ein und erfreuten sich allgemeiner Heldenverehrung. Kriege brachten aber nicht nur territoriale Gewinne, auch ideologische und selbst religiöse Auseinandersetzungen wurden mit Waffengewalt entschieden. Der Herrscher bestimmte demnach nicht nur das Glaubensbekenntnis seiner Untertanen ("cuius regio, eius religio"), noch im "Kalten Krieg" ging es darum, die militärische Macht zur Abstützung der eigenen ideologischen Überzeugung einzusetzen.

Worum ging es dabei? Worin bestand durch Jahrhunderte das Wesen des Krieges? Eben darin, dass jemand versuchte, einem anderen durch physische Gewalt seinen Willen aufzuzwingen, wie schon General Carl von Clausewitz feststellte. Kriege waren demnach ein Gewaltakt, "um den Gegner zur Erfüllung des eigenen Willens zu zwingen". Die physische Gewalt, die Streitkräfte, waren also das Mittel; der Zweck lag darin, beim Gegner eine bestimmte Verhaltensweise zu erreichen.

Jahrhundertelang genügte der militärische Erfolg, um nicht nur Herrscher zu besiegen, sondern auch, um deren Untertanen zu beherrschen. Territorien wechselten ohnehin auf die verschiedenste Weise immer wieder ihre Herrscher. Tatsächlich war es für die Bevölkerung weitgehend irrelevant, welchem Herzog oder König sie gerade Untertan waren. Sicherlich haben immer wieder Mächte, vor allem Kolonialmächte, versucht, ihre Aktionen unter ein humanitäres Banner zu stellen. Die "Mission civilicatrice" der Franzosen wie "The white man's burden" der Engländer sind Beispiele dafür. Aber entscheidend war letztlich, dass ganze

Kontinente erobert werden konnten, dass sich der geschlagene Feind bedingungslos unterwerfen musste, ohne dass der Bevölkerung der besiegten Gebiete irgendeine Mitsprache bei der Gestaltung ihrer eigenen Zukunft eingeräumt worden wäre.

4.2 Was hat sich geändert?

Schon die Kriege des 20. Jahrhunderts brachten Ergebnisse, mit denen auch die Sieger nicht gerechnet hatten und Entwicklungen, die auch sie nicht beeinflussen konnten. Ein wesentlicher Grund dafür lag darin, dass auch die Bevölkerung besiegter Staaten mündiger geworden war. Durch den 1. Weltkrieg wurde die Welt nicht für die Demokratie gerettet, wie es das erklärte Kriegsziel der USA bei ihrem Eintritt in den europäischen Krieg 1917 war. Vielmehr entstanden überall in Europa Diktaturen. Das durch den "großen Krieg" verursachte Elend und die Massenarbeitslosigkeit in der Folge des 1. Weltkriegs waren wesentliche Ursachen für den 2. Weltkrieg. Auch die Sieger dieses Krieges mussten sich nicht gewollten Herausforderungen stellen. Danzig wurde nicht befreit und fiel unter eine neue Diktatur. Die Kommunisten bedrohten ganz Europa und England und Frankreich konnten den Zerfall ihrer Kolonialreiche nicht verhindern.

Genügte es nämlich in der Vergangenheit, eine Armee zu besiegen, um Völker zu beherrschen, so hat sich dies mit dem Recht der Nationen auf Selbstbestimmung, mit dem Fortschreiten der Demokratie und mit der Bildungsgesellschaft grundlegend geändert. Dazu entstand auch in vielen Ländern eine neue Haltung zum Krieg überhaupt, die je nach Weltregion unterschiedlich sein kann. In Westeuropa etwa gilt eine bewaffnete Auseinandersetzung nicht mehr als legitimes Mittel zur Durchsetzung von nationalen Interessen.

Heute muss man auch, will man einen Krieg erfolgreich beenden, nicht nur die gegnerische Armee schlagen, man muss vielmehr auch die Menschen selbst eines besiegten Landes gewinnen. Es geht also darum, nicht nur den Krieg, sondern auch den Frieden zu gewinnen. Dabei erhebt sich die Frage, ob dies nicht ohne vorherige militärische Auseinandersetzung leichter zu bewirken ist.

Zum Unterschied von jenen Perioden, in denen der Krieg ein akzeptiertes Mittel einer jeden Außenpolitik war und in denen militärische Siege auch die Herrschaft über die Besiegten bedeuteten, hat es grundlegende Veränderungen gegeben:

– Die *Haltung zum Krieg* hat sich geändert: Jahrhunderte hindurch war der Krieg ein integraler Teil der zwischenstaatlichen Beziehung. Scheiterten Verhandlungen oder wollte ein Herrscher auch nur seine Macht vergrößern, dann kam es zum Krieg. So sehr diese Haltung für manche Länder auch heute nicht ausgeschlossen ist, so wurde der Krieg als Mittel zur Durchsetzung nationaler Interessen für westliche Wohlfahrtsstaaten undenkbar.

– Die *Menschen wurden mündiger*, das gilt für die Sieger, aber auch für die Besiegten. Kriegserklärungen werden nicht mehr einfach hingenommen, die Begründungen für Kriege werden hinterfragt. Friedensbedingungen werden nicht mehr einfach akzeptiert, selbst wenn eine Regierung besiegt ist, verlangt die Bevölkerung das Recht auf Mitgestaltung der eigenen Zukunft. Dass aus Untertanen Staatsbürger wurden, gilt auch in der Außenpolitik.

Dazu kommen auf den verschiedensten Ebenen Haltungen, die den Krieg verurteilen: eine umfassende Literatur schildert die Schrecken des Krieges, Protestbewegungen begleiten eine jede Kriegserklärung. Offizielle Kriegsgründe werden auf ihre Richtigkeit geprüft. Ein Krieg, der ohne die Legitimation der Vereinten Nationen geführt wird, gilt für viele von vornherein als ein ungerechter Krieg.

– Die *Welt schaut zu*: Der Einfluss des Fernsehens, ja der direkten Berichterstattung über Kampfhandlungen insgesamt, kann wohl nicht hoch genug eingeschätzt werden. Wenn Menschen in ihren Wohnzimmern mit verfolgen können, wie andere getötet und Städte zerstört werden, ja wenn selbst der Tod eines einzelnen Soldaten Schlagzeilen macht, dann wird es für eine jede Armeeführung schwer, ihre Truppen beliebig einzusetzen. Noch im 2. Weltkrieg wurden Flächenbombardements, ja wurden Hiroshima und Nagasaki akzeptiert. Heute hat jedoch jeder im Irak gefallene amerikanische Soldat eine Auswirkung auf die amerikanische Innenpolitik, die Opfer der irakischen Zivilbevölkerung beeinflussen die öffentliche Meinung in den arabischen Ländern.

– Die *Haltung zum Heldentum* hat sich geändert: Seit Urzeiten galt es als „schön und ruhmreich, auf dem Feld der Ehre zu sterben". Soldatentum und Männlichkeit bildeten vielfach eine Einheit. Noch im Ersten Weltkrieg sprach der kommandierende englische General von einem „glorreichen Tag", als in den ersten 12 Stunden der Offensive an der Somme sein Land 60.000 Opfer zu beklagen hatte. Heute ist es so, dass selbst Berufsarmeen alles tun müssen, um Opfer in ihren Reihen zu vermeiden. Manche glaubten sogar an die Illusion, eine starke technische kriegerische Überlegenheit würde Opfer in den eigenen Reihen ausschließen. Umso größer ist natürlich die Betroffenheit über die Zahl jener, die tatsächlich im Kampfe fallen oder verwundet werden.

Insgesamt kann man wohl sagen, dass es in einer Welt, in der die Menschen einen bestimmten Bildungsgrad erreicht haben, in der Demokratie und Menschenrechte zu den großen Leitmotiven der Zeit gehören, in der die Berichterstattung über Kampfhandlungen in die ganze Welt getragen wird und in der, nach den Zerstörungen der beiden Weltkriege, der Heldentod als Illusion gesehen wird, Kriege nicht mehr in gewohnter Weise begonnen und beendet werden können. Es ist viel schwerer geworden, anderen mit Gewalt den eigenen Willen aufzuzwingen. Damit ist das Wesen des Krieges in Frage gestellt.

4.3 Es geht vor allem darum, den Frieden zu gewinnen

Der Kosovo, Afghanistan und Irak sind wohl Beispiele dafür, dass es nicht mehr genügt, eine gegnerische Armee zu besiegen oder einen feindlichen Herrscher abzusetzen. Solange der Sieger nicht in der Lage ist, die Bevölkerung des besiegten Landes für sich zu gewinnen, ist es sehr gewagt, von einem erfolgreichen Krieg zu sprechen.

1999 bombardierten Nato-Einheiten Stellungen in Serbien, um die serbische Vorherrschaft im Kosovo und eine Massenflucht der Kosovo-Albaner zu verhindern. Auch wenn die Bombardements länger dauern mussten, als ursprünglich geplant, der damalige serbische Staatspräsident Slobodan Milošević wurde zum Nachgeben gezwungen. Militärisch war die Aktion ein Erfolg, die Kosovo-Albaner konnten in ihre Heimat zurückkehren.

Der Friede konnte allerdings dadurch nicht gewonnen werden. Waren es vor dem Militäreinsatz die Albaner, so fühlten sich nachher die Serben im Kosovo verfolgt. Trotz großer finanzieller Zuwendungen konnte die Wirtschaft nicht richtig belebt werden und im März 2004 kam es zu Unruhen. Dabei wurden 19 Menschen getötet, 800 verwundet und zahllose serbische Kirchen zerstört. So sehr sich auch die UNO bemühte, die sicherheitspolitischen und demokratischen Grundlagen für ein friedliches Zusammenleben der beiden Volksgruppen zu schaffen, es gelang durch das militärische Eingreifen nicht, das Misstrauen zwischen Serben und Albanern zu beseitigen. Auch der rechtliche Status der Provinz konnte dadurch nicht geklärt werden.

– Auch in Afghanistan gelang es in kurzer Zeit im Herbst 2001 durch einen militärischen Einsatz die Taliban-Regierung, die für die Anschläge in New York am 11. September des selben Jahres mitverantwortlich war, zu verjagen und ihre Streitkräfte zu besiegen. Aber auch hier mussten die USA und ihre Alliierten bald feststellen, dass ein militärischer Sieg bei Weitem nicht die Lösung aller Probleme bedeutet. Einerseits gelang es führenden Mitgliedern von Al-Kaida zu flüchten, andererseits zeigte sich sehr bald, dass sich der Wiederaufbau des Landes äußerst schwierig gestaltete.

Um nur ein Problem hervorzuheben: Seit dem Krieg von 2001 ist der Opiumhandel in Afghanistan wieder hochgeschnellt. Die Drogenbehörde der Vereinten Nationen (UNODC) schätzte die Opiumproduktion für 2003 auf 3600 Tonnen, den Anbau auf 80.000 Hektar; drei Jahre später wurden auf 165.000 Hektar bereits 6100 Tonnen Opium angebaut. Während die Opiumproduktion unter den Taliban auf 185 Tonnen reduziert werden konnte, ist sie also seither um ein vielfaches gestiegen und hat in Afghanistan neue Rekordwerte erreicht. Auch die wirtschaftlichen und sozialen Probleme des Landes konnten bei weitem nicht in dem Ausmaß gelöst werden, wie dies zu Kriegsbeginn 2001 in Aussicht gestellt wurde; und vorgesehene Wahlen mussten immer wieder verschoben werden, weil die Voraussetzungen dafür einfach nicht gegeben waren.

– Was den Irak betrifft, so ist es dort durch den Krieg von 2003 sicherlich zu einem Regimewechsel gekommen, die in Aussicht gestellten Kriegsziele, wo-

nach der Irak durch die Beseitigung von Saddam Hussein ein „Land der Demokratie und der Marktwirtschaft" würde, von allen Nachbarn der Region beneidet,
liegt wohl noch in weiter Ferne. Das Land wurde unsicher; 4000 amerikanische
Soldaten und Hunderttausende irakische Zivilisten wurden in den fünf Jahren
nach der offiziellen Beendigung der Kampfhandlungen getötet und das Land
droht ein Faktor der Destabilisierung für die ganze Region zu werden. Darüber
hinaus zeichnen sich auch Entwicklungen ab, wonach der Irak in Zukunft stärker, und nicht schwächer, als Basis für terroristische Aktionen benützt werden
kann.

Die Zahlen über die Todesfälle im Irak variieren sehr stark. Besondere Aufmerksamkeit erhielt die Studie der amerikanischen John Hopkins- Universität
von Oktober 2006, wonach über 650.000 Zivilisten getötet worden seien. Die
Vereinigung Iraq Body Count sprach hingegen für den gleichen Zeitraum von
47.000, die WHO von 151.000 Toten. Laut US-Außenministerium wurden bis
Juli 2008 über 4.100 amerikanische Soldaten getötet.

Kann man heute noch Kriege gewinnen? Vielleicht. Es ist jedoch viel schwieriger geworden als früher. Um einen Krieg erfolgreich zu beenden, genügt es
nicht mehr, Schlachten zu gewinnen. Man muss vielmehr auch den Frieden gewinnen, also die Menschen des besiegten Landes von der Richtigkeit der eigenen Ziele überzeugen können.

4.4   Kann man den Terror noch besiegen?

Nach den Terror-Anschlägen vom 11.September 2001 hat der amerikanische
Präsident den "Krieg gegen den Terror" ausgerufen. Danach wurde nicht nur in
den USA ein eigenes Sicherheitsministerium eingerichtet, die Amerikaner mar-
schierten, jeweils mit einigen Verbündeten, in Afghanistan und im Irak ein und
in vielen Ländern wurden die Sicherheitsmaßnahmen verstärkt.

Was wurde seither im Kampf gegen den Terrorismus erreicht? Wenn auch auf
amerikanischem Boden keine weiteren Anschläge mehr stattgefunden haben, so
gab es doch spektakuläre Aktionen in Madrid und London, in Tel Aviv, auf der

Sinai-Halbinsel, in Bangladesch und auf Bali; und vor allem eines: Das Gefühl der permanenten Unsicherheit hat sich verstärkt, der Terror wurde international. Dazu tragen wohl die ständigen Meldungen über Selbstmordattentate genauso bei wie die großen Terroranschläge, die Russland in den letzten Jahren erschüttert haben, und die im Zusammenhang mit dem Krieg in Tschetschenien stehen.

Kann man Terror, trotz größter Anstrengungen, vielleicht gar nicht besiegen? Um dies zu beantworten, sollte wohl noch eine Frage gestellt werden: Was ist aus den Terrorbewegungen der letzten Jahrzehnte geworden, wo ist es gelungen, terroristische Aktivitäten einzudämmen, wo nicht?

Die terroristischen Aktivitäten in der zweiten Hälfte des 20. Jahrhunderts können in drei große Gruppen eingeteilt werden: es gab den Terror im Nahen Osten; gleichzeitig traten im Westen Gruppierungen auf, die entweder aus revolutionären oder aus nationalistischen Motiven Anschläge durchführten. Außerdem kam es nach der Niederlage der arabischen Armeen im Sechs-Tage Krieg 1967 zu palästinensischen Anschlägen auch in Europa, wie 1972 in München. Namen wie Georges Habbasch, Abu Nidal oder Achmed Jibril machten Schlagzeilen. Staaten wie Libyen, Syrien und der Irak wurden immer wieder beschuldigt, den Terrorismus zu unterstützen und unterhielten tatsächlich ihre eigenen Organisationen.

In Westeuropa wiederum gab es den "Revolutionären" Terror wie die "Action Direct" oder die "Baader-Meinhof-Gruppe" in Deutschland. Die ETA kämpfte für die Unabhängigkeit des Basken-Landes und die IRA für ein selbständiges Nordirland.

Was machte die Bekämpfung dieser Terrorbewegungen so schwierig? Wohl die Tatsache, dass es sich beim Terrorismus um psychologische Kriegsführung handelt, bei der eben grausame Gewalt eingesetzt wird. Psychologische Kriegsführung heißt aber insbesondere, dass es darum geht Meinungen zu prägen und Emotionen zu beeinflussen. Dabei genügt es nicht, Terroristen militärisch zu besiegen, es geht auch darum, das psychologische und ideologische Umfeld mit einzubeziehen. So wurde die Baader-Meinhof-Bande in Deutschland nicht nur durch die Sicherheitskräfte festgenommen, es ist auch das politische Umfeld abgebröckelt. Analog hat die IRA in Nordirland ihren Kampf weitgehend eingestellt, als es zu einem politischen Kompromiss kam.

Wie steht es nun um den islamischen Terror der letzten Jahre? Seit dem 18. Jahrhundert ist der Islam der strategischen, der geopolitischen und der kulturellen Hegemonie des Westens ausgesetzt. Von vielen Moslems wurden die Ressentiments gegenüber dem Westen durch den Zusammenbruch des Ottomanischen Reiches genauso geprägt, wie durch die Siege Israels über arabische Armeen. Dazu kam noch, dass arabische Regime, die ihrerseits westliche Modelle wie den "arabischen Nationalismus" (Ägypten) oder den "arabischen Sozialismus" (Algerien) übernahmen, scheiterten.

Wenn nun der islamische Fundamentalismus und das Wiedererwachen des Islam durch das Gefühl der militärischen und kulturellen Unterlegenheit gegenüber dem Westen gestärkt werden, dann können militärische Siege des Westens nur eines bewirken: eine noch stärkere Ablehnung des Westens und eine noch stärkere Besinnung auf die eigenen Wurzeln. Der Islam wird dort zu einer revolutionären Kraft, wo für alles, was in den eigenen Ländern kritisch gesehen wird, für die politischen, wirtschaftlichen und sozialen Missstände der Westen verantwortlich gemacht wird.

Schon die ersten Christen waren der Überzeugung, dass "das Blut der Märtyrer der Samen für das weitere Gedeihen der Christenheit" ist. Um wie viel mehr können im Fernsehzeitalter alle jene als Märtyrer erscheinen, die überzeugt sind, als Kämpfer für eine gerechte Sache zu sterben. Daher sind gerade im Zusammenhang mit dem islamischen Terror Maßnahmen, wie sie der Europarat zur Unterstützung beziehungsweise zur Prävention von Terrorismus beschlossen hat, genauso wichtig wie der "Dialog der Zivilisationen", der zu einem besseren gegenseitigen Verständnis führen soll. Militärische Aktionen alleine können dort nicht erfolgreich sein, wo es darum geht, Menschen nicht nur zu besiegen, sondern diese für sich zu gewinnen.

5. Auf dem Weg zum Weltstaat

5.1 Kommt die Weltgesellschaft ...

Wenn Globalisierung vor allem als stärkere Interdependenz der Welt im wirtschaftlichen Bereich gesehen wird und politische Entwicklungen einerseits in Richtung einer stärkeren Zusammenarbeit gehen, aber auch im Zusammenhang mit neuen Konfrontationen stehen, so gibt es im gesellschaftlichen Bereich weltweit entstehende Gemeinsamkeiten, die tatsächlich alle Grenzen sprengen. Kunst und Kultur, Malerei, Film, Architektur und Literatur haben ein weltweites Publikum gefunden, das genauso als Beginn einer Weltgemeinschaft verstanden werden kann, wie die Begeisterung, die Sportveranstaltungen, Musik und Mode in den verschiedensten Erdteilen hervorrufen. Dass die Wissenschaft in ihren einzelnen Zweigen Forscher und Studenten aus der ganzen Welt zusammenbringt, liegt auf der Hand, da sie gleichzeitig die Grundlage und den Rahmen für die Modernität bildet.

Wie international die Kunstszene und das Kunstinteresse geworden sind, kann man daran erkennen, wie groß die Zahl jener Ausstellungen ist, die etwa Ende 2006 weltweit über Werke aus anderen Kulturkreisen gezeigt wurden. So wurden in Sydney, Australien, unter dem Motto „Goddess: Divine energy" Bilder von weiblichen göttlichen Wesen aus der Kunst des Hinduismus und des Buddhismus gezeigt. Im Kunsthaus Bregenz sah man gleichzeitig Fotografien der Amerikanerin Cindy Sherman und in der „Royal Academy of Arts" in London konnte man geheiligte Bronze-Statuen aus der Zeit der Cholas sehen, die Süd-Indien zwischen dem 9. und dem 13. Jahrhundert regierten.

Im „Museum of fine arts" in Montreal gab es damals eine Retrospektive zum Thema „Louis-Anne Girodet, Romantic rebel" und in Beijing konnte man jene „Künstler aus Leipzig" sehen, die, in den 1970er Jahren geboren, der realistischen Tradition verpflichtet blieben. Das Museum Guimet in Paris wiederum zeigte unter dem Motto „Afghanistan, les trésors retrouvés: collections du musée national de Kaboul" mehr als 200 Kunstwerke aus afghanischen Sammlungen. Im Städelmuseum in Frankfurt war die Ausstellung „Gärten: Ordnung,

Inspiration, Glück" zu sehen, wobei insbesondere auch die französische Konzeption von Gartenarchitektur der englischen gegenübergestellt wurde. Und die Stiftung „Museum Kunstpalast" in Düsseldorf präsentierte: „Caravaggio: auf den Spuren eines Genies".

Die Eremitage in St. Petersburg präsentierte Ende 2006 „niederländische Malerei aus dem 16. und 17. Jahrhundert" aus der Sammlung P.P. Semenov/Tianschansky und das Guggenheim-Museum in Bilbao zeigte unter dem Motto „100% Afrika" Künstler der Gegenwart aus dem Afrika südlich der Sahara. Das Guggenheim in New York brachte gleichzeitig einen Vergleich von Werken moderner spanischer Künstler mit ihren klassischen Vorbildern und nicht weit davon, ebenfalls auf der Fünften Avenue konnte man im Metropolitan Museum die „Beziehungen Venedigs zur islamischen Welt" studieren.

Diese Liste könnte beliebig fortgesetzt werden. Erwähnt werden soll noch, dass damals im J. Paul Getty Museum in Los Angeles eine Ausstellung zum Thema „Holy Image, Hallowed Ground: Icons from Sinai" gezeigt wurden. Im Nationalmuseum in Tokio wiederum konnte man anhand moderner Kunstwerke die Wechselwirkung zwischen der japanischen und der westlichen Malerei studieren.

Genau diese Wechselwirkung ist es, die als Ausdruck der kulturellen Globalisierung gesehen werden kann. In Hongkong fand im Jahr 2000 eine repräsentative Ausstellung über zeitgenössische chinesische Kunst statt. Die meisten der dort gezeigten Bilder hätten genauso von amerikanischen oder europäischen Künstlern sein können, so sehr glichen sich die Fragestellung und die oft abstrakte Ausdruckskraft der gezeigten Werke. Wenn heute bei Kunstauktionen im Westen russische und chinesische Sammler die Preise hochtreiben, dann zeigt dies genauso von der gegenseitigen Verflechtung, wie wenn russische Künstler wie Eric Bulatov und Grigori Bruskin oder chinesische wie Liu Wei oder Wang Cheng auf die westlichen Märkte vordringen. Dass die im Frühjahr 2007 in New York durchgeführte „Asien-Woche" einen Rekordandrang erlebte und der gleichzeitig veranstaltete „Art Fair" Höchstpreise erzielte, bestätigt diese Entwicklung.

Beispiele, wie sie hier aus dem Bereich der darstellenden Kunst gebracht wurden, könnte man genauso aus der Welt der Musik bringen, aus der klassischen wie aus der modernen. Die Wiener Philharmoniker begeistern bei ihren Welttourneen ihre Anhänger genauso, wie andererseits Madonna, die Rolling Stones oder eine Zeit lang Michael Jackson.

Wer diese Ausstellungen oder Konzerte in Paris und New York, London und Tokio, Beijing und Moskau, Helsinki oder Ottawa besucht, kann auch feststellen, dass es vielfach dieselben Architekten sind, die dort die Museen, Konzerthäuser und Stadtzentren gebaut haben. Von Mies van der Rohe und seinem Bauhaus, über Oscar Niemeyer, den Erbauer von Brasilia, bis zum irischen Architekten chinesischen Ursprungs Peng Shifu, der gerade ein Museum für ägyptische Kunst in Kairo baut, haben Architekten weltweit das Bild unserer Städte geprägt und unsere Welt aus ihrer Sicht gestaltet. Auch diese Liste könnte beliebig mit den Namen der Pritzker-Preis-Träger, unter denen auch der Österreicher Hans Hollein aufscheint, verlängert werden.

Besonders vielfältig und international stellt sich die Literatur der Gegenwart dar. Dies nicht nur deshalb, weil Werke zahlreicher Autoren in alle Sprachen der Welt übersetzt wurden, sondern auch, weil Autoren aus den verschiedensten Nationen auch auf englisch oder französisch schreiben. Galten Arthur Miller, Eugene O'Neill und Tennessee Williams nach dem Zweiten Weltkrieg als Vertreter der klassischen amerikanischen Literatur, so fanden wenig später Norman Mailer, Jack Kerouac und Allan Ginsberg bei jener „Beat-Generation" Anklang, die einen alternativen „Life-style" suchte. Ian Fleming (Casino Royal), John Le Carré (der Spion, der aus der Kälte kam), Graham Greene (der Dritte Mann), oder W. Somerset Maugham behandelten Themen des Kalten Krieges, die auf der ganzen Welt gelesen wurden. Selbst russische Autoren wie Boris Pasternak und Aleksandr Twardowski erzielten damals Welterfolge.

Indische Schriftsteller wie Salman Rushdie, Anita Desai, Shashi Tharoor oder Rohinton Mistry präsentierten zunächst der Welt ein Bild des modernen Indien, bevor sie sich dann in anderen Ländern wie England oder Kanada niederließen.

434

Auf Grund ihrer großen literarischen Stärke prägten sie dann auch die Literatur ihres neuen Gastlandes.

1994 erhielt der Japaner Ken Zaburo Oe den Literatur-Nobelpreis, was, trotz mancher Spannungen, als Anerkennung der Literatur seines Landes gewertet wurde. Die Verleihung des Nobelpreises an den Chinesen Gao Xingjian war dann sehr stark mit einer Kritik an der mangelnden Meinungsfreiheit in seinem Heimatland verbunden. Der Literaturnobelpreis bot jedenfalls den Gewürdigten die Möglichkeit, nicht nur die eigenen Werke, sondern ihr Land überhaupt der Welt zu präsentieren. Dies war insbesondere dann der Fall, wenn es sich um Preisträger aus kleineren Ländern handelte, wie beim Iren Seamus Heaney oder bei V. S. Naipaul aus der Karibik. Auf die afrikanische Literatur wurde man verstärkt aufmerksam, als Wole Soyinka in Stockholm gewürdigt wurde und das reiche kulturelle Erbe Lateinamerikas wird der Welt durch eine Vielzahl von Autoren, von Ruben Darío in Nicaragua bis Jorge Luis Borges in Argentinien und von Octavio Paz und Carlos Fuentes in Mexico bis Gabriel Garcia Márquez in Kolumbien und Mario Vargas Llosa in Peru vermittelt.

Auch in anderen gesellschaftlichen Bereichen ist die Globalisierung schon sehr weit vorangeschritten: schon vor Jahren waren in einzelnen Wiener Schulen nicht die österreichischen Fußballer oder Schifahrer die beliebtesten Sportler, sondern ein Michael Jordan von den Chicago Bulls. Andererseits erfreute sich Toni Sailer schon in den 1960er Jahren in Japan größter Beliebtheit. Und als der Fußballstar David Beckham in Nordamerika und Asien auftrat, wurde er nicht nur wie ein Popstar gefeiert, sondern auch entsprechend bezahlt. Dass manche Fußball-Clubs wie Chelsea, Arsenal oder auch Bayern München kaum mehr einheimische Spieler engagieren, dann aber im Wettkampf der „Lokalpatriotismen" ihre Anhänger begeistern, ist eine eigene Studie wert.

Jedenfalls kann man wohl sagen, dass in zahlreichen gesellschaftlichen Bereichen – Film und Mode spielen hier ebenfalls eine besondere Rolle – die Entwicklung globaler Interessen, Denkweisen und Verhaltensmuster schon sehr weit vorangeschritten ist. Wenn diese gesellschaftspolitische Interdependenz eine Kraft darstellt, die weltweit einigend wirkt, so wird es einmal Aufgabe der

Politik sein, jene Strukturen zu schaffen, die dieser Entwicklung gerecht werden können.

5.2 ... oder die organisierte Anarchie

So sehr es also zahlreiche Entwicklungen gibt, die die Menschen weltweit verbinden und die eine Tendenz in Richtung „Weltstaat" aufzeigen, so gibt es auch viele Anzeichen dafür, dass die internationalen Beziehungen in der Zukunft eher anarchisch verlaufen werden. Warum? Weil es für die Vielzahl der alten und der neuauftretenden Probleme keinen übergeordneten, weltweiten Ordnungsrahmen gibt; weil die Akteure auf der internationalen Bühne immer zahlreicher werden; und weil diese keiner allgemein anerkannten „Staatsraison" mehr folgen. Denn als die Staaten früher ihre Außenpolitik auf eine „Staatsraison" aufbauten, folgten sie doch einer bestimmten Rationalität, auch wenn es vielfach eine Rationalität der Gewalt war.

Im Gegensatz dazu folgen die neuen Player – die Vielfalt der neu entstandenen Staaten, NGOs, multinationale Unternehmen und Medien – einer höchst unterschiedlichen Logik und oft widersprüchlichen Interessen.

Ganz entscheidend ist, dass die Dynamik vieler Probleme die Lösungsmöglichkeit der Nationalstaaten übersteigt, während die Internationale Gemeinschaft noch nicht in der Lage ist, Lösungen anzubieten. Und während die Nationalstaaten früher in der Lage waren, etwa wirtschaftliche Probleme, von der Arbeitslosigkeit bis zur Bekämpfung der Inflation, zu einem großen Teil selber zu lösen, hat die Globalisierung bewirkt, dass die politischen Entscheidungsträger der wirtschaftlichen Entwicklung eher tatenlos zusehen müssen.

So ist der Ölpreis Mitte 2008 auf $ 150 das Fass gestiegen; der Anstieg der Nahrungsmittelpreise hat zu Unruhen in mehreren Entwicklungsländern geführt und die Krise am amerikanischen Wohnungsmarkt hat Millionen von Menschen und auch größere Banken in den Konkurs getrieben, ohne dass die Politik daran viel hätte ändern können.

Wie sehr der Nationalstaat seine Lösungskompetenz verloren hat zeigt sich in jenen Bereichen, die mit Sicherheitsfragen verbunden sind: natürlich gibt es noch Rivalitäten zwischen Großmächten untereinander beziehungsweise Ländern, die sie zu ihrer Einfluss-Sphäre zählen. Daneben gibt es aber neue Herausforderungen im Zusammenhang mit Bürgerkriegen, sozialen Unruhen oder ethnische Konflikten, deren Lösung die Internationale Gemeinschaft übernehmen müsste. Während aber früher derartige Krisen in Darfur, in Kenia oder in Sierra Leone lokale Ereignisse waren, finden sie nunmehr vor den Augen der Weltöffentlichkeit statt.

Nachdem Scheitern der Entwicklungshilfe, wie sie im Rahmen der UNO in den 1960er Jahren konzipiert wurde, gibt es nicht einmal in Ansätzen Lösungen dafür, wie die sozialen Verhältnisse in Afrika und die dadurch ausgelösten Flüchtlingsströme bewältigt werden können. Die Opfer des Tsunami, der Ende 2004 die Küsten Süd- und Südostasiens verwüstet hat, haben die Anteilnahme der ganzen Welt gefunden. Damit hat man gesehen, dass auch große Naturkatastrophen eine internationale Herausforderung geworden sind. Dass man terroristischen Bewegungen, die weltweit agieren, nur mehr durch die Internationale Gemeinschaft entgegentreten kann liegt auf der Hand, insbesondere dann, wenn die Gefahr besteht, dass sie in den Besitz von Massenvernichtungswaffen kommen könnten.

Waren früher Friede und Sicherheit dann gefährdet, wenn sich starke Staaten konfrontierten, so ist die internationale Sicherheit heute oft dann gefährdet, wenn Staaten zu schwach sind um die internationale Ordnung und minimale Standards innerhalb ihrer Grenzen zu gewährleisten. Dies insbesondere deshalb, weil eben die Internationale Gemeinschaft noch nicht in der Lage ist, jene Funktionen auszuüben, die dem Nationalstaat verloren gingen. Denn wo immer ein internationales Eingreifen notwendig wäre: Staaten sind noch immer nur dort gebunden, wo sie gegebenen Regelungen zugestimmt haben.

Letztlich wird es erst dann möglich sein, all diese Probleme zu bewältigen, wenn die Internationale Gemeinschaft in der Lage sein wird viel stärker als dies heute der Fall ist in die innere Ordnung der einzelnen Staaten einzugreifen und verschiedene Bereiche zu regeln. Obwohl sich die Internationale Gemeinschaft während der letzten Jahrzehnte stark entwickelt hat, ist sie immer erst bedingt handlungsfähig.

1909 gab es erst 37 internationale Organisationen, Ende des 20. Jahrhunderts bereits 260. Die Zahl der NGOs stieg im selben Zeitraum von 176 auf einige Zehntausend. Auch die Zahl der internationalen Verträge und Abkommen ist gewaltig gestiegen: von 1815 bis 1919 waren es 4000; bereits 5000 zwischen 1920 und 1945; aber 25000 zwischen 1980 und 1995. Dabei haben einige dieser Abkommen einen gewaltigen Umfang: so umfasst der „acquis communautaire", den alle neuen EU-Mitglieder übernehmen müssen, 86000 Seiten; dass NAFTA-Übereinkommen immerhin 26000 Seiten (nach Andrew Hurrell).

Auch das internationale Engagement im Sicherheits-Bereich hat bereits eine gewisse Intensität erreicht. So nahmen 2004 immerhin 60000 Mann aus 96 Staaten an UNO-Operationen teil. Daneben gab es noch EU-Einsätze in Mazedonien und im Kongo; die NATO war im Kosovo, in Afghanistan und Bosnien im Einsatz; und die Wirtschaftsgemeinschaft Westafrikanischer Staaten (ECOWAS) in Liberia.

Aber insgesamt ist die Frage, wann und wo die Internationale Gemeinschaft eingreifen kann und soll, ungeklärt. Es gibt „humanitäre Interventionen" mit UNO-Mandat, und solche ohne. Es gibt Kriege und Bürgerkriege, bei denen die Staatengemeinschaft einschritt, wie auf dem Balkan oder in Liberia, und solche, wo man einem Völkermord tatenlos zusah, wie in Rwanda. Es gibt „War-Lords", die wegen Menschenrechtsverletzungen vor ein internationales Tribunal gestellt werden und solche, die nie eine Anklage befürchten müssen.

Insgesamt litt die Internationale Gemeinschaft während der letzten Jahre daran, dass sich die einzige Super-Power, die USA, vielfach nicht an die Spitze der internationalen Entwicklung stellten, sondern außerhalb eigene Interessen verfolgten. Mit der Nicht-Unterzeichnung des Kyoto-Protokolls durch die USA verloren die Bestrebungen um einen weltweiten Umweltschutz genau so an Dynamik wie der internationale Strafvollzug durch die Wiegerung der USA, den Internationalen Strafgerichtshof anzuerkennen. Wie immer das Verhalten der USA durch eine neue Administration in Einzelfällen geändert wird, man kann davon ausgehen, dass alte und neue Großmächte-USA, Russland, China, Indien oder Brasilien-in absehbarer Zeit in wesentlichen Fragen eigene Interessen immer wieder vor jene der Internationalen Gemeinschaft stellen.

Bleibt die Frage, wie weit neue Versuche, internationale Friede und Sicherheit zu schaffen – durch Regime-change, Nationbuilding oder Etablierung eines demokratischen Systems – zielführend sind. Wie in den entsprechenden Kapiteln aufgezeigt, waren die jeweiligen Versuche im Irak, in Afghanistan oder in Haiti nicht sehr ermutigend. Dabei haben die Versuche der Internationalen Gemeinschaft, durch Eingriffe von Außen die inneren Verhältnisse eines Landes zu bestimmen, eine lange Tradition. Die Truppen der Französischen Revolution eroberten, um „zu befreien". Die Heilige Allianz wiederum wollte durch Interventionen das Prinzip der „Legitimen Herrschaft" retten, wonach nur jene Monarchen anerkannt wurden, die ihre Legitimität von Gott ableiteten. Und wenn man sagt, es gab in der Geschichte nur wenige Kriege zwischen Demokratien, dann steht dem die Aussage General de Gaulles gegenüber, dass sich England und Frankreich immer im Kriegszustand befanden, außer in jenen kurzen Epochen, in denen sie gemeinsame Feinde hatten.

Die Blütezeit des Nationalstaates ist wohl vorbei, den Weltstaat gibt es noch nicht. In der Zwischenzeit erleben wir eine Periode, die einige Fortschritt, andere aber organisierte Anarchie nennen werden.

Literaturverzeichnis

ABC des Nations Unies, Nations Unies, New York 2001

Adam James Williams, *Singular Europe. Economy and Polity of the European Community after 1992*, Michigan 1995

Albrow Martin, *The Global Age*, Cambridge 1996

Amnesty International Report 1997, London 1997

Baylis John, Smith Steve, *The Globalization of World Politics*, Oxford 1997

Barber Benjamin R., *Jihad vs. McWorld. How Globalism and Tribalism are reshaping the World*, New York, 1996

Bergen Peter L., *Guerre Sainte multinationale,* Gallimard, 2001

Bell Daniel, *Die Zukunft der westlichen Welt – Kultur und Technologie im Widerstreit*, Frankfurt 1976

Berlin Isaiah, *The Proper Study of Mankind*, New York 1998

Bielefeldt Heiner, *Philosophie der Menschenrechte*, Darmstadt 1998

Bismarck Otto von, *Gedanken und Erinnerungen*, Berlin 1898

Blockmans Wim, *Geschichte der Macht in Europa*, Frankfurt, 1998

Boniface Pascal, *La Volonté d'Impuissance*, Paris 1996

Charillon Frederic, *Politique étrangère: Nouveaux regards*, presse de sciences p.o., Paris 2002

Chossudovsky Michel, *Global, Brutal*, Zweitausendeins, 2002

Camilleri Joseph A., Falk Jim *The End of Sovereignty*, Brookfield, 1992

David Charles-Philippe, *La guerre et la paix*, presse de sciences, p.o., Paris 2000

David Charles-Philippe, Baltazar Louis, Vaisse Jushin, *La politique étrangère des Etats-Unis – Fondements, acteurs, formulation,* Paris 2003

Drucker Peter F., *The New Realities/In Government and Politics/In Economics and Business/In Society and World View*, New York 1989

Defarges Philippe Moreau, *Relations internationales. 2. Questions mondiales*, Paris, 1993

Dick Morris, *Behind the Oval Office*, New York 1997

Dryzek John S., *The Politics of the Earth*, New York 1997

Duffy Christopher, *The Military Experience in the Age of Reason*, Barnes&Noble book, New York 1997

Ettmayer Wendelin, Dr. , *Eine geteilte Welt – Machtpoltik und Wohlfahrsdenken in den Beziehungen des 21. Jahrhunderts*, Linz 2003

Feld Werner J., *International Relations: A Transnational Approach*, Sherman Oaks, 1979

The World Book Encyclopaedia, Filed Educational Italia, Aprilia, 1970

Foreign Affairs May/June 2000, Volume 79, no 3, New York 2000

Freeman Jr. Chas. W., *The diplomat's dictionary*, Washington 1994

Fuller J.F.C., *The Decisive Battles of the Western World 1792–1944*, Paladin, 1970

Gigantes Philippe, *Power&Greed*, Constable, United Kingdom 2002

Gilpin Robert, *Global Political Economy – Understanding the international economic Order*, USA (Princeton University), 2001

Glatzl C., Hauser G., Kernic F., *Europäische Sicherheit und Streitkräftereform in der Weltgesellschaft*, Wien 13/2006

Görlich-Romantik, *Geschichte Österreichs*, Tyrolia, Innsbruck 1970

Held David, McGrew Anthony, Goldblatt David, Perraton Jonathan, *Global Transformations*, Cambridge 1999

Haass Richard N., *Economic Sanctions and American Diplomacy*, New York 1998

Hampster-Monk Iain, *Modern Political Thought*, Blackwell, Oxford 1992

Held Jutta, Schneider Norbert, *Sozialgeschichte der Malerei*, Köln 1993

Hirst Paul, Thompson Grahame, *Globalization in Question*, Cambridge, 1996

Hitchens Christopher, *Les crimes de la Monsieur Kissinger*, Saint Simon, 2001

Hoff Joan, *International Journal volume 3*, Canadian Institute of International Affairs, Toronto 2001

Holftfrerich Carl-Ludwig, *Wo sind die Jobs? – Eine Streitschrift für mehr Arbeit*, München 2006

Hosking Geoffrey, *Russia – Peoples and Empire 1552–1917*, Fontana Press, Glasgow 1997

Hurrell Andrew, *On Global Order – Power, Values, and the Constitution of International Society*, Oxford University Press, 2007

Iwanow Igar, *Die neue russische Diplomatie*, Econ, München 2002

Jenson Lloyd and Miller Lynn, *Global Challenge. Change and Continuity in World Politics*, Harcourt Brace, Orlando 1997

Jeanneney Jean-Noël, *Une histoire des médias*, Paris 1996

Jouvenel Bertrand de, *Du pouvoir*, Paris 1972

Kennedy Paul, *Preparing for the 21st Century*, Random House, New York 1993

Kennedy Paul, *The Rise and Fall of the Great Powers*, Unwin Hyman, London 1988

Keegan John, *The Penguin Book of War*, London 1999

Keynes John Maynard, *Revision des Friedensvertrages*, Duncker & Humboldt, München 1922

Kindermann Gottfried-Karl, *Grundelemente der Weltpolitik*, Piper, München 1977

Kissinger Henry, *Diplomacy*, Simon &Schuster, New York 1994

Koehler and Amelang, *Mythen der Nationen: Ein europäisches Panorama*, München 1998

Kolko Gabriel, *Das Jahrhundert der Kriege*, S. Fischer, Frankfurt am Main 1999

Korey William, *NGOs and the Universal Declaration of Human Rights*, New York, 1998

Lapham Lewis, *Le djihad américain*, Saint Simon, 2001-2002

Laqueur Walter, *The Age of Terrorism*, USA, 1987

Lauber Emil, *Metternichs Kampf um die europäische Mitte*, Adolf Luber, Wien

Laurens Henry, *Le grand jeu – Orient, arabe et rivalités internationales*, Paris 1991

Lechner Frank J., Boli John, *The Globalization Reader*, Malden, 2000

Lewis Berard, *L'Islam d'hier à aujourd'hui*, London, 1976

Lieven Dominic, *Empire – The Russian Empire and its Rivals*, Great Britain, 2000

Lundestad Geir, *East, West, North, South*, Oslo 1977

Malcolm Noel, *Bosnia. A Short History*, London 1994

Manzagol Claude, *La mondialisation – Données, mécanismes et enjeux*, Lassay-les-Chateaux, 2003

Matzner Egon, *Monopolar World Order*, Savaria books, Vienna 2000

Mearsheimer John J., *The Tragedy of Great Power Politics*, Norton company, New York 2001

Mendlovitz Saul H., *On the Creation of A Just World Order*, New York 1975

Mimouni Rachid, *De la Barbarie en général et de l'intégrisme en particulier*, Belfond 1992

Montifroy Gerard A., *Géopolitiques internationales*, Frison Roche, Paris 1994

Morgenthau Hans J., *Politics Among Nations. The Struggle for Power and Peace*, New York, 1949

Morton Desmond, *A Military History of Canada*, Toronto 1999

Mourgeon Jacques, *Les Droits De L'Homme*, Paris 1978

Mourre Michel, *Dictionnaire de l'histoire*, Larousse, 1998

Niess Frank, *Eine Welt oder Keine*, München 1994

Nixon Richard, *Leaders*, Warner Book, New York 1982

Nohlen Dieter, *Lexikon der Politik. Band 6 Internationale Beziehungen*, C.H. Beck, München 1994

Nohlen Dieter, *Lexikon der Politik. Band 7 Politische Begriffe*, München 1998

Nolte Ernst, *Historische Existenz*, Piper, München 1998

Nonjon Alain, *La mondialisation*, Condé sur Noireau

Nouschi Marc, *Le 20ieme siècle*, Armond Colin, Paris 1995

Parenti Michael, *Democracy for the FEW*, Boston 1995

Porter Roy, *Enlightenment: Britain and the Creation of the Modern World*, The Penguin Press, London 2000

Ramel Frédéric, *Philosophie des relations internationales*, Presse de sciences p.o., Paris 2002

Ramonet Ignacio, *Peurs et menaces nouvelles*, Galilée, Paris 2002

Rémond René, *Introduction à l'histoire de notre temps. 3. le XXe siècle de 1914 à nos jours*, Paris, 1974

Rémond René, *Religion et société en Europe*, Paris, 1998

Revel Jean-Francois, *Le Regain démocratique*, France 1992

Rohan Albert, *Diplomat am Rande der Weltpolitik*, Molden, Wien 2002

Rosanvallon Pierre, *La démocratie inachevée – Histoire de la souveraineté du peuple en France*, Saint-Amand (France), 2003

Ropp Theodore, *War in The Modern World*, New York 1962

Rotschild Dr. Walter, *Handbuch der Politik,* Berlin 1920

Rother Rainer, *Mythen der Nationen – Völker im Film*, München 1998

Schilling Heinz, *Höfe und Allianzen – Deutschland 1648–1763*, Siedler, 1989

Schreiber Hermann, *August der Starke*, Heyne, München 1998

Sharansky Natan, *The Case for democracy – The Power of Freedom to over-come Tyranny & Terror*, USA, 2004

Sens Allen, Stoett Peter, *Global Politics – Origins, Currents, Direction*, Kanada 2005

Slaughter Anne-Marie, *A new world order*, Princeton, New Jersey 2004

Smith Hedrick, *The Russians*, New York 1977

Smith Rupert (Sir General), *The Utility of Force – The Art of war in the Modern World*, London 2005

Smouts Marie-Claude, *Les nouvelles relations internationales: Politiques et théories*, presse de sciences p.o., Paris 1998

Smouts Marie-Claude, Battistella Dario, Vennesson Pascal, *Dictionnaire des relations internationales*, Paris, Dalloz, 2003.

Sorman Guy, *La nouvelle richesse des nations*, Fayard, Paris 1987

Strauss Steven D., *The Complete Idiot's Guide to World Conflicts*, Alpha, Indianapolis 2002

Sur Serge, *Relations internationals*, Paris 2006

Swift James, *Civil Society in Question*, Toronto 1999

Szabo Franz A.J., *Kanvitz: Enlightened Absolutism 1753–1780*, Cambridge University, Great Britain 1994

Tarnas Richard, *The Passion of the Western Mind*, New York 1991

Todd Emmanuel, *Après l'empire*, Gallimard, 2002

Vocelka Karl, *Österreichische Geschichte 1699–1815*, Ueberreuter, Wien 2001

Walzer Michael, *Just and Unjust Wars*, Basic Books, 1977

Weltgeschichte: Russland, Weltbild, Augsburg 1998

Weltgeschichte: Das 20. Jahrhundert I: Europa 1918–1945, Weltbild, Augsburg 1998

Weltgeschichte: *Das 20. Jahrhundert II: Europa nach dem Zweiten Weltkrieg*, Weltbild, Augsburg 1998

White Brian, Little Richard, Smith Michael, *Issues in World Politics*, New York 1997

Windelband Wolfgang, *Die auswärtige Politik der Großmächte 1*

Zakaria Fareed, *The Post-American World,* New York 2008

Le Monde, Paris

International Herald Tribune, New York*, Economist,* London